BIBLIO 17

Collection fondée en 1981
Directeur Wolfgang Leiner

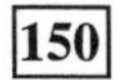

BIBLIO 17

Marie-Odile Sweetser

Parcours lafontainien
D'*Adonis* au livre XII des *Fables*

Marie-Odile Sweetser

Parcours lafontainien
D'*Adonis* au livre XII des *Fables*

Biblio 17 – 150

Gunter Narr Verlag Tübingen
2004

Bibliografische Information der Deutschen Bibliothek

Die Deutsche Bibliothek verzeichnet diese Publikation in der Deutschen Nationalbibliografie; detaillierte bibliografische Daten sind im Internet über <http://dnb.ddb.de> abrufbar.

Biblio 17
Suppléments aux *Papers on French Seventeenth Century Literature*
Directeur de la publication: Wolfgang Leiner
Secrétaire de rédaction: Franziska Lay
Romanisches Seminar – Wilhelmstraße 50 – D-72074 Tübingen

P.O. Box 2567 · D-72015 Tübingen

Gedruckt auf chlorfrei gebleichtem und säurefreiem Werkdruckpapier.

Internet: http://www.narr.de · E-Mail: info@narr.de

ISSN 1434-6397
ISBN 3-8233-6014-0

Parcours lafontainien: d'*Adonis* au livre XII des *Fables*

Table des matières

III. La Fontaine conteur

IV. La Fontaine fabuliste

V. Pour le tricentenaire

Pour

Marie-Odile Sweetser

Remerciements

Directeur et équipe rédactionnelle des PFSCL/BIBLIO 17 se réjouissent de réserver le 150ème volume de la collection BIBLIO17 à une de leurs plus fidèles collaboratrices qui leur confie aujourd'hui un recueil d'études consacrées à Jean de La Fontaine.

Tous les dix-septiémistes savent la place éminente que Marie-Odile Sweetser occupe dans nos études. Ses recherches et travaux qui englobent tous les domaines de la littérature du grand siècle lui ont acquis une très solide renommée.

Aussi lui savons-nous gré d'avoir réuni à notre intention cet impressionnant florilège lafontainien qui témoigne de sa vaste culture littéraire, de son art d'interprétation, de ses dons de critique.

En tant que fondateur des *Papers on French Seventeenth Century Literature* et de la série *Biblio 17*, je saisis l'occasion qui m'est ici offerte pour dire à une amie de longue date notre très grande reconnaissance pour l'intérêt attentif qu'elle a toujours porté à ces deux publications. Son soutien actif a contribué à leur essor, les études parues dans nos cahiers ont permis d'élargir leur auditoire, ses nombreux comptes rendus pour les *Papers* lui ont assurée l'estime de nos lecteurs qui apprécient son jugement équitable, toujours empreint de beaucoup de considération pour l'autre.

Critique avertie, Marie-Odile Sweetser est hautement appréciée de nos comités de lecture. Elle nous aide à prendre des décisions qui ne sont pas toujours faciles. Ses rapports circonstanciés et ses conseils judicieux ont permis à maints jeunes collègues de se faire publier.

Le savant recueil qui vient aujourd'hui enrichir notre collection nous permet d'exprimer à Marie-Odile Sweetser notre estime et notre amitié.

Wolfgang LEINER

Avant-propos

Ce m'est un plaisir sensible d'avoir pu réunir ces études lafontainiennes grâce à l'amitié efficace, compréhensive et généreuse de Wolfgang Leiner qui a bien voulu les accueillir dans la collection Biblio 17 qu'il dirige avec tant de dévouement à la cause du XVIIe siècle et de bonne grâce. Elles ont été présentées à diverses occasions, publiées dans des revues, volumes d'hommage et recueils collectifs. Les éditeurs de ces ouvrages qui ont accordé la permission de les réimprimer avec quelques mises à jour et additions voudront bien trouver ici l'expression de ma gratitude.

Celle-ci s'adresse en premier lieu à la Société des Amis de Jean de La Fontaine, à son président fondateur, Marc Fumaroli de l'Académie française, à son actuel président, Patrick Dandrey, professeur à la Sorbonne, aux vice-présidents, Maya Slater de l'Université de Londres, et Jürgen Grimm de l'Université de Münster dont j'apprécie les travaux et l'esprit collégial.

A l'Association Internationale des Etudes françaises qui a accueilli plusieurs de mes contributions.

A la Société d'étude du XVIIe siècle qui m'a invitée à son colloque international sur le Mécénat, présidé par le regretté Roland Mousnier et par Jean Mesnard, de l'Institut.

A la Société de Littératures classiques dirigée par Christian Delmas et aux savants éditeurs des fascicules, consacrés l'un à «la Voix», Patrick Dandrey, l'autre aux «Epîtres en vers», Jean-Pierre Chauveau, Président de la Société des Amis de Tristan L'Hermite.

Au Centre d'étude sur les milieux littéraires de l'Université de Nancy dont le directeur Roger Marchal m'a aimablement invitée à parler de Vaux dans le cadre du colloque international de 1999. Il avait réservé une place importante au XVIIe siècle avec la conférence d'ouverture de Noémi Hepp, les conclusions de Madeleine Bertaud et les contributions de Roger Duchêne, président fondateur du CMR 17 et éminent biographe de La Fontaine, Delphine Denis et Jean Garapon, parmi d'autres.

C'est avec une égale gratitude que j'adresse mes remerciements aux sociétés savantes et aux universitaires d'Amérique du nord:

La Modern Language Association of America qui m'a invitée à prendre place dans plusieurs de ses comités, en particulier celui consacré à la littérature française du XVIIe siècle.

La North American Society for Seventeenth Century French Literature dont les présidentes et présidents m'ont invitée à participer à leurs conférences annuelles au Canada et aux Etats-Unis. Cette société vient de me faire l'honneur de me dédier le tome II des Actes d'Arizona State

University, *Les femmes au Grand Siècle*, édité par David Wetsel, président de la conférence de 2001, avec la collaboration de Christine Probes, Secrétaire fidèle et dévouée de la société, dont l'amitié m'est précieuse.

La French Literature Series de l'université de South Carolina qui m'a invitée à ses conférences et dont les éditeurs Freeman G. Henry et Buford Norman m'ont invitée à participer à leur Conseil, «Advisory Board».

La Camargo Foundation qui m'a accordé une bourse dans sa résidence à Cassis.

Mes collègues et amis lafontainiens:

David Lee Rubin qui m'a invitée à parler de La Fontaine à la session qu'il avait organisée dans le cadre d'un congrès annuel de la MLA; à participer au volume du tricentenaire, *Refiguring La Fontaine*, publié par ses soins.

Roseann Runte qui m'a invitée à faire une conférence à Victoria University à Toronto dont elle était alors présidente.

Lane Heller et Ian Richmond qui m'ont invitée à leur colloque international sur «*La Poétique des Fables*» à l'université de Western Ontario, London, Canada.

A l'Université de l'Illinois à Chicago qui a soutenu mes recherches et m'a accordé un congé dans son Institute for the Humanities, à ses dévoués bibliothécaires, les professeurs John M. Cullars et Robert Daugherty et les membres de leur équipe.

A toutes ces sociétés et universités, à tous mes collègues et amis, aux éditeurs et aux presses qui ont aimablement accordé leur permission d'utliser les articles parus dans les revues et volumes dont ils ont asuré la publication, ma gratitude est acquise.

Ni l'or ni la grandeur ne nous rendent heureux;
Ces deux divinités n'accordent à nos voeux
Que des biens peu certains, qu'un plaisir peu tranquille...

A qui donner le prix? Au cœur si l'on m'en croit

Fables, XII, 12 et 25

A celui qui a partagé un autre parcours.

I. La période de Vaux

Le Mécénat de Fouquet: la période de Vaux et ses prolongements dans l'œuvre de La Fontaine

La plupart des historiens s'accordent à voir dans le surintendant Nicolas Fouquet un important mécène qui a laissé sa marque dans la littérature et dans les arts aussi bien que dans l'histoire politique de la France de la fin de la Fronde à son arrestation, le 5 septembre 1661[1]. Un historien américain note que vers le milieu du XVIIe siècle, les valeurs de la vieille noblesse et celles de la Robe convergent dans un idéal du mécène qui attire tous les hauts personnages du gouvernement. Hommes d'Eglise, princes, nobles, parlementaires, ministres d'Etat éprouvent d'une certaine façon comme un devoir, l'obligation sociale de soutenir les arts et les lettres et même l'historiographie[2]. Les parvenus et les arrivistes ont particulièrement tenté d'affermir leur position par le mécénat, estime Orest Ranum qui souligne la nature quasi-mystique des rapports qui lient protecteur et protégé, en citant l'exemple de Fouquet et de Pellisson. A partir de 1657, ce dernier et son amie Madeleine de Scudéry faisaient partie de la maison du surintendant et le conseillaient dans sa politique de mécénat[3]: de nombreux poètes à la mode et quelques grands écrivains entrèrent alors dans l'orbite de leur maître et rendirent hommage à ses talents et à sa générosité dans de flatteuses dédicaces. Au-delà de ces activités intéressées de la part d'un ministre désireux de se constituer un organisme publicitaire comme de la part d'hommes de lettres en quête de pensions, il semble bien

---

1 Pour une mise au point historique, voir Daniel Dessert, «L'Affaire Fouquet», *L'Histoire*, No. 32 (mars 1981), 39-47. Sur son mécénat, voir Urbain-Victor Chatelain, *Le Surintendant Nicolas Fouquet, protecteur des lettres, des arts et des sciences* (Genève: Slatkine Reprints, 1971). Réimpression de l'édition de Paris, 1905.

Plus récent, l'article extrêmement documenté et plein de finesse de Wolfgang Leiner, «Nicolas Fouquet au jeu des miroirs», *Cahiers de l'Association Internationale des Etudes françaises*, No. 22 (mai 1970), pp. 249-275. «Les nombreux ouvrages qui lui sont dédiés entre 1655 et 1661 témoignent de l'énorme prestige dont il jouissait auprès des auteurs et le placent au rang des protecteurs les plus sollicités de son siècle», p. 250.

2 Orest Ranum, *Artisans of Glory, Writers and Historical Thought in Seventeenth-Century France* (Chapel Hill: The University of North Carolina Press, 1980), p. 148.

3 Georges Couton, *La Vieillesse de Corneille* (1658-1684) (Paris: Maloine, 1949), p. 34 souligne la portée politique de ce mécénat, «la dernière mise à exécution dans un plan d'ensemble de grande envergure qui doit faire du surintendant un premier ministre.»

Sur le rôle de Pellisson auprès de Fouquet, voir: Alain Niderst, *Madeleine de Scudéry, Paul Pellisson et leur monde* (Paris: P.U.F., 1976), pp. 356-357, p. 394.

qu'il ait existé un climat culturel et esthétique à la cour de Vaux, représentant le goût et les intérêts d'une nouvelle génération. Fouquet, pendant les courtes années de sa puissance, avait montré, selon Pellisson, un «amour de connaissance» pour les lettres et les arts et une qualité essentielle qui a dû jouer dans le cas de La Fontaine, esprit libre par excellence:

> Fouquet respectait la liberté des auteurs, leur permettait d'épanouir leurs talents et leur génie librement[4].

Quel qu'ait été en effet le talent ou le génie d'un écrivain au XVIIe siècle, la nécessité d'acquérir de puissants protecteurs, de leur plaire et d'obtenir l'approbation de la cour et de la ville restait un fait inéluctable: La Fontaine avait dû le comprendre après tant d'autres. Etant donné les limites de cette étude, nous avons choisi comme texte représentatif de la période de Vaux l'*Adonis* de 1658. Dans la dédicace du manuscrit, le poète se livre aux louanges d'usage: il distingue dans la personne du surintendant l'homme d'Etat, l'homme de goût et l'honnête homme, le Ministre qui a su se montrer le digne successeur du cardinal de Richelieu:

> Votre esprit est doué de tant de lumières et fait voir un goût si exquis et si délicat pour tous nos ouvrages...l'Etat ne peut se passer de vos soins...votre générosité sans exemple...la grandeur de tous vos sentiments...cette modestie qui nous charme...ce grand nombre de rares qualités qui vous fait admirer de tout ce qu'il y a d'honnêtes gens dans la France...Vous savez bien qu'ils vous regardent comme le héros destiné pour vaincre la dureté de notre siècle et le mépris de tous les beaux-arts[5].

La Fontaine, dans un style encomiastique qui utilise systématiquement l'hyperbole, présente son protecteur comme le «héros» qui mettra fin à un siècle de fer. Le souvenir des guerres civiles et de leurs ravages restait très vif dans l'esprit des Français de 1658. Si Henri IV avait su apporter une brève période de paix, de prospérité et de justice après les guerres de

---

4 W. Leiner, «Nicolas Foucquet», p. 270. L'auteur avait noté très justement, p. 268: «A la base de sa générosité, il y avait l'amour de Foucquet pour les arts et pour les lettres. Sa sollicitude à l'égard des auteurs et des artistes, qui lui vaudra le titre de mécène, n'était pas sans doute entièrement libre d'arrière-pensée, mais les calculs politiques seuls ne sauraient expliquer l'intérêt attentif et durable que Foucquet portait à ses protégés.»

5 La Fontaine, «A Monseigneur Fouquet», dans *Œuvres diverses de La Fontaine*, éd. Pierre Clarac, Pléiade (Paris: Gallimard, 1958), p. 798. Cette édition sera indiquée par *O.D.* et la page sera donnée dans le texte.

religion, comme en témoigne la célèbre «Prière pour le Roi Henri le Grand» de Malherbe, les troubles survenus pendant deux régences difficiles, celle de Marie de Médicis et celle d'Anne d'Autriche, déchirée par la Fronde[6], avaient laissé une profonde impression, une horreur du désordre et de la rébellion chez le jeune Louis XIV aussi bien que chez ses sujets. Jean-Pierre Collinet propose une lecture allégorique d'*Adonis*:

> le Mécène terrassera l'ignorance. Convention sans doute, mais dont il faut tenir compte si l'on veut connaître le climat qui a pu donner naissance à une œuvre de ce caractère. Entre le héros du poème et le 'héros' auquel il est offert, une correspondance tend à s'établir...[7]

Il serait aussi possible de voir dans le monstre le perturbateur de la paix civile. Par suite le ministre d'Etat, soutien de la dynastie qui a activement participé au rétablissement de la paix et de l'ordre est présenté comme le vainqueur du monstre de la guerre civile. Le poète se montre donc très habile en touchant une corde sensible chez son destinataire et dans son entourage. Fouquet, au cours de son procès, évoquera les services rendus et sa fidélité à la monarchie pendant la Fronde[8]. Le ministre, nouveau Mécène, doit de plus, assurer un âge d'or dont l'Auguste sera le jeune roi et où régneront les Muses. Ces dernières

> qui commençaient à se consoler de la mort d'Armand par l'estime que vous faites d'elles, en vous voyant malade, se voyaient sur le point de perdre encore une fois leurs amours.

La Fontaine introduit ainsi le thème de son poème:

> Ce sont les amours de Vénus et d'Adonis, c'est la fin malheureuse de ce beau chasseur, sur le tombeau duquel on a vu toutes les dames grecques pleurer, et que la divine mère d'Amour a regretté pendant tout le temps du paganisme, elle qui n'avait pas accoutumé de jeter des larmes pour la perte de ses amants. *O.D.*, p. 798

---

[6] Sur les difficultés de la régence de Marie de Médicis, voir Bernard Barbiche, *Sully* (Paris: Albin Michel, 1978), p. 13, pp. 100-101, p. 112.

[7] Jean-Pierre Collinet, *Le Monde littéraire de La Fontaine* (Paris: P.U.F., 1970), p. 41.

[8] Madame de Sévigné, *Correspondance*, éd. Roger Duchêne, Pléiade (Paris: Gallimard, 1972), I, lettre 59, p. 56, citant les paroles de Fouquet au cours de son procès: «après les services que j'ai rendus et les charges que j'ai eu l'honneur d'exercer»; lettre 65, p. 69: «dans tous les temps, et même au péril de ma vie, je n'ai jamais abandonné la personne du Roi...»

L'amour des Muses transforme le dédicataire en objet d'amour, au même titre que le héros du poème, Adonis, objet de l'amour de Vénus, déesse et mère de l'Amour. Le thème choisi par le poète se trouve ainsi justifié, orchestré à plusieurs niveaux. Le poème devient un mausolée élevé à la mémoire d'Adonis, mais surtout un monument durable à la gloire du mécène Fouquet. Le niveau humain et contemporain est relié au niveau mythique par l'intermédiaire des Muses, inspiratrices des poètes «amoureux» de la gloire, capables par suite non seulement de l'acquérir pour eux-mêmes, mais aussi de la conférer à ceux auxquels leurs œuvres sont dédiées. La valeur exemplaire de l'amour entre une déesse et un mortel, célébré par le poète, est attestée par une longue tradition de pleurs rituels et de regrets attribués à la déesse durant toute l'antiquité. Toutefois La Fontaine, avant *Psyché*, les *Contes* et les *Fables*, laisse déjà percer ici son humour d'auteur moderne, son scepticisme amusé en désacralisant Vénus, en la présentant très humainement comme une séduisante coquette, pleine de désinvolture «qui n'avait pas accoutumé de jeter des larmes pour la perte de ses amants». Le ministre pourra donc se délasser, se laisser charmer par une belle histoire d'amour, sans toutefois prendre sa fin tragique trop au sérieux; avant *Psyché*, La Fontaine va faire connaître à son protecteur et à sa cour «le plaisir des larmes»[9], celui aussi, perceptible dans la courte phrase de la dédicace, d'une ironie délicate, d'un humour voilé, capable de conduire le lecteur attentif bien au-delà des événements de la narration, vers les questions éternelles de la vie, de l'amour et de la mort.

L'amour éprouvé par une déesse pour un simple mais séduisant mortel reflète la situation du dédicataire, aimé de créatures immortelles, les Muses. Une allusion plus précise pouvait se cacher derrière ces figures mythologiques. Toutefois, au-delà des conquêtes flatteuses dues à sa fortune et à sa puissance, Fouquet avait su inspirer des sentiments sincères et durables de loyauté et d'amitié qui persisteront dans sa disgrâce. On sait avec quelle fidélité Pellisson, Mademoiselle de Scudéry, Madame de Sévigné et La Fontaine lui-même ont tenté de le défendre: le ministre était donc digne d'être aimé. Un poème consacré à l'amour devait lui plaire. Les mythes de puissance parmi les dieux et demi-dieux de l'Olympe: Jupiter, Apollon, Hercule, étaient réservés aux rois[10]. Dans le domaine de l'histoire, les héros chargés d'évoquer la gloire et la grandeur royales étaient généralement des conquérants, Alexandre et César, ou des

---

9 C'est la formule de Jean Rousset, «*Psyché* ou le plaisir des larmes» dans *L'Intérieur et l'Extérieur* (Paris: J. Corti, 1968), p. 115.

10 Voir Nicole Ferrier-Caverivière, *L'Image de Louis XIV dans la littérature française de 1660 à 1715* (Paris, P.U.F., 1981), pp. 133-134, p. 175, p. 187.

souverains magnanimes, Auguste et Titus. Il était donc politique, pour éviter toute jalousie royale[11], de dédier à un ministre généreux, fastueux et galant, une belle histoire d'amour.

Toutefois dans l'invocation du texte de 1658, le poète ne néglige pas de rappeler les hautes capacités professionnelles, mathématiques et juridiques du surintendant des finances et du procureur général au Parlement de Paris aussi bien que la sûreté de son goût:

> Fouquet, l'unique but des faveurs d'Uranie,
> Digne objet de nos chants, vaste et noble génie,
> Qui seul peut embrasser tant de soins à la fois,
> Honneur du nom public, défenseur de nos lois;
> Toi dont l'âme s'élève au-dessus du vulgaire,
> Qui connais les beaux-arts, qui sais ce qui doit plaire...
>
> *O.D.*, p. 800, note 5

Car même si le mécène n'avait pas suggéré le sujet du poème qui lui était dédié et si ce sujet représentait un choix tout personnel de la part de l'auteur, il n'en reste pas moins que ce dernier l'a jugé éminemment adapté au destinataire:

> lis cette aventure,
> Dont pour te divertir, j'ai tracé la peinture.
>
> *Ibid.*

Il existait une intime consonance de goût entre le mécène et son protégé:

> La première inspiration de l'*Adonis*, toute personnelle, toute libre, se trouve comme fortifiée par l'admiration que l'écrivain éprouva pour un monde où tout n'était que luxe et volupté...Le poète n'abandonnera jamais le ton élégiaque, une douceur voluptueuse, un style ornemental qui rappelle les décorations de Vaux le Vicomte[12].

Le thème de l'amour heureux, idyllique dans une retraite bucolique, qui est celui de la première partie d'*Adonis*, sera repris à travers l'œuvre, des

---

[11] La jalousie de Louis XIII à l'égard de Richelieu était bien connue. Voir Madeleine Bertaud, *La Jalousie dans la littérature française au temps de Louis XIII* (Genève: Droz, 1981), pp. 23-26. Ce serait cette même jalousie, selon bien des commentateurs, qui aurait poussé Louis XIV à décider la disgrâce et l'arrestation de Fouquet.

[12] Renée Kohn, *Le Goût de La Fontaine* (Paris: P.U.F., 1962), p. 94.

Amours de Psyché et de Cupidon, où Bernard Beugnot l'a analysé avec tant de perspicacité, jusqu'aux dernières fables:

> Par ce souci du bonheur, par cette tentation épicurienne et galante, par sa symbolique du refuge et de la fermeture, *Psyché* offre une image exemplaire du mouvement général qui anime l'œuvre de La Fontaine, mouvement qui ramène la réflexion du groupe à l'individu, de l'extérieur à l'intérieur, de la périphérie vers le centre, et qui fait des textes mêmes que semble nourrir l'actualité ou des poèmes de circonstance une mise à distance du monde et de la société[13].

L'amour naît le plus naturellement, le plus spontanément du monde entre deux êtres égaux en charme, en beauté malgré la différence des conditions, la déesse recherchant un simple mortel:

> Pour toi, je viens chercher un séjour solitaire,
> Et renonce aux autels à moins que de te plaire...
> -Tous les sujets d'Amour sont égaux, lui dit-elle

O.D., p. 801, note 19

Leur bonheur est parfait dans sa simplicité et sa réciprocité:

> Quelles sont les douceurs qu'en ces bois ils goûtèrent!

O.D., p. 7

> Tout ce qui naît de doux en l'amoureux empire,
> Quand d'une égale ardeur l'un pour l'autre on soupire
> Et que, de la contrainte ayant banni les lois,
> On se peut assurer au silence des bois...
> Tout par ce couple heureux fut lors mis en usage.

O.D., p. 8

Ce sont les préoccupations mondaines, les devoirs imposés par la société, la peur du qu'en dira-t-on, le souci de sa réputation qui vont amener Vénus à quitter cette retraite, qui la pousseront à détruire ce bonheur ineffable[14]. La supériorité du bonheur à deux dans la retraite sera

---

[13] Bernard Beugnot, «L'idée de retraite dans l'œuvre de La Fontaine», *Cahiers de l'Association Internationale des Etudes françaises*, No. 26 (mai 1974), p. 136.

[14] Jacqueline Van Baelen, «La Chasse d'Adonis», *L'Esprit créateur*, vol. 21, No. 4 (Winter 1981), 23: estime que «les soucis bien mondains, bien temporels de Vénus établissent un contraste comique avec ses exhortations précédentes à Adonis de

célébrée de façon plus directe encore, mais toujours dans le cadre idyllique des conventions pastorales dans la célèbre méditation lyrique qui sert de conclusion aux «Deux Pigeons»:

> Soyez-vous l'un à l'autre un monde toujours beau,
> Toujours divers, toujours nouveau;
> Tenez-vous lieu de tout, comptez pour rien le reste;
> J'ai quelquefois aimé! je n'aurais pas alors
> Contre le Louvre et ses trésors
> Contre le firmament et sa voûte céleste,
> Changé les bois, changé les lieux
> Honorés par les pas, éclairés par les yeux
> De l'aimable et jeune Bergère
> Pour qui, sous le fils de Cythère,
> Je servis, engagé par mes premiers serments[15].

Vénus sacrifie son amant, leur bonheur, à la société. Ce dernier, tristement solitaire, va chercher un divertissement à son chagrin, à son abandon:

> Enfin, pour divertir l'ennui qui le possède,
> La chasse lui semble être un souverain remède.
>
> *O.D.*, p. 10 et p. 803, note 45

La variante de l'édition de 1669:

«On lui dit que la chasse est un puissant remède», enlève à Adonis une partie de l'initiative pour la conférer à son entourage: lui aussi a rejoint la société dont il accepte les normes. Jacqueline Van Baelen présente ainsi ces vers:

> La Fontaine souligne l'impuissance intellectuelle et affective d'Adonis en deux vers aussi comiques que ceux qui annonçaient le départ de Vénus

et les commente:

> Adonis est bel et bien l'homme du divertissement pascalien[16].

---

ménager le temps pour l'amour... Vénus, oubliant ses propres conseils, choisit la gloire plutôt que l'amour, le temporel plutôt que l'éternel.»

15 La Fontaine, *Fables choisies mises en vers*, éd. Georges Couton (Paris: Garnier, 1962), IX, 2, p. 247. Toutes les citations des *Fables* renvoient à cette édition dont on indiquera la page dans le texte.

Il nous semble en effet que le poète insinue avec une ironie à peine visible, légère, indulgente, une réflexion sur la faiblesse de la nature humaine, faiblesse que Pascal éclairera, lui, avec une ironie tragique[17]. Il s'agit très probablement, comme nous l'avons suggéré ailleurs, d'un souvenir des *Remedia Amoris* d'Ovide dont La Fontaine avait utilisé les *Métamorphoses* pour l'ensemble du poème[18]. Mais à un niveau beaucoup plus profond que celui d'une réminiscence littéraire, la rencontre avec Pascal est révélatrice: épicurisme et augustinisme se rejoignent dans leur analyse de la nature humaine, s'ils diffèrent dans leurs principes d'explication, comme l'a bien montré Jean Lafond[19].

Cette incapacité de la nature humaine à savoir reconnaître et préserver le bonheur, à cultiver la connaissance de soi, la paix de l'âme et du cœur lorsqu'ils existent deviendra un des thèmes profonds des *Amours de Psyché et de Cupidon*, puis des *Fables*. Adonis, délaissé certes par celle qui l'avait distingué entre tous les mortels, abandonne à son tour l'unique poursuite qui devrait être la sienne, celle de l'amour; en cherchant l'oubli, la distraction, il renonce à la fidélité totale de son être à celle à qui il aurait dû se consacrer tout entier. On peut voir là une conception idéalisée, précieuse de l'amour, en consonance avec le goût des salons, de la cour de Vaux où Pellisson et Mlle de Scudéry, on l'a vu, jouaient un rôle important. La conception platonicienne semble suggérée à propos d'Adonis qui connaît «l'extase par une révélation de la beauté qui l'arrache à lui-même et l'élève jusqu'au divin». Sa faute, qui aura une conséquence tragique, consiste précisément à oublier cette extase, à retomber du monde divin de l'amour dans le monde humain de la chasse. Vénus, elle «descend du ciel, mais elle est également «fille de l'onde». Ame et sens, la passion engage la totalité de l'être dans une expérience bouleversante, synthèse de l'amour platonique et des voluptés épicuriennes»[20].

---

16 J. Van Baelen, «La Chasse», *loc.cit.*, p. 24.

17 Pascal, *Pensées*, nouvelle éd., Phillipe Sellier (Paris: Mercure de France, 1976), pp. 97-98: «D'où vient que cet homme qui a perdu depuis peu de mois son fils unique et qui accablé de procès et de querelles était ce matin si troublé, n'y pense plus maintenant? Ne vous en étonnez pas, il est tout occupé à voir par où passera ce sanglier...»

18 M.-O. Sweetser, «Adonis, poème d'amour. Conventions et création poétiques», *L'Esprit créateur*, vol. 21, No. 4 (Winter 1981), 48.

19 Jean Lafond, «Augustinisme et épicurisme au XVIIe siècle», *XVIIe siècle*, No. 135, vol. 34, No. 2 (avril-juin 1982), 149. L'auteur mentionne en particulier l'œuvre de La Fontaine.

20 J-P. Collinet, *Le Monde littéraire*, p. 50.

C'est bien cette fusion de tout l'être dans une félicité qui le place hors des normes de la société et des limites de l'humaine condition que le poète regrette avec des accents poignants et mélodieux tout à la fois:

> Hélas! quand reviendront de semblables moments?
> Ah! si mon cœur osait encor se renflammer!
> Ne sentirai-je plus de charme qui m'arrête?
> Ai-je passé le temps d'aimer?
>
> *Les Deux Pigeons*, IX, 5, p. 247

Mais ces moments privilégiés sont rares, fugitifs car l'inconstance, le besoin de changement font partie de la condition humaine. Sur un ton plus léger, plus badin, puisqu'il s'agit de pigeons, La Fontaine montrera que malgré «l'amour tendre» qui les lie, l'un des pigeons «s'ennuyant au logis» cherche le divertissement du voyage, au prix de nombreux dangers. Plus heureux que Vénus et Adonis, il rejoint le nid qu'il avait eu la folie de quitter, retrouve le bonheur perdu. La convention tragique: l'erreur, la faiblesse du héros entraîne sa mort, n'a pas lieu de jouer dans le cas de simples volatiles. Un autre lieu commun, celui des tourterelles comme symbole de la fidélité amoureuse infléchit l'exemple vers une conclusion heureuse. Toutefois, la même vision de la faiblesse humaine, la même ironie indulgente à l'égard de cette faiblesse informent les deux œuvres.

La Fontaine déplore également le divertissement fourni par des emplois en apparence utiles. En chassant le sanglier qui dévaste les campagnes, Adonis semble entreprendre une tâche d'utilité publique: il prend l'initiative, «assemble» ses voisins, se met à leur tête, passe à l'action, comme plus tard le juge et l'hospitalier, désireux de rendre service à leurs semblables; leur exemple permet au poète d'affirmer pour conclure:

> Ce n'est pas qu'un emploi ne doive être souffert
> -------
> Cependant on s'oublie en ces communs besoins.
> O vous dont le Public emporte tous les soins,
> Magistrats, Princes et Ministres
> Vous que doivent troubler mille accidents sinistres,
> Que le malheur abat, que le bonheur corrompt,
> Vous ne vous voyez point, vous ne voyez personne.
>
> *Le Juge Arbitre, l'Hospitalier et le Solitaire*, XII, 29, pp. 389-390

En se consacrant à une entreprise communautaire réclamant une énergie physique, Adonis renonce à la connaissance de soi, à la poésie peut-être, aux activités de l'esprit, essentiellement centrées dans la conscience individuelle[21]. Adonis, qui «rêve au bruit de l'eau», honoré des faveurs de Vénus, déesse de l'Amour, pourrait sans doute être rapproché de son créateur, rêveur, lui aussi poète favorisé des Muses, qui a su goûter et célébrer les plaisirs de l'amour, comme il le déclare dans l'*Avertissement* de l'édition de 1669 où il a joint «aux amours du fils, celles de la mère»:

> Pour moi, qui lui dois les plus doux moments que j'aie passés jusqu'ici, j'ai cru ne pouvoir moins faire que de célébrer ses aventures de la façon la plus agréable qu'il m'est possible.

O.D., p. 4 et p 800, note 5

Si le héros n'a pas su profiter de ses amours disparues, pour en faire de la poésie, le poète utilise l'épisode de la chasse pour introduire un élément de diversité et de contraste: après l'idylle, la poésie «héroïque, voire un certain réalisme capable de susciter l'intérêt des contemporains»[22], le tout relevé d'humour. La chasse fournissait à La Fontaine l'occasion d'introduire des éléments qui allaient devenir essentiels dans les *Fables*: les animaux, la guerre, la destruction et la mort. L'intérêt de cet épisode a fort bien été mis en valeur:

> Presque tout l'héroïsme...semble descendu des hommes chez les animaux, chiens, chevaux, sangliers, promus à la dignité de personnages héroïques...Ils apparaissent déjà comme les véritables héros du poème...le sérieux et le tragique se teintent ici d'enjouement et d'ironie. Un parallèle se dessine, à leur avantage, qui prélude au réquisitoire du «second recueil» contre la prétendue supériorité de l'homme et la royauté qu'il s'arroge sur le reste de la création[23].

L'adversaire contre lequel luttent Adonis et ses compagnons est présenté comme le «tyran des forêts». Il préfigure par là le lion des fables, qui possédant la force, s'en sert en tyran: il dispense une justice arbitraire

---

21 Bernard Beugnot, «Autour d'un texte: L'ultime leçon des *Fables*», *Mélanges Pintard* publiés par Noémi Hepp, Robert Mauzi et Claude Pichois, *Travaux de linguistique et de littérature* publiés par le Centre de philologie et de littérature romanes de l'université de Strasbourg, XIII, 2, Etudes littéraires, 1975, en particulier les pages 297-301. L'auteur montre avec autant de perspicacité que de finesse la continuité d'*Adonis* et du *Songe de Vaux* à la dernière fable.

22 Renée Kohn, *Le Goût*, p. 99 souligne que cet épisode devait plaire aux contemporains. On se souvient que Louis XIV avait suggéré à Molière la scène du chasseur pour les *Fâcheux*

23 J-P. Collinet, *Le monde littéraire*, p. 49.

(Les Animaux malades de la peste) et pratique ouvertement la cruauté la plus brutale:

> Ce Monseigneur du Lion-là
> Fut parent de Caligula.
>
> *La Cour du lion*, VII, 6, 187.

évoquée toutefois avec humour, le lion étant placé en rapport de parenté avec un des tyrans célèbres de l'histoire. Les déprédations du sanglier préludent à celles d'un autre animal, moins noble mais qui provoquera, lui aussi, une chasse fatale. Les plaintes des agriculteurs annoncent celles du jardinier:

> Maint et maint laboureur se plaint à sa famille
> Que sa dent a détruit l'espoir de sa faucille:
> L'un craint pour ses vergers, l'autre pour ses guérets;
> Il profane les dons de Flore et de Cérès:
> Monstre énorme et cruel, qui souille les fontaines,
> Qui fait bruire les monts, qui ravage les plaines,
> ....
> Tâcher de le surprendre est tenter l'impossible...
>
> *O.D.*, p. 10 et p. 802

Si la rime famille-faucille rappelle celles de la célèbre prière de Malherbe:

> Toute sorte de biens comblera nos familles
> La moisson de nos champs lassera les faucilles,
> Et les fruits passeront la promesse des fleurs.

mais inverse le sens: la prospérité des campagnes est détruite par le «monstre énorme et cruel», la situation préfigure, dans un style noble, celle du propriétaire heureux d'un jardin dévasté par un lièvre

> Cette félicité par un lièvre troublée
> Fit qu'au Seigneur du Bourg notre homme se plaignit.
> Ce maudit animal vient prendre sa goulée
> Soir et matin, dit-il, et des pièges se rit;
> Les pierres, les bâtons y perdent leur crédit.
> Il est sorcier, je crois
>
> *Le Jardinier et son Seigneur*, IV, 4, p. 109

L'humour, déjà présent dans *Adonis*, devient beaucoup plus évident dans la fable. Dans l'un et l'autre texte les hyperboles indiquent la distanciation, la vision détachée, amusée, légèrement ironique du narrateur. Toutefois, l'ironie dans la fable s'avère bien plus complexe: le lièvre tant redouté représente une force de destruction naturelle, minime en comparaison de celle de l'homme. C'est le seigneur, dont le secours a été sollicité, gourmand, libertin, brutal, ses gens «bien endentés» qui mettent le jardinier, ses provisions, sa fille et son potager à mal.

Un autre rapprochement est suggéré par l'évocation des vergers et celle des dons de Flore et de Pomone. Dans une fable, un monstre à figure humaine gâte fleurs et fruits cultivés avec soin et amour:

> Certain enfant qui sentait son Collège,
> Doublement sot et doublement fripon
> Par le jeune âge, et par le privilège
> Qu'ont les Pédants de gâter la raison,
> Chez un voisin dérobait, ce dit-on,
> Et fleurs et fruits.
>
> *L'Ecolier, le pédant et le Maître d'un Jardin* IX, 5, p. 250

Il existe toujours, chez La Fontaine, sous une forme allégorique ou proche de la réalité, un monstre dont l'ignorance, la sottise, la brutalité viennent détruire l'équilibre et l'harmonie de la nature cultivée par l'homme qui par son intelligence et son travail tente d'assurer l'abondance et le bonheur. Adonis parvenait, au prix de sa vie sans doute, à vaincre le sanglier, force de destruction. Dans les *Fables*, les monstres prennent diverses figures, la bestialité n'étant pas réservée aux seuls animaux sauvages; leurs victimes sont généralement impuissantes.

Dans *Adonis*, la mort frappe le héros en pleine victoire, au moment où il triomphe de son adversaire: cette fin noble convient à la grandeur épique. Vénus et Adonis, personnages de légende dont l'histoire est offerte en hommage à un généreux mécène devaient connaître un sort en rapport avec leur statut. La mort du héros, la douleur de l'amante sont transfigurées par le poète, désireux d'harmoniser son œuvre avec le cadre de Vaux et de procurer au destinataire le plaisir souhaité. Notre condition mortelle cependant devait continuer à préoccuper l'auteur des *Fables*. Il en voit, comme Pascal encore, l'aspect tragique, souligne la vanité de toute résistance, de la part même des grands, devant des forces qui les dépassent:

> Le vent redouble ses efforts
> Et fait si bien qu'il déracine
> Celui de qui la tête du Ciel était voisine,
> Et dont les pieds touchaient à l'Empire des Morts.
>
> *Le Chêne et le Roseau I*, 22, p. 55

La Fontaine, inspiré sans doute à la fois par une méditation personnelle et par la pensée épicurienne, comprend et accepte la double puissance de la nature: celle de destruction impose à l'homme sa finitude, celle de création lui permet, sa vie durant, de jouir de «biens sans embarras, biens purs, présents du Ciel». Dans cette perspective de conformité à l'ordre naturel, d'acceptation sereine, la mort perd sa terreur[24]:

> Quand le moment viendra d'aller trouver les morts,
> J'aurai vécu sans soins, et mourrai sans remords.
>
> *Le Songe d'un habitant du Mogol*, XI, 4, p. 302

Bien mieux, ce pouvoir de création et de destruction se trouve reflété dans l'homme. Le poète avait pu observer à Vaux les créations de l'art allié avec la nature. Il y avait connu le loisir propice à la rêverie créatrice, à la prise de conscience de ses facultés poétiques. De ses entretiens secrets à cette époque heureuse avec «les Neuf Sœurs» naîtra l'œuvre future.

---

[24] Roger Zuber, «Le Songe d'un habitant du Mogol: étude littéraire», *Bulletin de la Faculté des Lettres de l'université de Strasbourg*, vol. 41 (1963), estime que La Fontaine évoque dans la deuxième partie de la fable «un bonheur de païen» p. 368, y voit une «pensée d'homme indépendant, pensée de libertin'», p. 370.

Adonis, poème d'amour. Conventions et création poétiques

De fins connaisseurs ont souligné la présence d'une double inspiration dans l'œuvre de La Fontaine: réalisme et vision comique ou ironique dans les *Fables* et les *Contes* d'une part, visions édéniques peuplées par les nymphes, les dieux et les déesses dans la poésie lyrique d'autre part[25]. Cette seconde inspiration qui «apparaît surtout dans les fables lyriques, dans les Poèmes, celui d'Adonis en particulier...naît des aspirations secrètes du poète à un monde plus beau et plus aimant, fruit, le plus souvent du sentiment de l'amour, du rêve et de la création poétique»[26].

La vocation lyrique de La Fontaine a été éloquemment analysée et sentie par un très grand poète: le brillant essai de Valéry constitue sans doute une lecture pénétrante d'*Adonis*, où le poète-critique parvient à définir l'art même de La Fontaine[27]. Le savant éditeur des *Œuvres* de Valéry a examiné la question du lyrisme de La Fontaine du point de vue formel, essentiel selon la conception que le XVIIe siècle se fait de la poésie, divisée en différents genres. Il a saisi dans une intuition subtile la véritable tentation du poète: «Chanter sur tous les tons fut l'ambition secrète de La Fontaine, mais toujours combattue par le doute de soi et de ses capacités»[28]. Jean-Pierre Collinet nous a donné un excellent panorama des variations de la critique sur le point crucial et contesté: La Fontaine est-il poète au sens où nous l'entendons aujourd'hui ou est-il un fabuliste, observateur amusé des mœurs et des caractères, moraliste sans dogmatisme qui s'exprime en vers?[29]

Dans *Adonis*, il est évident que La Fontaine traite les thèmes lyriques traditionnels: l'amour, la fuite du temps, les regrets et la mort. Il utilise diverses catégories de poésie reconnues et cultivées par les poètes antiques

---

[25] Philip A. Wadsworth, «Ovid and La Fontaine, *Yale French Studies* 38 (1967), 153.

[26] Jacques-Henri Périvier, «La Cigale et la Fourmi» comme introduction aux *Fables*», *The French Review* 42, No. 3 (Feb. 1969), 421-422.

[27] «Au Sujet d'Adonis», dans *Variété*, *Œuvres*, éd. Jean Hytier, Pléiade (Paris: Gallimard, 1957), I, 474-495.

[28] Jean Hytier, «La Vocation lyrique de La Fontaine», *French Studies* 25, No. 2 (April 1971), 136-155; passage cité p. 138. Sur la division en genres, voir aussi Jean Tortel, «Le lyrisme au XVIIe siècle», *Histoire des Littératures*, Encyclopédie de la Pléiade (Paris: Gallimard, 1963) III, 342.

[29] «La Fontaine est-il poète?» *Œuvres et critiques* V, 1 (Automne 80). Réception de textes lyriques, 51-68.

et modernes qu'il avait dévorés avec passion. C'est à partir d'Ovide qui a inspiré le choix du sujet, mais aussi de bien d'autres lectures[30], assimilées, réduites à l'état de souvenirs, de réminiscences poétiques, à partir encore de ses propres rêves que La Fontaine a créé *Adonis*, offrant au lecteur dans une originale fusion «the twofold poetic pleasure of recognition and discovery», selon l'heureuse formule de David Rubin[31].

Après avoir déclaré son admiration pour le genre «héroïque»: «c'est assurément le plus beau de tous», La Fontaine avouait avec sa charmante candeur dans l'*Avertissement* d'*Adonis*: «à proprement parler, il ne mérite que le nom d'idylle»[32] réflexion fort juste, du moins en ce que concerne la première partie du poème, celle des amours de Vénus et d'Adonis dans le cadre bucolique des monts Idaliens. L'idylle, au sens étymologique du terme, est un petit tableau, un poème relativement court, offrant en général une scène d'amour dans un cadre pastoral ou champêtre. Or on trouve dans l'*Adonis*, en contrepoint à l'idylle une «tragique histoire d'amour»[33]. La mort du héros et le désespoir de son amante se prêtent à un développement élégiaque. L'élégie est en effet le genre consacré depuis les poètes grecs et alexandrins et les élégiaques latins à l'amour et à ses souffrances aussi bien qu'à la mort. La forme de l'élégie n'est pas strophique mais elle comporte un mètre distinctif: le distique élégiaque. Les thèmes et la forme avaient été repris par les poètes français de la Renaissance, par Ronsard en particulier, auteur d'un *Adonis*, placé dans un recueil d'*Elégies*[34].

---

30 John C. Lapp, «*Ronsard et La Fontaine: Two versions of Adonis*», *L'Esprit Créateur* 10, 2 (Summer 1970), 125-144 mentionne le poème de Bion, «Chant funèbre en l'honneur d'Adonis». D'excellents érudits ont bien mis en valeur le point de départ livresque de l'inspiration chez La Fontaine: voir à se sujet: Jean-Pierre Collinet, *Le Monde littéraire de La Fontaine* (Paris: P.U.F., 1970), p. 11; Madeleine Defrenne, «Le Phénomène créateur chez La Fontaine: le poète et le monde», *Australian Journal of French Studies* 12 (1975), 126; J.D. Hubert, «La Fontaine et Pellisson ou le mystère des deux Acante», *RHLF* 66, No. 2 (avril-juin 1966), 237.

31 *Higher, Hidden Order: Design and Meaning in the Odes of Malherbe*, U. Of N. Carolina Studies in the Romance Languages and Literatures, No. 117 (Chapel Hill, N. C.: The U. of N.C. Press, 1972), p. 112.

32 *Œuvres diverses*, éd. Pierre Clarac, Pléiade (Paris: Gallimard, 1958), p. 3. Toutes les citations renvoient à cette édition; les pages seront indiquées dans le texte.

33 Philip A. Wadsworth, *Young La Fontaine*, p. 37; J-P. Collinet, *Le Monde littéraire*, p. 50.

34 Robert E. Hallowell, *Ronsard and the Conventional Roman Elegy*, Illinois Studies in Language and Literature, vol. 37, No. 4 (Urbana: The U. of Illinois Press, 1954), pp. 26-29 and 37-46.

La preuve irréfutable qu'*Adonis* tenait intensément à cœur à La Fontaine, au poète et à l'homme, et qu'il a été pour lui tout autre chose qu'un poème de circonstance destiné à un généreux mécène, est le soin avec lequel il l'a corrigé et remanié dix ans après. La seconde version, publiée en 1669, améliorée, perfectionnée, comme une étude stylistique précise l'a bien montré[35], introduit aussi un élément nouveau, qui met l'accent sur le côté personnel du poème: la dédicace à Aminte à laquelle La Fontaine s'adresse en amoureux respectueux, offrant un délicat hommage à une belle insensible[36]. Il y a donc une double série de contrepoints, celui suscité par le sujet même: idylle heureuse – tragédie – élégie, et celui établi subtilement entre les amours du poète et celles de ses héros. Ce procédé a été qualifié d'encadrement par John C. Lapp qui a bien vu l'importance capitale de l'invocation à Aminte[37]. La situation du poète à l'égard de la jeune femme, celle de l'amoureux repoussé de la tradition élégiaque, se voit contrastée à celle des amants légendaires, tandis que la beauté et la grâce d'Aminte sont rapprochées de celles de Vénus. Le poète suggère ainsi une invite à la belle indifférente: qu'elle aussi se laisse toucher par l'amour comme son double mythologique. La présence discrète mais indéniable de l'élément personnel change la portée de l'*Adonis* et renforce l'accent lyrique, présent dans les thèmes et dans les genres utilisés. Pour Renée Kohn d'ailleurs, *Adonis* appartient à une «Trilogie lyrique»[38], J.-P. Collinet de son côté note une correspondance entre le héros et son créateur:

> la propension à l'enthousiasme allègre et la pente à la rêverie mélancolique, qui correspondent aux deux aspects essentiels de la sensibilité chez La Fontaine, se réunissent avec Adonis en un personnage où se reflète plus totalement la complexité de sa nature[39].

---

35 G. Guisan, «L'Evolution de l'art de La Fontaine d'après les variantes de l'*Adonis*», *RHLF* 42 (1935), 161-180 and 321-343.

36 Odette de Mourgues, *O Muse fuyante proie* (Paris: Corti, 1962), estime que «ce n'est pas par le truchement de la poésie personnelle que La Fontaine retrouve le visage nu de l'amour, sérieux et adorable: c'est au contraire lorsqu'il se tourne vers l'universel: dans les *Fables* de temps en temps, et aussi dans le très beau poème d'Adonis», pourtant l'exégète reconnait la présence d'un élément personnel dans le ton d'ironie.

37 «Ronsard and La Fontaine», 136: «Invoking "Aminte", the poet presents the story as secondary in importance to the singing of his love for her which as yet she will not permit.»

38 *Le Goût de La Fontaine* (Paris: P.U.F., 1962), ch. IV

39 *Le Monde littéraire*, p. 50.

Le jeune Adonis vit heureux dans une solitude agreste, chère au poète, et dans l'innocence de l'âge d'or, exerçant son courage contre les seuls animaux sauvages, tel Hippolyte. Il n'a pas connu l'amour avant la rencontre de Vénus, mais y cède le plus naturellement du monde, conquis comme il se doit, par la force invincible de la beauté et de la grâce.

De même, le poète a été conquis par Aminte. Il se présente en amoureux soumis, attitude traditionnelle de l'amour courtois qui subsiste au XVIIe siècle comme idéal et modèle littéraire[40]. Le respect qu'il professe n'exclut pas l'aisance, la familiarité du ton. Il lui offre, en véritable serviteur, le meilleur de lui-même: son œuvre. Les intensifs, les hyperboles employés pour décrire les souffrances de l'amour font partie des conventions de l'élégie amoureuse, l'éloge de la beauté et des charmes de la dame aussi. Elle est, dans l'invocation initiale, élevée au rang de divinité. Il sera ainsi d'autant plus facile de l'assimiler à la déesse dont le poète va peindre, pour la divertir, dit-il, l'idylle avec un mortel. Il entend suggérer qu'Aminte, comme Vénus, pourrait, elle aussi, se laisser toucher par un simple mortel, le poète. Si Aminte ne répond pas à ses vœux au moment où il s'adresse à elle, ceci ne veut pas dire qu'aucun espoir n'est permis à son adorateur. Le tableau de l'amour partagé de Vénus et d'Adonis pourrait posséder un pouvoir de suggestion, le poème agir comme un charme. L'idylle deviendrait alors un modèle, un miroir tendu de façon insinuante et persuasive à Aminte, dans lequel elle peut voir une image si séduisante de l'amour qu'elle renoncerait à se défendre contre lui.

Le glissement des héros aux personnes s'accomplit imperceptiblement. Adonis nous est présenté comme pur et innocent, ignorant de l'amour. Le poète tend ainsi à suggérer que, lui aussi, avant de connaître Aminte, avait ignoré l'amour. Avec la chasse, plaisir actif, requis par sa qualité de héros et par le développement tragique qui va suivre, Adonis sait goûter le plaisir du poète ou de l'amoureux, celui de la rêverie: «Couché sur des gazons, il rêve au bruit de l'eau» (p. 6). Quant à Vénus, présentée par la périphrase de «fille de l'onde», soulignant son origine surnaturelle, elle possède une beauté parfaite. La Fontaine a recours aux conventions d'usage, empruntées à la stylisation pétrarquiste ou maniériste[41]. La Fontaine accumule «l'éclat

---

[40] Jean-Michel Pelous, *Amour précieux, amour galant* (1654-1675), (Paris: Klincksieck, 1980), p. 32: «le modèle courtois se maintient avec une étonnante stabilité sans doute parce qu'il est lié à un certain état social et à une civilisation aristocratique qui n'évolue guère: toujours est-il qu'il conserve en plein XVIIe siècle une forte emprise sur la mentalité mondaine.»

[41] Gisèle Mathieu-Castellani, *Les Thèmes amoureux dans la poésie française* 1570-1600 (Paris: Klincksieck, 1975), pp. 128-129.

des beaux yeux», la «tresse blonde», la «gorge d'albâtre», «les lis et les roses», l'abandon des cheveux aux Zéphyrs, le dévoilement des «trésors». Il utilise un mouvement énumératif avec anaphore qui vient couronner le tout et se termine en profession de foi amoureuse et esthétique:

> Rien ne manque à Vénus, ni les lis ni les roses,
> Ni le mélange exquis des plus aimables choses,
> Ni ce charme secret dont l'œil est enchanté,
> Ni la grâce plus belle encore que la beauté. (p.6)

La comparaison avec Aminte est naturellement enchaînée. Le ton encomiastique et personnel à la fois du passage s'accorde avec ce qui précède:

> Telle on vous voit, Aminte: une glace fidèle
> Vous peut de tous ces traits présenter un modèle;
> Et s'il fallait juger de l'objet le plus doux,
> Le sort serait douteux entre Vénus et vous. (pp. 6-7)

Il convient d'insister sur l'utilisation par le poète du miroir qui lui permet d'introduire une hyperbole galante à valeur picturale. Comme la Vénus de Vélasquez, Aminte pourrait trouver dans son miroir l'image de la déesse. Plus profondément, l'*Adonis* présente, comme un miroir magique, à l'insensible Aminte le reflet d'un amour idyllique que le poète l'invite implicitement à connaître et à partager.

C'est Vénus qui fait les premiers pas, qui offre son amour à Adonis. Dans le monde édénique des dieux et des héros, les conventions humaines n'ont pas de raison d'être. L'amour crée une égalité parfaite, supprime les distinctions de rang ou même de nature: une déesse s'éprend d'un mortel sans honte:

> «Nous aimons, nous aimons ainsi que toute chose:
> Le pouvoir de mon fils de moi-même dispose:
> Tout est né pour aimer.» Ainsi parle Vénus. (p. 7)

Cette profession de foi épicurienne en la toute-puissance de l'amour aboutit à un tableau voluptueux des premiers moments de bonheur des deux amants: «Quelles sont les douceurs qu'en ces bois ils goûtèrent!» (p. 7)

Le poète invoque ses prédécesseurs pour célébrer ce bonheur, à juste titre, car

> La traduction du sentiment amoureux n'échappe pas aux structures aussi bien linguistiques que mentales, affectives, imaginatives, issues de la tradition lyrique amoureuse: pétrarquiste, catullienne, ovidienne, etc...Bref la poésie est toujours une poésie au second degré; elle n'est créatrice qu'à partir d'elle-même, se faisant à la fois son propre matériau et son propre instrument[42].

C'est bien cette puissance créatrice au second degré qui apparaît dans toute sa vigueur et sa perfection à travers l'*Adonis* où La Fontaine réussit

> en poésie ce que Poussin fit en peinture, une sorte d'idéalisation vraie de la mythologie; ce que le peintre atteint grâce à la pure beauté des paysages et des corps, le poète le recrée par la puissance de la rêverie, la lancinante douceur de sentiments simples, bonheur de l'amour, tristesse de l'absence et de la mort. Ce que la lumière est aux paysages de Poussin, l'art extrême de l'expression l'est à l'*Adonis*[43].

L'égalité, «une égale ardeur», et la liberté, «de la contrainte ayant banni les lois», assurent à l'idylle sa perfection idéale, supraterrestre. Les amants oublient momentanément les conditions mêmes de l'existence; pourtant Adonis reste soumis aux lois du temps, de la mort. Vénus elle-même, toute immortelle qu'elle soit, a des devoirs à remplir que l'amour lui a fait négliger. Le conflit entre sentiments personnels et devoirs d'état, l'intervention du sort vont créer une situation tragique: «Il faut que je vous quitte, et le sort m'y contraint;/Il le faut» (p. 9). Suivent les pathétiques recommandations de fidélité et de prudence, les pressentiments funestes si courants chez les héroïnes de tragédie. On songe à Junie, à Bérénice:

> Conservez-moi toujours un cœur plein de constance;
> ...
> Surtout, de votre sang il me faut rendre compte.
> ...
> Il sied bien en amour de craindre toutes choses:
> Que deviendrais-je, hélas! si le sort rigoureux
> Me privait pour jamais de l'objet de mes vœux? (p.9)

---

42 Henri Lafay, La Poésie française du XVIIe siècle (1598-1630) (Paris: Nizet, 1975), p. 71.

43 Renée J. Kohn, «Réflexions sur l'*Adonis* de La Fontaine», *The Romanic Review* 47, No. 2 (April 1956), 81.

La tragédie est annoncée, le passage de l'idylle à l'élégie amorcé par l'invocation «O vous, tristes plaisirs»: l'oxymoron marque bien l'aspect poignant des baisers d'adieu. Elle se termine par l'annonce catégorique de la fin d'un bonheur désormais révolu: «Délicieux moments, vous ne reviendrez plus!» (p. 9). On voit qu'ici déjà, avant le *Songe de Vaux* et *Psyché*, La Fontaine fait appel aux conventions de plusieurs genres pour créer un tout unifié non seulement par le thème, mais aussi par le ton et par le style.

En passant de l'idylle à la tragédie de la séparation, la solitude amie, complice du bonheur des amants, devient un désert affreux: «Rien ne s'offre à ses sens que l'horreur des déserts» (p. 10). Vénus, si proche dans la chaude intimité et la douceur de l'amour partagé n'est plus qu' «une ombre vaine», le bonheur passé devient un rêve évanoui. Les plaintes et les pleurs de l'amant abandonné posent déjà les thèmes élégiaques qui seront repris avec plus d'intensité à la fin du poème. La Fontaine a évidemment voulu utiliser un procédé d'écho et d'amplification dans les plaintes de Vénus. Comme dans une composition musicale, les plaintes d'Adonis constituent un prélude où le leit-motiv de la douleur de la séparation est habilement introduit pour se voir développer plus loin avec une orchestration complète. Le thème de l'abandon se trouve tout au long de la tradition élégiaque. Catulle avait évoqué l'abandon d'Ariane, Ovide celui de célèbres amantes dans ses *Héroïdes*, Virgile celui de Didon. Cette tradition reste bien vivante au XVIIe siècle, comme nous avons tenté de le montrer, même si on la retrouve surtout dans d'autres genres: tragédie, roman. Nous avions noté toutefois que certains écrivains «tendaient à traiter la situation en faisant une part égale à l'homme; son dilemme et ses souffrances suscitent eux aussi pitié et sympathie»[44], point de vue que le traitement des plaintes d'Adonis confirmerait.

La mort d'Adonis a un sens tragique car elle est voulue par le sort. Il meurt en parfait amant: sa dernière pensée va à celle qu'il aime, ce qui permet le retour à l'élégie: les vaines plaintes de Vénus: «L'Enfer ne lui rend point le bien qu'elle a perdu...» (p. 18) – vers qui annonce, «Et l'avare Achéron ne lâche point sa proie.» (*Phèdre* II, 5). Le deuil et le désespoir sont habilement évoqués par la reprise antithétique des détails physiques utilisés au début du poème: les cheveux qui étaient alors abandonnés voluptueusement au souffle du zéphyr sont maintenant «épars», les yeux jadis pleins d'éclat sont maintenant «noyés de larmes».

---

44 M-O. Sweetser, «La Femme abandonnée: esquisse d'une typologie», *Papers on French Seventeenth Century Literature*, No. 10 (1978-79), 168.

L'apostrophe de Vénus à l'amant disparu permet au poète de reprendre le thème de l'abandon. Vénus avait abandonné Adonis pour satisfaire ses fidèles. Adonis, délaissé, avait cherché une diversion à son chagrin dans la chasse, comme Ovide l'avait recommandé dans ses *Remèdes à l'amour* (v. 199-212). Il avait ainsi abandonné l'unique poursuite qui aurait dû être la sienne, celle de l'amour de Vénus. La chasse devient par là mieux qu'un épisode «héroïque» rapporté. Elle s'insère parmi les volets d'un écran somptueusement déployé dépeignant la belle et tragique histoire d'amour de Vénus et d'Adonis.

L'apostrophe aux Destins fournit au poète l'occasion de développer le paradoxe de l'impuissance d'une déesse, réduite à supplier des divinités inexorables, par suite habilement humanisée pour susciter la pitié de la destinataire et du lecteur qui la sentent si proche de leur propre condition: «Je demande un moment et ne puis l'obtenir» (p. 18). Les «antres cachés, favorables retraites», les grottes, «Lieux amis du repos, demeures solitaires, « sont aussi vainement invoqués: la nature si propice au début est indifférente à la douleur de l'amante qui prononce l'adieu définitif maintenant: «Je ne te verrai plus; adieu, cher Adonis!» (p. 19) – très proche de celui de Bérénice: «Adieu, Seigneur, régnez; je ne vous verrai plus».

La suprématie de l'amour sur toute autre poursuite, implicitement suggérée, fait de l'*Adonis* un hymne à l'amour où ses aspects heureux et tragiques sont successivement évoqués par le poète qui fait appel aux conventions du genre poétique consacré à chacun. Avec la majesté de l'hymne, le poème se clôt sur une vision cosmique de deuil et de nuit: le monde ne saurait subsister sans l'amour. La leçon n'est pas explicitement exprimée comme dans maintes *Fables*. Elle ne s'en impose pas moins à l'imagination de la destinataire ou du lecteur sensible.

La Fontaine dans ce poème atteint à une vision idéalisée, platonicienne de la beauté, de la fragilité du bonheur, de l'amour et de la mort. Il pourrait, lui aussi, placer en tête de son œuvre: «Et in Arcadia ego». Comme Poussin, il a retrouvé et revivifié la grande tradition élégiaque, celle de Théocrite, consciente des «deux drames fondamentaux de l'existence humaine, l'amour contrarié et la mort, qui se résout chez Virgile «en cette alliance vespérale de mélancolie et de sérénité»[45]. Le poème représente en quelque sorte un lucide «Embarquement pour Cythère»: les héros connaissent l'amour et le bonheur dans le plus beau des cadres, dans l'innocence édénique d'un âge d'or, mais l'un d'eux n'échappe ni au

45 Erwin Panofsky, *L'Œuvre d'art et ses significations, Essais sur les arts visuels*, trad. Marthe et Bernard Teyssèdre (Paris: Gallimard, 1969), «Et in Arcadia ego. Poussin et la tradition élégiaque», p. 284.

destin, ni à la mort, l'autre à la douleur: ils sont très proches de nous par la condition qui leur est imposée, très loin par l'abstraction et l'idéalisation qu'un très grand artiste fait subir à leur aventure. L'esthétique de La Fontaine s'y trouve incarnée: «toute beauté est vaine qui ne suggère pas au-delà de la beauté même. Morale et esthétique en appellent donc au même dépassement de la réalité finie, à la même ouverture vers un au-delà de rêve»[46].

46 Jean Lafond, «La Beauté et la Grâce, L'esthétique "platonicienne" des *Amours de Psyché*», *RHLF* 69, No. 3-4, (mai-août 1969), 486.

Vaux et son goût: son exemplarité chez La Fontaine

Depuis le grand ouvrage de U.V. Chatelain, le mécénat de Fouquet est bien connu[47]. Cet excellent érudit avait rassemblé une masse considérable de documents dans lesquels, depuis, d'autres savants ont pu puiser pour proposer de nouvelles interprétations du rôle joué par les écrivains qui avaient trouvé dans l'orbite de Fouquet et dans la cour qu'il avait, avec sa seconde femme, créée autour de lui, un hâvre favorable. Chatelain et un historien récent, Jean-Christian Petitfils[48], ont tous deux bien montré que ce que nous nommons aujourd'hui la cour de Vaux existait bien avant la construction du château et les travaux considérables qui avaient permis l'établissement du cadre paysager, dans la résidence de Saint-Mandé et dans divers hôtels parisiens où le surintendant et son épouse avaient reçu leurs familiers, amis gens du monde, aussi bien qu'hommes et femmes de lettres.

La seconde femme de Nicolas Fouquet, Marie-Madeleine de Castille (1636-1716), issue d'une famille anoblie et riche, appartenant au monde de la finance, avait quelque vingt ans de moins que son mari et était au moment de son mariage en 1651 «une fière beauté brune aux traits purs et réguliers» qui avait apporté, en plus de sa dot, d'importantes relations à son époux dans le monde parlementaire. Dès la fin de la Fronde, le surintendant et sa femme avaient ouvert un salon dans leurs diverses résidences, attirant les gens de lettres par des gratifications et des bienfaits: Brébeuf, Boisrobert, Scarron, Gombauld, le président de Périgny, Thomas Corneille auxquels se joignent des femmes:

> Dans le salon littéraire de son mari, Madame Fouquet tenait la place éminente de maîtresse de maison: Mlle de Scudéry, Ménage, Boisrobert, Quinault, d'autres encore, frappés par sa grâce juvénile, miracle de sveltesse, célébraient sa beauté, sa carnation nacrée, son visage modelé, ses yeux vifs et délicieux.
>
> (*Fouquet*, p. 274)

---

47 Urbain-Victor Chatelain, *Le Surintendant Nicolas Foucquet protecteur des lettres, des arts et des sciences* (Genève, Slatkine Reprints, 1971). Réimpression de l'édition de Paris, 1905. Voir les chapitres «Le Salon de Mme Fouquet» et «la Vie à Saint-Mandé».

48 Jean-Christian Petitfils, *Fouquet* (Paris: Perrin, 1998). Voir les chapitres «Fouquet bâtisseur» et «Fouquet mécène».

L'historien cite la remarque de Gui Patin:

> Il y a deux femmes à la cour avec lesquelles le roi n'a pas regret de s'entretenir et de jouer: ce sont la comtesse de Soissons, nièce de Son Eminence et Mme Fouquet, femme de M. le procureur général et surintendant des finances. Elle s'intéresse à la poésie, aux beaux-arts, prit des leçons de dessin et de peinture auprès de Charles Le Brun. Elle cherchait à partager les goûts de son mari, peut-être dans la crainte de le voir s'échapper, car elle connaissait son caractère volage. (*Ibid*)

Dans son récent ouvrage magnifiquement illustré sur Vaux, Jean-Marie Pérouse de Montclos souligne le rôle important de Madame Fouquet comme source d'inspiration artistique:

> Marie-Madeleine de Castille aurait prêté ses traits à une *Madeleine* et à une *Beauté* peinte par Le Brun. Le premier tableau était destiné à la chapelle du château. Le second représentant *La Beauté coupant les ailes de l'Amour* est une belle introduction à l'art de Vaux tout empreint encore de préciosité...Enfin, d'après Guillet de Saint-Georges, l'historiographe de l'Académie royale de peinture et de sculpture, Michel Anguier a sculpté une *Charité* à l'image de Madame Fouquet, mais pour la maison de Saint-Mandé. Tous les témoins font de madame Fouquet une femme digne et belle, un peu hautaine certes, mais cela lui permettra de garder la tête haute dans l'épreuve[49].

Chatelain rappelle que le cercle de Vaux avait commencé à Saint-Mandé: dans un salon se trouvaient des statues antiques d'Apollon et de Mercure, des tableaux de Le Brun, des devises latines de Nicolas Gervaise et françaises de La Fontaine. La bibliothèque était de tous points remarquable avec dans la grande galerie des bustes de marbre et de bronze, des coffres à momies dont parlera La Fontaine et une collection de vingt-sept mille volumes, seconde seulement en importance à celle du cardinal Mazarin. Fouquet d'ailleurs, par une intelligente générosité, en faisait profiter ses hôtes et un collaborateur tel que Jannart, son substitut et oncle par alliance de La Fontaine, pour les ouvrages de jurisprudence. C'était aussi une bibliothèque largement ouverte aux humanités, anciennes et modernes aussi bien qu'aux sciences car le surintendant, élève des jésuites, avait reçu une bonne formation, à la fois classique et ouverte aux sciences

---

49 Jean-Marie Pérouse de Montclos, *Vaux-le Vicomte*, Photographies de Georges Fessy. Préface de Marc Fumaroli, de l'Académie Française (Paris: Editions Scala, 1997), p. 31.

modernes: dans la bibliothèque se trouvaient des traités de mathématiques, de géométrie, de musique et d'astronomie (*Fouquet*, p. 168)

Déjà dans sa vaste propriété de Saint-Mandé, Fouquet avait consacré ses soins aux jardins, ornés de fleurs, d'arbres rares et de statues:

> Mlle de Scudéry appréciait surtout la proximité du parc, l'agrément du jardin où travaillait un fleuriste venu d'Allemagne...Il y avait là force plantes aux noms étranges et deux cents grands orangers. L'air n'y était pas seulement salubre, comme le proclamait Scarron; il était embaumé de toutes les senteurs. Des marbres se mêlaient aux fleurs (Le Surintendant N. Foucquet, p. 313)

Chatelain cite une Flore moderne, une Atalante, un empereur romain, une imitation de la Vénus de Médicis: c'est dire que le maître des lieux appréciait la valeur ornementale de ces personnages mythologiques et allait pouvoir accepter avec grand plaisir en 1658 l'*Adonis*. Marc Fumaroli souligne à juste titre

> L'importance que Fouquet et Pellisson accordèrent à *Adonis*. [Elle] se mesure au luxe de la présentation du poème...Ce joyau va enrichir la splendide bibliothèque de 30.000 volumes réunis par Fouquet dans son château de Saint-Mandé. Le geste était solennel[50].

Après avoir ajouté des ailes aux constructions existantes à Saint-Mandé, aménagé somptueusement les intérieurs et les jardins, Nicolas Fouquet «avec le goût inné du faste et des magnificences baroques» conçoit le dessein de suivre l'exemple de ses prédécesseurs et confrères dans les importantes charges du royaume, d'acquérir une terre noble et d'y construire un château dominant de larges et belles perspectives: les jardins de Vaux qui avaient nécessité d'immenses travaux existaient dès 1652, car

> à l'époque, tout personnage public exerçant de hautes responsabilités se devait d'être bâtisseur. C'était une tradition ancrée chez les hommes de pouvoir: Richelieu, Mazarin avaient donné le ton et les prédécesseurs de Fouquet en avaient ressenti l'impérieuse nécessité...Le comportement de Fouquet n'est pas exceptionnel (*Fouquet*, pp. 173-174).

L'influence italienne sur l'architecture française continuait à s'exercer depuis la Renaissance. Le Vau qui n'était pas allé en Italie suivit

---

50 Marc Fumaroli, de l'Académie Française. *Le Poète et le Roi: Jean de La Fontaine en son siècle* (Paris: Editions de Fallois, 1997), p. 168.

néanmoins la mode. Comme le souligne judicieusement Marc Fumaroli dans sa préface à l'ouvrage de J-M. Pérouse de Montclos,

> la transfiguration d'une caste militaire en une classe de loisir, le passage d'un idéal chevaleresque à un idéal galant, ont retourné en deux siècles le sens et l'apparence des châteaux français: de pièces maîtresses d'une économie de guerre féodale, ils sont passés à un rôle central dans une économie de loisir et de paix à l'intérieur des frontières du royaume[51].

C'est bien ce climat galant, de loisir lettré, de goût pour les beaux-arts et les fêtes, d'atmosphère pacifique rétablie après les soubresauts et les angoisses de la Fronde, de prospérité retrouvée, de luxe que Fouquet s'employait à créer à Vaux. Sa «séduction naturelle», son «rayonnement» jouèrent sans doute autant que les pensions pour attirer à lui et s'attacher artistes et écrivains. J-Ch. Petitfils estime que la mythologie, héritée de la Renaissance, faisait partie de la culture humaniste et leur permettait de personnifier leur mécène «en Hercule, champion de la puissance et en Apollon, protecteur des arts» (*Fouquet*, pp. 177-178).

C'est donc dans ce milieu galant et raffiné que le surintendant et son épouse, «leur entourage lettré, Pellisson, Madeleine de Scudéry, madame de Sévigné, Jean de La Fontaine, se sont voulus, à une autre échelle, les héritiers de madame de Rambouillet et de Voiture». Cet «esprit de galanterie et de fête» avait été, chez madame de Rambouillet «la plus subtile revanche de l'aristocratie française sur la pesanteur tyrannique du gouvernement «absolu» de Richelieu», estime M. Fumaroli (*Préface*, pp. 10 et 11). Ce qui l'amène à envisager la fameuse fête du 17 août 1661 comme une réussite unique, marquant la fusion du charme d'une fête galante «avec la magnificence d'une fête royale» (*Préface*, pp. 11-12).

En remontant dans la filiation ou dans le sens des affinités existant entre l'hôtel de Rambouillet et la cour de Vaux, si bien évoqués par M. Fumaroli, J-Ch. Petitfils relève le courant suscité par l'*Astrée* (1610-1627), répandu dans les salons:

> Le roman, la poésie, le théâtre, la musique, la peinture même en furent fortement imprégnés...A travers une expérience romanesque surgissait à nouveau la grâce, la fraîcheur, la douceur galante de l'imaginaire antique, celles des *Bucoliques* de Virgile ou des *Métamorphoses* d'Ovide...Sous Louis XIII, il s'épanouit dans les salons et cercles féminins dont le plus célèbre demeure celui de Mme de Rambouillet (*Fouquet*, p. 260).

51 Marc Fumaroli, *Préface* à *Vaux-le-Vicomte*, op. cit., p. 7.

L'Astrée en effet présentait une vision idéalisée d'une communauté où régnait «la douceur de vivre», les plaisirs de la conversation et de l'amitié dans une retraite marquée par le refus de l'ambition et des guerres, comme l'a montré Madeleine Bertaud[52].

C'est ce goût pour une esthétique de la grâce, ce désir de créer un loisir privé, réservé à une élite mondaine, galante et libre que cette étude s'efforcera d'illustrer dans les œuvres de La Fontaine composées pour Fouquet, offertes ou destinées à son mécène, représentant ce que la culture de Vaux avait de plus séduisant et qui devait survivre à la disparition de cette cour.

Dans les années 1640, La Fontaine et son ami François Maucroix font partie d'une société de jeunes lettrés, baptisée les paladins ou chevaliers de la Table Ronde. Paul Pellisson-Fontanier s'y joint lors de son premier séjour à Paris. L'influence de ce milieu sur les orientations littéraires de La Fontaine et la création de liens d'amitié avec les membres du groupe, auront une grande importance avant même et au moment de son entrée dans le cercle de Fouquet «en effet il découvre alors les prestiges d'une littérature galante (on vient d'éditer les œuvres de Voiture), fréquente le tout nouveau salon de Mlle de Scudéry et se lie avec Jean-François Sarasin». La littérature

> quitte peu à peu les cabinets savants pour les salons mondains. Le jeune La Fontaine, issu du milieu humaniste et savant de la Champagne, arrive à Paris au moment même où s'affirment les nouvelles exigences de l'honnêteté: fréquentant Pellisson, Tallemant des Réaux ou Perrot d'Ablancourt, il est au contact des deux univers, savant et mondain, où s'élabore l'idéal de l'honnête homme. Sa «double carrière» poétique et la diversité des genres qu'il pratique seront exemplaires de la synthèse que l'on pouvait tenter alors[53].

Pellisson se lie d'amitié tendre avec Madeleine de Scudéry, rencontre Sarasin, devient son ami. C'est lui qui publiera les *Œuvres* de Sarasin, préfacées du *Discours sur les Œuvres de Monsieur Sarasin* où il présente la nouvelle esthétique de la galanterie. Il y eut donc une véritable préparation à celle qui allait être cultivée dans le milieu Fouquet. Au cours de la dernière décennie, d'excellents érudits ont beaucoup contribué à cerner et à

---

[52] Madeleine Bertaud, «L'art de bien vivre des bergers de l'*Astrée*», dans *L'Astrée et Polexandre. Du roman pastoral au roman héroïque* (Genève: Droz, 1986), pp. 26-34.

[53] Emmanuel Bury, *L'esthétique de La Fontaine* (Paris: SEDES; 1996), p. 13; Fanny Népote-Desmarres, *La Fontaine, Fables* (Paris: P.U.F., 1999), chap. «Les Contextes» et «Le prétexte: archéologie lafontainienne des fables».

mettre en valeur ce courant galant, en le dégageant de l'étiquette de préciosité qui lui avait été auparavant attribuée. Les importants travaux de Roger Duchêne, Alain Viala, Patrick Dandrey, les thèses récentes d'Alain Génetiot, Delphine Denis et Myriam Maître ont apporté beaucoup de lumière dans ce domaine[54].

C'est à juste titre qu'Alain Viala a mis en valeur l'influence marquante de Pellisson: c'est à la cour du surintendant, dont il était le secrétaire et le premier commis que La Fontaine a noué avec lui une solide et durable amitié.

> Pellisson, Voiture, Guez de Balzac, Gombauld occupaient les tout premiers rangs de la vie littéraire de leur époque; et à cet égard, Pellisson figura parmi les plus influents. Que cette influence se soit exercée sur des écrivains comme La Fontaine qui fit ses débuts dans l'entourage, sinon sous la houlette de Pellisson, comme Racine, qui, pour s'initier à la création littéraire, fut en étroite relation avec les milieux où Pellisson s'activait, comme Molière avec qui Pellisson

---

[54] Roger Duchêne, *Jean de La Fontaine* (Paris: Fayard, 1990).

_____________, «La Fontaine et Foucquet: un pédant parmi les galants», *Le Fablier*, no. 5, 1993, 31-36.

_____________, «Un exemple de lettres galantes: la *Relations d'un voyage de Paris en Limousin* de La Fontaine», *Papers on French Seventeenth-Century Literature*, vol. XXIII, No. 44, 1996, 57-71.

_____________, «Préciosité et galanterie», dans *La «Guirlande» di Cecilia. Studi in onore di Cecilia Rizza*, a cura di Rosa Galli Pellegrini et al (Fasano-Paris: Schena-Nizet, 1996), pp. 531-538.

Alain Viala, *L'esthétique galante*. Paul Pellisson, *Discours sur les Œuvres de Monsieur Sarasin* et autres textes (Toulouse: Société de Littératures classiques, 1989), *Préface* et *Introduction*, pp. 9-46.

Patrick Dandrey, «Les deux esthétiques du classicisme français», *Littératures classiques*, No. 19, automne 1993, 162.

Alain Génetiot, *Poétique du loisir mondain de Voiture à La Fontaine* (Paris: Honoré Champion, 1997); l'ouvrage comprend des notices biographiques sur Pellisson et La Fontaine.

Delphine Denis, *La Muse galante. Poétique de la conversation dans l'œuvre de Madeleine de Scudéry* (Paris: Honoré Champion, 1997).

Myriam Maître, *Les Précieuses. Naissance des femmes de lettres en France au XVIIe siècle* (Paris: Champion, 1999).

collabora pour *Les Fâcheux*, cela suffit...pour suggérer que les écrivains directement concernés par le *Discours*, aussi bien que les théories qui s'y affirment, méritent assez d'attention.

Préface à *L'esthétique galante*, pp. 9-10.

Marc Fumaroli consacre tout un chapitre de son important ouvrage *Le poète et le roi* à la formation littéraire et mondaine de La Fontaine et souligne lui aussi le rôle de Pellisson, «Un mentor pour les Paladins». Patrick Dandrey de son côté voit dans «la composante galante», «trop longtemps méconnue» un courant «dont est sorti ce qu'on appelle le classicisme français»: c'est dire l'importance du goût galant, cultivé à Vaux.

Dans un récent article, Alain Viala a précisé et approfondi les positions prises par Pellisson[55]: refus de distinctions génériques marquées et mélange des genres, enjouement et gaieté, esthétique de la mondanité littéraire «qui hésite entre les appellations d'urbanité, d'atticisme, de suavité ou encore de galanterie...c'est l'adjectif galant qui devient, dans les années suivantes l'appellation dominante». Il cite à l'appui La Fontaine «théorisant la galanterie dans la préface du *Songe de Vaux*». On pourrait également citer celle des *Amours de Psyché*. Pour Pellisson, ce qui définit la nouvelle esthétique sont trois traits: l'universalité, la facilité et le naturel, caractéristiques du style de La Fontaine précisément, parmi d'autres: Molière et Racine.

Il semble bien qu'en dédiant son *Adonis* au maître de cette cour, La Fontaine avait compris qu'il pouvait plaire et répondre à un goût qui cherchait moins son plaisir dans un poème héroïque que dans «une idylle», consacrée à une belle histoire d'amour, voluptueuse et mélancolique. Dans une analyse très dense et pertinente, J-P. Collinet a magistralement dégagé les multiples facettes du poème: «essai héroïque» qui touche au roman, voire à la comédie sentimentale par certains côtés, idylle opérant dans le registre amoureux (*Le Monde littéraire*, chap. 2 «L'essai héroïque»). Pour ma part, j'y avais vu un poème d'amour utilisant les conventions d'usage, mais aussi les dépassant par un recours subtil à plusieurs genres[56], ou pour employer la terminologie judicieusement proposée par E. Bury, à plusieurs tons, savamment fondus:

---

[55] Alain Viala, «L'esprit galant», dans *L'Esprit en France au XVIIe siècle*, éd. François Lagarde, Biblio 17, vol. 101; (Paris-Seattle-Tübingen: PFSCL: 1997), 53-74.

[56] M-O. Sweetser, «*Adonis*, poème d'amour. Conventions et création poétiques», *L'Esprit créateur*, vol. XXI, No. 4, Winter 1981, 41-49.

> Au repère tout extérieur des genres, La Fontaine tend à substituer une mesure beaucoup plus intériorisée, le ton. Celui-ci reflète plutôt un état d'âme, authentique dans sa variation même – la gaieté, la tristesse, la compassion – que la soumission convenue à une forme.
>
> *L'esthétique*, p. 18

En effet, à l'intérieur de l'idylle, on peut tracer différents tons, de l'extase amoureuse à la déploration funèbre. *L'Adonis* pour E. Bury est une tentative de conciliation entre deux inspirations, humaniste et galante. Le choix du sujet serait «humaniste», mais «le traitement que lui impose La Fontaine le tire insensiblement vers «l'inspiration galante» (p. 35); La Fontaine se montre un héritier de Marino «dont il propose ici une version «atticiste», c'est-à-dire dans le goût français des années 1650" (p. 37) où «arts de paix et mythologie ont donc plus que jamais partie liée dans l'imaginaire du temps» (p. 38). Or Alain Viala estime que le propre du goût galant est de promouvoir une esthétique conciliante, souple, capable «d'agréer à un public mondain de nobles et de bourgeois à la mode» (*Préface*, p. 10). La fusion entre lyrisme amoureux, pressentiment tragique, épisode héroïque et probablement allégorique, tragédie, hymne pénétré de mélancolie élégiaque est l'œuvre d'un virtuose, expression poétique de la formule «Et in Arcadia ego».

L'allégorie, interprétée par J-P. Collinet dans une perspective intellectuelle: «Comme Adonis lutte victorieusement contre le monstre, le Mécène terrassera l'ignorance», paraît plutôt montrer dans le héros éponyme un guerrier luttant pour le bien public, supprimant «le monstre pertubateur de la paix civile. Par suite le ministre d'Etat, soutien de la dynastie, qui a activement participé au rétablissement de la paix et de l'ordre est présenté comme le vainqueur du monstre de la guerre civile...Le ministre, nouveau Mécène, doit de plus, assurer un nouvel âge d'or dont l'Auguste sera le jeune roi et où règneront les Muses»[57]. Vue qui correspond à l'interprétation d'Alain Viala:

> Le destinataire apparent du propos, Fouquet, est qualifié de «héros». Mais il n'est pas un héros conquérant par des exploits guerriers...il est un héros du service de la collectivité...Il est celui qui a remis les

[57] M-O. Sweetser, «Le mécénat de Fouquet: la période de Vaux et ses prolongements dans l'œuvre de La Fontaine», dans *L'Age d'or du mécénat 1598-1661*, éd. Roland Mousnier et Jean Mesnard (Paris: Ed. du CNRS, 1985), p. 264.

> choses en ordre...il est une incarnation du bien public assimilé à l'ordre social[58].

Dans l'invocation en vers à son mécène, placée en tête du poème dans la version de 1658, La Fontaine utilise un style élevé qui convient pour la présentation officielle d'un poème de ton soutenu: Fouquet est mis sous l'égide de la Muse Uranie, muse de l'astronomie, de la géométrie et de la mathémathique, filiation qui convenait à un ministre des finances, l'épître en prose loue dans un style encomiastique conventionnel et hyperbolique le généreux mécène et «le héros destiné pour vaincre la dureté de notre siècle et le mépris de tous les beaux arts» (*O.D.*, p. 798 et p. 800). Peu après, lorsqu'il écrira dans le cadre de la pension poétique une épître en vers à son mécène, il adoptera un ton bien différent, d'une familiarité de bon goût, dans le style d'un badinage galant (*O.D.*, pp. 502-505) qui correspond à celui adopté par Pellisson dans son Remerciement «A Monseigneur Fouquet» de 1657 (*L'esthétique galante*, pp. 87-95) où «la forme la plus simple, prosaïque en apparence parce qu'en fait naïve et naturelle qui est celle de la sincérité, celle par quoi «le cœur parle» paraît préférable aux gens de goût, aux écrivains qui souscrivent aux valeurs de vérité, de sincérité dans la reconnaissance» («D'une politique des formes», pp. 149-150).

La preuve que La Fontaine avait su plaire en offrant l'*Adonis* à Fouquet est qu'il s'est vu attaché au cercle des protégés qui l'entourait et qu'une commande ou une requête lui a été faite: celle de célébrer la gloire de Vaux, de ceux qui en avaient fait un chef-d'œuvre de l'art, à commencer par celui qui en avait conçu le projet et qui avait pu songer à en faire une «galanterie» destinée au jeune roi:

> Vaux devait offrir une synthèse du goût français...Il devait symboliser l'avenir de paix, de prospérité et de loisirs dédiés aux lettres et aux arts que Foucquet méditait pour le roi et son royaume. Le poète Jean de La Fontaine, ami de Pellisson depuis vingt ans, fut chargé d'écrire le poème qui résumerait la signification du château privé: Foucquet l'avait sans doute conçu comme une «galanterie» (au sens où l'entendait la marquise de Rambouillet) qu'il comptait offrir au roi en gage d'amitié et de reconnaissance lors de son accession au rang de principal ministre et il l'avait voulu digne de Louis XIV.
>
> M. Fumaroli, *Préface*, pp. 18-19.

---

[58] Alain Viala, «D'une politique des formes: la galanterie», *XVIIe Siècle*, No. 182, janvier-mars 1994, 143-151, citation p. 150.

En attendant le grand œuvre qui devait célébrer Vaux, le poète tient à marquer son allégeance en divertissant le surintendant et son épouse, Oronte et Sylvie sous leur nom de Parnasse, par des pièces où se révèle son talent pour le badinage galant, épicé d'humour: c'est la pension poétique. Ce groupe de pièces, révélateur du goût de Vaux dans le domaine des échanges quotidiens faits pour distraire un ministre accablé d'affaires est précédé d'une épître en vers adressée à Madame de Coucy, abbesse de Mouzon; elle avait plu au cercle des amis de Fouquet, en particulier à Mme de Sévigné qui en avait apprécié le charme et l'art de dire sans dire, pour reprendre la formule adoptée par Jürgen Grimm. Les allusions érotiques habilement enrobées de galanterie, la réussite stylistique justifient l'enthousiasme d'une femme du monde spirituelle qui s'y connaissait dans l'art d'écrire. Marc Fumaroli y voit

> une pièce dans la manière de Voiture, galante, vive, libertine, et même très osée...L'abbesse de Coucy en son couvent est Cyprine elle-même en son île de Chypre, son habit sévère «recèle ses appas», mais c'est bien pour les faire désirer et imaginer avec plus de précision et d'appétit...On peut cependant reconnaître dans la pointe finale, qui affirme le charme érotique de la réserve et du secret, un manifeste d'atticisme français[59].

L'exégète admire également «l'extraordinaire audace métrique» de l'épître, elle fait «que ce chef-d'œuvre n'appartient déjà qu'à lui» (p. 14). Cette veine d'érotisme et d'esprit galant se retrouvera de façon plus appuyée dans les *Contes*: un rapprochement avec *l'Abbesse*, qui fait partie des *Nouveaux Contes*, parus en 1674, m'avait semblé possible[60].

Le dizain adressé à Fouquet où le poète exprime sa satisfaction des éloges décernés à cette épître par Madame de Sévigné, fine connaisseuse,

---

[59] Marc Fumaroli, «Politique et poétique de Vénus: l'*Adone* de Marino et l'*Adonis* de La Fontaine», *Le Fablier*, No. 5, 1993, 11-16, citation p. 14.

Sur l'atticisme, voir Roger Zuber, «Atticisme et classicisme», dans *Critique et création littéraires en France au XVIIe siècle*, (Paris: CNRS, 1977), pp. 375-387 qui souligne la présence d'un «niveau moyen de style et niveau moral de l'écrivain» comme «éléments nécessaires, mais non suffisants d'une définition de l'atticisme», p. 384.

[60] M-O. Sweetser, «La Fontaine conteur: vieilles histoires, nouvelle manière», *Le Fablier*, No. 10, 1998, 47-54, «En effet, le ton de *l'Abbesse* paraît plein d'humour et de sympathie pour des femmes enfermées le plus souvent à l'époque dans des couvents pour servir les intérêts de leur famille. La Fontaine songeait-il à Madame de Coucy, abbesse de Mouzon, pour laquelle il avait composé une épître fort galante, voire suggestive?», p. 52.

utilise avec verve le style marotique. Le poète évoque avec tact la place accordée par cet éloge au temple de Mémoire dont il était si éloigné jusqu'alors. Il suggère ainsi, de façon subtile, la subversion de la traditionnelle hiérarchie des genres: un texte, relevant d'un genre mineur, se voit apprécié des gens de goût et mis au même rang qu'un ouvrage relevant d'un «grand» genre. Comme l'affirme Alain Viala, l'esthétique galante

> tend à mettre en valeur une modernité susceptible d'agréer à un public mondain de nobles et de bourgeois à la mode; elle représente une postulation d'alliance privilégiéé avec le public des «honnêtes gens». Et comme quelques-uns de ces «honnêtes hommes» mondains accèdent alors au rang de «grands» à la cour, elle offre un biais pour concilier la Ville et la Cour. En même temps, elle tend à neutraliser l'hostilité possible des doctes...en faisant du savoir non une fin, mais un moyen à user et à dépasser.
>
> *Préface*, p. 10

ce qui est bien le cas de La Fontaine qui n'a jamais oublié son savoir d'humaniste, mais qui l'a dépassé. De sorte que cette «esthétique conciliante» présentait l'avantage de faire place «à l'innovation, aux apports des auteurs «modernes»» (*Préface*, p. 11), c'est-à-dire français et contemporains: position entérinée par l'histoire littéraire où les écrivains mondains sont mis au panthéon «classique».

J-P. Collinet avait consacré dans son *Monde littéraire* un chapitre à la pension poétique et y avait vu un tournant qui allait permettre à La Fontaine de se libérer des contraintes:

> Après la régularité, la fantaisie; après les grands genres les formes mineures, après la tendance à l'unité, la dispersion. Sous les auspices de Fouquet, une révolution s'opère: La Fontaine n'entre au service d'un maître que pour y faire le précieux apprentissage de sa liberté. (p. 83).

C'est sous le patronage de Marot et de Voiture, maîtres dans l'art de badiner qu'il place les pièces offertes au surintendant et à Mme Fouquet. Alain Génetiot a montré l'importance de cet apprentissage et la persistance du style marotique tout au long de sa carrière[61]. Roger Duchêne estime qu'avec la pension poétique «La Fontaine accomplit brillamment sa

---

61 Alain Génetiot, «La Fontaine à l'école du style marotique et du badinage voiturien», *Le Fablier*, No. 5, 1993, 17-22.

reconversion dans la poésie galante» (*Jean de La Fontaine*, p. 142). Les pièces courtes et vives dans l'ensemble ont récemment attiré l'attention de deux spécialistes. Comme Marc Fumaroli, Jürgen Grimm apprécie l'épître à Madame de Coucy, «chef-d'œuvre de galanterie non sans ambiguïtés, toute en légéreté et en touches subtiles»[62], ainsi que l'habileté et la variété de la prosodie. Il distingue dans l'épître à M. le Surintendant, pour la première fois chez La Fontaine, un conseil de sagesse épicurienne:

A jouir pourtant de vous-même
Vous auriez un plaisir extrême.

O.D., p. 503

courant qui reparaîtra à travers l'œuvre et fournira l'accord final de l'ultime fable. On peut d'ailleurs admettre qu'une note épicurienne entrait dans le climat de loisir lettré du cercle de Vaux. Toutefois, le conseil amical est ici entouré, comme l'exégète le souligne à juste titre, par un badinage étourdissant, plein de verve et d'humour.

Même dans les sujets inspirés par l'actualité contemporaine, La Fontaine s'attache au côté divertissant et piquant de la réalité, n'hésite pas à avoir recours au badinage, au ton galant: ainsi dans la *Ballade sur la Paix des Pyrénées et le Mariage du Roi*; on se trouve déjà dans l'atmosphère des *Contes*.

Dame Bellone, ayant plié bagage,
Est en Suède avec Mars son amant:
Laissons-les là...
J'aime mieux voir Vénus et sa famille.

La diplomatie de Mazarin se voit présentée comme «Jules...a chassé Mars, ce mauvais garnement» et le mariage royal «on doit...nous envoyer, avec certaine fille, Les Jeux, les Ris, les Grâces, et l'Amour» (*O.D.*, p. 498).

Dans l'*Ode pour la Paix*, forme qui pouvait laisser attendre un traitement sérieux, on a affaire à une pièce qui allie les allusions réalistes, indignées, aux déprédations soldatesques dans les provinces frontières, chez le poète en Champagne:

62 Jürgen Grimm, «Les épîtres en vers de La Fontaine», *L'épître en vers au XVIIe siècle*, dirigé par J-P. Chauveau, *Littératures classiques*, No. 18, printemps 1993, 213-231, citation p. 217.

Chasse des soldats gloutons
La troupe fière et hagarde,
Qui mange tous mes moutons,
Et bat celui qui les garde

avec une évocation galante de la paix ramenant les plaisirs et l'Amour:

Et ne permets qu'à l'Amour
D'entrer dans la bergerie

O.D., p. 501.

Jean-Pierre Collinet remarque que dans la *Relations de l'entrée de la Reine*, «le poète affirme qu'il parle en témoin oculaire du cortège qu'il décrit avec un sens aigu de la chose vue, prompt à s'infléchir vers le registre du burlesque léger»[63]. On sait que Scarron avait fait partie de la cour de Fouquet et qu'il y avait proposé un «burlesque atténué et fondu». Selon Alain Génetiot, «La Fontaine s'inscrit...dans l'héritage du meilleur burlesque français, celui de Scarron, genre éminemment mondain et savant qui a marqué la génération des Voiture et des Sarasin de son esthétique propre, celle de la diversité composite des tons et de la fantaisie enjouée du propos», satisfaisant «aux goûts raffinés d'un public d'honnêtes gens» (*Poétique du loisir mondain*, p. 70), ce que nous observons précisément dans nombre de pièces de la pension poétique et que nous retrouverons plus tard dans les *Fables* et les *Contes*. Ainsi dans cette *Relation*, le rôle éminemment comique accordé aux animaux et aux grands: la haquenée du chancelier Séguier, «la chancelière haquenée:, portant les sceaux et qui trébucha[64], les «mulets de son Eminence», le luxe vestimentaire des grands seigneurs, «ce n'était qu'or partout», «on eût dit qu'ils sortaient tous de chez le baigneur», somptueusement harnachés, ils sont ainsi ramenés de façon burlesque au niveau de leurs compagnons de cortège.

La lettre à M. de Maucroix, l'ami de toujours, représente bien l'esprit de Vaux. Plutôt qu'une «Relation» au sens strict, elle se présente plutôt sous l'aspect d'une lettre privée, comme le pense J-P. Collinet («La Fontaine et le journalisme épistolaire», p. 235), malgré la discrétion du narrateur qui la relève «d'une galanterie agréablement piquante» à l'égard du jeune roi attirant tous les regards des «Nymphes de Vaux». Le côté

---

[63] J-P. Collinet, «La Fontaine et le journalisme épistolaire», *Littératures classiques*, No. 18, printemps 1993, 233-246.

[64] Bernard Barbiche, *Les institutions de la monarchie française à l'époque moderne* (Paris: P.U.F., 1999), p. 154 note en effet «Dans les circonstances solennelles le coffret des sceaux...prenait part au cortège, porté sur une haquenée blanche».

personnel de cette relation apparaît clairement dans la mention flatteuse du génie de Le Brun et surtout dans celle du prologue des *Fâcheux*, récité par la Béjart et composé par Pellisson, prologue «des plus accomplis»

> Ainsi, bien que je l'admire,
> Je m'en tairai, puisqu'il n'est pas permis
> De louer ses amis
>
> *O.D.*, p. 525.

Suit un compte-rendu élogieux de la comédie de Molière qui «charme à présent toute la Cour» (*O.D.*, p. 525). *Les Fâcheux* sont en effet une charmante comédie de cour, agrémentée de ballets, parfaitement adaptée à l'occasion, la fête donnée par Fouquet au roi le 17 août 1661, et correspondant au goût de Vaux aussi bien qu'à celui du jeune Louis XIV, qui apprécie et protège Molière, aime les ballets de cour auxquels il participe. Le collaborateur de Molière pour les ballets était Beauchamp, le maître de danse du roi. Molière a fort bien expliqué dans sa courte et spirituelle préface les raisons qui l'ont amené à intégrer comédie et ballets et à créer ainsi un nouveau genre, la comédie-ballet[65]. Or, on le sait, le goût galant approuvait la nouveauté et un «mélange» inattendu, créant un effet d'agréable surprise.

Les éléments proprement comiques ne manquent pas dans *Les Fâcheux* mais l'ensemble conserve un ton plaisant de divertissement mondain et galant avec une intention encomiastique discrète dans le ballet où le jardinier danse seul, représenté comme assurant l'ordre et l'harmonie dans son domaine: allusion probable au surintendant qui espérait devenir premier ministre; après sa chute, au jeune roi lui-même, maître du jardin.

La Fontaine, sensible à l'aspect de divertissement de cour de la comédie-ballet, à sa convenance parfaite à une fête telle que celle de Vaux, loue «le bon goût et l'air de Térence» assumé par Molière pour cette occasion. Il pouvait penser que le dramaturge allait abandonner Plaute et le comique de farce, poursuivre dans cette veine galante représentant la nouvelle mode:

> Nous avons changé de méthode:
> Jodelet n'est plus à la mode,
> Et maintenant il ne faut pas
> Quitter la nature d'un pas. *O.D.*, p. 526

---

65 M-O. Sweetser, «Naissance fortuite et fortunée d'un nouveau genre: *Les Fâcheux*», dans *Car demeure l'amitié. Mélanges offerts à Claude Abraham*, éd. Francis Assaf, Biblio 17, vol. 102 (Paris-Seattle-Tübingen: PFSCL, 1997), 87-98.

Patrick Dandrey a fort justement mis en question cette affirmation trop radicale. La comédie-ballet donne une impression de naturel: les personnages ridicules, en proie à leur obsession, gardent le ton de la conversation mondaine et sont traités avec tact par le jeune premier. Pourtant Molière n'a pas renoncé à d'autres formes de comique, il opère la fusion «entre ces masques si dissemblables», montre que sa pièce a plu et fait rire le public car «Molière est ainsi, génie mêlé, et homme de scène autant que de plume»[66]. Molière ne renoncera pas à ce genre de comédie découvert à Vaux, cultivera la comédie-ballet jusqu'au bout de sa carrière, si bien qu'Alain Viala a pu déclarer: «Il y a bien de la galanterie chez Molière, et jusqu'au bout» et y consacrer une étude[67]. La Fontaine d'ailleurs comprendra l'art de Molière de façon plus large lorsqu'il écrira après sa mort: «Sous ce tombeau gisent Plaute et Térence, et cependant le seul Molière y gît». Roger Duchêne a montré de façon convaincante la double ambition de M. Jourdain: être gentilhomme et agir en galant homme car pour être un véritable gentilhomme selon l'idéal des années 1670, il convient d'agir, de parler et de s'habiller de façon galante[68].

L'expression la plus achevée du goût de Vaux devait être l'œuvre à laquelle La Fontaine, selon sa propre déclaration, avait consacré plus de trois années (*Avertissement, O.D.*, p. 78), *Le Songe de Vaux*. Œuvre composite en vers et en prose, J-P. Collinet la définit ainsi:

> éléments poétiques mi partis de style héroïque et de style lyrique, emprunts romanesques à la tradition pastorale et précieuse, description «historique» et épisodes galants se seraient fondus ou entrelacés dans un songe où se fût reflétée cette diversité riche et pourtant équilibrée qui a présidé à la création du parc et du château...Le *Songe* de La Fontaine aurait été la transposition littéraire du rêve de Foucquet.
>
> *Le monde littéraire*, p. 95

Ce qui reste de ce projet inachevé sont des fragments, publiés séparément par l'auteur. Le premier paru, *Les Amours de Mars et de Vénus*, inspiré par une série de tapisseries, le fut avec les *Contes* en 1665. Présenté avec des

---

[66] Patrick Dandrey, «La Fontaine et Molière à Vaux: la «nature» des *Fâcheux*», *Le Fablier*, No. 6, 1994, 17-23, citation p. 21.

[67] Alain Viala, «Molière et le langage galant», dans *Car demeure l'amitié*, *op. cit.*, pp. 99-109.

[68] Roger Duchêne, «Bourgeois gentilhomme ou bourgeois galant?», dans *Création et Recréation. Mélanges offerts à M-O. Sweetser*. Etudes réunies par Claire Gaudiani en collaboration avec Jacqueline Van Baelen (Tübingen: Gunter Narr), pp. 105-110.

personnages mythologiques, il s'agit d'un conte gaulois, présenté dans un style de burlesque léger, Vulcain étant un mari trompé[69]. Trois autres fragments parurent avec les *Fables nouvelles et autres poésies* en 1671, les cinq autres de façon posthume dans les *Œuvres diverses* de 1729. Ils reflètent le goût de Vaux dans leur diversité et dans le désir, exprimé par l'auteur, d' «égayer» son poème «et le rendre plus agréable», d' «entremêler» épisodes sérieux et épisodes «d'un caractère galant» (Avertissement, *O.D.*, p. 80).

En effet, le fragment du concours des fées traite d'un sujet sérieux, celui de la nature et du mérite respectif des principaux arts qui ont contribué à la beauté de Vaux: architecture, peinture, art des jardins, et de celui qui permettra de les célébrer, la Poésie. Ces questions d'esthétique avaient probablement été discutées dans le cercle savant de Fouquet, avant même que La Fontaine n'ait entrepris *Le Songe de Vaux*, car, dit-il

> Jadis en sa faveur j'assemblai quatre fées.
> Il voulut que ma main leur dressât des trophées:
> Œuvre long, et qu'alors jeune encor j'entrepris
>
> *Le Songe de Vaux*, *O.D.* p, 85

La harangue de Calliopée rassemble les arguments traditionnels en faveur de son art et de sa supériorité sur les autres (E. Titcomb, pp. 79-80); toutefois sa déclaration finale à propos de Vaux:

> La dernière main n'y sera que quand mes louanges l'y auront mise.
>
> *O.D.*, p. 96

constitue un argument plus particulier, en faveur du genre encomiastique, des poètes qui le pratiquent, en fait en faveur de l'œuvre elle-même et de sa raison d'être. C'est ce que Jean-Pierre Chauveau a relevé avec perspicacité:

> La Fontaine, comme Théophile en son temps, a conçu l'éloge de son protecteur Foucquet, plus comme l'exaltation d'un esprit, d'une philosophie de la vie, de l'art et de la société dont il serait porteur, que comme la simple description de sa demeure.

le véritable programme de l'œuvre serait allégorique:

---

69 Eleanor Titcomb, édition illustrée, avec introduction, commentaires et notes du *Songe de Vaux*», Textes littéraires français (Genève: Droz, 1967), p. 221, p. 225. On consultera avec profit cette édition pour les commentaires sur les divers fragments.

> celui-ci exalterait conjointement...le génie du maître du lieu, suscitant la création artistique et régnant, nouvel Apollon, sur ce nouveau Parnasse...et la royauté du poète, tour à tour tenté de tenir sa partie dans le concert des arts suscité par le héros, et de jouer en solitaire et en créateur autonome...Ce faisant, même s'il la renouvelle en la subvertissant, La Fontaine n'en renoue pas moins avec l'esprit de l'entreprise encomiastique...où l'immortalité conférée par le poète à son héros est garante de l'immortalité du poète et de son art[70].

Boris Donné n'hésite pas à affirmer que l'ouvrage est en fait «une occasion de célébrer les pouvoirs de l'art et de la parole poétique, et de conclure:

> Calliopée est constante dans son double amour pour Apollon et pour Foucquet.

Cette identification du mécène et du dieu n'était certes pas nouvelle, mais par un rappel discret et poignant «La Fontaine a peut-être voulu esquisser la grande identification mythologique qui gouverna par la suite l'image du mécénat de Louis XIV»[71].
L'autre raison d'être de ce fragment se voit défini dans l'*Avertissement* de 1671: c'est sur la présence des fées et leur concours que repose «tout le plan de l'ouvrage» (*O.D.*, p. 78). Ce concours est doté d'un prix prestigieux, un écrin rempli de pierres précieuses, avec un diamant d'une beauté extraordinaire, taillé en forme de cœur, accompagné d'une devise mystérieuse: «Je suis constant, quoique j'en aime deux», destiné à la plus savante des fées. Sur le couvercle de l'écrin, se trouvait le portrait du Roi (*O.D.*, pp. 79-80). Le poète nous transporte en pleine féerie, il prépare ainsi la mode des contes de fées qui allait connaître une telle vogue à la fin du siècle. Le tout se trouve présenté dans le cadre d'un «romanesque fabuleux», enraciné «dans un fonds légendaire qui remonte aux romanciers médiévaux, en même temps qu'il ouvre une échappée agréablement dépaysante vers un orientalisme de fantaisie»[72].

C'est aussi à un procédé fabuleux, quasi magique que La Fontaine a recours au seuil de son ouvrage: il songe, qu'endormi, il rend visite au Sommeil et le prie de lui faire voir Vaux tel qu'il devait être une fois que

---

[70] Jean-Pierre Chauveau, «L'ambition d'un poète: La Fontaine et la transgression des genres», *Littératures classiques*, No. 29, Janvier 1997, 25-26.

[71] Boris Donné, «Le Parnasse de Vaux et son Apollon ou la clé du *Songe*?», *XVIIe Siècle*, No. 187, Avril-Juin 1995, 215, 222, 223.

[72] J-P. Collinet, «Réflexions sur *Le Songe de Vaux*», *Le Fablier*, No. 6, 1994, 11-16, citations p. 12.

les jardins auraient atteint leur plein développement: les éléments architecturaux prennent vie et lui apparaissent comme des personnages agissants.

L'Aventure d'un Saumon et d'un Esturgeon relève aussi du merveilleux[73] et l'on ne peut s'empêcher d'évoquer le futur fabuliste[74]:

> Tout parle en mon ouvrage et même les poissons.
>
> A Monseigneur le Dauphin, *Fables, O.C.* I, p. 24

> Cependant jusqu'ici d'un langage nouveau
> J'ai fait parler le loup et répondre l'Agneau.
> J'ai passé plus avant; les Arbres et les Plantes
> Sont devenus chez moi créatures parlantes.
> Qui ne prendrait ceci pour en enchantement?
>
> *Contre ceux qui ont le goût difficile*, Fables II, 1, *O.C.*, p. 69

Car il s'agit déjà d'une fable, même si l'épisode est conçu comme un morceau encomiastique à l'égard du maître des lieux: ces poissons sont venus en ambassadeurs de Neptune, dieu de l'océan, pour rendre hommage au Surintendant. Des vues pessimistes sur le jeu des instincts dans la société sous-marine annoncent celles exprimées dans les *Fables*:

> Si les gros nous mangeaient, nous mangions les petits,
> Ainsi que l'on fait en France.
>
> *O.D.*, p. 98.

Les marchands se voient reprocher leur désir de lucre qui les entraîne dans les dangers des voyages en mer:

> Pauvres humains qui vous fiez à l'onde,
> Que cherchiez-vous en notre monde?

vues reprises dans des fables telles que *Le Berger et la mer* (IV, 2) et *Du Thésauriseur et du Singe* (XII, 3). Les envoyés qui doivent offrir au maître

---

[73] Renée Kohn, *Le goût de La Fontaine* (Paris: P.U.F., 1962), «La Fontaine, grâce à Fouquet peut-être, ne fait qu'effleurer la préciosité et se laisse séduire par le merveilleux. Il pénètre dans le monde mouvant et étincelant d'objets tout chargés de magie», p. 85.

[74] Toutes les citations des *Fables* renvoient à La Fontaine, *Fables, Contes et Nouvelles*, éd. J-P. Collinet, *Œuvres complètes* I, Pléiade (Paris: Gallimard, 1991).

de Vaux «tous les trésors de la cour maritime», arrêtés par des pêcheurs, sont, par une heureuse coïncidence, portés chez Oronte:

> Là, je lui fis ma petite harangue,
> Petite certainement
> Car c'était en notre langue
> Laconique extrêmement.

Suit une invitation comique mais qui en dit long:

> Venez nous voir seulement
> Au fond du moite élément,
> Vous saurez, comme nous, parler en un moment.
>
> *O.D.*, p. 99

ce que le fabuliste saura faire, comme on le sait. Les ambassadeurs, logés dans un «fort grand carré d'eau», résidence somptueuse qui convient à leur rang, jouent leur rôle jusqu'au bout, en terminant par un compliment galant à l'égard de la Surintendante:

> Quant à moi, j'ai bonne envie
> De n'en bouger de ma vie:
> On y voit souvent les yeux
> De l'adorable Sylvie.
>
> *O.D.*, p. 99.

C'est encore de Sylvie qu'il est question dans le fragment IV «comme Sylvie honora de sa présence les dernières chansons d'un cygne qui se mourait, et des aventures du cygne». La dame de Vaux, animée d'une louable curiosité intellectuelle, «avait envoyé quérir Lambert en diligence afin de faire comparaison de son chant avec celui de ce pauvre cygne» (*O.D.*, p. 100). Acante est accompagné dans cette aventure révélatrice d'un familier du cercle Fouquet, Lycidas[75]. C'est Sylvie qui incarne ici l'esprit scientifique moderne, basé sur l'observation directe des phénomènes, en accord avec l'élite savante de l'époque. Lycidas rappelle la légende selon laquelle Jupiter, en souvenir de ses amours avec Léda, avait doué le cygne d'un chant particulièrement mélodieux au moment où son âme, selon les théories de la métempsychose, allait passer dans le corps d'un autre cygne.

---

[75] Lycidas n'a pas été identifié par les éditeurs. On serait tenté de chercher parmi les habitués du salon Fouquet une personne s'intéressant aux questions scientifiques, et possédant un esprit critique.

La comparaison directe, objective entre le chant du cygne à l'article de la mort et celui du célèbre musicien Michel Lambert, s'accompagnant de son théorbe se présente comme une expérience scientifique doublée d'un merveilleux plaisir musical: on se rappelle le goût de La Fontaine pour la musique. Le musicien «chanta un air de sa façon qui était admirablement beau; et le chanta si bien, qu'il mérita d'être loué de Sylvie, et fut ensuite abandonné aux louanges de tous ceux qui étaient présents» (*O.D.*, p. 100). L'expérience est concluante: l'art du musicien est supérieur au chant du cygne. On retrouve ici l'esthétique classique qui «aux miracles de l'art fait céder la nature», aussi bien que la tendance rationaliste de l'époque, qui n'exclut pas d'ailleurs l'utilisation ludique du merveilleux, comme Jean Mesnard l'a fort bien montré à propos des *Fables*[76]. Ses analyses pourraient s'appliquer à cet épisode du *Songe de Vaux* où le poète met en question la théorie de la métempsychose:

> Le merveilleux tel que l'impose à La Fontaine la tradition de la fable, est un élément de la fiction sur lequel il se livre à une sorte de jeu, à la fois plaisant et sérieux, un jeu créateur de *fantaisie*, mais aussi conduisant à la *profondeur*. (p. 67)

ce qui est bien le cas ici: l'aspect ludique du concours entre le cygne et Lambert se double d'une intention sérieuse, expérimentale et scientifique.

Le fait que c'est Mme Fouquet qui a initié ce concours, qui y préside et tire les conséquences de l'expérience est un choix révélateur: les femmes aussi peuvent s'intéresser aux sciences, faire preuve d'esprit critique. La Fontaine s'en souviendra à propos de Mme de La Sablière qui avait su réunir dans son salon des savants et des esprits éclairés. Déjà dans sa fable *Un animal dans la lune*, il avait montré le bien-fondé d'une enquête expérimentale et les dangers de philosopher dans l'abstrait:

> Pendant qu'un Philosophe assure
> Que toujours par leurs sens les hommes sont dupés,
> Un autre Philosophe jure
> Qu'ils ne nous ont jamais trompés.
> Tous les deux ont raison.
>
> *Un animal dans la lune* VII, 17, *O.C.* I, 283

---

76 Jean Mesnard, «Le jeu sur le merveilleux dans les *Fables* de La Fontaine», *Le Fablier*, No. 8, 1996, 67-74. L'auteur montre que le fabuliste récuse le système de la métempsychose «au nom de la différence évidente des âmes», toutefois «la rationalité de la conclusion...n'a pas empêché le recours, dans le récit, à un merveilleux plein d'humour» (p. 68), ce qui est aussi le cas ici.

La tournure d'esprit sceptique et ouverte de La Fontaine qui l'amène à mettre en question les idées reçues, les légendes, les mythes a pu se développer dans le cercle de savants reçus et protégés par Fouquet, bien avant de fréquenter celui de Mme de La Sablière.

Cet épisode présente un mélange piquant et savoureux d'idées qui tenaient à cœur à La Fontaine, la mise en question des mythes et théories philosophiques antiques, une évocation élégante de la vie de cour à Vaux: Sylvie est à la fois une femme douée d'une intelligente curiosité et une hôtesse qui offre à son entourage le plaisir d'une après-midi musicale au bord de l'eau, enfin la fantaisie légère et pleine d'humour d'un Apollon ramené au niveau humain, possédant des talents divers mais incapable de se fixer sur un seul: le portrait du poète souriant de ses propres faiblesses apparaît dans une sorte d'anamorphose:

> vrai trésor de doctrine,
> Berger, devin, architecte, et chanteur,
> Et docteur
> En médecine;
> Tantôt portant le jour en différents quartiers,
> Tantôt faisant des vers en l'honneur de Sylvie.
> Je ne m'étonne pas, ayant trop de métiers,
> S'il a peine à gagner sa vie.
>
> *O.D.*, p. 101.

décidé à s'installer à Vaux, dans le cadre de la pastorale sous la protection de généreux hôtes.

Acante visite ensuite la chambre des Muses qui prennent vie car le titre du fragment indique que «les Muses lui apparaissent». Parmi elles, Melpomène et Thalie consacrent leurs talents à divertir Oronte. La tragédie et la comédie sont mises sur un pied d'égalité:

> Voyez comme pour lui Melpomène médite;
> Thalie en est jalouse, et ses paisibles sons
> Valent bien quelquefois les tragiques chansons.
> Toutes deux au héros ont consacré leurs veilles:
> Elles n'ont ni beautés, ni grâces, ni merveilles
> Que pour le divertir leur art ne mette au jour;
> Et chacune a pour but de lui plaire à son tour.
>
> *O.D.*, p. 105.

Le goût du surintendant pour le théâtre était bien connu. Il avait protégé divers dramaturges et commandité le retour au théâtre de Pierre Corneille avec *Œdipe*, tragédie où la galanterie tient une place importante avec «l'heureux épisode des amours de Thésée et de Dircé» et où le dramaturge déclare:

> J'ai eu le bonheur de faire avouer à la plupart de mes auditeurs que je n'ai fait aucune pièce de théâtre où il se trouve tant d'art qu'en celle-ci, bien que ce ne soit qu'un ouvrage de deux mois, que l'impatience française m'a fait précipiter, par un juste empressement d'exécuter les ordres favorables que j'avais reçus[77].

Le succès d'*Œdipe*, répondant au goût de Vaux et du public parisien, est bien documenté et relança la carrière du grand Corneille pour une quinzaine d'années.

Molière avait commencé une brillante carrière parisienne en 1658, avait obtenu le titre prestigieux de «troupe de Monsieur» et avait plu à la cour, au jeune roi en particulier. Fouquet avait engagé ses services pour la fête destinée au roi et La Fontaine, on l'a vu, avait célébré les mérites du comédien dans sa lettre à Maucroix. On peut donc comprendre l'intérêt porté par l'auteur à la comédie, lui qui allait définir ses fables comme «une ample comédie à cent actes divers».

L'émotion ressentie par Acante, plongé dans la contemplation des Muses et en une sorte de communion avec elles s'exprime en un véritable épanchement:

> celui des Muses me remplissait l'âme d'une douceur que je ne saurais exprimer. Elle était telle que celle que j'ai quelques fois ressentie, me voyant au milieu de ces déesses, sous le plus bel ombrage de l'Hélicon, favorisé comme à l'envi de toute la troupe.
>
> *O.D.*, p. 105

précieux témoignage personnel. Ariste, guide attentif qui avec Gélaste et Lycidas forme déjà un groupe d'amis comme le seront ceux de *Psyché*, selon la pénétrante remarque de J-P. Collinet («Réflexions sur le *S. de V*,» p. 12), qui estime que l'hommage rendu aux Muses est éminemment légitime car «N'ont-elles pas fait de leur part tout ce qu'elles ont pu pour plaire à Oronte?» (*O.D.*, p. 105). Aux Muses est jointe la Nuit, ce qui nous ramène au songe, au sommeil, à la beauté endormie, visions magiques qui vont enchanter Acante, mise en abyme du *Songe de Vaux*, selon l'analyse pertinente de J-P. Collinet («Réflexions», p. 12).

---

77 Corneille, *Au Lecteur d'Œdipe*, dans *Œuvres complètes*, Pléiade, éd. Georges Couton (Paris: Gallimard, 1987), 3 vol. III, 19.

Dans la «Danse de l'Amour» et la vision d'Aminte endormie, c'est le poète lyrique qui s'exprime avec beaucoup de grâce et de ferveur, renouant avec l'*Adonis* et préparant *Psyché*. La danse est accompagnée non par des violons, mais par des chansons. Celle de l'Amour qualifiée de nervalienne par les paroles, de verlainienne par sa forme («Réflexions», p. 12) célèbre le pouvoir d'Aminte et de Sylvie qui ont su dompter Cupidon même: les pointes se succèdent, évoquant la toute-puissance de leur charme et la défaite du dieu:

> Leur éclat extrême
> A su m'enflammer.
> Le Sort veut que j'aime
> Moi qui fais aimer.

O.D., p. 107.

Après une somptueuse évocation de l'Aurore, Acante inspiré par ses aventures nocturnes, salue la beauté ambiante et l'appel mystérieux du dieu d'amour qui va lui procurer la vision d'Aminte endormie sur un lit de violettes, dans une pose d'abandon, partiellement dévêtue. Scène renouvelée de l'*Astrée* qui atteste l'emprise de ce roman sur l'imaginaire de tout le siècle et de laquelle se dégage un érotisme gracieux. Acante cherche à savoir ce qui amène la belle à Vaux et évoque à cette occasion la merveille qui en est l'ornement, Sylvie: Aminte déclare qu'elle comptait participer au concours organisé par Oronte, mais elle a compris que ce concours était réservé aux représentantes des arts, or elle «ne met point d'art en usage» (*O.D.*, p. 112). Un débat entre les mérites respectifs de l'art et de la beauté naturelle, représentée par Aminte, pourrait s'instaurer en contrepoint avec celui des quatre fées et avec le triomphe de l'art, incarné dans le triomphe de l'artiste Lambert sur le cygne[78].

Aminte, dans son refus de l'amour utilise les arguments généralement avancés par la préciosité, elle offre toutefois son amitié et son estime à Acante qui se déclare «fort satisfait des dernières choses qu'elle avait dites» (*O.D.*, p. 113). Acante va-t-il se convertir à l'amitié tendre, selon le concept de Madeleine de Scudéry? En attendant, il retrouve Ariste et Gélaste qui le cherchaient et qui écoutent le récit de cette nuit magique avec une bienveillance qui témoigne de leur amitié.

---

[78] La Fontaine reviendra à la question d'un art «naturel» en opposition à un art conventionnel dans *Clymène*. La protagoniste possède la beauté naturelle, est connue des Muses mais ne fait pas partie de leur troupe: c'est-à-dire qu'elle ne représente pas un genre littéraire ou une science déterminés. Elle se tient en dehors des catégories établies mais sert l'inspiration d'Acante.

Neptune s'adressant à ses Tritons célèbre les mérites d'un «héros très reconnaissant et très libéral» et exprime le désir de les voir compléter la partie décorative des jardins: on sait l'importance de l'eau et des statues dans la décoration du parc de Vaux, puis dans celui de Versailles qui servira de décor à *Psyché*. Ici encore, on a affaire à un fragment encomiastique: il montre que le dieu de la mer et ses acolytes approuvent le projet conçu par Fouquet et désirent y contribuer. Il remplit donc le double but de louer la beauté d'un palais et de ses jardins pour célèbrer le goût et la magnificence de celui qui les a conçus, le maître des lieux.

C'est donc à juste titre que Florence Dumora distingue dans *Le Songe de Vaux* une double fonction «laudative traditionnelle...et une fonction réflexive particulière, l'exploration de la place assignée par Vaux à l'homme de lettres au sein des artistes», aussi bien qu'une «fonction *instauratrice* du texte» et une «fonction *restauratrice* (ressusciter Vaux, ruine)...Le passage de l'ordre rhétorique de l'*épidictique*...à l'ordre rhétorique du *judiciaire* (l'œuvre glissant de la louange au plaidoyer et offrant indirectement, par la fiction, une dernière «défense de Fouquet»)»[79]. *Le Songe de Vaux* est l'incarnation totalisante du goût de Vaux, du galant au burlesque, du sérieux au plaisant, à l'humour, du précieux à l'érotique gracieux.

Fouquet était un personnage éclectique, s'intéressant à tous les sujets, scientifiques et artistiques, un être actif et pragmatique mais aussi doué de sensibilité, d'imagination et de créativité dans la façon dont il avait conçu le château et le parc, emblématiques de sa vision d'une civilisation brillante et d'un règne où il comptait jouer un rôle de premier plan, à la fois sur le plan de gestion des affaires du royaume et sur celui de l'essor des lettres, des sciences et des arts, continuateur de l'œuvre de ses prédécesseurs, Richelieu et Mazarin, novateur opérant à une échelle beaucoup plus large et avec une plus grande ouverture d'esprit. La Fontaine avait compris l'intention du mécène, applaudi ses réalisations et partagé ses espoirs. L'accord, la correspondance entre le goût de La Fontaine et celui qu'il avait vu se déployer à Vaux est visible; comme le dit si justement Patrick Dandrey:

---

79 Florence Dumora, «*Le Songe de Vaux*, «paragone» de La Fontaine», *XVIIe Siècle*, No. 175, Avril-Juin 1992, 191.

> L'œuvre entier de La Fontaine participe au même génie de la mesure, de la même esthétique de l'enchantement, du même engruement pour les métamorphoses et de la même invite à la déambulation qui dans l'esthétique française du jardin classique...jaillissent du rapport d'harmonie entre la maison et son écrin[80].

La Fontaine, mieux sans doute que les autres hommes et femmes de lettres qui avaient participé à la cour de Vaux, a su tirer de l'expérience les leçons qui convenaient à son propre génie, essentiellement indépendant: il a su exprimer dans un *Songe* sa propre subjectivité, en écrivain moderne.

---

80 Patrick Dandrey, «Un jardin de mémoire. Modèles et structures du recueil des *Fables*», *Le Fablier*, No. 9, 1997, 61.

_______________, «Les deux esthétiques du classicisme français», *loc. cit.*, p. 170.

N.B.: Toutes les citations des poèmes et du *Songe de Vaux* renvoient à La Fontaine, *Œuvres diverses*, éd. Pierre Clarac, Pléiade (Paris: Gallimard, 1958) et seront indiquées dans le texte par *O.D.* et le numéro de la page.

Vénus et Adonis: le mythe et ses résurgences dans la tradition humaniste de la Renaissance européenne

Dans une récente et stimulante étude, s'inscrivant dans une large perspective humaniste, notre président-fondateur Marc Fumaroli, pose le thème de notre colloque, ayant rappelé ailleurs que «La Fontaine est et se sait avant tout fils de la Renaissance». Il déclare en effet, à propos d'un autre mythe célèbre, celui d'Orphée:

> Ernst Robert Curtius a montré que, par-delà la diversité des langues vernaculaires, des inflexions locales et des personnalités créatrices, on pouvait discerner en profondeur dans la littérature européenne, un ensemble de «lieux» ou d'universaux de l'imaginaire dont les premières semences remontent à l'Antiquité, et qui n'ont pas cessé de germer dans le temps long de l'Occident européen, sous des formes rajeunies et diverses d'une génération littéraire à une autre, d'un lieu de l'Europe à un autre, d'une langue à une autre.

L'auteur est conscient qu'il conviendrait d'ajouter: d'un art à un autre. En effet le mythe de Vénus et d'Adonis a aussi inspiré musiciens et peintres, dont l'un des plus grands au XVIIe siècle, Nicolas Poussin qui a retenu l'attention de l'humaniste et de l'érudit lorsqu'il s'est penché sur *L'Inspiration du poète*:

> Nombre de savants historiens de la culture ont cherché ces structures-mères dans les textes littéraires...dans les œuvres plastiques et les œuvres musicales: ils ont tous décrit à leur manière le jeu étonnant de répétition et de variations qui fait affleurer ces structures-mères, sous les apparences multiples et changeantes d'époques, d'auteurs, de styles, de genres, de formes, de langues différentes[81].

En effet, le mythe de Vénus et d'Adonis a inspiré de très grands peintres, Titien, Rubens et dans le cadre de cette étude, Nicolas Poussin qui en a donné plusieurs versions au début de sa carrière, au moment où l'*Adone* de Marino avait fait irruption sur la scène française et italienne

---

[81] Marc Fumaroli, «*Les Fables* et la tradition humaniste de l'apologue ésopique», dans son édition des *Fables*, La Pochotèque/Le livre de poche, 1995, LXXX.

__________________, «Aristée et Orphée: l'Europe de l'action et l'Europe de l'esprit», dans *Le Mythe en littérature*. Essais en hommage à Pierre Brunel. Textes réunis par Yves Chevrel et Camille Dumoulié, Paris, P.U.F., 2000, pp. 185-186.

dans tout son éclat. Le poète avait introduit l'artiste dans les cercles romains, celui des Barberini en particulier, et favorisé son établissement à Rome. Jacques Thuillier dans un de ses ouvrages déclare en effet:

> Poussin s'est plusieurs fois inspiré de ce thème des amours de Vénus et Adonis, lieu commun de la mythologie (Ovide, *Métamorphoses* X, 523 et sq. etc.) Mais qui venait d'être remis en pleine actualité par l'illustre *Adone* du Cavalier Marin (1623), il en évoque tantôt la période heureuse...tantôt le dénouement tragique.

Dans le catalogue du plus récent et magnifique volume, l'éminent historien de l'art en dénombre au moins quatre versions, dont une perdue, la plus célèbre étant celle de *Vénus pleurant Adonis*, aujourd'hui au musée de Caen, qui se trouvait dans la collection de Louis XIV en 1683[82], ce qui ne me paraît pas un hasard.

Sur le plan musical, l'œuvre qui a utilisé le mythe à la mode est celle qui est reconnue comme le premier opéra anglais, opéra miniature comportant un prologue, trois actes avec chœur, des intermèdes musicaux, écrit pour le divertissement du roi Charles II par John Blow. Ce dernier, célèbre comme maître et collègue de Henry Purcell, avait su profiter des leçons et de la vogue des opéras de Lulli et des Italiens. On sait les rapports qui existaient entre la cour de Charles II et celle de France depuis le début de la Restauration et auparavant. La première représentation de l'opéra-miniature de John Blow (1649-1708), qualifié de «masque» eut lieu à la cour dans les premières années de la décennie 1680 (vers 1682). Il s'agit d'une célébration de l'amour, avec dans le rôle de Vénus, Mary Davis, actrice, cantatrice et occasionellement maîtresse de Charles II, et dans celui de Cupidon, leur fille illégitime Lady Mary Tudor. La date de la première représentation n'a pas été établie par des témoignages directs, les recherches musicologiques récentes tendent à la placer en automne 1681, le librettiste anonyme pourrait être un certain James Allesty qui devait fournir à Blow le texte d'une ode de Nouvel An pour 1682. La musique est superbe, tout à fait digne d'une fête royale, elle est considérée comme le modèle de l'opéra de Purcell, *Dido and Aeneas*, et d'une qualité comparable.

Le sujet a été repris par le compositeur américain Alan Hovhaness dans *The Garden of Adonis*, inspiré par un passage de l'œuvre d'Edmund

---

[82] Jacques Thuillier, *Tout l'œuvre peint de Poussin*, Paris, Flammarion, 1974, p. 86.

____________________, *Nicolas Poussin*, Paris, Flammarion, 1994. Catalogue, No. 12, 22A, 26, 30, pp. 243-245. On lira avec profit les pages 16-18 sur la culture de Poussin.

Spenser *The Fairie Queen* (III, 1, 34 et 59), hommage allégorique à la reine Elizabeth I[83]. Récemment par le compositeur Hans-Werner Henze dans un opéra intitulé *Venus und Adonis*, créé à Munich en 1996, présenté à l'opéra de Santa Fe aux Etats-Unis en 2000. La présence du mythe, aujourd'hui encore, est donc bien attestée. La source principale de toutes ces œuvres, utilisée à travers les siècles et reconnue par les commentateurs se trouve dans les *Métamorphoses* d'Ovide, livre X.

A cette source exposant le mythe dans ses grandes lignes s'ajoutent d'autres textes venus de l'antiquité classique, accentuant tel aspect ou tel autre de la rencontre de Vénus et d'Adonis, de leurs amours dans un cadre bucolique et de la fin tragique du héros. L'aspect pastoral et bucolique se trouve développé dans une idylle de Théocrite, la fin tragique dans un texte du pseudo Bion[84]. L'utilisation de ces textes par les poètes et artistes de la Renaissance entendue au sens large et les variations forgées par eux, selon le tempérament, le goût, les préoccupations intimes de chacun a été retracée par divers érudits[85]. Raymond Trousson a souligné l'importance du rapport entre le créateur et le mythe choisi:

---

[83] John Blow, *Venus and Adonis, The New Grove Dictionary of Opera*, ed. Stanley Sadie, London & New York, Macmillan, 1992, vol. 4, pp. 923-24. Article signé Curtis Price.

________, London Baroque, Charles Medlam, Harmonia Mundi, France, *Introduction* de Nicholas Anderson, 1988, Traduite en français par Brigitte Barchaez, 1992.

Alan Hovhaness, *The Garden of Adonis*, Suite for flute and harp, Op. 245, 1971. Digital Telarc, Yolanda Kondonassis, harp, 2000.

[84] Ovide, *Les Métamorphoses*, livre X, Texte établi et traduit par Georges Lafaye. Paris, Société d'édition Les Belles Lettres, 4ème tirage, 1965, t. II. Sur la naissance d'Adonis, voir Myrrha, v. 298-518; sur Vénus et Adonis, v. 518-729; avec intercalée l'histoire d'Atalante, v. 560-707. Sur le sanglier de Calydon; livre VIII, v. 260-444.

Théocrite, *Idylle XV, Chant de l'artiste*, vol. I, pp. 125-127.

Bion, Chant funèbre en l'honneur d'Adonis, vol. II, pp. 194-198.

Moschos, Chant funèbre en l'honneur de Bion, vol. II, p. 155, dans *Bucoliques grecs*. Textes établis et traduits par Ph. E. Legrand. Paris, Les Belles Lettres, 1953.

[85] On consultera les *Dictionnaires de mythologie classique*. Hélène Tuzet, *Mort et résurrection d'Adonis. Etude de l'évolution d'un mythe*, Paris, José Corti, 1987. Jules Brody, «D'Ovide à La Fontaine: en lisant l'*Adonis*», *Le Fablier*, No. 1, 1989, 23-32; repris sous une forme plus développée, «L'*Adonis*», dans *Lectures de La Fontaine*, EMF Monographs, Charlottesville, Virginia, Rookwood Press, 1994, pp. 69-91 et toujours essentiel, Philip A. Wadsworth, *Young La Fontaine*, Evanston, Illinois, Northwestern U.P., 1952, «Ovid-Adonis», pp. 36-48.

> Déterminer comment les composantes d'un thème ont pu représenter pour un écrivain une sorte de pôle magnétique permet donc parfois de mieux comprendre et l'écrivain et son œuvre[86].

Dans le cas de La Fontaine, il a lui-même souligné son attachement à la famille de Vénus, déesse de la beauté, de l'amour, de la nature créatrice, dans *l'Avertissement d'Adonis* du recueil de 1671 où il déclare que son poème paraît «à la suite de *Psyché*, croyant qu'il était à propos de joindre aux amours du fils celles de la mère...Nous sommes en un siècle où on écoute assez favorablement ce qui regarde cette famille»[87]. Il y a là une constante, dans l'imaginaire et le goût du poète. Le choix de Vénus offrait aux écrivains et aux artistes la possibilité d'évoquer charme, séduction, promesses de volupté et de bonheur, celui d'Adonis un être issu de la nature et dans leur rencontre l'attrait réciproque d'êtres faits l'un pour l'autre. On se souvient en effet du mythe de la naissance d'Adonis, issu de l'union incestueuse, frauduleusement accomplie, de sa mère Myrrha avec son père Cyniras. La fille coupable, chassée par son père, s'enfuit, parvient en Arabie et obtient de la pitié des dieux une métamorphose en arbre. Selon Ovide

> les flancs alourdis de la mère enflent au milieu de l'arbre, alors l'arbre s'entr'ouvre, par une fente de l'écorce il rend son fardeau vivant et l'enfant vagit; les Naïades le couchent sur un lit d'herbes tendres et le parfument avec les larmes de sa mère,
>
> *Métamorphoses*, livre X, p. 139

la fameuse myrrhe odorante. Sa beauté est extraordinaire, «il rappelle les Amours que les peintres représentent nus dans leurs tableaux», il ressemble au dieu même de l'Amour, Cupidon, fils d'Aphrodite. L'attrait spontané de la déesse pour le jeune et beau mortel qui ressemble à son fils reproduit en l'inversant celui de Myrrha pour son père et reparaîtra dans plusieurs versions de leurs amours.

On reconnaît dans la métamorphose végétale de Myrrha un mythe proche de celui de Daphné, savamment étudié par Yves Giraud: on la retrouvera, modifiée, dans la métamorphose florale du fils:

---

86 Raymond Trousson, *Thèmes et mythes. Questions de méthode*, Editions de l'Université de Bruxelles, 1984, p. 96.

87 La Fontaine, *Avertissement* d'*Adonis*, dans *Œuvres diverses*, éd. Pierre Clarac, Pléiade, Paris, Gallimard, 1958, pp. 3-4.

> Le type de la métamorphose végétale compte parmi les plus inportants et possède d'ailleurs une signification propre, car ses caractéristiques ne se retrouvent point dans les autres formes: à travers elle, l'existence humaine se continue dans la vie végétative et acquiert même une sorte d'immortalité...La métamorphose végétale représente donc l'étape d'assimilation et de fusion entre les deux natures dont elle participe[88].

De la mère Myrrha au fils, le monde végétal joue un rôle essentiel. On a rapproché la métamorphose florale du sang d'Adonis de celle d'un autre héros, jeune et beau, Narcisse, épris de lui-même, qui se noie en voulant saisir son reflet dans l'eau et se voit transformé en la fleur qui porte son nom. Ici c'est Vénus qui

> répand sur le sang du jeune homme un nectar embaumé...il ne s'est pas écoulé plus d'une heure que de ce sang naît une fleur de même couleur, semblable à celle du grenadier...mais on ne peut en jouir longtemps; car mal fixée et trop légère, elle tombe, détachée par celui qui lui donne son nom.
>
> *Métamorphoses* X, p. 146

C'est-à-dire l'anémone rapprochée du nom grec du vent. Le tableau de Poussin, *Vénus pleurant Adonis* représente cette scène, avec l'urne contenant le nectar versé par la déesse sur le sang du bel Adonis blessé à mort, et la floraison magique qui s'ensuit dans la légende, simultanée dans le tableau puisque le peintre a la possibilité de représenter dans la même scène des épisodes successifs.

L'enfant d'une beauté exceptionnelle attire dès sa naissance les regards de Vénus qui le confie à Perséphone, selon une version du mythe. Celle-ci s'attache à lui et refuse de le rendre à Aphrodite. Zeus parvient à les mettre d'accord en assignant à chacune une saison où elle pourra jouir de la présence d'Adonis: on trouve ici une manifestation du retour cyclique des saisons, rappelant le mythe de Perséphone, enlevée à sa mère Déméter par le dieu des Enfers et qui lui est rendue à chaque printemps. Ce retour cyclique d'Adonis se trouve repris dans la version de sa résurrection saisonnière. La contamination et la fusion de ces divers mythes de retour sur terre du héros ou de l'héroïne, associé au cycle naturel des saisons paraît tout à fait typique d'une pensée occidentale archaïque qui a persisté dans la tradition, exprimée allégoriquement.

---

88 Yves F.-A. Giraud, *La Fable de Daphné. Essai sur un type de métamorphose végétale dans la littérature et dans les arts jusqu'à la fin du XVIIe siècle*, Genève, Droz, 1968, p. 22.

Si l'on s'en tient aux œuvres qui ont traité le mythe à la Renaissance au sens large pour aboutir à notre poète, on s'aperçoit que les aspects qui ont généralement retenu l'attention de leurs auteurs ont été d'abord l'innamoramento dans un cadre naturel, bucolique, qui convenait à leur personnalité mythique, telle qu'on vient de l'évoquer. Adonis est représenté comme un berger et un chasseur, en contact constant avec la faune et la flore, dans une campagne riante et féconde. Vénus, dans son rôle de force créatrice, selon le mode lucrétien, tel qu'il est célébré dans l'Invocation à Vénus sur laquelle s'ouvre le *De Natura Rerum*[89]. L'importance de la nature et du cadre pastoral a été fort bien mis en valeur par Jean-Pierre Collinet en ce qui concerne l'*Adonis* et pourrait s'appliquer à ses prédécesseurs, surtout à Shakespeare:

> La nature, dans le poème, est partout présente à l'arrière-plan du drame, auquel elle donne une résonance cosmique, conformément au sens original du mythe.

Le savant exégète remarque d'ailleurs fort judicieusement:

> avec La Fontaine, la pastorale change de sens et tend à se dénaturer: elle se charge de sensualité, se met au service d'une inspiration épicurienne[90].

L'autre aspect fondamental repris par les poètes et artistes est la mort du héros, la déploration de l'amante et la métamorphose. Les poètes de la Renaissance ont été inspirés par l'un et par l'autre. Avant Ronsard, Mellin de Saint-Gelais avait composé une élégie ou «chanson lamentable de Vénus sur la mort du Bel Adonis», inspirée de Bion. Ce texte qui avait connu un grand succès ne manque pas de charme, écrit dans un style d'une grâce légère qui évoque celui de Marot; la métrique souligne cette impression de légèreté: quatrains d'heptasyllabes à rimes croisées. On sait depuis les travaux de Marc Fumaroli et d'Alain Génetiot, et avec la récente

---

89 Lucrèce, *De la Nature*, texte établi et traduit par Alfred Ernout: Paris, Les Belles Lettres, 1965, 2 vol. t. I, Livre premier, v. 1-43, pp. 2-3.

90 Jean-Pierre Collinet, *Le Monde littéraire de La Fontaine*, Genève-Paris, Slatkine Reprints, 1989, pp. 50-51.

______________ «La Fontaine et la pastorale» dans *La Fontaine et quelques autres*, Genève, Droz, 1992, p. 142.

Alain Génetiot, *Poétique du loisir mondain, de Voiture à La Fontaine*, Paris, Honoré Champion, 1997, p. 59: «L'œuvre de La Fontaine est en effet toute entière marquée par la tradition de la pastorale qui informe non seulement la description topique de la nature...mais aussi l'analyse du sentiment amoureux.»

étude de Jean-Charles Monferran, tout ce que La Fontaine devait à ce poète[91]. Saint-Gelais met en valeur la destruction de la beauté, de la jeunesse et de l'amour. L'image funèbre du malheureux Adonis appuyant sa tête sur son amante rappelle leurs amours heureuses, mais le sang vient contredire le souvenir d'un bonheur disparu[92]. La métamorphose florale est nettement évoquée: les roses blanches prennent la couleur rouge du sang, les pleurs de la déesse se transforment en anémones blanches. Les oiseaux, par leur chant, participent à la déploration: la nature s'associe à la douleur de Vénus: ces thèmes reviendront chez les poètes qui suivront. Immortelle, elle ne saurait rejoindre l'être aimé dans le royaume des morts, domaine de Perséphone, sa rivale avec qui elle avait dû partager l'enfance du héros puis devra partager le jeune homme ressuscité. Son triomphe sur Junon et Pallas ne veut plus rien dire pour elle. Elle pense aux chiens du chasseur qui ont perdu leur maître, privés de leur maître comme elle de son ami. Les images violentes de la chasse l'accablent, elle repasse dans son esprit les conseils de prudence prodigués à son amant qui aurait dû se contenter de l'avoir conquise. Ses plaintes sont répétées par Echo et accompagnées du chant funèbre de ses cygnes qui l'enlèvent au ciel. On constate la part importante des éléments mythologiques dans cette chanson, l'impression d'ensemble reste toutefois celle de la beauté et de la grâce dans la douleur même, telle qu'on la retrouvera dans le tableau de Poussin, *Vénus pleurant la mort d'Adonis*.

La vogue de l'élégie au XVIe siècle se voit illustrée dans le poème que Ronsard consacre à Vénus et Adonis, car en dépit du titre, le poète en s'adressant à son dédicataire définit ainsi son sujet:

> Vien lire de Vénus le bien et le malheur
> Car toujours un plaisir est meslé de douleur[93].

Le genre de l'élégie accordait en effet au poète beaucoup plus de liberté que les genres à forme fixe et se prêtait à la présentation d'un texte

---

[91] Alain Génetiot, «La Fontaine à l'école du style marotique et du badinage voiturien», *Le Fablier*, No. 5, 1993, 17-22.

[92] Mellin de Saint-Gelais, *Elégie ou chanson lamentable de Vénus sur la mort du Bel Adonis*, dans *Œuvres complètes de Melin de Sainct-Gelays*, ed. Prosper Blanchemain, Kraus Reprint, Nendeln/Liechtenstein, 1970. Ed. originale, Paris, Plon, 1873, t. I, pp. 127-136.

[93] Ronsard, *Adonis* dans *Œuvres complètes*, éd. établie, présentée et annotée par Jean Céard, Daniel Ménager et Michel Simonin, Pléiade, Paris, Gallimard, 1994, 2 vol. II, pp. 315-324 et *Notice* pp. 1390-1392. Toutes les citations renvoient à cette édition.

relativement long; sa vogue se poursuit au XVIIe siècle, en dépit de Malherbe, comme Jean-Pierre Chauveau l'a bien montré. C'était en effet un genre qui accueillait à la fois les thèmes de la déploration sur la mort d'un être aimé et les thèmes amoureux, c'était aussi une forme

> sans définition rigoureuse, même la forme la plus libre qui soit...Ronsard l'avait utilisée indifféremment pour écrire, certes, des élégies, mais aussi des «épîtres», des «satires», des «discours», des «poèmes»[94].

C'est en effet parmi les *Elégies* que l'*Adonis* de Ronsard prend place dans les *Œuvres* de 1567.

Vénus est présentée comme une victime de l'Amour. Elle n'a pu résister à une attraction fatale pour un jeune homme d'une beauté parfaite, suggérée par des détails empruntés à la nature, observée dans la campagne chère au poète, et par l'image du printemps associée au retour saisonnier dans le culte du héros:

> Il semble un pré fleury que le Printemps nouveau
> Et la douce rosée en sa verdeur nourrissent,
> Où de mille couleurs les fleurs s'épanouissent:
> C'est luy-mesmes Amour! Venus n'eust seu choisir
> Un amant plus aimable à mettre son desir.
>
> *Adonis*, v. 24-28, p. 316.

La passion possède entièrement la déesse, on retrouvera cette même sensualité dans le poème de Shakespeare, avec une différence marquante chez le héros:

> Cette belle déesse en amour furieuse
> De soy-mesme n'est plus ny de rien soucieuse,
> Le Ciel elle mesprise, et les honneurs des Dieux
>
> v. 29-31, p. 316.

Le jeune et beau berger répond à sa passion et partage avec elle de tendres et ardents rendez-vous dans le cadre bucolique d'un antre ou d'un «plaisant ombrage» offert par un chêne, ou encore d'un rivage couvert de mousse, ou d'une herbe tendre:

---

94 Jean-Pierre Chauveau, «Les avatars de l'élégie au XVIIe siècle», dans *Le Langage littéraire au XVIIe siècle. De la rhétorique à la littérature*, éd. Christian Wentzlaff-Eggebert, Etudes littéraires françaises, Tübingen, Gunter Narr, 1991, p. 212.

> Estendus dessus l'herbe, où en cent mille tours
> La mère des Amours exerce ses amours
> En cent mille façons l'embrasse et le rebaise:
> Luy qui sent en son ame une pareille braise,
> Entonne sa Musette, et pour la contenter,
> Leurs plaisantes ardeurs ne cesse de chanter.
>
> v. 55-60, p. 316

Il convient de noter le talent de poète-musicien attribué à Adonis. Ronsard, fidèle à la tradition des poètes de la Renaissance composant un canzioniere pour célébrer leur dame, attribue à son héros le désir de chanter ses amours, son bonheur. Vénus est présentée dans une pose érotique, adoptée par Poussin dans un autre tableau, *Vénus et Adonis* (Kimbell Art Museum, No. 30 dans le catalogue de J. Thuillier, p. 245):

> Tantost en son giron languist à la renverse,
> Et tantost le regarde et d'un baiser souvent
> Entre-rompt ses chansons qui se perdent au vent.
>
> v. 62-64, p. 317

Elle s'efforce de se mettre au même niveau que son amant, de partager sa vie et ses tâches quotidiennes: ce désir d'égalité comme signe du parfait amour se retrouvera chez La Fontaine.

La situation est humanisée également par la jalousie du dieu Mars, désespéré de se voir préférer un simple chasseur. Il va trouver Diane sa sœur et la prie de le venger en lançant contre son rival un «sanglier furieux», qui va déclencher la tragédie. Adonis plante son épieu au cou du sanglier qui riposte en enfonçant ses défenses dans l'aine de son ennemi. Au cri de son amant, Vénus accourt, s'évanouit, puis exprime un violent désespoir, se lamente en répétant comme un refrain funèbre

> Hélas pauvre Adonis, tous les Amours te pleurent:
> Par ta mort, Adonis, toutes délices meurent!
>
> v. 217-218, p. 320

distique imité de Bion[95], repris avec de légères variantes.

La nature s'associe au deuil de la déesse: les bois, les eaux, la nymphe Echo. Des métamorphoses florales ont lieu:

---

95 Note 6, à l'*Adonis* de Ronsard, ed. cit., p. 1398.

Toute belle fleur blanche a pris rouge couleur
Et rien ne vit aux champs qui ne vive en douleur

v. 265-266, p. 321

du sang la belle fleur
De la rose vermeille a portrait sa couleur,
Et du tendre crystal de mes larmes menues
Les fleurs des Coquerets blanches sont devenues

v. 299-302, p. 322

Vénus appelle ses sœurs les Grâces, leur demande d'aller annoncer son deuil aux Amours en les priant de s'y associer. Elle voudrait obtenir un dernier baiser du mort en train de se rendre aux Enfers où Proserpine jouira de lui (v. 346), allusion de nouveau, au mythe du partage accordé à Adonis entre le royaume des ombres et le retour saisonnier sur terre au printemps.

La conclusion où le poète montre Amour inspirant à la belle éplorée une autre passion pour Anchise, pasteur phrygien qui allait devenir le père d'Enée, semble conventionnelle dans sa misogynie traditionnelle, issue de la littérature médiévale, qui se poursuit à travers les siècles. Ou s'agit-il pour le poète de montrer, à travers l'exemple de Vénus, la force de l'instinct de création et de procréation qui permet de transcender la tragédie de la perte de l'être aimé et à la vie de reprendre ses droits? Cette conclusion relève-t-elle par suite d'une inspiration épicurienne?

Dans la même veine, cette puissance apparaît dans le somptueux poème de Shakespeare, trois fois plus long que celui de Ronsard, publié en 1593 et dédié à un grand seigneur, le comte de Southampton. Ce texte avait contribué à établir la réputation de son auteur dans les cercles littéraires londoniens à la mode. Comme les œuvres précédentes, les sources remontent à la tradition gréco-latine, il est écrit en strophes de six vers, des pentamètres iambiques; le schéma des rimes est a b a b c e. Il s'enrichit d'une rhétorique savante, jouant sur le paradoxe fondamental de la déesse de l'amour, ne réussissant pas à séduire Adonis qu'elle aime et qui se refuse à elle, alors qu'elle avait soumis, déesse de l'amour et de la paix, le dieu même de la guerre, Mars, Ce paradoxe se trouve résumé dans la formule:

She is loved, she loves and yet she is not lov'd[96].

Venus & Adonis, v. 610.

Vénus, comme chez Ronsard, est présentée comme possédée par un désir sexuel qui apparaît comme une véritable obsession. Elle poursuit le héros, l'accable de baisers, tente de le persuader en utilisant les arguments traditionnels du «Carpe diem» et «Omnia vincit amor». Le jeune homme, contrairement aux personnages précédemment dépeints, se refuse à ses avances. Les commentateurs citent à son sujet les personnages rebelles à l'amour dont Shakespeare avait pu lire l'histoire dans les *Métamorphoses*, Narcisse et Hermaphrodite qui avaient repoussé les nymphes amoureuses Echo et Salmacis[97].

Au thème paradoxal d'une passion amoureuse paroxystique et refusée s'adjoint de nouveau le thème bucolique de la beauté de la nature, exprimé dans un langage lyrique d'une grande richesse par un poète qui, comme Ronsard, la perçoit dans le cadre de sa propre expérience vécue, au-delà des conventions du genre pastoral.

Pour certains commentateurs, la sensualité, l'obsession sexuelle, l'érotisme apparaissent comme prédominants. Pour d'autres, le refus d'Adonis, sa gêne devant un tel déchaînement contrebalancent nettement la position de Vénus: il invoque un amour basé sur la connaissance qui s'oppose au désir sensuel, «Love and Lust», sorte d'allégorie rappelant un débat médiéval:

Before I know myself, seek not to know me. v. 525
Pour me connaître, attends qu'au moins je me connaisse

Traduction, p. 18

I hate not love, but your device in love v. 789
Je ne hais point l'amour, mais votre amour coupable

Traduction, p. 24

---

[96] Shakespeare, *Venus and Adonis*, dans *The Complete plays and pœms of William Shakespeare*. A new text, edited with Introduction and Notes by William Allan Neilson and Charles Jarvis Hill. Cambridge, Mass. The New Cambridge Edition, The Riverside Press, 1942, pp. 1332-1346.

Shakespeare, *Œuvres complètes*, Pléiade, Paris, Gallimard, 1959. *Les Poèmes*, Traduction et notes par Jean Fuzier, *Vénus et Adonis*, Présentation LII-LVII, Texte pp. 5-34.

[97] Ovide, *Les Métamorphoses*, éd. cit., t. I, livre III et IV.

L'amour réconforte et rafraîchit, il est la vérité, le désir sexuel dessèche et détruit, il est mensonge (v. 799-804). Les deux formes de l'amour se trouvent nettement mises en opposition.

Fidèle au déroulement de l'histoire, le poète montre Vénus adjurant Adonis de ne pas s'attaquer au sanglier présenté comme un horrible monstre qui ouvre le flanc du jeune homme. La déesse reprend la déploration de Bion:

> Alas, poor world, what treasure has thou lost
>
> v. 1075

Dans son désir obsessif, elle imagine que si la bête avait vu le visage du jeune homme, il aurait voulu l'embrasser et ainsi l'aurait tué (v. 1109-1110). Elle en vient à se persuader que c'est bien ainsi qu'Adonis a péri, victime d'un porc amoureux qui a enfoncé son croc dans l'aine du jeune homme qu'il voulait étreindre. Vénus s'identifie à la bête, lui prêtant son propre désir: la présence commune à l'homme et à l'animal de l'instinct sexuel qui est aussi instinct de destruction se trouve implicitement suggérée, ce qui a suscité une interprétation psychanalytique de l'épisode, celle proposée par J. Brody, dans son étude citée plus haut (voir note 5).

Le poème se termine sur la prophétie de la déesse, le poète utilise un procédé littéraire, ce qui confirme le style soutenu du poème: la douleur accompagnera désormais l'amour, les plaisirs de l'amour n'égaleront jamais le malheur qu'il apporte avec lui (v. 1135-1140). Il sera la cause de guerres et d'événements terribles, créera la dissension entre père et fils, prélude au théâtre tragique.

La métamorphose a lieu: du sang d'Adonis naît une fleur pourpre, striée de blanc, le sang et la pureté du héros sont ainsi symbolisés. Vénus s'envole dans son char tiré par ses tourterelles pour se retirer à Paphos dans la retraite qui convient à une femme blessée dans son amour, «to immure herself and not be seen» (v. 1194), «cloîtrée à jamais» selon le traducteur (p. 34).

On voit donc s'affronter dans ce somptueux poème des visions antithétiques de l'amour: sensualité, incarnée dans Vénus, se rattachant à une position épicurienne, sentiment basé sur la connaissance chez Adonis, se rattachant à une position néoplatonicienne. Les deux tendances philosophiques étaient fort répandues à l'époque. Sans nier l'attrait de la beauté sur les sens, le néo-platonisme y voyait une étape vers le désir du beau et du bien qui devait élever l'âme humaine à un niveau supérieur. De ce point de vue, l'Adonis de Shakespeare annonce l'Hippolyte de Racine: il refuse la tentative de séduction de Vénus comme le héros racinien refusera celle de Phèdre. Cette position a été fort bien analysée et contrastée avec celle de l'Adonis traditionnel repris par Marino et par La Fontaine, qui se laisse spontanément entraîner dans les plaisirs des sens, par Marc Fumaroli qui voit dans la Vénus de Marino «la volupté menant le monde» et

> le personnage principal et souverain de son grand poème l'*Adone*, publié à Paris en 1623, inscrit à l'Index en 1627...On ignorait alors en Europe continental la splendide et antérieure poésie de Shakespeare *Venus and Adonis*. Par les descriptions les plus visuelles, par un immense jeu de résonances, Marino avait restauré, en pleine ère chrétienne, la déesse des plaisirs charnels qu'avaient adoré la Grèce hellénistique et la Romanité épicurienne...Chapelain par une savante prédace avait donné sa caution au poète italien[98].

Chapelain, qui allait se poser comme l'un des principaux théoriciens des règles classiques, reconnaît que l'*Adone* représente un nouveau type «bon en son genre de poésie»; il s'agit d'une «espèce nouvelle de poème de paix...opposée comme nous l'avons dit à l'héroïque»[99]. Le jeune Chapelain avait compris l'intention du poète italien et avait apprécié son œuvre dans le cadre d'une esthétique bien différente de la sienne. Il avait saisi l'importance politique et dynastique du jeune Louis XIII qui à vingt deux ans venait d'affirmer son pouvoir et ses intentions, de celle aussi de la reine-mère, Marie de Médicis réconciliée avec son fils grâce à Richelieu qui allait l'année suivante en 1624 devenir premier ministre. Marino allait célébrer l'une et l'autre dans sa dédicace et dans l'Invocation à Vénus rappelant la protection accordée aux gens de lettres par empereurs et rois depuis l'antiquité, en France par les Valois depuis François Ier et récemment par Louis XIII lui-même[100].

---

98 Marc Fumaroli, «Entre Athènes et Cnossos: les dieux païens dans *Phèdre*», *R.H.L.F.* vol. 93, No. 1, janvier-février 1993, 45.

99 Jean Chapelain, Lettre ou Discours de M. Chapelain à M. Favereau...sur le poème d'Adonis du Chevalier Marin, dans *Opuscules critiques*, avec une introduction par Alfred C. Hunter, Paris, Droz, 1936, p. 91.

Ce texte se trouve également reproduit dans l'édition de l'*Adone* de Giovanni Pozzi, nouvelle édition augmentée, Milano, Adelphi Edizioni, 1988, 2 vol., I, 11-45.

100 Marino, L'*Adone*, éd. Giovanni Pozzi, Nuova Edizione Ampliata, Milano, Adelphi Edizioni con dieci disegni di Nicolas Poussin, 1988, 2 vol. Dedicatoria I, 4.

Boris Donné, *Le Fablier*, No. 12, 2000, p. 55 indique qu'une traduction anonyme en français de l'*Adone* a été publiée en 1998 à quelques exemplaires et reproduit un extrait du chant VII, «Les Délices», XXXII-LVII, la joute entre le rossignol et le joueur de luth. La Fontaine allait utiliser ce procédé, joute entre un cygne mourant et

Marino présente avec ampleur et charme la première rencontre des protagonistes (Chant III, octaves 61-115). Vénus a compris que pour mieux séduire un jeune homme simple et naturel, elle doit adopter une apparence qui ne doit pas l'intimider, conforme à ses goûts: elle emprunte les attributs de Diane, simple, sans ornement, dans une robe couleur d'herbe tendre, d'un vert printanier par conséquent; ses cheveux blonds tombent négligemment sur ses épaules. Cette beauté négligée augmente ses attraits: on pense évidemment à la Clymène et à l'Aminte de La Fontaine, autres beautés sans apprêts. Vénus est piquée par une épine, s'arrête pour étancher les gouttes de sang mais poursuit son chemin. Adonis dort sur un lit de fleurs et ressemble à l'Amour. La Déesse le contemple avec transport, adore sa beauté et se penche sur lui dans un mouvement de plaisir, de désir et d'émerveillement. Scène érotique où Adonis et Cupidon sont rapprochés: le fils et l'amant se ressemblent et inspirent à Vénus les mêmes sentiments de tendresse. Elle prodigue, en effet, à Adonis endormi des soins quasi maternels, essuie la sueur de son front, car malgré le feuillage, la chaleur de l'été a affecté la perfection de son visage. Elle désire l'embrasser, hésite trois fois. On se souvient que dans le *Songe de Vaux*, c'est Acante qui hésite à embrasser Aminte endormie (*O.D.*, fragment VII, p. 110). Le jeune homme surpris tente d'abord de fuir, elle s'accroche à lui. Emerveillé, enchanté, il ferme les yeux puis entr'ouvre ses belles lèvres. Il adresse à la déesse de doux mots d'amour en soupirant et en tremblant. Celle-ci lui demande de l'aider à étancher le sang de sa blessure, suscitant ainsi une tendre et amoureuse pitié. Le poète peint un tableau suggestif du pied blanc de Vénus placé dans le giron du héros, essuyé par sa main blanche, avec un linge blanc et délicat. L'aspect érotique et pictural de la scène est magnifiquement évoqué.

Marino est très proche de Shakespeare dans sa présentation de la chasse et de la mort d'Adonis causée par le monstre déchaîné contre lui par Diane et Mars. Au sanglier est attribuée la passion amoureuse qui le pousse à vouloir saisir Adonis dans une étreinte. Avec sa défense, il inflige une blessure au flanc du jeune homme, le renverse, soulève son vêtement et dans un assaut amoureux et fatal, mord sa hanche blanche comme neige où apparaissent des gouttes couleur de rubis (Chant XVIII, octaves 94-97). Suivent les lamentations des nymphes, inspirées de Bion, puis celles de Vénus qui accuse l'injustice du ciel, se jette dans un mouvement de désespoir sur le cadavre de l'être aimé et pleure amèrement. Pour l'honorer,

---

le musicien Lambert dans un épisode du *Songe de Vaux*. Une traduction partielle en français se trouve dans *l'Anthologie bilingue de la poésie italienne*, Pléiade, Paris, Gallimard, 1994. Une traduction partielle en anglais a été publiée par Harold Martin Priest, Ithaca, N.Y., Cornell U.P., 1967 sous le titre *Adonis*, selections from l'*Adone*.

elle désire lui consacrer sa propre fleur, la rose, et le transformer en fleur, l'anémone couleur de sang (chant XIX, octaves 416-420).

Les deux aspects fondamentaux de l'œuvre immense et d'une amplitude et richesse baroques de Marino, célébration de l'amour, de la paix et des arts d'une part, de l'autre de la dynastie française qui dans la personne de ses dédicataires[101] unissait la France des Bourbons et les Toscans Médicis, ont été traduits et condensés dans les toiles de Poussin inspirées de l'*Adone*. Cette conjoncture a été perçue et judicieusement mise en valeur par les spécialistes de Poussin, Jacques Thuilliet et Alain Mérot, très sensibles aux rapports personnels entre le poète et le peintre dont la culture littéraire humaniste avait été reconnue peu après son arrivée à Rome, ainsi que

> sa capacité d'exprimer par le pinceau toutes les histoires de la poésie et de la Fable. Poussin fait tôt figure de «lettré» qui n'est aucunement déplacé dans la grande «République des lettres», conçue par l'humanisme du XVIIe siècle, hors de toute frontière et de toute confession[102].

Du côté politique, l'historienne de l'art américaine, Judith Bernstock intitule son récent ouvrage *Poussin and French Dynastic Ideology*, c'est dire que du point de vue thématique comme du point de vue idéologique, la concordance entre les deux artistes est aujourd'hui reconnue[103].

Deux aspects majeurs du mythe et de *l'Adone* ont attiré Poussin: l'amour et la volupté des amants heureux, *Vénus et Adonis* du Kimbell Art

---

[101] Giovanni Pozzi, dans son édition de l'*Adone*, *op. cit.*, t. II, p. 167, indique dans son commentaire de la dédicace que l'auteur avait primitivement pensé dédier son œuvre à Louis XIII, puis avait changé et choisi Marie de Médicis pour des raisons politiques. Voir supra: il s'agit sans doute de la réconciliation de Louis XIII et de la reine-mère, due aux bons offices de Richelieu.

[102] Jacques Thuillier, *Nicolas Poussin*, op. cit., pp. 16-17. Alain Mérot, *Poussin*, Paris, Editions Hazan, 1990, p. 38, à propos du *Triomphe_d'Ovide* estime qu'il s'agit d'une allégorie en l'honneur de Marino et rappelle les vers du poète: «Amor fu mio maestro, appresi amando a scriver pœsia ed a cantar d'amore.» A propos de *Céphale et l'Aurore*: «Comme dans les dessins pour Marino, une science mythologique certaine s'y déploie...L'amour impossible entre les dieux et les mortels, le sommeil, la mort et la métamorphose: ces thèmes empruntés à Ovide et réélaborés par Marino ont aussi inspiré *Apollon et Daphné* (Münich), *Vénus et Adonis* (Fort Worth) et *Vénus pleurant Adonis* (Caen).

[103] Judith Bernstock, *Poussin and French Dynastic Ideology*, Bern, Berlin, Bruxelles, Frankfurt am Main, New York, Oxford, Wien, Peter Lang, 2000. L'auteur ne traite pas les tableaux de Poussin consacrés à Vénus et Adonis, mais sa thèse soutenant la signification historique et dynastique de son œuvre, à travers l'allégorie, pourrait s'appliquer aux tableaux qui nous intéressent ici.

Museum, la mort et la métamorphose florale, *Vénus pleurant Adonis* du musée de Caen, tous deux datés des premières années romaines 1625-1626 par Jacques Thuillier. La pose d'abandon voluptueux des deux amants plongés dans l'extase correspond à ce que Jacques Thuillier a défini comme l'érotisme de Poussin: on y voit une Vénus alanguie et allongée, la tête dans le giron d'Adonis, pose évoquée chez les poètes, Shakespeare, Marino et La Fontaine, entourée de petits amours, dont l'un tient dans ses bras les tourterelles, oiseaux consacrés à la déesse, du côté d'Adonis son chien de chasse:

> Toute une part de la vie et de l'art de Poussin relève de l'érotisme. L'érotisme, sous sa forme la plus simple et la plus saine, indemne même de toute idée de péché, de tout sentiment de honte ou de remords. Etranger aux interdits de la religion comme à la contrainte des mœurs. Poussin est un grand peintre de la femme, louant l'amour, louant le plaisir, évoquant avec insistance les couples embrassés, les maternités heureuses, les ébats amoureux au milieu de l'éternelle fécondité de la nature.
>
> *Nicolas Poussin*, p. 44

L'autre toile, *Vénus pleurant la mort d'Adonis* représente l'autre volet du mythe, la mort du héros, pleuré par son amante. Les figures, toujours douées de beauté et de jeunesse expriment une toute autre émotion, elles apparaissent pleines de noblesse et d'une mélancolie douloureuse, toutefois relevée par un espoir de renouveau: l'amante, nue sans doute mais agenouillée dans une pose quasi religieuse verse le nectar dans un geste rituel sur le jeune mort, aidé d'un petit amour qui semble prêt à cueillir les fleurs qui viennent de surgir pour les répandre sur la dépouille d'Adonis. Avec ces fleurs blanches, symboles de renouveau, dans lesquelles on pourrait voir des lys, le peintre a-t-il voulu célébrer la renaissance de la dynastie des Bourbons, frappée en plein effort de rétablissement de la paix par la mort d'Henri IV, mais assurée désormais par les succès de la Régence célébrés par Malherbe, et surtout par la prise en main des affaires du royaume par le jeune Louis XIII, mère et fils tous deux célébrés par Marino dans l'*Adone*? Comme Hercule, le jeune souverain, selon Marino, saura vaincre les deux monstres de la guerre civile et de la guerre étrangère. Dans son poème de paix, Adonis, a vaincu le monstre sauvage, tourné vers la destruction, a perdu la vie dans la lutte, mais sa résurrection annonce celle du royaume sous l'égide d'un prince valeureux, soucieux du bien de son peuple.

De même, L'*Adonis* de La Fontaine est à la fois une célébration de l'amour et d'un bonheur idyllique, poème lyrique par conséquent, et un poème épique, lutte du héros contre un monstre: Jean-Pierre Collinet et Jürgen Grimm ont bien souligné ce double aspect qui permet de mettre en question une parfaite adhérence aux principes classiques[104]. Le jeune héros «exempt d'inquiétude» rêve au bruit de l'eau, il est peut-être un poète qui s'ignore mais qui saura passer à l'action le moment venu. Vénus lui apparaît dans tout son charme, toute sa grâce «plus belle encore que la beauté». L'attrait mutuel joue spontanément, mais il croit encore rêver: «n'est-ce point quelque songe?» La déesse le rassure.

> -Amour rend ses sujets tous égaux, lui dit-elle.
>
> (*O.D.*, p. 7)

L'idylle suit son cours heureux, célébrée en termes lyriques par le poète tourné vers une vision de paix, comme Marino:

> *L'Adone*, qualifié par Chapelain de «poème de la paix» définissait un programme à la fois poétique, philosophique et politique qui avait tout pour séduire la jeune noblesse française frondeuse et ses poètes. Magnifiquement amplifiée aux dimensions d'une épopée, le mythe ovidien de Vénus et d'Adonis devenait en effet chez Marino l'apologie d'une civilisation à l'italienne délivrée de Mars, adonnée à la «chasse au bonheur» par l'amour et par les arts, et acceptant son prix de douleur et de fugacité[105].

La «féerie voluptueuse» évoquée par Marc Fumaroli va, en effet, se trouver brisée: la vie civile avec ses devoirs reprend ses droits: les temples et leur culte réclament les soins de la déesse, la lutte pour défendre et protéger son territoire et ses richesses réclame ceux du héros qui va agir pour le bien de la communauté, comme l'avait fait le dédicataire Fouquet au cours de la Fronde: il avait loyalement soutenu la cause royale. Il pouvait donc être rapproché du héros, vainqueur d'un monstre destructeur de la paix et de la prospérité, celui de guerre civile des années 1648-1652. Le parallélisme dans la situation des deux souverains, père et fils est clair: tous deux

---

[104] J-P. Collinet, *Le Monde littéraire*, op. cit., p. 44.

Jürgen Grimm, «Marinos Adone — La Fontaines Adonis: ein Strukturvergleich» dans Italienisch -europäische Kulturbeziehungen im Zeitalter des Barock, ed. Brigitte Winklehner, Tübingen, Stauffenburg Verlag, 1991, pp. 267-277, voir pp. 273-274.

[105] Marc Fumaroli, «Politique et poétique de Vénus: l'*Adone* de Marino et l'*Adonis* de La Fontaine», *Le Fablier*, No. 5, 1993, p. 13.

avaient dû faire face à des circonstances politiques difficiles: le jeune Louis XIII (22 ans en 1623, au moment d l'*Adone*) avec les difficultés de la Régence à la suite de l'assassinat d'Henri IV, Louis XIV, enfant, mais n'ayant pas oublié celles d'une autre Régence qui avait abouti à la Fronde. Le désir et l'espoir de paix allaient être satisfaits par la paix des Pyrénées:

> Le programme de Foucquet, tel qu'on peut le déterminer, était un programme de paix, tel que Mazarin l'avait conçu et y avait travaillé
>
> «*Politique et poétique*», p. 14

Jean-Pierre Collinet estime à juste titre qu'»entre le héros du poème et le «héros» auquel il est offert, une correspondance tend à s'établir»[106]. La Fontaine avait loué Mazarin, artisan de la paix dans les pièces de la pension poétique adressées à Fouquet, ainsi que le jeune roi, la reine mère et la famille royale:

> Tous les poètes du royaume, à l'envi, chantent les fastes d'un règne qui s'annonce brillant...La Fontaine...demeure prisonnier de son engagement...La Fontaine va s'apercevoir bientôt, s'il ne s'en doute déjà...qu'il a joué la mauvaise carte[107].

La signification politique de l'*Adonis* reprend, trente-cinq ans plus tard, celle de l'*Adone* et des tableaux de Poussin. La floraison représentée dans la métamorphose et la résurrection du héros signifie celle de la dynastie régnante, incarnée dans le père et le fils en 1623 et 1658 respectivement: ainsi la présence du tableau de Poussin dans la collection de Louis XIV montre que le roi avait compris ou qu'on lui avait fait comprendre la signification du tableau et les intentions du peintre.

La Fontaine toutefois, après avoir montré le rôle important du héros dans le combat contre le monstre de la guerre civile, omet la métamorphose du héros avec ses promesses de renouveau. J-P. Collinet note cette absence (*Le Monde littéraire*, p. 47). Répond-elle à un désir du poète de se conformer à une esthétique? Malgré les apparences, nombre d'exégètes en doutent; J-P. Collinet lui-même a fortement souligné l'antithèse entre l'idylle et le «poème héroïque», Jürgen Grimm la présence d'éléments hétérogènes et l'allusion aux auteurs modernes qui l'avaient inspiré (*Avertissement*) et conclut que l'unité du poème réside moins dans sa

---

106 J-P. Collinet, *Le Monde littéraire, op. cit.*, p. 41.

107 J-P. Collinet, «La Fontaine et Fouquet» dans *l'Age d'or du mécénat* 1598-1661, éd. Roland Mousnier et Jean Mesnard, Paris, ed. du CNRS, 1985, p. 276.

structure que dans l'atmosphère d'ensemble de mélancolie et d'acceptation traduisant le célèbre «Et in Arcadia ego». Un savant historien de la poésie du XVIIe siècle, Jean-Pierre Chauveau souligne l'influence durable du courant mariniste «encore sensible dans l'*Adonis* que La Fontaine compose en 1658». Dans son récent ouvrage, il souligne à juste titre la permanence de nombre d'éléments baroques:

> ce goût de la pompe et du décor...tel qu'il s'étale à Versailles, ou encore le goût, peu aristotélicien, peu classique en somme, du mélange des tons, des genres et des arts. Ce goût s'épanouit d'abord dans les fastes de l'opéra français inventé par Lully à partir de 1672...Il se manifeste aussi dans le génie du mélange et de la synthèse qu'incarne si bien l'inclassable La Fontaine. Le baroque n'est pas mort en 1660; en 1660 il achève seulement de prendre un nouveau visage[108].

Le mythe de Vénus et d'Adonis occupe dans l'humanisme de la Renaissance, tel qu'il s'exprime dans divers arts, une place de choix. On est amené à s'interroger sur ce qui a pu attirer tant d'artistes vers un tel sujet dont les linéaments avaient été fournis, de façon succinte, par Ovide et quelques textes de l'antiquité classique. La Renaissance, confiante dans ses découvertes et dans sa science, optimiste, y a vu une célébration de l'amour, de la paix, des forces naturelles de création, ces thèmes culminant dans des œuvres magnifiques et somptueuses. Pourtant la finitude humaine du héros qui combat généreusement pour le bien commun, contre un monstre, la force brutale de destruction et de mort ne sont pas éludées, avec le sentiment poignant et élégiaque suscité par la mort d'un être jeune, beau, aimé, mais aussi avec une promesse de résurrection. On sait, depuis l'ouvrage classique de Jean Seznec, combien la Renaissance s'était plu à découvrir ou à élaborer des allégories à partir des dieux antiques et de leurs mythes, adaptées au contexte d'une nouvelle culture européenne: la mort, la métamorphose et la résurrection d'Adonis se prêtaient à une telle allégorie. Chaque génération succédait à une autre, forte des acquis de la précédente, elle pouvait ainsi aller de l'avant, assurer le progrès des connaissances et des mœurs, parvenir aussi au bonheur souhaité. L'humanisme de la Renaissance allait, après quelques retombées partielles, temporaires, généralement attribuées à l'influence d'un pessimisme augustinien et aux circonstances difficiles d'une fin de règne frappée par

---

[108] Jean-Pierre Chauveau, éd. Tristan, *La Lyre*, T.L.F., Genève-Paris, Droz, 1977, *Introduction*, XXXV-XXXVI et

_________________ *Lire le baroque*, Paris, Dunod, 1997, p. 116.

des malheurs, retrouver au XVIIIe siècle cette confiance en l'homme et en ses possibilités de renouvellement incessant. Elle devait s'exprimer dans la déclaration d'indépendance d'une jeune république, celle des droits inaliénables de l'homme à la vie, à la liberté et à la poursuite du bonheur. Cet idéal renaissant et humaniste se trouve constamment menacé: les forces de destruction en lutte avec celles de création civilisatrices sont une constante de la condition précaire des sociétés humaines. Le mythe de Vénus et Adonis reste tout à fait actuel. Il s'agit bien d'un des universaux de la culture européenne.

II. Questions de poétique

Le Jardin: Nature et Culture chez La Fontaine

Né pendant la Renaissance, l'esprit moderne s'affirme au dix-septième siècle et se développe dans l'exploration des forces de la nature et de celles de l'homme. Le philosophe qui représente le mieux peut-être cet esprit nouveau commence sa carrière avec l'ambition d'écrire un *Traité du Monde* et la termine avec un *Traité des Passions*. Noémi Hepp, qui s'est penchée avec beaucoup d'érudition et de pénétration sur l'aspect littéraire de cet esprit moderne, nous présente le bilan:

> Siècle de conquête et non d'acceptation...L'homme du XVIIe siècle n'est pas soumis aux données brutes du monde; s'il accepte en général l'autorité..., il est préoccupé aussi de dominer. Dominer la matière: grandes et puissantes architectures, jardins géométriques conçus selon des plans autrement vastes que les jardinets en marqueterie du Moyen Age, jets d'eau et feux d'artifices qui s'élèvent haut dans le ciel contre la loi naturelle de la pesanteur. Dominer son corps aussi...Dominer ses instincts, son cœur...Encore et toujours, se lancer dans des conquêtes et vaincre[109].

Le jardin, le parc, dessiné par un esprit épris d'ordre, de symétrie, de beauté, représente un triomphe de l'intelligence humaine sur les forces brutes de la nature[110]. Dès le début de sa carrière, La Fontaine situe deux œuvres inspirées par la fantaisie, qui échappent à un genre précis, dans des parcs: Le Songe de Vaux et Psyché. Le cadre de cette dernière est Versailles, mais, comme le note judicieusement Renée Kohn,

> L'ouvrage par bien des aspects appartient encore à la période de Vaux; Versailles a succédé à Vaux-le-Vicomte et La Fontaine passe insensiblement des jardins de l'un aux jardins de l'autre...La Fontaine a transposé en une œuvre littéraire l'ordonnance classique qui, à Vaux, présidait aux bâtiments et aux jardins. Que l'imagination substitue à l'écriture bâtiments ou parterres, et l'on aura une image du roman[111].

---

[109] *Homère en France au XVIIe siècle* (Paris, Klincksieck, 1968), pp. 768-769.

[110] Pierre Grimal, *L'Art des jardins,* 3e éd. (Paris, PUF, 1974), p. 7: «Le jardin est l'enclos merveilleux où l'on apprend à *tricher* avec les lois de la Nature...Pour cette raison, les jardins d'une époque sont aussi révélateurs de l'esprit qui l'anime que peuvent l'être sa sculpture, sa peinture ou les œuvres de ses écrivains».

[111] *Le Goût de La Fontaine* (Paris, PUF, 1962), p. 115.

L'auteur nous propose un plan du roman, groupant les thèmes de façon symétrique, et montre qu'il correspond à celui du château et de ses jardins.

Dès le *Songe de Vaux*, il est évident que les jardins font partie intégrante des merveilles décrites et contribuent à la beauté de l'ensemble. Hortésie, la fée des jardins, est mise sur le même plan que l'Architecture, la Peinture et la Poésie. L'art de Le Nôtre, paysagiste, contribue aux plaisirs esthétiques du maître du lieu et de ses fidèles, et fournit au poète ceux de la rêverie dans un cadre enchanteur:

> Errer dans un jardin, s'égarer dans un bois,
> Se coucher sur des fleurs, respirer leur haleine,
> Ecouter en rêvant le bruit d'une fontaine,
> Ou celui d'un ruisseau roulant sur des cailloux,
> Tout cela, je l'avoue, a des charmes bien doux...[112]

La douceur et le silence forment la base même du charme des jardins et de celui de la fée qui les représente:

> Hortésie...approcha des juges, mais avec un abord si doux qu'auparavant qu'elle ouvrît la bouche, ils demeurèrent plus qu'à demi persuadés, et ils eurent beaucoup de peine à ne pas se laisser corrompre aux charmes même de son silence. (*O.D.*, p. 89.)

Les jardins combinent les attraits physiques de la nature: fleurs, ombrage, soleil, air pur, nuits douces et tranquilles, avec les avantages psychologiques et moraux qu'elle offre à l'homme: absence de soin, «hôte des villes», et de crainte, «hôtesse des Cours», apaisement des passions que la raison seule ne parvient pas à calmer. De sages empereurs ont su trouver dans la retraite de leurs jardins le calme et la paix. De même, de simples particuliers jouissent dans leur jardin de l'indépendance, de la puissance d'un roi:

> De mes sujets je fais des princes. (*O.D.*, p. 90.)

Le jardin fournit aux besoins matériels de l'homme grâce à ses fruits, il satisfait surtout ses besoins esthétiques: fleurs, verdure, évasion dans un

---

[112] La Fontaine, *Le Songe de Vaux* dans *Œuvres Diverses*, éd. Pierre Clarac, Pléiade (Paris, Gallimard, 1958), p. 86. Cette édition sera indiquée dans le texte par *O.D.* et le numéro de la page.

monde de rêve[113], enfin ses besoins moraux: tranquillité, solitude, indépendance.

L'art des jardins fait appel au savoir, c'est-à-dire aux facultés intellectuelles, et aux mains, au travail physique:

> Les vergers, les parcs, les jardins,
> De mon savoir et de mes mains
> Tiennent leurs grâces nonpareilles...(*O.D.*, pp. 90-91.)

Parmi les merveilles de l'art se placent les fontaines, bassins et jeux d'eau:

> Je donne au liquide cristal
> Plus de cent formes différentes,
> Et le mets tantôt en canal,
> Tantôt en beautés jaillissantes;
> [..]
> Parfois il dort, parfois il coule
> Et toujours il charme les yeux. (*O.D.*, p. 91.)

Une autre merveille est la présence de la verdure au milieu de l'hiver, grâce aux soins et à la prévoyance du paysagiste qui a su, en artiste, utiliser des conifères et des plantes à feuilles persistantes:

> Ses jardins remplis d'arbres verts
> Conservaient encore leur grâce,
> Malgré la rigueur des hivers. (*O.D.*, p. 90.)

Cette réussite de l'art avait déjà été chantée par Malherbe, très admiré par La Fontaine dont la vocation poétique aurait été suscitée par une ode malherbienne[114]:

---

[113] Philip A. Wadsworth, *Young La Fontaine* (Evanston, Ill. Northwestern U. Press, 1952), p. 85: «In *Le Songe de Vaux* many a passage suggests that he saw a sort of pastoral paradise in the gardens of Le Nôtre, as though courtiers and ladies were playing at love with all the elaborate make-believe of d'Urfé's aristocratic nymphs and herdsmen».

[114] Deux allusions de La Fontaine à Malherbe montrent qu'il le considérait comme un maître dans: «Le Meunier, son fils et l'Ane», *Fables*, III, 1, p. 83, et dans l'*Epitre à Huet, O.D.*, p. 649. D'excellents connaisseurs ont souligné l'influence de Malherbe sur La Fontaine, voir: Jean Hytier, «La Vocation lyrique de La Fontaine», *French Studies*, vol. 25, No. 2 (April 1971), 136-137 et Jean-Pierre Collinet, *Le Monde littéraire de La Fontaine* (Paris, PUF, 1970), p. 19.

Beau parc, et beaux jardins, qui dans votre clôture
Avez toujours des fleurs, et des ombrages verts
Non sans quelque Démon qui défend aux hivers
D'en effacer jamais l'agréable peinture[115].

Hortésie montre bien comment la nature cède «aux miracles de l'art». L'art toutefois ne saurait supprimer les lois fondamentales, telles que le cycle des saisons. Comme les jardins, Hortésie perd ses charmes et ses beautés durant l'hiver mais, comme eux, «elle reprend aussi tous les ans de nouvelles forces» (O.D., p. 92). Ses productions sont plus fragiles, moins durables que celles de la poésie, qui exprime les beautés de la nature pour les siècles à venir:

Les charmes qu'Hortésie épand sous ses ombrages
Sont plus beaux dans mes vers qu'en ses propres ouvrages;
Elle embellit les fleurs de traits moins éclatants:
C'est chez moi qu'il faut voir les trésors du printemps,
(*O.D.*, p. 94)

déclare Calliopée. Ce point de vue semble suggérer que plus un art est abstrait, plus il est susceptible de créer des œuvres durables. La Fontaine, en se promenant à Vaux et à Versailles et en en goûtant la beauté, a dû réfléchir à ce que palais et jardins représentaient du point de vue d'une culture et comment son art à lui, poète, s'inscrivait dans cette culture. L'art du jardinier requiert comme les autres arts savoir et travail, mais aussi la coopération des forces naturelles: par là il échappe à un contrôle complet du créateur; le poète travaillant avec des mots, des signes, des abstractions, peut échapper aux contingences, et son art, opérant en dehors de la matière, atteindre l'universel et l'éternel[116].

C'est dans le cadre paisible et enchanteur du parc de Versailles, à l'automne, que Poliphile lit à ses amis Les Amours de Psyché et de Cupidon.

---

[115] Sonnet XXXIV, dans *Œuvres de Malherbe*, éd. L. Lalanne, G.E.F. (Paris, Hachette, 1862), I, 138.

[116] Gilles Deleuze, *Marcel Proust et les signes* (Paris, PUF, 1964), p. 9: «Or le monde de l'Art est le monde ultime des signes; et ces signes, comme dématérialisés, trouvent leur sens dans une essence idéale».

Acante «aimait extrêmement les jardins, les fleurs, les ombrages. Poliphile lui ressemblait en cela; mais on peut dire que celui-ci aimait toutes choses».

(*O.D.*, p. 127.)

Les quatre amis admirent les merveilles du règne animal à la Ménagerie, celles du règne végétal à l'Orangerie: ici encore, l'industrie humaine a aidé la nature puisqu'il s'agit d'animaux et de plantes exotiques transportés et acclimatés dans un lieu qui n'est pas leur habitat naturel. Ils passent les heures chaudes dans la grotte de Thétys: les eaux jaillissantes représentent la nature maîtrisée et embellie par l'art[117]. Les perspectives vues du haut du Fer à cheval frappent par leurs formes géométriques et leur symétrie:

Mainte allée en étoile, à son centre aboutie,
Mène aux extrêmités de ce vaste pourpris.
[..]
Par sentiers alignés, l'oeil va de part et d'autre:
Tout chemin est allée au royaume du Nostre.

(*O.D.*, p. 186.)

Le morceau se termine logiquement par un éloge de l'art et des réflexions sur l'intelligence créatrice: celle des artistes, du roi et du ministre qui les protègent:

Heureux ceux de qui l'art a ces traits inventés!
On ne connaissait point autrefois ces beautés.
Tous parcs étaient vergers du temps de nos ancêtres,
Tous vergers sont faits parcs: le savoir de ces maîtres
Change en jardins royaux ceux des simples bourgeois,
Comme en jardins de dieux il change ceux des rois.
Que ce qu'ils ont planté dure mille ans encore!
Tant qu'on aura des yeux, tant qu'on chérira Flore,
Les Nymphes des jardins loueront incessamment
Cet art qui les savait loger si richement.

(*O.D.*, p. 187.)

---

117 Jean Rousset, *La Littérature de l'âge baroque en France* (Paris, Corti, 1963), p. 154, note que La Fontaine et Mlle de Scudéry, à Vaux et à Versailles, ont été sensibles à «cette poésie des fontaines».

L'idée de progrès est ici nettement exprimée: intellectuel, artistique et même social. Les bourgeois s'élèvent au niveau royal, les rois à celui des dieux dans l'ordonnance et la création de jardins par le goût, par la recherche de la beauté; les limites imposées par la hiérarchie sociale ou par le temps peuvent être transcendées: «Ars longa, vita brevis».

C'est en effet la permanence de l'art, sa puissance créatrice qui apparaissent dans le parc de Vaux et de Versailles, cadre tout désigné pour l'enchantement poétique proposé par l'écrivain. Marcel Raymond, après avoir noté la «réponse de la féerie inventée à la féerie de la nature soumise», voit dans cette fusion des différents arts un trait baroque:

> Un des traits du baroque est de former des ensembles composites, d'unir, s'il se peut, des arts différents. Tout parc est une construction, ornée de statues, où entrent comme éléments avec les corps de logis, pavillons et chapelles, la nature elle-même, ses masses de verdure et ses eaux captives[118].

Pour Jean Rousset également, il y a accord profond entre le cadre et l'œuvre. La Fontaine a placé Psyché «dans le seul paysage où puisse croître une œuvre littéraire, dans l'univers de culture nommé littérature». Avec l'auteur «nous vivons donc une journée de lecture et de flânerie créatrice dans le parc de Versailles, séjour enchanté, site d'exception, retranché du monde réel, conçu pour le repos ou le rêve d'un dieu...». Aux beautés de la terre correspondent les beautés du ciel: à la fin de la journée, le rêveur Acante montre à ses amis «un ciel couchant coloré des teintes les plus précieuses. Après les fleurs du parc, les parterres du ciel, musique sans paroles...»[119].

On a donc dans *Le Songe de Vaux* et dans *Psyché* l'évocation de parcs où la nature est utilisée, métamorphosée par l'art à des fins esthétiques et hédonistes[120]. Le jardin, dans la somptuosité de son dessin d'ensemble, dans son ornementation où l'élément naturel de l'eau est déployé pour créer

---

[118] «*Psyché* et l'art de La Fontaine» dans *Génies de la France* (Neuchâtel, Ed. de la Baconnière, 1942), pp. 96-97.

[119] «*Psyché* ou le plaisir des larmes», dans *L'Intérieur et l'extérieur* (Paris, Corti, 1968), p. 115, p. 117, p. 119.

[120] R. Kohn, *Le Goût*, p. 208, note l'hédonisme de La Fontaine. Il «a une âme, des goûts de grand seigneur. On connaît sa passion du jeu, de la musique, des beaux jardins...Familier des grands, il dut, tout en reconnaissant leurs travers, apprécier une façon de vivre qui n'était pas celle des bourgeois».

un effet brillant, représente la collaboration et la fusion de deux principes, souvent mis en opposition par les philosophes, la nature et l'art[121].

Le jardin va permettre précisément à La Fontaine de poser le problème des rapports entre nature et culture dans les Fables. Au début du «Philosophe scythe», nous retrouvons l'idée délicatement mise en œuvre dans *Le Songe de Vaux* et *Psyché*: le jardin représente l'alliance de la beauté et du bonheur. Le fabuliste nous présente le maître des lieux en termes significativement hyperboliques:

> Homme égalant les Rois, homme approchant des Dieux
> Et, comme ces derniers satisfait et tranquille.
> Son bonheur consistait aux beautés d'un Jardin[122]

Le sage jouit pleinement de la beauté de son jardin, de la prospérité acquise par le travail et du bonheur dans la paix. On pourrait voir ici une préfiguration du «Il faut cultiver notre jardin» de Candide et de l'Elysée de Julie, dans la *Nouvelle Héloïse*, où nature et culture ont été utilisées pour créer un Eden. Le travail du jardinier a été guidé par l'intelligence et le savoir: il taille ses arbres pour les rendre plus forts et par suite plus productifs:

> Corrigeant partout la Nature,
> Excessive à payer ses soins avec usure.
>
> (XII, 20, p. 349.)

La culture corrige et améliore la nature. La supériorité de l'intelligence et d'une méthode rationnelle apparaît dans le contraste grotesque entre les résultats bénéfiques obtenus par le sage et les ravages commis par le rustre. Au lieu d'une opération de taille, il procède à «un universel abatis».

> Il tronque son verger contre toute raison,
> Sans observer temps ni saison,
> Lunes vieilles ni nouvelles.
> Tout languit et tout meurt.
>
> (*Ibid.*)

---

[121] Bernard Tocanne, *L'Idée de nature en France dans la seconde moitié du XVIIe siècle* (Paris, Klincksieck, 1978), p. 10: «Dans sa valeur de spontanéité et d'innéité, la nature sera opposée à l'art...»

[122] La Fontaine, *Fables*, éd. G. Couton (Paris, Garnier, 1962), XII, 20, p. 348. Toutes les citations des *Fables* renvoient à cette édition. On donnera dans le texte les numéros du livre, de la fable et de la page.

Les litotes, les intensifs marquent bien la catastrophe causée par l'absence de discernement, de jugement, de connaissance des lois naturelles: temps, saison, lunes. Il en va de même sur le plan psychologique et moral: on ne saurait, sans causer de graves dommages, supprimer les passions, les impulsions naturelles, les désirs innocents. Le jardin judicieusement cultivé, fécond et faisant la joie de son maître, symbolise l'heureux équilibre entre nature et culture, désirs spontanés et discipline morale. L'homme qui tente de renier ou de supprimer sa nature est condamné à «cesser de vivre avant que l'on soit mort». Le fabuliste blâme ouvertement la morale stoïcienne; il songe peut-être aux Jansénistes, comme le suggère G. Couton (note 8, p. 546), ou plus généralement à toute morale ascétique et rigoriste qui ignore «le principal ressort» du cœur humain. La métaphore du jardin qui, par une culture intelligente, procure à son propriétaire beauté, prospérité, bonheur, révèle une confiance dans la nature et dans la raison, capable de comprendre les lois de la nature et de les utiliser à son propre avantage: La Fontaine est bien du siècle de Descartes, même s'il a été partisan des Anciens en littérature.

Le pouvoir destructeur de l'ignorance est dénoncé avec plus d'âpreté dans «L'Ecolier, le Pédant et le maître d'un jardin». Cette fois, il y a malice, intention criminelle de voler et de détruire de la part de l'écolier. Toutefois, la responsabilité est rejetée sur le maître qui n'a pas su cultiver les facultés rationnelle et morale de l'enfant:

> Certain enfant qui sentait son Collège
> Doublement sot et doublement fripon
> Par le jeune âge, et par le privilège
> Qu'ont les Pédants de gâter la raison,
> Chez un voisin dérobait, ce dit-on,
> Et fleurs et fruits.
>
> (IX, 5, p. 250.)

La nature humaine, elle aussi, a besoin d'être cultivée avec soin, intelligence, tendresse pour produire de beaux fruits. Or les pédants ne se soucient pas d'éduquer les enfants qui leur sont confiés, ils ne songent qu'à leur remplir la mémoire.

Le jardin est évoqué en termes de mythologie: Flore et Pomone comblent de leurs dons le jardin qui apparaît alors comme un enclos sacré, visité par des divinités bienfaisantes. Ce temple se voit profané par un être grossier qui ignore totalement le caractère religieux de ce verger:

Un jour dans son jardin il vit notre Ecolier
Qui, grimpant sans égard sur un arbre fruitier,
Gâtait jusqu'aux boutons, douce et frêle espérance,
Avant-coureurs des biens que promet l'abondance.

Philip Wadsworth a relevé la sensibilité et la sympathie du poète pour la nature-mère blessée dans sa «douce et frêle espérance»[123], J.-P. Collinet a appelé de ses vœux un travail d'ensemble sur la «sympathie» du poète «avec la nature» et sur «son intuition de l'univers»[124]. A la douceur fragile s'opposent la brutalité et la destruction causées par la horde imprudemment introduite dans le jardin sous la conduite du Pédant: la violence se déchaîne, dirigée par l'ignorance. Le maître du jardin aurait dû songer à la sauvegarde de ses biens, comme celui de la fable «Le jardinier et son seigneur». En faisant appel aux puissances établies, peu soucieuses du bien d'autrui, ils montrent un manque de jugement qui leur coûtera cher. Le Pédant cite «Virgile et Cicéron/Avec force traits de science», il parle au lieu d'agir. Sa vanité et sa bêtise vont permettre une destruction irrémédiable:

Son discours dura tant que la maudite engeance
Eut le temps de gâter en cent lieux le jardin.

La culture de l'esprit, du sens du respect pour autrui et pour toute créature, même dite «inanimée», est aussi nécessaire que celle du sol: elle produit l'être civilisé, «l'honnête homme» dont l'antithèse nous est présentée ici. Malgré ses prétentions intellectuelles, le Pédant et ses écoliers sont des barbares.

Une leçon similaire se dégage de deux autres fables où il est question d'un jardin. De nouveau, le caractère sacré de celui qui se consacre à l'horticulture est mis en valeur, non sans humour. L'amateur des jardins nous est ainsi présenté:

Il aimait les jardins, était Prêtre de Flore,
Il l'était de Pomone encore:
Ces deux emplois sont beaux; mais je voudrais parmi
Quelque doux et discret ami.
Les jardins parlent peu; si ce n'est dans mon livre.
(«*L'Ours et l'amateur des jardins*», VIII, 10, p. 217.)

---

[123] Young La Fontaine, p. 20.

[124] *Le Monde littéraire*, p. 423.

La solitude, célébrée par le poète dans des moments d'épanchement lyrique, n'est toutefois pas la manière normale de vivre, car la nature humaine est sociable. Le vieillard et l'ours sont tous deux las de vivre seuls et de ne pas jouir des échanges de la vie en société, de la conversation en particulier. Le ménage inattendu, incongru, du vieillard et de l'ours se révèle assez satisfaisant, malgré le manque de conversation de ce dernier. Il rend des services, mais par une ironie tragique, l'un d'eux va se révéler fatal: l'ours, «fidèle émoucheur», voulant débarrasser son compagnon d'une mouche, l'assomme avec un pavé. L'ignorance et la sottise sont dangereuses, cette fois, pour le créateur. Le jardin échappe à la destruction qui est réservée au maître coupable d'avoir introduit, sans discernement, la force brutale chez lui.

Le jardin et le jardinier souffrent conjointement dans «Le Jardinier et son seigneur». La création du jardin représente une réussite, une alliance heureuse entre nature et culture, un triomphe des soins et de l'amour:

> Là croissait à plaisir l'oseille et la laitue,
> De quoi faire à Margot pour sa fête un bouquet,
> Peu de jasmin d'Espagne, et force serpolet.
> Cette félicité par un Lièvre troublée...
>
> (IV, 4, p. 109.)

Le propriétaire «demi-bourgeois, demi-manant», conscient de ses droits, a protégé ce qui fait le bonheur de sa vie contre les incursions possibles:

> Il avait de plant vif fermé cette étendue...

Cette mesure assure l'indépendance et les droits du propriétaire, mais elle montre aussi le goût du jardinier: plutôt qu'un mur, une haie vive, de la verdure. La nature et les soins du jardinier ont créé un petit paradis, unissant l'utile et l'agréable: les légumes usuels dans le potager: le bourgeois et sa famille vivent de bonne soupe et non de beau langage, mais aussi des fleurs, «De quoi faire à Margot pour sa fête un bouquet»: les affections familiales et les coutumes qui donnent l'occasion de les fêter se trouvent évoquées: or, le jardinier souffrira dans ses affections aussi bien que dans son attachement à sa création.

Ce paradis sera d'abord troublé par une créature issue de la nature même, par un lièvre, auquel le jardinier prête des pouvoirs sataniques:

Ce maudit animal vient prendre sa goulée
Soir et matin, dit-il, et des pièges se rit;
Les pierres, les bâtons y perdent leur crédit.
Il est sorcier, je crois.

(P. 109.)

Le trouble causé par l'émissaire de la nature ou du diable va se révéler minime en comparaison des déprédations causées par l'homme: comme le Philosophe scythe et le Pédant, le Seigneur fait preuve d'ignorance, de manque total de considération et de respect pour autrui. Le philosophe scythe était un barbare, son ignorance, son absence de jugement étaient, dans une certaine mesure, compréhensibles. Le Pédant et le Seigneur, par contre, appartiennent aux classes supérieures, cultivées de la société. Ils auraient pu apprendre à se conduire de façon civilisée. Or, malgré leurs privilèges, ils causent la destruction du jardin qu'ils avaient promis de défendre: l'ironie de la situation est amère pour les victimes.

L'invasion du Seigneur et de sa suite dans la propriété du jardinier est sans doute présentée sur un ton héroï-comique. Mais les préparatifs de la chasse se révèlent coûteux: jambons, vin disparaissent, sa fille est lutinée sans merci; les résultats de la chasse sont désastreux:

Le pis fut que l'on mit en piteux équipage
Le pauvre potager; adieu planches, carreaux;
Adieu chicorée et porreaux;
Adieu de quoi mettre au potage.

(P. 110.)

Cette équipée est une parodie de l'idéal féodal selon lequel le suzerain devait protéger ceux qui dépendaient de lui. La supériorité sociale et militaire du Seigneur est bien peu justifiée: elle est signe de vanité et d'orgueil et aboutit à la destruction et à la souffrance. Les dons de la nature doivent être cultivés avec prudence, l'intervention d'autrui évitée à tout prix. Car La Fontaine semble croire que l'homme est un loup pour l'homme, comme le proclame Hobbes, et qu'il est «un être d'appétit et d'instinct, entraîné par des impulsions élémentaires et le plus souvent irréfléchies, pour son malheur»[125]. Toutefois, il semble aussi avoir pensé qu'un idéal de bonheur n'était pas irréalisable dans la retraite et la solitude,

---

[125] B. Tocanne, *L'Idée de nature*, p. 161: «L'amour-propre, la vanité et le besoin du paraître sont bien l'une des données fondamentales du comportement humain pour La Fontaine». L'auteur rattache les vues de La Fontaine sur la nature humaine à la philosophie de Gassendi, à un épicurisme non dogmatique.

à l'écart du monde et de ses vanités, dans un petit cercle d'amis choisis», dans une vie conforme à la nature telle que l'a définie la sagesse antique et épicurienne»[126].

C'est sur le plan esthétique surtout que La Fontaine voit l'alliance possible et créatrice de la nature et de la culture: parcs somptueux de Vaux ou de Versailles, créés pour le plaisir des yeux et de tous les sens, modestes jardins fournissant à leur heureux serviteur l'utile et l'agréable, représentent analogiquement la démarche du poète qui transforme la matière fournie par la mythologie, la tradition ou même les événements ou les intérêts du jour. Jean Lafond a très bien montré cette fusion suprême de l'art et de la nature qui aboutit au plaisir de l'esprit et des sens:

> L'art et la nature échangent leurs pouvoirs dans une vision tout à la fois très simple et très raffinée. L'artifice et le spontané se rejoignent et se conjuguent en vue du seul plaisir de l'intelligence et de la sensibilité[127].

La Fontaine remplit dans le domaine de la poésie le rôle du jardinier qui, par un travail patient et une faculté imaginatrice qui tient de l'enchantement, produit une œuvre d'art en accord avec la nature:

> Ce ne fut jamais un jeu d'oisif que de soustraire un peu de grâce, un peu de clarté, un peu de durée, à la mobilité des choses de l'esprit; et que de changer ce qui passe en ce qui subsiste[128].

---

[126] *Ibid.*, p. 222.

[127] «La Beauté et la Grâce. L'esthétique «platonicienne» des *Amours de Psyché*», *RHLF*, vol. 69, No. 3 (mai-août 1969), 480.

[128] Paul Valéry, *Au sujet d'Adonis*, dans *Variété, Œuvres*, éd., Jean Hytier, Pléiade (Paris, Gallimard, 1957), I, 476.

Réflexions sur la poétique de La Fontaine: le jeu des genres

On se souvient de l'admiration de Paul Valéry pour la première œuvre de La Fontaine. C'est certes avec raison qu'un grand poète doublé d'un critique perspicace et subtil considère *Adonis* comme une extraordinaire réussite poétique, révélant le métier, la recherche savante aussi bien que les dons innés du créateur[129]. L'importance de cette œuvre n'est plus à démontrer: plusieurs travaux lui ont été récemment consacrés[130]. On sait en effet l'intérêt que présente l'étude approfondie d'une première œuvre pour dégager les thèmes, les techniques et les procédés, la pensée et l'expressivité, en un mot la poétique d'un grand écrivain.

Si l'on s'en tient aux apparences, La Fontaine avec les *Fables* semble rompre avec son choix initial: *Adonis* était un poème héroïque de six cents vers, en alexandrins à rimes plates, sur un sujet mythologique, inspiré par Ovide et d'autres poètes élégiaques, les fables au contraire sont des poèmes courts, en vers libres, sur des sujets familiers, empruntés à la tradition ésopique. Il existe pourtant en dépit de la rupture, une continuité, des reprises avec variations et même subversion, des premières œuvres aux *Fables*, ce que nous allons tenter d'illustrer en considérant une fable célèbre, *Les Deux Pigeons* (IX, 2), et les œuvres sur le même thème qui l'ont précédée, *Adonis* et *Joconde*.

D'ailleurs, il est parfaitement évident que La Fontaine n'a pas abandonné le genre qu'il avait illustré dans l'*Adonis* en 1658, puisqu'il a écrit d'autres longs poèmes, le *Poème de la Captivité de Saint Malc* en 1673, sorte de réplique, dans le registre chrétien, à l'*Adonis*, des *Elégies à Clymène*, publiées en 1671, et de longs poèmes philosophiques où il avait l'intention de se poser en disciple de Lucrèce, le *Discours à Mme de la Sablière* et le *Poème du Quinquina* en 1682. Le livre XII des *Fables* contiendra aussi de longs poèmes dont l'un, *Philémon et Baucis*, pourrait servir de contrepoint à notre étude.

Dans sa stimulante introduction à son édition des *Fables*, Marc Fumaroli soutient que ce sont les *Fables* qui nous ont amenés, nous les

---

[129] Paul Valéry, Au sujet d'*Adonis*, dans *Œuvres*, éd. Jean Hytier, Pléiade (Paris: Gallimard, 1962) I, 475-476.

[130] Numéro «La Fontaine», édité par David Lee Rubin, *L'Esprit créateur*, vol. 21, No. 4 (Winter 1981), 22-49.

Voir aussi *La Fontaine, Adonis, Le Songe de Vaux, Les Amours de Psyché, Littératures classiques*, No. 29, janvier 1997.

lecteurs d'aujourd'hui, à redécouvrir les autres œuvres, «disparates et exquises» au «charme défunt», tandis que les fables, elles, «sont présentes parmi nous, consubstantielles à la langue que nous parlons toujours, et nourrissant, même à notre insu, la sagesse qui nous guide encore dans les «choses de la vie»[131]. En renversant la teneur de cette déclaration, je tenterai de montrer que les fables, surtout celles du second recueil, ne seraient pas ce qu'elles sont si La Fontaine n'avait pas écrit auparavant un long poème et des contes.

L'exposition de la fable qui va servir d'illustration tient en quelques vers:

> Deux Pigeons s'aimaient d'amour tendre.
> L'un d'eux s'ennuyant au logis
> Fut assez fou pour entreprendre
> Un voyage en lointain pays.
>
> *Les Deux Pigeons*, IX, 2[132]

La fable commence comme une idylle, semblable à celle de Vénus et d'Adonis «aux Monts Idaliens». Le poète avait longuement décrit «les douceurs qu'en ces bois ils goûtèrent»[133]. Ici, un vers suffit à évoquer le bonheur vite compromis par le besoin de changement, de diversion, par «l'humeur inquiète» d'un des membres du couple, désigné par l'indéfini «l'un d'eux». Cette humeur peut en effet posséder l'un ou l'autre, La Fontaine traite de la condition humaine en général: l'ennui frappe tout être qui n'a pas d'occupation ou de diversion. Le terme «logis» nous ramène des pigeons à l'être humain, les oiseaux ayant un nid, les humains un logis.

La folie est une affliction qui ne saurait toucher qu'un être doué de raison: ici encore nos pigeons sont nettement déplacés du plan animal au plan humain. De l'idylle à la folie du départ la chute est rude; nous avons affaire à un véritable renversement de situation et de sentiment, mais aussi de style. «Fut assez fou» appartient certainement à la langue prosaïque, familière, ce qui constitue une subversion de l'élégie créée par «s'aimaient d'amour tendre». C'est d'ailleurs d'une «folie» commune dans le genre

---

131 Marc Fumaroli, *Introduction* aux *Fables* (Paris: Imprimerie nationale, 1985), I, 12.

132 La Fontaine, *Fables choisies mises en vers*, éd. Georges Couton (Paris: Garnier, 1962), p. 245. Toutes les citations des *Fables* renvoient à cette édition, indiquée dans le texte par *Fables*.

133 *Adonis*, dans *Œuvres diverses*, éd. Pierre Clarac, Pléiade (Paris: Gallimard, 1958), p. 7. Toutes les citations l'*Adonis* renvoient à cette édition, indiquée dans le texte par *O.D.*

humain que le pigeon est touché: par un manque trop répandu de bon sens et de jugement, il ne sait apprécier son bonheur et cherche du nouveau. Dans le cas de Vénus, ce sont ses obligations «professionnelles» qui l'arrachent au bonheur de la solitude à deux. Elle doit satisfaire aux besoins de son culte et «quitter pour un temps ce séjour solitaire», contre son gré toutefois:

> Que ce cruel dessein lui donne de douleurs!
> ....
> Il faut que je vous quitte, et le sort m'y contraint;
> Il le faut.
>
> *O.D.*, p. 9

Les raisons qui poussent la déesse au départ sont «nobles» tandis que celles du pigeon sont banales, triviales. Il convient de noter que le fabuliste emploie le terme «pigeon»: une des espèces les plus connues de cet oiseau est précisément le pigeon voyageur. Le thème du voyage est préparé, attendu par l'emploi du mot pigeon. De plus, le terme pigeon n'est certes pas poétique, il s'applique généralement à l'espèce élevée dans une basse-cour. Les autres termes désignant un oiseau de la même espèce auraient moins bien convenu dans le cas présent. Le terme colombe a des connotations religieuses, bibliques, surtout pour des lecteurs du XVIIe siècle qui auraient pensé à la colombe de l'arche portant le symbolique rameau d'olivier. Ce n'est évidemment pas l'intention de La Fontaine de présenter son pigeon comme un messager divin. Le terme «tourterelle», symbole d'amour constant, aurait convenu à l'idylle, à l'amour tendre du premier vers, mais aurait été démenti par le réalisme prosaïque des vers suivants. Car nous avons affaire à un renversement brutal de situation, de l'amour tendre à la «folie» du voyage, et d'expression, du style de l'idylle à un réalisme narquois. L'indéfini «en lointain pays» évoque un ailleurs vague. Ce qui importe n'est pas le but du voyage mais la décision inopportune du départ.

L'emploi des termes «L'autre», «votre frère» poursuit l'abstraction et la généralisation. Comme bien des commentateurs l'ont souligné, les termes «frère» ou «sœur» se voient utilisés traditionnellement dans le langage de l'amour[134]. D'autre part, à l'intérieur d'une même espèce, tous les individus sont frères. Les «frères humains» sont essentiellement soumis à ce besoin de changement, de divertissement, comme Pascal l'a bien montré:

---

[134] Racine, *Esther*, II, 7, 638. Assuérus s'adressant à Esther: Esther, que craignez-vous? Suis-je pas votre frère?

> Tout le malheur des hommes vient d'une seule chose, qui est de ne savoir pas demeurer en repos dans une chambre[135].

Dans *Adonis*, c'est la déesse qui prend la décision de quitter celui qu'elle aime, ici c'est apparemment le pigeon mâle, «fou», «cruel» étant des formes masculines, ce choix reflétant simplement la hiérarchie et les conventions sociales: dans une société patriarcale, il est admis que ce sont généralement les hommes qui cherchent l'aventure, par besoin de divertissement ou par ambition. C'est le cas de Joconde qui, lui aussi, quitte une compagne séduisante pour tenter fortune auprès du roi Astolfe, la carrière de courtisan étant au XVIIe siècle la voie normale de l'ambition:

> Marié depuis peu: content, je n'en sais rien.
> Sa femme avait de la jeunesse,
> De la beauté, de la délicatesse;
> Il ne tenait qu'à lui qu'il ne s'en trouvât bien[136].

Comme nous sommes ici dans le cadre et le style du conte «gaulois» – bien que le sujet en soit emprunté à l'Arioste -, l'ironie, l'humour, la plaisanterie mysogine font partie des conventions du genre, toutefois corrigés par «il ne tenait qu'à lui qu'il ne s'en trouvât bien». Comme le pigeon voyageur, Joconde aurait pu ou aurait dû rester auprès d'une jeune épousée qui pouvait lui offrir toutes les satisfactions personnelles souhaitées et qui, ayant de «la délicatesse» pouvait à juste titre s'offusquer de son brusque départ peu après les noces, et encore une fois, selon les conventions du genre, se venger en plantant des cornes sur le front du mari volage. Toutefois, et le procédé accentue l'humour de la présentation, la belle délaissée commence par de doux reproches et des pleurs, comme dans l'élégie:

> sa charmante moitié
> Triomphait d'être inconsolable,
> Et de lui faire des adieux
> A tirer des larmes des yeux.
> Quoi tu me quittes, disait-elle,
> As-tu bien l'âme assez cruelle,
> Pour préférer à ma constante amour,

---

[135] Pascal, *Pensées*, éd. Philippe Sellier (Paris: Mercure de France, 1976), p. 93.

[136] La Fontaine, *Joconde* dans *Contes et nouvelles en vers*, éd. Nicole Ferrier et Jean-Pierre Collinet (Paris: Garnier-Flammarion, 1980), p. 52. Toutes les citations de *Joconde* renvoient à cette édition indiquée dans le texte par *Contes*.

Les faveurs de la cour?

....

Va cruel, va montrer ta beauté singulière,
Je mourrai, je l'espère, avant la fin du jour.

Contes, p. 52

Les hyperboles, les paradoxes avertissent subtilement le lecteur du caractère conventionnel, artificiel, de ces plaintes relevant d'un autre genre, le genre élégiaque, dont la subversion est accomplie par l'encadrement: réflexion narquoise du narrateur, «Marié depuis peu; content, je n'en sais rien», scène grivoise de la découverte par Joconde de sa tendre moitié endormie dans les bras du valet.

Le pigeon sur le point d'être abandonné assène d'abord une vérité générale à son volage compagnon:

L'absence est le plus grand des maux:
Non pas pour vous, cruel...

avec un tendre reproche, en style noble, suivi de considérations inspirées aussi par la tendresse sur les dangers du voyage, son manque de confort et de satisfactions sensibles:

Hélas, dirai-je, il pleut:
Mon frère a-t-il tout ce qu'il veut,
Bon soupé, bon gîte, et le reste?

Fables, p. 246

On retrouve dans la dernière allusion le ton des *Contes*, en termes délicatement vagues, «et le reste»[137]. La douleur de la séparation, modulée dans le style élégiaque, se voit subvertie par une légère infusion d'humour érotique, venue d'un autre genre.

La douleur de la séparation est ressentie comme véritable et exprimée en style noble dans le poème héroïque; elle est présentée comme fausse car elle est suivie d'un radical démenti dans le conte, en dépit du style élégiaque adopté par la belle délaissée, de nouveau ressentie comme véritable par le pigeon abandonné et exprimée en un style qui emprunte savamment à divers genres: gnomique, «L'absence est le plus grand des

---

[137] René Groos, dans son édition des *Fables, Contes et nouvelles*, Pléiade (Paris: Gallimard, 1959), p. 755, note 2, rapproche ce vers de celui d'un conte: «La Fontaine avait écrit dans *le Cocu battu et content* (*Contes*, 1ère partie, 3):

Bon vin, bon gîte, et belle chambrière.»

maux»; élégiaque; narratif et familier, avec une pointe d'humour venu des contes.

Vénus ne pouvait résister aux ordres du «sort», l'élégie allait tourner à la tragédie; Joconde laisse l'ambition l'emporter sur les plaisirs et les devoirs conjugaux et mérite par là sa mésaventure qui représente une vengeance comique; le pigeon voyageur paraît touché par les reproches qui lui sont adressés, mais persiste dans sa décision, en proposant toutefois, de façon très humaine, un compromis:

> Ce discours ébranla le cœur
> De notre imprudent voyageur;
> Mais le désir de voir et l'humeur inquiète
> L'emportèrent enfin. Il dit: 'Ne pleurez point:
> Trois jours au plus rendront mon âme satisfaite...
>
> *Fables,* p. 246

Alors que le narrateur des *Contes* se défend avec humour de préciser la réaction de Joconde aux tendres reproches de sa femme et que les adieux de Vénus et d'Adonis font l'objet d'une longue évocation de style élégiaque, le pigeon, de façon plus réaliste, offre des compensations à la mélancolie du départ: récit anticipé de ses aventures et joie des retrouvailles:

> Mon voyage dépeint
> Vous sera d'un plaisir extrême.
> Je dirai: J'étais là; telle chose m'avint;
> Vous y croirez être vous-même.
> A ces mots en pleurant ils se dirent adieu.
>
> *Fables*, p. 246

Il y a ici un équilibre conscient entre le «je» du voyageur et le «vous» du casanier, indiquant le désir de satisfaire aux besoins de chacun et soulignant la solution du compromis.

Adonis connaissait les dangers de la chasse qui aboutit à une issue fatale malgré son héroïsme. Le pigeon voyageur fait lui aussi l'expérience des dangers de la chasse, non comme noble chasseur, mais comme gibier pitoyable. Pris dans un piège dont il s'échappe à grand peine, il ressemble de façon comique à «un forçat échappé»; il est ensuite poursuivi par un vautour, puis blessé par la fronde d'un enfant. Aux aventures nobles de l'un s'opposent les aventures ridicules et pitoyables de l'autre. Contrairement à Adonis, personnage noble et héroïque, le pigeon, personnage familier, malgré ses déboires, échappe au pire et rentre au logis en piteux état, mais tout de même sain et sauf:

La volatile malheureuse,
Qui, maudissant sa curiosité,
Traînant l'aile et tirant le pié,
Demi-morte et demi-boîteuse,
Droit au logis s'en retourna.

Fables, p. 247

Pas de tragédie pour un pigeon[138], une aventure illustrant les dangers de la curiosité tempérée par une vérité d'expérience, «Tout est bien qui finit bien», avec intervention du narrateur qui se permet un discret rappel du style des *Contes* à travers une allusion érotique voilée:

Voilà nos gens rejoints; et je laisse à juger
De combien de plaisirs ils payèrent leurs peines.

Fables, p. 247

Comme l'a noté Leo Spitzer, le terme «nos gens» prépare habilement la transition avec l'apostrophe aux amants[139]. Cette transition était d'ailleurs implicite, comme nous avons tenté de le montrer, dans l'emploi des mots «logis» et «frère»: les pigeons représentent les êtres humains dans leurs rapports intimes.

La fable, au lieu d'offrir la traditionnelle «moralité» ou leçon tirée de façon didactique d'un exemple, se termine par une très belle méditation lyrique où sont évoqués les thèmes du désir de changement, de l'ambition, de leur vanité, en opposition aux valeurs sûres de l'amour et du bonheur. Selon Micheline Cuénin, il s'agit de «l'apport le plus vivant du second recueil», «l'approfondissement de la vie intérieure à partir des seules valeurs sûres, celles de l'intimité...Loin de l'agitation vaine, des curiosités stériles...La Fontaine vante «l'amitié», c'est-à-dire, au sens du temps, l'amour partagé, les douceurs d'une tendre sollicitude dans la sécurité du foyer (IX, 2), mélancolique nostalgie d'un bonheur à jamais impossible»[140].

Du point de vue de la structure, il s'agit, selon la définition proposée par David Rubin, d'une fable lafontainienne, «problématique» et

---

[138] M-O. Sweetser, *La Fontaine*, pp. 106-107.

[139] Leo Spitzer, «The Art of Transition in La Fontaine», dans *Essays on Seventeenth-Century French Literature*, ed. and transl. David Bellos (New York: Cambridge U.P., 1983), p. 183.

[140] Micheline Cuénin, «La Fontaine», ch. XII de Roger Zuber et Micheline Cuénin, *Littérature française* 4 *Le Classicisme (Paris: Arthaud, 1984), p. 235.*

ouverte[141]. Le poète en effet conseille aux amants de renoncer aux tentations vaines et de découvrir dans leurs sentiments réciproques, en eux mêmes, le véritable bonheur. Il rappelle avec une nostalgie attendrie ses premières amours et le bonheur qu'elles lui ont apporté, alors qu'il comptait «pour rien le reste». Toutefois, ces amours si belles dans son souvenir n'ont pas duré, son «âme inquiète» l'a poussé vers d'autres aventures, d'autres découvertes, celle de la poésie notamment. Le poète n'a donc pas su mettre à profit ses propres conseils aux heureux amants. Nous nous trouvons en présence d'un bel exemple d'ironie, dirigée par le poète contre sa propre inconstance, ironie si justement relevée par Richard Danner et David Rubin dans leurs travaux respectifs[142].

Toutefois, si La Fontaine, comme Vénus, a voulu répondre à l'attente de son public; comme Joconde, a cédé à la tentation du monde, au désir d'une carrière littéraire; comme le pigeon, s'est engagé dans bien des voyages, les siens faits dans le monde de l'imagination, il a su dans ses fables créer une poétique nouvelle qui ne renie pas, mais utilise, le meilleur des œuvres précédentes. Il sacrifie les ornements somptueux de la mythologie cultivés dans *Adonis*, les rires narquois et les plaisanteries traditionnelles des *Contes*, pour parvenir à une poésie d'une élégante simplicité, d'une fraîcheur éclatante qui a défié le passage du temps, d'une expressivité subtile et savoureuse, relevée par un humour de bon ton, c'est-à-dire qu'il parvient à cet atticisme et à cette urbanité si bien définis par Roger Zuber. Loin d'être limités aux grands genres, ces courants au contraire s'épanouissent dans les petits genres et les genres mondains qui exercent leur pouvoir de séduction sur un public cultivé, mais non pédant, dont le «culte de la négligence est sans rapport avec l'inculture, avec la paresse intellectuelle». Ils expliquent la vogue des genres courts, parmi lesquels se trouvent les *Fables*, si justement admirées par une mondaine, Mme de Sévigné, qui appréciait leur grâce et leur naturel, non dépourvu de «piquant»[143]. La poétique de La Fontaine, solidement ancrée sur ses lectures et sur sa culture, les a assimilées, est parvenue à une fusion, à une

---

[141] David Lee Rubin, «Metamorphoses of Aesop», dans les *Mélanges Leiner* (Tübingen: Gunter Narr, 1988), pp. 371-378.

[142] Richard Danner, *Patterns of Irony in La Fontaine's Fables* (Athens: Ohio U.P., 1985); David Lee Rubin, «Four Modes of Double Irony in La Fontaine's *Fables*», dans *The Equilibrium of Wit. Essays for Odette de Mourgues*, ed. Peter Bayley and Dorothy Gabe Coleman (Lexington, Ky: French Forum, 1982), pp. 201-212.

[143] Roger Zuber, «Atticisme et classicisme», dans *Critique et création littéraires en France au XVIIe siècle* (Paris: CNRS, 1977), p. 380, p. 384, p. 387.

cristallisation, selon l'heureuse formule de Jean-Pierre Collinet[144]. S'il utilise les conventions des divers genres, c'est en les subvertissant par l'ironie, par l'humour, en leur faisant subir un renversement qui les renouvelle et les transforme:

> La Fontaine et sa génération ont intégralement rempli les espoirs de Balzac en plaçant l'art de plaire au premier rang de leurs raisons d'écrire et en choisissant, pour s'exprimer, ces genres brefs et ces genres vifs qui favorisent l'insinuation discrète, les retournements d'attitude, et la variété des tons. Rien n'est plus urbain que de donner l'impression d'être soi tout en n'imposant pas son «moi»[145].

---

[144] Jean-Pierre Collinet, *Le Monde littéraire de La Fontaine* (Paris: P.U.f., 1970), p. 115.

[145] Roger Zuber, «L'Urbanité française au XVIIe siècle», dans *La Ville: Histoires et Mythes*, éd. M.C. Bancquart (Nanterre: Institut de Français de l'Université de Paris X, 1983), p. 51.

La Fontaine et Esope: une discrète déclaration

Les textes ésopiques comme source des *Fables* ont été soigneusement répertoriés par les éditeurs successifs du chef-d'œuvre de La Fontaine. Il suffira de consulter les plus récentes éditions, modèles d'érudition et d'intelligente élucidation du texte et du contexte[146]. D'autre part, d'éminents critiques ont consacré des pages judicieuses et éclairantes à l'utilisation de la tradition ésopique par notre poète. C'est ainsi que Philip Wadsworth distingue trois influences ésopiques chez le fabuliste, la dernière et la plus importante étant celle de «la personnalité de l'esclave phrygien, du premier créateur légendaire de l'apologue qui était en quelque sorte pour lui le symbole de tout l'esprit et de toute la sagesse de l'antiquité»[147], point de vue que je partage et que je vais tenter d'illustrer par des rapprochements entre la *Vie d'Esope* et le texte de certaines fables, de source ésopique ou non. Le critique américain observe également qu'il était utile pour un auteur en 1668 de citer en faveur de la fable l'approbation des plus célèbres sages de l'antiquité, Platon et Socrate. De son côté, Jean-Pierre Collinet met très justement en valeur les garants cités par La Fontaine dans l'épître dédicatoire du premier recueil: les plus grands noms de l'antiquité y figurent ou s'y trouvent évoqués:

> Il reste que l'épître à Monseigneur le Dauphin place les *Fables* sous le quadruple patronage explicite ou implicite d'Esope pour le genre, de Socrate pour son annexion à la poésie, d'Horace pour l'art, de Lucrèce pour la sagesse...on voit, dès le seuil, à quel extraordinaire carrefour se situent les *Fables*[148].

La Fontaine réitère sa profession de foi vingt-cinq ans plus tard dans la dédicace du livre XII au duc de Bourgogne:

---

[146] La Fontaine, *Fables*, éd. Georges Couton (Paris: Garnier, 1962). *Œuvres complètes*, I, *Fables, Contes et Nouvelles en vers*, éd. Jean-Pierre Collinet, Pléiade (Paris: Gallimard 1991), éd. Marc Fumaroli (Paris: Imprimerie Nationale, (1985), 2 vol.

[147] Philip A. Wadsworth, *Young La Fontaine. A Study of his Artistic Growth in his Early Poetry and First Fables* (Evanston, Illinois: Northwestern U.P., 1952), ch. V, 3 «Aesop in the fables of 1668", pp. 188-191. (Ma traduction)

[148] Jean-Pierre Collinet, *Le Monde littéraire de La Fontaine* (Paris: P.U.F., 1970), p. 149.

> Un ouvrage dont l'original a été l'admiration de tous les siècles aussi bien que celle de tous les sages...Les Fables d'Esope sont une ample matière...Ces mensonges sont proprement une sorte d'histoire où on ne flatte personne...Les Animaux sont les précepteurs des Hommes dans mon Ouvrage...vous voyez mieux que moi le profit qu'on en peut tirer[149].

La question qui se pose est celle de préciser ce que le poète trouvait d'admirable dans les fables d'Esope. De fort bons connaisseurs ont suggéré qu'il se trouvait attiré vers elles précisément par leur nature d'esquisse et la modestie de leurs prétentions: c'est ainsi que Marc Fumaroli qualifie spirituellement le genre de l'apologue de «Cendrillon des Belles-Lettres» et suggère de la part du poète une véritable gageure:

> Il ne pouvait guère y avoir qu'un désir--ou un défi?—d'humilité pour conduire La Fontaine à exercer son talent sur un genre aussi généralement dédaigné et considéré comme «bas».

avec comme résultat paradoxal, mais secrètement attendu, on le devine, «de faire découvrir et de mettre à la mode le genre jusqu' alors méprisé de l'apologue»[150]. C'est bien à une modification radicale du genre que La Fontaine songeait, comme Patrick Dandrey l'a démontré en parlant de «révolution discrète»:

> D'Esope à La Fontaine, on a depuis longemps cessé de supposer une filiation directe, mais subsiste encore parfois l'idée d'un héritage fidèlement transmis d'âge en âge; or si les thèmes ésopiques se sont certes transmis sans discontinuité entre les descendants avoués du maître phrygien, la structure de l'apologue avait été notablement gauchie quand La Fontaine décida d'aborder un genre que des intentions didactiques de plus en plus lourdement indiscrètes avaient déséquilibré ou même défiguré[151].

De son côté, David Rubin s'est attaché à montrer les transformations que La Fontaine avait opérées sur la structure ésopique, quelquefois encore

---

[149] La Fontaine, A Monseigneur le Duc de Bourgogne, dans *Fables choisies mises en vers*, éd. Georges Couton (Paris: Garnier, 1962), pp. 315-316. Toutes les citations des *Fables* renvoient à cette édition. Les indications seront données dans le texte.

[150] Marc Fumaroli, Introduction à son édition des *Fables*, I, 16-17. J-P. Collinet emploie également le terme de «défi», *Le Monde littéraire*, p. 153.

[151] Patrick Dandrey, «Une révolution discrète: les *Fables* de La Fontaine et l'esthétique de la continuité ornée», *Papers on French Seventeenth Century Literature*, vol. IX, no. 17 (1982), 655-674.

utilisée, mais le plus souvent enrichie et développée, pour aboutir à une création proprement lafontainienne, posant une question dont il montre tour à tour les différents aspects, suggérant ainsi son ambiguité[152].

Le choix de ce genre peu relevé dans la hiérarchie, réservé aux enfants, fournissait aussi au poète un élégant compromis. Les trois recueils sont dédiés à des enfants royaux, au dauphin en 1668, au duc de Bourgogne en 1693 et à la mère d'enfants royaux en 1678, à Madame de Montespan. Ainsi La Fontaine s'adressait-il, offrait-il son œuvre à des proches du roi, non au monarque lui-même dont il pouvait craindre le ressentiment ou auquel il ne pouvait consentir une pleine adhésion car c'était lui qui avait condamné son premier protecteur, Fouquet. Or le poète avait témoigné son attachement à ce dernier, mais il tenait sans doute à affirmer sa loyauté à la dynastie des Bourbons, incarnée dans les successeurs éventuels du roi. Les raisons politiques de ce choix ont retenu l'attention de nombre d'exégètes:

> Nous devons peut-être le repli de La Fontaine dans l'apologue ésopique à une catastrophe: la chute en 1661 du surintendant Foucquet et de la brève civilisation Foucquet, dont les fragments servirent à orner les triomphes de Louis le Grand...Faute d'être invité à en partager la gloire, il a cherché du moins à en épouser le dur désir de durer: relevant la vieille trame de l'apologue ésopique qui avait fait ses preuves de solidité, il en a revêtu sa poésie, et, dans l'épreuve, celle-ci est apparue, telle Peau d'âne et sa «robe couleur de Temps», comme une jeune beauté de sang royal et appelée à régner[153].

En plus de ces considérations esthétiques et politiques, il est possible aussi, comme le suggère un fin critique, que la fable ésopique ait satisfait un goût personnel de l'homme né et élevé à Château-Thierry, celui des humbles créatures de la campagne et d'un cadre champêtre[154].

Sans montrer la moindre hésitation, avec même une certaine fierté, sur un ton de parodie amusée, La Fontaine, d'entrée de jeu, se place sous le patronage d'Esope. Ce dernier devient son maître et son guide dans une nouvelle voie. L'expérience avait dû lui apprendre son manque de vocation véritable pour la poésie héroïque, malgré son très bel *Adonis*:

---

[152] David Lee Rubin, «Metamorphoses of Aesop» dans *Ouverture et dialogue. Mélanges offerts à Wolfgang Leiner* (Tübingen: Günter Narr Verlag, 1988), pp. 371-378. Du point de vue de la structure, le critique distingue entre fable ésopique, indienne et lafontainienne.

[153] M. Fumaroli, *Introduction*, p. 15.

[154] Vittorio Lugli, «La Fontaine poète de la nature», *Cahiers de l'Association Internationale des Etudes Françaises*, vol. 6 (1954), p. 35.

Je chante les Héros dont Esope est le Père,
Troupe de qui l'Histoire, encor que mensongère,
Contient des vérités qui servent de leçons.
Tout parle en mon Ouvrage, et même les Poissons:
Ce qu'ils disent s'adresse à tous tant que nous sommes.
Je me sers d'Animaux pour instruire les Hommes.

A Monseigneur le Dauphin, p. 31

Selon la nature des choses, les poissons sont muets. Le poète, grâce à son don de magicien, d'enchanteur, les doue de la parole. On voit quelle conception La Fontaine se fait du fabuliste:

Quand j'aurais, en naissant, reçu de Calliope
Les dons qu'à ses Amants cette Muse a promis,
Je les consacrerais aux mensonges d'Esope:
Le mensonge et les vers de tout temps sont amis.

Contre ceux qui ont le goût difficile, II, 1, 1-4, p. 59

Ceux, plus modestes en apparence, moins brillants, partant d'une humble matière se voient revendiqués avec une tranquille audace:

Cependant jusqu'ici d'un langage nouveau
J'ai fait parler le Loup et répondre l'Agneau.
J'ai passé plus avant: les Arbres et les Plantes
Sont devenus chez moi créatures parlantes.
Qui ne prendrait ceci pour un enchantement?

Ibid., 9-13, p. 59

Ce langage nouveau, allégorique, hiéroglyphique, cache sous son apparente simplicité des vérités profondes. Dans une savante étude, Marc Fumaroli a fort bien dégagé ce que «les fables, celles d'Esope, avec leurs personnages zoomorphes, celles d'Homère, d'Hésiode et d'Ovide, avec leurs dieux et leurs héros, les prophéties et les paraboles de l'Ecriture sainte» ont en commun: elles renvoient «à un mythe du Verbe» qui est aussi un «mythe de la Sagesse»[155].

Le choix de la fable ésopique indique clairement dans quel registre La Fontaine entend opérer: en dehors du sublime et de l'héroïque, dans une forme qui se verra encore refuser une place dans l'*Art poétique* en 1674 malgré le succès du premier recueil, dédaigneusement qualifiée de «contes d'enfant» par des censeurs prétentieux mais qui a permis à son imagination

---

[155] M. Fumaroli, «Hiéroglyphes et Lettres: *La Sagesse mystérieuse des Anciens* au XVIIe siècle», *XVIIe Siècle*, no. 158 (janvier-mars 1988), 9.

de prendre un libre essor en dehors des contraintes d'un style soutenu. Bien plus, les fables répondent aux exigences des doctes: elles savent plaire et instruire, comme l'écrivain le souligne dans la *Préface* du premier recueil:

> Mais ce n'est pas tant par la forme que j'ai donnée à cet Ouvrage qu'on en doit mesurer le prix, que par son utilité et par sa matière...C'est quelque chose de soi si divin, que plusieurs personnages de l'Antiquité ont attribué la plus grande partie de ces Fables à Socrate, choisissant pour leur servir de père celui des mortels qui avait le plus de communication avec les Dieux.
>
> *Préface*, p. 8

Esope et Socrate se trouvent réunis, confondus presque, l'un étant pour ainsi dire la préfiguration de l'autre. Esope, comme Socrate, possédait un esprit exceptionnel dans un corps difforme:

> en le douant d'un très bel esprit, elle [la nature] le fit naître difforme et laid de visage, ayant à peine figure d'homme, jusqu'à lui refuser presque entièrement l'usage de la parole...Au reste, son âme se maintint toujours libre et indépendante de la fortune.
>
> La Vie d'Esope le Phrygien, p. 14

On se souvient du célèbre prologue de *Gargantua* où Socrate, comparé aux Silènes, est présenté dans les mêmes termes[156], soulignant la coexistence des contraires: laideur du corps, beauté de l'esprit, et du *Phédon* où il montre une remarquable liberté d'esprit dans la prison où il attend la mort. Précisément après avoir exposé la théorie de l'alliance des contraires qui s'applique, comme on vient de le voir, à la personne et à la situation d'Esope, il associe ses réflexions philosophiques à l'expression que le fabuliste aurait pu leur donner pour les rendres plus accessibles:

> M'est avis, poursuivit-il, que, si Esope avait songé à cela, il en aurait fait une fable...

Il reconnaît par là l'existence d'une communauté de pensée sous la diversité des formes: expression discursive, tendant à l'analyse et à l'abstraction chez les philosophes, expression imagée, métaphorique, allégorique chez les poètes. C'est cette dernière qu'il adoptera pour obéïr au songe, en ayant recours aux mythes d'Esope:

---

[156] Rabelais, *Œuvres complètes*, éd. Pierre Jourda (Paris, Garnier, 1962), 2 vol., I, 5-6.

> faisant réflexion qu'un poète, si toutefois poète il veut être, doit mettre en œuvre, non point des théories, mais des mythes, et que, pour mon compte, je n'étais pas mythologiste, pour ces raisons, dis-je, les premiers mythes que j'avais sous la main, ces fables d'Esope que je savais par cœur, ce sont ces mythes-là, et les premiers venus, que j'ai versifiés[157].

Pour La Fontaine donc, le personnage «semi-légendaire» d'Esope, en étroite alliance avec Socrate, acquiert une valeur fondatrice et constitue un garant supérieur qui sacralise sa propre entreprise, justifie ses propres inclinations, son goût et son art. Il est révélateur que l'auteur des *Fables* ait préféré la «légende dorée» rapportée par Planude aux recherches plus récentes mais décevantes sur une vie mal connue. Il valait mieux, aux yeux du poète, respecter le mystère et cultiver les éléments de cette vie pour lesquels il éprouvait de la sympathie, ceux où il se sentait en harmonie profonde avec son maître. L'hommage rendu en plaçant la *Vie d'Esope le Phrygien* en tête de son premier recueil relevait sans doute d'une tradition à laquelle La Bruyère se soumettra encore[158]. Mais cette profession de foi éclaire les affinités électives perçues par La Fontaine par delà les siècles et lui permet d'assigner une origine[159] à son œuvre dans les aspects somme toute peu conventionnels, merveilleux pour ainsi dire, de la vie et de la personnalité d'Esope: ainsi se trouve justifiée l'originalité de sa propre entreprise.

La Vie d'Esope place le père des fables au nombre des Sages de la Grèce car son art est supérieur à celui de «ceux qui en donnent des Définitions et des Règles» (p. 13). Il n'est que de rapprocher cette simple phrase d'une fable trés importante pour la connaissance de la position esthétique de La Fontaine: on y voit combien il apprécie la liberté nécessaire à la mise en valeur des dons naturels. A travers toute la fable, il se distancie des grands genres, trop codifiés à son goùt et pour lesquels il ne sent aucune inclination; surtout, il exprime une indignation amusée contre la critique qui tend à condamner l'auteur qui échappe aux conventions:

---

[157] Platon, *Phédon*, dans *Œuvres complètes*, trad. et notes de Léon Robin et M-J. Moreau, Pléiade (Paris: Gallimard, 1950) 2 vol. I, 768-769, 60b-61c.

[158] J-P. Collinet, *Le Monde littéraire*, p. 156. L'auteur relève judicieusement la signification du choix de La Fontaine.

[159] Louis Marin, «Le récit originaire, le récit de l'origine, l'origine du récit», *PFSCL*, no. 11 (1979), 13-28 voit aussi un aspect fondateur dans cette *Vie*, mais l'envisage d'un point de vue narratologique.

--Maudit censeur, te tairas-tu?
Ne saurais-je achever mon conte?
C'est un dessein très dangereux
Que d'entreprendre de te plaire.
Contre ceux qui on le goût difficile, II, 1, 51-54, p. 60

Les définitions et les règles constituent d'ailleurs pour le fabuliste le domaine de prédilection des pédants. Or son horreur pour cette engeance se trouve bien illustrée dans les *Fables*:

Je blâme ici plus de gens qu'on ne pense.
Tout babillard, tout censeur, tout pédant,
Se peut connaître au discours que j'avance:
....
En toute affaire ils ne font que songer
Aux moyens d'exercer leur langue.
L'Enfant et le maître d'école, I, 19, 19-27, p. 53

et plus tard:

Je hais les pièces d'éloquence
Hors de leur place, et qui n'ont point de fin,
Et ne sais bête au monde pire
Que l'Ecolier, si ce n'est le Pédant.
L'Ecolier, le Pédant et le maître d'un jardin, IX, 5, 31-34, pp. 250-251

La méfiance pour les règles apparaît d'ailleurs comme un principe de son esthétique, reflétée dans la préface du *Recueil de poésies chrétiennes et diverses*:

> Il faut donc s'élever au-dessus des règles qui ont toujours quelque chose de sombre et de mort. Il faut ne concevoir pas seulement par des raisonnements abstraits et métaphysiques en quoi consiste la beauté des vers: il faut la sentir et la comprendre d'un coup[160].

Il semble bien que les attaques relevées contre l'éloquence des gens de robe, des avocats, des doctes se rapportent à la fois à une expérience et à un goût personnels. Le poète avait dû tâter au cours de ses études de théologie

---

[160] *Pièces attribuées à La Fontaine* dans *Œuvres Diverses*, éd. Pierre Clarac, Pléiade (Paris: Gallimard, 1958), p. 782. Pour une vue d'ensemble de la question d'attribution, voir M-O. Sweetser, *La Fontaine* (Boston: G.K. Hall, 1987), pp. 88-89; Jean Mesnard, «L'*Epigrammatum delectus* de Port-Royal et ses annexes (1659): Problèmes d'attribution» dans *Ouverture et dialogue*, op. cit., p. 312.

et de droit du style de l'érudition; à partir du moment où il était devenu auteur à la mode, de celui d'une critique docte et pédante. Sous la spirituelle moquerie des fables ou sous le sérieux d'une préface se lit un plaidoyer discret en faveur de l'atticisme, de l'urbanité et des genres courts, genres mondains faits pour plaire à un public d'honnêtes gens. On sait, grâce à d'importants travaux sur l'évolution de goût, combien cette attitude est en consonance avec celle de la période classique, celle des années 1660-1680[161].

Le premier épisode important dans la *Vie d'Esope* est celui illustrant le pouvoir de l'expérience, avant que le fabuliste n'ait véritablement acquis celui de la parole. Ici encore la consonance du mythe avec les développement des sciences et l'usage de la méthode expérimentale au XVIIe siècle se trouve confirmée. C'est en effet par l'expérience directe, révélatrice des forces externes de la nature et de la société ou des forces internes des instincts et des passions que les créatures lafontainiennes apprennent à connaître leur place et leurs limites dans l'ordre des choses et à se connaître elles-mêmes. De façon dramatique, voire tragique, le chêne apprend les dangers de la grandeur et les limites de sa puissance, lorsqu'il se trouve en butte aux forces de la nature dont il n'est qu'une infime partie, malgré sa taille imposante. Les rapports sociaux, dépeints dans tout leur réalisme brutal, enseignent aux victimes l'amère leçon de l'expérience. La Cigale, peu prévoyante certes, doit faire face à l'absence de compassion et de charité de la fourmi sa voisine et se voit vouée à la misère et à la mort. Le Corbeau apprend, mais un peu tard, que «tout flatteur vit aux dépens de celui qui l'écoute». Le mulet «glorieux» parce qu'il porte une forte somme d'argent se voit attaqué et mis à mal par des voleurs: il comprend alors le danger d'un «haut emploi». La force prime le droit dans bien des cas: la Génisse, la Chèvre et la Brebis doivent céder leur part au Lion qui a pour lui «la raison du plus fort» comme le Loup qui dévore impunément l'Agneau «sans autre forme de procès». Sur le plan personnel, le loup apprend à se connaître: seule compte pour lui l'indépendance tandis que pour le chien l'interdépendance familiale est parfaitement satisfaisante. De même le rat de ville et le rat des champs reconnaissent leur différence de

---

[161] On consultera avec le plus grand profit les travaux fondamentaux de Roger Zuber, «Atticisme et classicisme» dans *Critique et création littéraires en France au XVIIe siècle* (Paris: CNRS, 1977), pp. 375-387: L'Urbanité française au XVIIe siècle» dans *La Ville: Histoire et Mythes*, éd. M-C. Bancquart (Nanterre: Institut de Français de l'Université de Paris X, 1983), pp. 41-57; Roger Zuber et Micheline Cuénin, *Littérature française 4. Le Classicisme* (1660-1680) (Paris: Arthaud, 1984); Marc Fumaroli, *Introduction*, pp. 22-23 et sa grande thèse, «*L'Age de l'éloquence* (Genève: Droz, 1980)

tempérament: l'un préfère le luxe avec ses dangers, l'autre le calme d'une vie simple. Plus généralement, la connaissance de soi-même s'acquiert dans un miroir, celui de l'eau d'un canal qui n'est autre que «le Livre des Maximes».

La valeur de la vérification expérimentale, judicieusement utilisée par Esope pour se disculper se trouve magnifiquement illustrée par une anecdote récente qui fournit à La Fontaine l'occasion d'un double éloge, celui du roi d'Angleterre et celui de l'esprit scientifique partagé par le père de la Fable et un des plus grands esprits contemporains,

> Descartes, ce mortel dont on eût fait un Dieu
> Chez les Païens, et qui tient le milieu
> Entre l'homme et l'esprit...
>
> *Discours à Madame de La Sablière*, IX, p. 267

Des observateurs, utilisant une lunette[162], avaient cru voir un animal dans la lune, planète jugée inhabitée jusqu'alors. On criait déjà à la merveille et, la superstition aidant, on voyait là le présage d'un événement mémorable, d'une guerre peut-être:

> Le Monarque accourut:
> Il favorise en Roi ces hautes connaissances.
> Le Monstre dans la lune à son tour lui parut.
> C'était une Souris cachée entre les verres:
> Dans la lunette était la source de ces guerres.
> On en rit.
>
> *Un Animal dans la lune*, VII, 17, 49-54, p. 202

L'esprit moderne, scientifique et rationaliste qui cherche à juger après examen existe chez Esope comme chez Charles II: il n'y a pas de figues dans l'estomac d'Esope, pas d'animal dans la lune: une souris s'est malencontreusement glissée entre les lentilles. On peut juger combien l'exemple tiré de la vie d'Esope s'accordait avec la position du poète dans la recherche de la vérité objective, constatée au moyen d'une vérification expérimentale.

Un autre épisode marquant de la *Vie d'Esope* est celui de sa rencontre avec un groupe de voyageurs égarés qui étaient, selon certains biographes, des prêtres de Diane. On sait qu'elle était la déesse de la chasse et plus

---

[162] Sur l'importance de la lunette dans les découvertes astronomiques et le développement de l'esprit scientifique, voir: Fernand Hallyn, «Rhétorique de la lunette», *Littératures classiques*, no. 11 (janvier 1989), 13-23.

généralement de la nature, des montagnes et des bois, représentée entourée d'animaux. Ces voyageurs «le prièrent, au nom de Jupiter Hospitalier, qu'il leur enseignât le chemin qui conduisait à la Ville» (p. 15). La Fontaine a-t-il vu là une préfiguration allégorique de son propre itinéraire artistique? Il serait vraisemblable de le supposer. Désorienté après la chute de son protecteur Fouquet, ayant tenté de s'engager dans des directions diverses: théâtre, poésie héroïque, ouvrage encomiastique mêlé de prose et de vers, contes et nouvelles, l'écrivain cherche sa voie. Esope la lui indique, comme celui de la légende l'avait fait pour les voyageurs qui cherchaient à gagner la Ville. Or la Ville a valeur de symbole: centre intellectuel et artistique qui nourrit l'esprit, féconde l'imagination et accorde à l'écrivain ou à l'artiste la réputation et la gloire souhaitées. La Fontaine allait, de fait, quitter une campagne et une province aimées, pour s'établir à Paris où il devait trouver les cercles, les rapports intellectuels et mondains qui lui permettraient de développer ses dons et d'atteindre la réputation qui allait le conduire à la Chambre du Sublime.

Esope, plein de sollicitude et de délicates attentions «les obligea premièrement de se reposer à l'ombre; puis leur ayant présenté une légère collation, il voulut être leur guide, et ne les quitta qu'après qu'il les eut remis dans leur chemin.» (p. 15). Cet épisode évoque le souci de confort exprimé par le pigeon de la fable pour son compagnon désireux d'aventures:

> Hélas, dirai-je, il pleut.
> Mon frère a-t-il tout ce qu'il veut,
> Bon soupé, bon gîte, et le reste?
>
> *Les Deux pigeons*, IX, 2, 15-17, p. 246

et montre surtout l'importance de l'entraide dans les rapports humains:

> Il faut, autant qu'on peut, obliger tout le monde:
> On a souvent besoin d'un plus petit que soi.
>
> *Le Lion et le rat*, II, 11, 1-2, p. 70

L'adage paraît si important au fabuliste qu'il propose deux exemples pour l'illustrer, celui du lion et du rat et celui de la colombe et la fourmi. C'est bien, dans le cas d'Esope, d'un «plus petit que soi» qu'il s'agit: un simple esclave vient à l'aide de personnages importants. Ces derniers, dans un mouvement réciproque, font appel à la faveur céleste pour assurer à leur bienfaiteur la récompense méritée. Pendant son sommeil, Esope «s'imagine que la Fortune était debout devant lui, qui lui déliait la langue, et par le même moyen lui faisait présent de cet Art dont on peut dire qu'il est l'Auteur.» (p. 15). La Fortune, dans le contexte de la Grèce antique, correspond à une Providence dont les voies sont mystérieuses et imprévisibles. L'homme ne saurait, dans sa finitude, pénétrer ses desseins:

> Mais ce Livre qu'Homère et les siens ont chanté,
> Qu'est-ce que le hasard parmi l'Antiquité,
> Et parmi nous la Providence?
> Or du hasard il n'est point de science:
> S'il en était, on aurait tort
> De l'appeler hasard, ni fortune, ni sort,
> Toutes choses très incertaines.
> Quant aux volontés souveraines
> De celui qui fait tout, et rien qu'avec dessein,
> Qui les sait, que lui seul? Comment lire en son sein?
> *L'Astrologue qui se laisse tomber dans un puits*, II, 3, 11-20, p. 71

La Fortune, omnisciente et omnipotente, comme la Providence, a su reconnaître les mérites et la bienfaisance d'Esope: dans sa sagesse, sa bonté et sa prévoyance, elle lui a accordé le don de la parole, don suprême qui lui permet de nommer «tout ce qu'il veut» (p. 15). Ce don de la parole et des langues est celui-là même accordé, miraculeusement aussi, par la Providence aux apôtres. Il s'agissait dans le cas d'Esope d'une «merveille», équivalent dans le contexte antique du miracle.

Au cours des aventures ultérieures du Phrygien, la suffisance se voit dénoncée. Un marchand d'esclaves expose à Samos avec Esope un grammairien et un chantre. Le philosophe Xantus demande à ces derniers ce qu'ils savent faire. «Tout, reprirent-ils». Au contraire, Esope, interrogé à son tour à quoi il pourrait servir répond: «A rien, puisque les deux autres avaient tout retenu pour eux.» (p. 17). Il est facile de rapprocher sa déclaration de celle de Socrate: «Ce que je sais, c'est que je ne sais rien.» ainsi que de la présentation lafontainienne de l'outrecuidance humaine: un paysan critique la façon dont l'auteur de la nature a placé le gland sur un chêne, la citrouille sur une «tige menue»:

> C'est dommage, Garo, que tu n'es point entré
> Au conseil de celui que prêche ton Curé:
> Tout en eût été mieux...
> *Le Gland et la citrouille*, IX, 4, 12-14, p. 249

Il apprend par l'expérience de la chute du gland sur son nez que «Dieu fait bien tout ce qu'il fait».

Fort de son don des langues, allié à celui du raisonnement, Esope exerce sa créativité en proposant une explication métaphorique à une question philosophique posée à son maître le philosophe qui était embarrassé d'y répondre: la nature est une mère pour ses propres productions, une marâtre pour celles qui lui sont imposées par l'homme. La faculté de la parole doit s'accompagner de celle de créer des images afin d'acquérir l'efficacité nécessaire, convaincre et entraîner les auditeurs ou les lecteurs. La Fontaine, émule d'Esope souligne le pouvoir du langage métaphorique:

A ce reproche l'assemblée,
Par l'apologue réveillée,
Se donne entière à l'Orateur:
Un trait de Fable en eut l'honneur.

Le Pouvoir des Fables, VIII, 4, 61-64, p. 211

Mais la parole peut aussi s'adultérer dans les discours creux du pédantisme; la supériorité qu'elle confère à l'homme peut porter ce dernier à l'outrecuidance, à une critique déplacée d'un ordre dont il ne peut saisir les raisons mystérieuses. Il y a donc ambivalence dans ce don magnifique et c'est précisément ce qu'Esope va illustrer pour enseigner à son maître le philosophe à réfléchir.

C'est en effet à tort peut être que les hommes se vantent de leur supériorité sur les animaux parce qu'ils ont la parole. La *Vie d'Esope* prépare en quelques phrases le *Discours à Madame de La Sablière*. La chienne mérite beaucoup plus que la femme d'être appelée la «bonne amie» de son maître et d'être traitée comme telle: elle conserve pour lui fidélité et affection malgré les mauvais traitements subis tandis que sa femme menace sans cesse de divorcer. Loin d'être une «machine», la chienne montre qu'elle possède une âme sensitive. La perdrix va même plus loin, elle use d'un intelligent stratagème pour sauver ses petits «et rit de l'Homme». Un autre exemple d'ingéniosité remarquable est celui des deux rats qui réussissent à battre de vitesse un renard attiré par leur dîner. Le fabuliste s'exclame:

Qu'on m'aille soutenir après un tel récit,
Que les bêtes n'ont point d'esprit.

Les Deux rats, le renard et l'œuf, p. 270

Esope ayant démontré la supériorité de la chienne par rapport à la femme acariâtre du philosophe, cette dernière dans sa colère décide de quitter son mari. Toutes les démarches de réconciliation ayant échoué, l'esclave s'avise d'un stratagème basé sur des réactions psychologiques attendues:

> Esope lui dit que son Maître, ne pouvant obliger sa femme de revenir, en allait épouser une autre. Aussitôt que la Dame sut cette nouvelle, elle retourna chez son Mari, par esprit de contradiction ou par jalousie. (p. 19)

Le don de la parole peut donc servir à la feinte, c'est-à-dire à la création littéraire, au mensonge pur et simple comme c'est le cas ici, aussi bien qu'à transmettre des renseignements utiles, comme dans l'épisode des voyageurs, ou à expliquer de façon imagée une question troublante. Il est évident que le mensonge utilisé pour ramener la femme à son mari part de l'intention de rendre service à ce dernier. Il n'en reste pas moins qu'Esope ment et qu'on peut se poser la question qui est à la base même de la casuistique, le mal de l'action est-il racheté par la pureté de l'intention?

C'est précisément cette ambivalence que l'anecdote des langues va illustrer. Le maître qui voulait inviter des amis à un repas de gala commande à son esclave d'acheter tout ce qu'il y a de meilleur, sans plus de précision. Le Phrygien, voulant donner une leçon pratique d'exactitude dans l'utilisation des mots et du langage à son maître, ne sert que des langues, accommodées de diverses manières. Les invités finissent par se lasser et le maître met en question le choix d'Esope qui réplique: «Et qu'y a-t-il de meilleur que la langue? C'est le lien de la vie civile, la Clef des Sciences, l'Organe de la Vérité et de la Raison...Par elle on s'acquitte du premier des devoirs, qui est de louer les Dieux.» (p. 19) On se souvient de l'importance accordée par La Fontaine à cette louange:

> On ne peut trop louer trois sortes de personnes:
> Les Dieux, sa Maîtresse, et son Roi.
>
> *Simonide préservé par les dieux*, I, 14, 1-2, p. 47

Par une autre «merveille», le poète grec Simonide eut la vie sauve grâce à l'intervention de Castor et Pollux dont il avait fait un somptueux éloge dans ses vers.

Une démarche parallèle et antithétique du maître qui «prétendait l'attraper» en commandant à son esclave d'acheter ce qu'il y avait de pire, amène Esope au même choix, «disant que la Langue est la pire chose qui soit au monde...Si l'on dit qu'elle est l'organe de la Vérité, c'est aussi celui de l'erreur, et qui pis est, de la Calomnie. Par elle on détruit les Villes, on persuade de méchantes choses. Si d'un côté elle loue les dieux, de l'autre elle profère des blasphèmes contre leur puissance.» (p. 20). C'est cette ambivalence qui trouble le Satyre, représentant un être à peine humain, proche de l'animal, peu évolué, incapable de réflexion parce que trop préoccupé par les besoins immédiats de la survie. Il refuse d'accepter une vérité paradoxale à ses yeux, la double propriété du souffle; le passant lui paraît alors un être subversif, dangereux:

> Ne plaise aux Dieux que je couche
> Avec vous sous même toit.
> Arrière ceux dont la bouche
> Souffle le chaud et le froid.
>
> *Le Satyre et le Passant*, V, 7, 25-28, p. 140

On retrouve ici cette coincidence des contraires, relevée par Socrate. Marc Fumaroli note pertinemment à propos de la préface de Bacon traduite par Jean Baudoin:

> La Sagesse des plus Anciens n'était pas une plate rationalité, mais une coincidence des contraires. C'était aussi une corne d'abondance de la parole....Benserade et La Fontaine donnent un nouvel éclat, littéraire et mondain, aux antiques hiéroglyphes zoomorphes, et La Fontaine, «Sage» parmi les modernes, fait de ses fables, à l'exemple de Bacon, les véhicules de la prudence politique et d'une philosophie démocritéenne de la nature[163].

Si la taille des arbres peut avoir des effets bénéfiques pour le sage vieillard qui pratique un art rationnel de l'horticulture, elle a des effets désastreux pour le philosophe scythe et pour ses voisins, pratiquée de façon sauvage: son «universel abatis» provoque la destruction et la mort. (*Le Philosophe scythe*, XII, 20, p. 349)

C'est donc un heureux équilibre que le fabuliste semble suggérer entre l'exubérance et la liberté anarchique d'une nature non contrôlée et la discipline rationnelle et réfléchie de la culture, par suite le bien-fondé du «Meden agan» de la sagesse socratique, si rare parmi les hommes:

> Je ne vois point de créature
> Se comporter modérément.
> Il est certain tempérament
> Que le maître de la nature
> Veut que l'on garde en tout. Le fait-on? Nullement.
>
> *Rien de trop*, IX, 11, 1-5, p. 257

---

163 M. Fumaroli, «Hiéroglyphes et lettres», *loc. cit.*, pp. 16-17.

La Fontaine, comme Esope qui se comparait à la cigale, innocent insecte, possède la voix pour exprimer et transmettre sous le «voile des Fables les mystérieux secrets de la Physique et de la Morale»[164], secrets anciens qui remontent très loin dans un passé archaïque et quasi fabuleux de l'humanité[165], secrets nouveaux, découverts par la science moderne, faisant appel aux méthodes rationnelles d'observation, de vérification, d'analyse et de synthèse. Des critiques perspicaces ont fort bien dégagé «ce double phénomène de *survivance* et de *renouvellement*», cette «improbable coincidence des contraires» qui font des *Fables* un tel chef-d'œuvre[166]. Esope, on l'a vu, avait eu recours à ces méthodes, avait su mettre en pratique la réflexion analytique et le raisonnement basé sur l'observation. Il avait aussi reçu des dieux le don du langage qui lui permettait d'exprimer les vérités contradictoires perçues par son intelligence sous une forme imagée. C'est donc à juste titre que La Fontaine invoquait Esope comme son maître et faisait de la Vie du Phrygien la pierre fondatrice de son œuvre à lui:

> En cet Esope légendaire, il projette sa propre diversité, ses contrastes et ses contradictions...C'est à l'imagination d'un poète qu'il appartient par intuition et sympathie de retrouver ou de reconstituer la vérité vivante[167].

---

[164] Jean Baudoin, *Mythologie ou Explication des Fables* (Paris: Pierre Chevalier et Samuel Thiboust, 1627), Préface.

[165] Socrate n'avait-il pas déclaré: «le vrai, c'est les Anciens qui le savent, si c'était quelque chose que nous fussions capables de trouver nous-mêmes, aurions-nous encore, en vérité, quelque souci des croyances passées de l'humanité?», Platon, *Phèdre*, dans *Œuvres complètes*, éd. cit., II, 74. Voir aussi la note 4 à cette page, 1423.

[166] Patrick Dandrey, «L'Emergence du naturel dans les *Fables* de La Fontaine (A propos du Héron et de la Fille)», *RHLF*, vol. 83, no. 3 (mai-juin 1983), 372.

[167] J-P. Collinet, *Le Monde Littéraire*, p. 157.

Pour une lecture allégorique de *Clymène* comme art poétique

En 1957, Georges Couton remarquait dans l'Avant-propos de sa *Poétique de La Fontaine:*

> Même après la publication du premier Recueil, les auteurs de poétiques contemporains ne se sont pas avisés qu'un genre poétique nouveau venait de naître ou de renaître: Boileau reste silencieux, le père Rapin également: La Fontaine a donc eu à créer sa propre poétique. Ce mot qui appelle par association d'idées dogmes et contraintes peut étonner, appliqué à un poète si subtilement indépendant[168].

L'indépendance de La Fontaine dans sa vie comme dans son œuvre est un fait notoire qui apparaît dans nombre de déclarations, rapides et discrètes[169], au fil des textes, mais de façon plus précise, plus orchestrée dans ce que le poète avait appelé une «comédie», *Clymène*, faute de terme adéquat pour décrire cette œuvre originale dont la signification n'a pas été suffisamment mise en valeur, selon un très bon connaisseur de l'œuvre lafontainienne, Philip Wadsworth[170]. Le poète précisait cependant en publiant *Clymène* en 1671 avec la troisième partie des *Contes*:

> Il n'y a aucune distribution de scènes, la chose n'étant pas faite pour être représentée[171].

On remarque l'emploi du mot bien vague, «chose». Faute d'indications chronologiques de la part de l'auteur ou de ses contemporains, il est difficile d'assigner une date précise à la composition de cette œuvre

---

[168] Georges Couton, *La Poétique de La Fontaine* (Paris: P.U.F., 1957), p. 3.

[169] Patrick Dandrey, «Une révolution discrète: les *Fables* de La Fontaine et l'esthétique de la continuité ornée», *Papers on French Seventeenth Century Literature*, IX, No. 17 (1982), 655-674.

[170] Philip A. Wadsworth, *Young La Fontaine* (Evanston, Ill.: Northwestern U.P., 1952), p. 167: «The significance of *Clymène* as a literary document has always remained in doubt because of uncertainty as to its date of composition...Treated rather negligently as an «œuvre de jeunesse», this graceful revery, which reveals so many facets of La Fontaine's art and personality, has never been studied as fully as it deserves.»

[171] La Fontaine, *Contes et nouvelles en vers*, éd. Nicole Ferrier et Jean-Pierre Collinet (Paris: Garnier-Flammarion, 1980), p. 261. Toutes les citations de *Clymène* renvoient à cette édition, le numéro de la page sera indiqué dans le texte.

originale, hors cadres. L'éminent spécialiste Pierre Clarac cite la date généralement attribuée à cette «comédie», celle de 1658, mais reconnaît l'impossibilité de la situer exactement dans la vie de La Fontaine[172]. De son côté, Jean-Pierre Collinet, s'appuyant sur le pertinent examen de la question par Philip Wadsworth, opterait, dans sa magistrale thèse, pour une date plus tardive, se situant entre 1665 et 1670, ou même 1668-1670[173].

Le savant critique remarque aussi qu'après 1668 «les Préfaces théoriques se raréfient: celle de *Psyché* égale en importance à celles des *Contes* et des *Fables*, est aussi la dernière. *Adonis*, les fragments du *Songe de Vaux*, publiés en 1671, sont présentés par de simples avertissements...la poétique désormais est fixée: il lui reste à s'accomplir en poésie»[174]. Les rapports entre *Clymène* et *Psyché* ont été judicieusement mis en valeur par Philip Wadsworth et ce rapprochement thématique pourrait confirmer la proximité dans le temps des deux œuvres[175].

L'important dans cette œuvre mystérieuse, mais non dépourvue de charme nous paraît consister dans la représentation allégorique du poète, par rapport au dieu de la poésie, Apollon, par rapport aux Muses incarnant diverses formes poétiques et genres littéraires, par rapport enfin et surtout à l'héroïne éponyme, Clymène, dont la beauté particulière et les charmes hors du commun font d'elle une semi-divinité, comme Psyché et plus significatif encore dans la lecture allégorique, une muse d'un nouveau genre, comme nous allons tenter de le montrer. D'ailleurs, il convient de noter que le nom même de Clymène appartient à la mythologie: diverses légendes attribuent ce nom à une nymphe, à une Océanide, à une Néréide: c'est dire qu'elle est placée au-dessus de la simple humanité si l'on s'en rapporte à la tradition. De plus, l'étymologie même du nom, renvoyant au verbe qui signifie en grec entendre, écouter et par suite exaucer, semble

---

[172] Pierre Clarac, *Notes* sur *Clymène*, dans La Fontaine, *Œuvres diverses*, Pléiade (Paris: Gallimard, 1958), p. 805 et note 2, p. 806.

[173] Jean-Pierre Collinet, *Le Monde littéraire de La Fontaine* (Paris: P.U.F., 1970), p. 234 et note 62, p. 527 où l'auteur renvoie à l'ouvrage de Ph. Wadsworth, *Young La Fontaine*, pp. 167 sq., notamment p. 170, et conclut p. 235: «Toutes les œuvres de cette période, la plus féconde en expériences diverses dans la carrière de La Fontaine dérivent du même élan créateur...Tout porte donc à croire que le cycle de Clymène, dans son ensemble doit dater de 1668-1670...Echappant toujours davantage au cloisonnement des genres, l'œuvre commence alors à s'épanouir en liberté.»

[174] *Ibid.*, p. 229.

[175] Philip A. Wadsworth, *Young La Fontaine*, p. 271: «Both show the author's preoccupation with artistic problems; the discussion of pœtic styles in *Clymène* is not far removed from the debate on comedy and tragedy in *Psyché*. Clymène, like Psyché, is so beautiful a mortal that she makes Venus jealous...»

promettre les dons recherchés par Acante: au niveau narratif, les dons amoureux, au niveau allégorique, les dons poétiques.

Lorsque les Muses évoquent la beauté, la perfection de Clymène, c'est en termes hyperboliques, dignes d'une déesse:

> Quand le soleil a fait le tour de l'univers,
> Ce n'est point d'avoir vu cent chefs-d'œuvre divers,
> Ni d'en avoir produit, qu'à Téthys il se vante;
> Il dit: J'ai vu Clymène, et mon âme est contente. (p. 263)

Euterpe la considère comme l'égale de l'Aurore et Terpsichore affirme qu'elle a suscité la jalousie de Vénus:

> Clymène lui fait ombre; et Vénus ayant peur
> D'être mise-au-dessous d'une beauté mortelle
> Disait hier à son fils: Mais la croit-on si belle?
> Et oui, oui, dit l'Amour, je vous la veux montrer. (p. 263)

Mais cette belle qui a «fort touché» le cœur d'Acante-La Fontaine[176] n'est pas connue d'Apollon. Elle n'a pas paru à la cour et a vécu «en province» c'est-à-dire dans une retraite bucolique, un cadre naturel qui s'oppose, selon les concepts reçus au XVIIe siècle, au monde artificiel de la cour et de la ville, de Paris et de ses cercles littéraires et mondains. Il s'agit donc d'une inspiratrice d'un nouveau genre qui ne fait pas partie de la suite reconnue d'Apollon Musagète. Elle existe donc en dehors des conventions poétiques établies. Femme, mais aussi créature supérieure admirée et passionnément poursuivie par Acante, elle apparaît comme une inspiratrice, connue et aimée des neuf Muses qui voient en elle une amie très chère, voire une sœur, une parente très proche. Même Uranie, muse de l'astronomie et des sciences, affirme la connaître. Ce lien annoncerait discrètement à Acante que Clymène pourrait bien lui inspirer diverses sortes de poésie, non seulement une poésie amoureuse, mais aussi une poésie philosophique et scientifique qui allait, en fait, tenter La Fontaine dans le second recueil des *Fables*. La beauté naturelle, non apprêtée de Clymène, ses perfections se dérobent au public mondain et même à un amant-poète qui sait les apprécier, mais qui, jusqu'à présent, n'a pu s'en rendre possesseur. Acante-La Fontaine apparaît donc comme le poète à la poursuite d'une figure féminine qui est aussi pour lui une nouvelle muse, fuyante proie, et la «comédie», *Clymène*, peuplée de personnages-

---

[176] On sait que le nom poétique d'Acante recouvre ou représente le poète lui-même, dans le *Songe de Vaux* et dans *Psyché*.

symboles, Apollon, les muses traditionnelles, comme un art poétique dont l'auteur sait pratiquer les conventions, mais aussi, avec une ironie légère, les repousser pour trouver sa voix personnelle.

Précisément, le dieu même de la poésie, Apollon, se déclare fatigué de la poésie officielle, conventionnelle qui semble l'emporter, dans le domaine même des sentiments les plus spontanés:

> Apollon se plaignait aux neuf sœurs l'autre jour
> De ne voir presque plus de bons vers sur l'amour.
> Le siècle, disait-il, a gâté cette affaire
> ...
> Ce qu'on n'a point au cœur, l'a-t-on dans ses écrits? (p. 261)

Bien qu'il encourage chacune des Muses à chanter Clymène selon le style qui lui est propre, avant tout il réclame du nouveau:

> Devant moi tour à tour chantez cette beauté;
> Mais sur de nouveaux tons, car je suis dégoûté.
> Que chacune pourtant suive son caractère.
> ...
> Il me faut du nouveau, n'en fût-il point au monde. (p. 262)

C'est dire que le dieu reconnaît le bien-fondé des distinctions et des catégories établies, mais il insinue la nécessité de trouver du nouveau, sans pour autant rejeter la tradition. Ce besoin de nouveauté se fait d'ailleurs jour à toutes les époques chez les poètes préoccupés de renouvellement et de modernité: Guillaume de Machaut, au XIVe siècle, attribue au poète le pouvoir même de la Nature:

> Je, Nature, par qui tout est fourmé
> ...
> Vien ci a toy, Guillaume, qui fourmé
> T'ay a part, pour faire par toy fourmer
> Nouviaus dis amoreus plaisans[177].

---

[177] Guillaume de Machaut, *Œuvres*, éd. Ernest Hoeppfner (Paris: Firmin Didot, 1908), 3 vol., I, *Prologue*, p. 1. Le commentaire de Jacqueline Cerquiglini, «Histoire, image. Accord et discord des sens à la fin du Moyen Age», *Littérature*, No. 74 (mai 1989), 115 est tout à fait pertinent et s'applique, *mutatis mutandis*, à la tentative esthétique de La Fontaine qui lui aussi cherche: «la constitution d'une forme qui joue sur le mélange, le discontinu et qui relève de ce que l'on peut appeler la technique de l'insertion ou plus justement du montage lyrique. De deux traditions indépendantes au XIIe siècle, roman et lyrisme, le XIIIe siècle, et de manière plus délibérée, le XIVe

éternellement renouvelée; et Baudelaire en termes plus sulfureux – le romantisme est passé par là – ne s'écria-t-il pas:

> Nous voulons, tant ce feu nous brûle le cerveau,
> Plonger au fond du gouffre, Enfer ou Ciel, qu'importe?
> Au fond de l'Inconnu pour trouver du nouveau![178]

Les Muses, dociles à l'invite de leur chef, vont s'employer à célébrer la beauté de Clymène et l'amour qu'elle inspire, tout en notant la distance qu'elle tient à garder entre elle et ses amants, image allégorique de la difficulté pour le poète d'approcher de la perfection; malgré l'ardeur de ses aspirations et de ses efforts, il reste toujours une certaine distance entre la Beauté inaccessible et lui:

> Au gré de tous les yeux Clymène a des appas:
> Un peu de passion est ce qu'on lui souhaite... (p. 263)

On songe à une autre définition de la Beauté, comme une déesse impassible, insensible:

> Je trône dans l'azur comme un sphinx incompris;
> J'unis un cœur de neige à la blancheur des cygnes;
> Je hais le mouvement qui déplace les lignes
> Et jamais je ne pleure et jamais je ne ris[179].

Clymène ressemble à cette Beauté moderne, comme elle gardant ses distances avec ses adorateurs, déesse et femme à la fois:

> Tout ce que peut avoir un cœur d'indifférence
> Clymène le témoigne... (p. 264)

mais c'est Acante, selon Terpsichore, qu'elle devrait distinguer, car «c'est le plus amoureux». En termes allégoriques, le poète véritablement poète, adorateur constant de la Beauté, devrait pouvoir, par des efforts continuels, s'approcher d'elle et la toucher.

---

siècle ont cherché à ne faire qu'une...Volonté de totalisation, mise en accord, au sens musical, c'est-à-dire pour le Moyen Age philosophique, de tensions, *concors discordia...*»

[178] Baudelaire, «Le Voyage», dans *Les Fleurs du mal*, éd. Antoine Adam (Paris: Garnier, 1961), p. 160.

[179] Baudelaire, «la Beauté», dans *Les Fleurs du mal*, éd. cit., p. 24.

Apollon confie alors fort à propos aux Muses du théâtre, de la tragédie et de la comédie, le rôle d'imaginer un dialogue entre Clymène et Acante. On peut voir dans ce choix un La Fontaine désireux d'illustrer l'égalité des genres, à l'encontre de la théorie généralement acceptée à l'époque d'une hiérarchie. Il se rencontre sur ce point avec le Molière de *La Critique de l'Ecole des Femmes*. Il convient également de noter que c'est Thalie, muse de la comédie qui joue le rôle d'Acante. Or La Fontaine déclarait, dans le premier recueil des *Fables*, qu'il faisait de son ouvrage,

> Une ample comédie à cent actes divers,
> Et dont la scène est l'univers
> Hommes, dieux, animaux, tout y fait quelque chose...
> *Le Bûcheron et Mercure* V., 1

Il est donc parfaitement naturel de voir Thalie prêter sa voix à Acante qui, malgré ses souffrances d'amoureux repoussé, ne perd pas un certain sens de l'humour: il rappelle en effet à Clymène qu'elle n'a pas toujours montré une telle méfiance à l'égard de l'amour:

> Il charme également votre sexe et le nôtre,
> Seule vous le fuyez: mais ne s'est-il point vu
> Quelque temps où peut-être il vous a moins déplu? (p. 265)

A l'égalité des genres correspond l'égalité des sexes en matière de sentiment. Dans une lecture allégorique, la Beauté, la Muse a certes accordé ses faveurs à bien des poètes, pourquoi serait-elle intraitable avec un amant sincère, tel qu'Acante? Melpomène, muse de la tragédie, prête sa voix à Clymène: la fierté, l'orgueil conviennent à une héroïne tragique blessée par la vie, ayant souffert. Les tendres prières d'Acante suggèrent le mode élégiaque, le pathétique réservé aux amoureux repoussés. Le dialogue s'inscrit donc entre tragédie et comédie pour parvenir à une délicate, spirituelle comédie sentimentale. Par suite ici encore le poète démontre inductivement qu'une séparation stricte entre les genres ne s'impose pas et qu'on pourrait concevoir un genre intermédiaire, basé sur un savant dosage entre comédie et tragédie. Une tentative de ce genre avait d'ailleurs été esquissée par Corneille dans ses premières comédies, puis plus tard, dans une autre veine, dans ce qu'il avait appelé une «comédie héroïque». Au siècle suivant, cette combinaison des deux genres allait aboutir à une formulation théorique, celle du drame. Clymène, dans ses hésitations, ses refus, se montre toute proche du poète lui-même qui dénonçait dans l'*Epilogue* du premier recueil la tyrannie de l'Amour, mais aussi le besoin de changement, de diversité:

Mais non, je connais trop qu'Amour n'est qu'un tyran,
Un ennemi public, un démon pour mieux dire (p. 266)

et La Fontaine:

Amour, ce tyran de ma vie
Veut que je change de sujets:
Il faut contenter son envie
Retournons à Psyché...

Le poète semble se dédoubler, animer tour à tour de ses propres sentiments ses protagonistes. La passion d'Acante est telle qu'il ne saurait se contenter d'amitié ou de simple affection. Clymène va jusqu'à parler de tendresse et affirme qu'elle pourrait montrer à son amoureux «à quel point [elle] s'intéresse

Pour tout ce qui vous touche. (p. 267)

Un débat qui rappelle ceux des cercles précieux s'ensuit: Acante voudrait savoir si ce qui le touche correspond à sa personne même. La distinction subtile entre qualités et personne lui permet de renouveler la querelle d'amoureux:

Je vous dirai pourtant que mon amour extrême
A pour premier objet votre personne même.
Tout m'en semble charmant; elle est telle qu'il faut.
Mais pour vos qualités, j'y trouve du défaut.
......
Vous n'aimez point l'Amour; vous le haïssez dis-je... (p. 267)

La Fontaine montre ici son talent pour le roman précieux ou galant, tel qu'il le pratique dans *Psyché*. Clymène répond qu'elle ne hait pas l'amour, mais le craint et invoque une «amitié» tendre, à la Scudéry, puis «le repos» comme le fera la Princesse de Clèves.

Apollon, fatigué de ce «pathétique» réclame du «plaisant»: variété et diversité reviennent comme un leit-motif et constituent une des bases de l'esthétique de La Fontaine: «Diversité c'est ma devise» comme il l'affirmera dans un des *Nouveaux Contes*, quelques années plus tard.

La querelle d'amoureux au cours de laquelle Acante refuse de substituer l'amitié à l'amour comme Clymène le lui conseille, aboutit à un paradoxe comique: il refuse les marques d'amitié, de tendresse même offertes par Clymène qui se moque gentiment de lui:

Le moyen de s'empêcher de rire?
On veut baiser Acante; Acante se retire (p. 272)

On songe à Alceste refusant au dénouement celle qu'il a si ardemment poursuivie. Les rapports avec Molière, poète comique, apparaissent de nouveau lorsqu'Erato déclare qu'elle avouera éprouver de l'amour «pour éviter le nom de Précieuse» (p. 279): les *Précieuses ridicules* avaient sans doute fait long feu. Clymène d'ailleurs, comme Célimène[180], sait taquiner son amoureux trop exigeant et tente de le renvoyer quand il devient abusif:

- L'heure sonne, il est tard; n'avez-vous point affaire?
- Non, et quand j'en aurais, ces moments sont trop doux.
- Je me veux habiller; adieu, retirez-vous. (p. 273)

Après avoir démontré ses talents pour la comédie, l'auteur met dans la bouche de Thalie une fine analyse psychologique des «caractères» contrastés de ses protagonistes.

...Acante est un homme inégal...
Inégal en amour, en plaisir, en affaire;
Tantôt gai, tantôt triste; un jour il désespère;
Un autre jour il croit que la chose ira bien.
...Clymène aime à railler... (p. 274)

Cette analyse du caractère d'Acante s'accorde fort bien avec d'autres aperçus offerts par le poète lui-même:

J'aime le jeu, l'amour, les livres, la musique,
La ville et la campagne, enfin tout; il n'est rien
Qui ne me soit souverain bien,
Jusqu'au sombre plaisir d'un cœur mélancolique[181].

et semble particulièrement adaptée à une période où il pouvait hésiter entre plusieurs genres, plusieurs formes: il avait avec *Adonis* créé un chef-

---

[180] L'importance des affinités et des convergences entre La Fontaine et Molière a fait l'objet d'une excellente étude de J-P. Collinet, «Molière et La Fontaine», *Cahiers de l'Association des études Françaises*, No. 26 (mai 1974), pp. 173-185. Reprise dans *La Fontaine en amont et en aval* (Pise: Editrice Libreria Goliardica, 1988), pp. 119-131. Pour les rapports entre *Tartuffe* et certaines œuvres de La Fontaine, voir M-O. Sweetser, «Hypocrisie et dramaturgie chez Molière», *PFSCL* vol. XVI, No. 30 (1989), 97-98.

[181] La Fontaine, *Les Amours de Psyché et de Cupidon*, dans *Œuvres diverses*, p. 258.

d'œuvre, alliant la poésie «héroïque» à l'idylle, avait renouvelé la fable, le conte et la nouvelle en vers, avait su mêler divers genres insérés dans une prose galante et spirituelle avec le *Songe de Vaux* et *Psyché*. Le poète se trouvait sans doute à une croisée des chemins, malgré l'affirmation vibrante du premier recueil:

Quand j'aurais, en naissant, reçu de Calliope
Les dons qu'à ses Amants cette Muse a promis,
Je les consacrerais aux mensonges d'Esope:
Le mensonge et les vers de tout temps sont amis.
Contre ceux qui ont le goût difficile, *Fables* II, 1

Dans *Clymène*, Il présente des échantillons réussis de diverses formes que lui offraient la tradition. La Fontaine connaissait et appréciait le talent d'un Marot, d'un Malherbe, d'un Voiture: il aurait pu suivre leur exemple. Mais le vrai poète ne saurait se contenter d'imiter:

C'est un bétail servile et sot à mon avis
Que les imitateurs... (p. 276)

Il doit, sans négliger les bons modèles, trouver sa propre voix et ne pas s'attacher trop étroitement à une tradition, car tout change, il écrit pour son temps et pour la postérité. Apollon ne déclare-t-il pas aux Muses:

Je ne regarde pas ce que j'étais jadis,
Mais ce que je serai quelque jour, si je vis. (p. 278)

Le monde du Parnasse n'échappe pas à la loi de nature qui est celle du changement et du renouvellement. La muse Erato s'avoue prête à descendre des hauteurs du Parnasse pour épouser un auteur (p. 280). Ici encore La Fontaine traduit métaphoriquement son propre mouvement vers le naturel en évoquant le désir d'un personnage mythologique de rejoindre le niveau humain. Une telle velléité laisse entendre que la véritable source d'inspiration réside dans les sentiments les plus naturels. Apollon lui-même se moque des éloges convenus qui provoquent l'ennui, tels ceux prodigués dans les oraisons funèbres, pièces d'apparat, dépourvues d'émotion vraie; par suite la plus belle louange de Clymène surgira de la bouche de celui qui l'aime véritablement, Acante (p. 282). Uranie poursuit en condamnant les versificateurs dont les œuvres ne sont que des produits artificiels, fabriqués selon une formule et dont la poésie est absente.

En s'approchant de l'Hippocrène, Apollon et les Muses entendent Acante célébrer son bonheur. Il évoque l'Amour qui a récompensé son poète en lui donnant l'occasion de s'approcher de Clymène endormie et de baiser au choix sa bouche, son sein ou son pied. La scène a souvent été rapprochée de celle du fragment VII du *Songe de Vaux* où Acante contemple Aminte endormie. Le rapport entre les deux épisodes a été cité comme preuve de proximité dans la composition des deux œuvres: *Le Songe* et *Clymène* appartiendraient à la période de Vaux. Il existe bien une parenté évidente entre les deux scènes: elles partagent le même érotisme léger, gracieux et relèvent de l'esprit galant dans lequel baigne aussi *Psyché*. Acante dans le *Songe*[182] et dans *Clymène* mentionne l'intervention de Morphée (p. 285): le dieu du sommeil favorise dans les deux cas la contemplation de la belle endormie. Mais dans la «comédie», grâce à la protection de l'Amour, Acante peut obtenir une satisfaction sensible:

> Amour n'a pas manqué de tenir sa promesse (p. 286).

L'amoureux peut non seulement contempler à son aise les beautés qui s'offrent à sa vue, mais aussi parvenir à la possession métaphorique dans un baiser:

> Le pied par sa beauté qui m'était inconnue
> M'a fait aller à lui. Peut-être ce baiser
> M'a paru moins commun, partant plus à priser. (p. 287)

Une interprétation allégorique suggère qu'en choisissant le pied de Clymène, Acante saisit au vol sa muse personnelle, jusqu'alors fuyante proie. Elle a ainsi perdu ses moyens de fuite, mais le respect et l'hommage rendus l'amènent à faire «la moitié du chemin,» à partager l'ardeur de son amant, l'union du poète et de sa muse étant enfin réalisée dans sa plénitude.

> Peut-être par respect j'ai rendu cet hommage (p. 287)

Clymène n'est pas une des neuf Muses de la tradition encore qu'elle soit connue d'elles. Apollon n'exerce pas sur elle son contrôle de Musagète, seul Amour possède le pouvoir de la fléchir, de l'incliner vers son fidèle amant. N'est-ce pas là nous dire sous le voile de l'allégorie que La Fontaine, après s'être essayé dans les divers genres établis et symbolisés par les neuf Muses, se reconnaît incapable de se consacrer exclusivement à l'une d'elles, qu'une muse nouvelle, différente des autres, indépendante, Clymène, peut seule lui inspirer de l'amour et le désir de la poursuivre? Sur un autre ton, plus moqueur, plus ironique, sous une autre forme, celle de la fable, il montrait fort bien dans *Contre ceux qui ont le goût difficile* que les

---

182 *Le Songe de Vaux*, dans *Œuvres diverses*, p. 82.

genres reçus n'étaient pas son fait. Il se moquait des censeurs qui condamnaient son choix d'une forme nouvelle qui ne faisant pas partie du canon des formes poétiques, la fable, qu'il était en train, à leur insu, de transformer[183]. Apollon admet d'ailleurs sa défaite auprès de Daphné, métaphore de sa défaite poétique, et le triomphe d'Acante. Le dieu de la poésie a bien pu commander aux Muses de s'illustrer chacune dans le genre qui lui est propre: aucune ne parvient à une véritable création poétique, car il lui manque le sentiment personnel qui anime Acante. La Fontaine a répondu au souhait si impérieusement exprimé par Apollon: il a créé du nouveau par la fusion, l'interpénétration des genres et des styles. Il déclare lui-même avoir allié l'idylle à la poésie héroïque dans *Adonis*: nous avions pour notre part relevé dans ce somptueux poème la présence de l'élégie, de la tragédie, de l'hymne[184]. De même dans *Psyché*, «fable contée en prose», La Fontaine cherche à trouver l'équilibre entre une «langue naturelle» et «le langage des dieux» entre le roman et le poème, entre le galant et l'héroïque[185]. Dans les *Fables*, il s'efforce de même à harmoniser les genres et les styles les plus divers[186] et à créer un langage nouveau dont il est justement fier:

---

[183] David Lee Rubin, «Metamorphoses of Aesop» dans *Ouverture et Dialogue*. Mélanges offerts à Wolfgang Leiner (Tübingen: Gunter Narr Verlag, 1988), pp. 371-378.

[184] M-O. Sweetser, «*Adonis*, poéme d'amour. Conventions et création poétiques», *L'Esprit créateur* 21, No. 4 (Winter 1981), 41-49.

[185] *Préface* de *Psyché* dans *Œuvres diverses*, p. 123: «Je ne savais quel caractère choisir: celui de l'histoire est trop simple; celui du roman n'est pas encore assez orné; et celui du poème l'est plus qu'il ne faut. Mes personnages me demandaient quelque chose de galant; leurs aventures, étant pleines de merveilleux en beaucoup d'endroits, me demandaient quelque chose d'héroïque et de relevé...J'avais donc besoin d'un caractère nouveau, et qui fût mêlé de tous ceux-là...»

[186] M-O. Sweetser, «Réflexions sur la poétique de La Fontaine: le jeu des genres», *PFSCL*, vol. XIV, No. 27 (1987), 637-651. On pourrait retracer, en prenant l'étude citée comme aboutissement, un itinéraire possible de La Fontaine, tenté déjà par le mélange, la fusion de divers genres dans *Adonis*, affirmant son indépendance dans le choix d'Esope comme maître, de la fable comme genre, choix critiqué par les «délicats», articulant son esthétique dans *Clymène* et la pratiquant dans *Psyché* et le second Recueil en toute connaissance de cause.

> Cependant jusqu'ici d'un langage nouveau
> J'ai fait parler le Loup et répondre l'Agneau.
> J'ai passé plus avant: les Arbres et les Plantes
> Sont devenus chez moi créatures parlantes.
> Qui ne prendrait ceci pour en enchantement?
>
> *Contre ceux qui ont le goût difficile, Fables,* II, 1

Si de «maudits censeurs», pointilleux et pédants, lui demandent, dans la fable, de remettre certains vers «à la fonte», Apollon, dieu de la poésie et meilleur juge dans *Clymène*, se déclare entièrement satisfait, en son nom et en celui des Muses:

> Vous triomphez, Acante.
> Nous vous laissons, adieu; notre troupe est contente.

A la recherche d'une poétique lafontainienne dans le premier recueil des *Fables*

Si l'on examine dans le premier Recueil de 1668 les textes en prose et en vers où La Fontaine parle à la première personne, en son nom, par conséquent en tant qu'auteur, on constate une double orientation, la présence de positions opposées en apparence qu'on pourrait présenter sous forme d'antithèse: conformisme d'une part, anticonformisme de l'autre. Cette situation paradoxale s'éclaire doublement si l'on considère les changements survenus dans le mécénat à partir des années 1660 d'une part, de l'autre la personnalité ondoyante et diverse du poète désireux de plaire, mais jaloux de son indépendance et conscient de son originalité[187]. La Fontaine, comme beaucoup d'autres écrivains, avait bénéficié du mécénat de Fouquet; après la chute de ce dernier il est clair désormais qu'ils ne pourront plus rien espérer que du roi. Colbert, nouvel homme fort du ministère, s'empresse de le leur faire entendre. Les écrivains sont invités à célébrer la gloire royale, d'autant plus qu'aucune autre grandeur n'est plus tolérée. Mais le changement va plus loin. Les préférences de Fouquet se portaient vers la littérature légère et galante. Colbert et son conseiller Chapelain ont une ambition plus haute: ils gardent les yeux tournés vers les modèles de l'Antiquité et souhaitent voir la langue française s'illustrer par des œuvres dignes de cette tradition (Tocanne 1990, 206).

La Fontaine, dans sa «Préface» au premier recueil, dans ses épîtres dédicatoires à Monseigneur le Dauphin va, de fait, se réclamer des maîtres de l'antiquité classique: Ésope, Socrate, Homère, Phèdre, Horace, Quintilien. Surtout il affirme avoir poursuivi le but même de la doctrine classique en présentant au dauphin «des inventions si utiles et tout ensemble si agréables: car que peut-on souhaiter davantage que ces deux points? Ce sont eux qui ont introduit les Sciences parmi les hommes. Ésope a trouvé un art singulier de les joindre l'un avec l'autre. La lecture de son Ouvrage répand insensiblement dans une âme les semences de la vertu et lui apprend à se connaître sans qu'elle s'aperçoive de cette étude, et tandis

187 Roger Duchêne montre bien dans sa magistrale biographie ces deux aspects de la personnalité du poète (Duchêne 1990, p. 234). Quel qu'ait été son attachement pour Fouquet, il aurait, dès 1663, recherché la protection de Colbert (Duchêne 1990, pp. 217-218). Philip A. Wadsworth insiste sur l'indépendance et l'originalité du poète (Wadsworth 1970, pp. 177, 179).

qu'elle croit faire toute autre chose» (La Fontaine 1962, «A Monseigneur le Dauphin»)[188].

Le principe classique du *plaire et instruire* se voit ainsi nettement affirmé pour le bénéfice du dédicataire, le jeune prince à travers lequel le poète espère bien obtenir la bienveillante attention du roi et de son ministre, dispensateur des gratifications accordées aux gens de lettres disposés à servir l'Etat. La Fontaine s'acquitte d'ailleurs très consciencieusement de son devoir: quel meilleur moyen en effet de prouver sa soumission et son attachement à la dynastie régnante que de contribuer à l'instruction et au plaisir du dauphin et de louer en lui les qualités héritées de son père, «notre invincible monarque,»

> non content de dompter les hommes, il veut triompher aussi des Eléments et quand au retour de cette expédition, où il a vaincu comme un Alexandre, vous le voyez gouverner ses peuples comme un Auguste.
>
> *A Monseigneur le Dauphin*

car le poète entend ici se conformer aux lois du genre. Comme le titre de l'étude de Bernard Bray le dit si bien, la louange représente une «exigence de civilité et pratique épistolaire» et constitue une des normes du mécénat. La Fontaine avait certainement médité sur cette condition du poète, comme le montre sa très belle fable «Simonide préservé par les dieux,» où il déclare d'emblée:

> On ne peut trop louer trois sortes de personnes:
> Les Dieux, sa Maîtresse, et son Roi.
> Malherbe le disait; j'y souscris quant à moi:
> Ce sont maximes toujours bonnes.
>
> I, 14

Comme dans «Le Meunier, son fils et l'âne,» le poète invoque l'autorité d'un maître révéré, Malherbe, et tente dans sa fable «une réhabilitation de la louange, parfois déconsidérée par les excès auxquels elle donne lieu et à tort méprisée» (Bray 1990, 135).

Le fabuliste se conforme donc dans ses épîtres dédicatoires à un rite, mais à un rite qui n'est dépourvu ni de sens ni d'utilité car

---

188 Dans toutes nos références, nous renvoyons le lecteur à l'édition de Georges Couton (La Fontaine 1962).

> la louange est...créatrice d'équilibre, en ce sens qu'elle tend à atténuer les antagonismes primaires...le texte élogieux se constitue en portrait – un portrait dans lequel le peintre pourra s'enorgueillir d'avoir su mettre en valeur les qualités du sujet représenté. D'autre part il appelle quelque remerciement, et ainsi ébauche souvent un dialogue. (Bray 1990, 135-136),

dialogue que La Fontaine espérait pouvoir entamer au moyen de sa dédicace avec le nouveau et unique mécène, Louis XIV, dans un acte public d'allégeance à la monarchie.

A ce conformisme dirigé vers le sommet de l'ordre politique et social, s'agrège une démarche vers un groupe qui conserve une certaine autorité dans le domaine des belles lettres. Il s'agissait de faire accepter aux «doctes» une nouvelle conception de la fable, avec les transformations que La Fontaine avait apportées au genre traditionnel de la fable ésopique, genre essentiellement didactique et codifié comme tel. Le poète cite avec respect, malgré la désapprobation qu'il avait exprimée pour la fable en vers, «l'opinion d'un des Maîtres de notre Eloquence,» l'académicien Olivier Patru. Ce dernier estimait que

> Le contrainte de la Poésie, jointe à la sévérité de notre langue...banniroient de la plupart de ces Récits la brèveté, qu'on peut fort bien appeler l'âme du conte puisque sans elle il faut nécessairement qu'il languisse.
>
> *Préface*

Or La Fontaine prouve dans sa propre pratique dans des fables «mises en vers» qu'il cultive précisément cette brièveté tant souhaitée au moyen d'une heureuse densité de l'expression, de raccourcis inattendus, grâce à l'emploi de figures de style. L'auteur reconnaît que cette brièveté qui est en fait économie de style s'accommode fort bien des embellissements, des ornements destinés à plaire, mais peut aussi contribuer à créer le mystère, l'atmosphère du conte de fées par la présentation de situations invraisemblables comme tout à fait naturelles, ne requérant aucune explication (Slater 1990). Quoi qu'il en soit, dans sa préface, La Fontaine tente de concilier le précepte adopté par les doctes avec sa propre poétique en proposant une heureuse alliance entre les «Grâces lacédémoniennes» et les «Muses Françaises.» Roger Zuber (1977) relève à juste titre l'aspect incongru de l'expression qui est

> un défi à l'histoire; les glissements du laconisme à l'atticisme sont fréquents dans nos textes, et c'est cette réconciliation, fantaisiste mais évocatrice, entre Sparte et Athènes, qui permettra à La Fontaine de parler en 1668 de cette chose étrange: des «Grâces lacédémoniennes!» (376-377)

Il retrace une évolution du goût visible déjà chez Balzac dès 1637, «c'est sur le plan de la grâce (Xaris) que se sont situés les atticistes français; ce que nous offrent leurs théories, ce sont des variations sur le plaisir» (Zuber 1977, 376-377). C'est bien dans ce courant galant et mondain que les *Fables* s'inscrivent[189] malgré la tentative de se concilier la bienveillance des doctes en alléguant l'exemple de Socrate, rapporté par Platon: les maîtres de la Sagesse antique se voient proposés comme les garants de l'entreprise lafontainienne. Phèdre, le fabuliste latin bien connu, avait lui aussi adopté la forme poétique en vers. Avec modestie, La Fontaine se défend de l'avoir égalé: «On ne trouvera pas ici l'élégance ni l'extrême brèveté qui rendent Phèdre recommandable: ce sont qualités au-dessus de ma portée» («Préface»).

En revanche, il a procédé de façon constante à «égayer» son texte, appuyant sa décision sur l'autorité de Quintilien: «Quintilien dit qu'on ne saurait trop égayer les Narrations,» mais surtout sur le mouvement du goût contemporain:

> C'est ce qu'on demande aujourd'hui: on veut de la nouveauté et de la gaieté. Je n'appelle pas gaieté ce qui excite le rire; mais un certain charme, un air agréable qu'on peut donner à toutes sortes de sujets, même les plus sérieux.
>
> *Préface*

S'il s'est parfois dispensé de l'obligation d'exprimer une moralité, c'est qu' «On ne considère en France que ce qui plaît: c'est la grande règle, et pour ainsi dire la seule» («Préface»). Il a recours à une autre autorité, fort respectée au XVIIe siècle, celle d'Horace pour justifier les libertés qu'il a

---

[189] Le bon goût se confond avec un public d'élite...c'est la théorie cicéronienne, récémment remise à jour par Vaugelas, de la 'plus saine partie' de la Cour et de la Ville. Un des caractères du public d'élite est son 'habileté': on veut dire par là qu'il apprécie l'enjouement et qu'il comprend à demi-mot. (Zuber 1990, 14)

Voir aussi Mesnard (1989, 29):

> Fait de culture que l'influence grandissante de la société mondaine au détriment des cercles érudits où se regroupent les doctes...L'idéal de l''honnête homme' a contribué à fonder sur de nouvelles bases une réflexion sur le beau distincte de la considération des règles de l'art...

prises avec les règles: «Cet auteur ne veut pas qu'un Écrivain s'opiniâtre contre l'incapacité de son esprit, ni contre celle de sa matière» («Préface»). La prudence et l'habileté du préfacier s'avèrent remarquables: les autorités les plus authentiques se trouvent mises à contribution pour justifier le choix et la pratique du poète dans son non-conformisme.

Je chante les Héros dont Ésope est le Père,
Troupe de qui l'Histoire, encor que mensongère,
Contient des vérités qui servent de leçons.
Tout parle en mon Ouvrage, et même les Poissons:
Ce qu'ils disent s'adresse à tous tant que nous sommes.
Je me sers d'Animaux pour instruire les Hommes.

A Monseigneur le Dauphin

Le fabuliste adopte le ton et l'*incipit* traditionnel du poète épique et accumule une amusante série d'antithèses: l'Histoire se consacre aux actions véritables accomplies par de grands personnages, et par là enseigne des leçons importantes, *Historia magistra vitae.* Or, l'histoire des «héros» issus de la tradition ésopique est «mensongère» c'est-à-dire que le poète est engagé dans la création d'un monde fictif: toutefois cette fiction veut proposer des leçons tout aussi utiles que celles de l'Histoire. En rapprochant les héros de l'épopée de ceux de la fable, La Fontaine, avec une certaine irrévérence, met sur le même plan un grand genre et un genre jugé inférieur, didactique relevant de la rhétorique et non de la poétique, auquel il entend donner un nouveau statut[190], entreprise quasi-révolutionnaire.

Comme le poète épique, La Fontaine utilise le verbe *chanter*, ce qui place son œuvre dans le domaine de la poétique: la fable traditionnelle ne chante pas, elle raconte une histoire dont elle tire une leçon morale. Or la première fable du premier livre évoque précisément l'acte de chanter:

La Cigale, ayant chanté
Tout l'été
....
- Nuit et jour à tout venant
Je chantais, ne vous déplaise.

La Cigale et la fourmi, I, 1

---

190 Georges Couton, dans l'«Introduction» à son édition des *Fables*, p. xv, souligne l'audace de cette tentative.

La chanteuse périt, faute de nourriture, et la fourmi, qui a su se préparer des réserves, a le dernier mot. L'ambivalence de la fable a été à juste titre relevée, ainsi que la vision ironique du poète, par David Lee Rubin (1982, 207-208). La Fontaine cherche-t-il à suggérer que le poète, s'il désire poursuivre son chant doit savoir le nourrir, lui permettre de se développer en puisant dans un riche patrimoine où il peut alimenter son inspiration? Sous le voile de l'allégorie animale, une réflexion sur les conditions de la création poétique semble bien apparaître, conditions qui présupposent à la fois un fond littéraire et culturel dans lequel le poète peut puiser pour nourrir son chant, et un soutien matériel et moral fourni par un mécénat généreux et appréciatif.

Le poète enseigne des vérités en douant tous ses personnages de la parole, même les poissons. L'humour, la plaisanterie, la *gaieté* trouvent donc place d'entrée de jeu, dans un texte liminaire. Atténuée par l'humour, la formule *Tout parle* serait en fait une vue très moderne: le poète comme interprète de la nature, «il est plein de sens et le *charisme* du poète est d'expliciter ce sens. Car contrairement à sa légende, La Fontaine n'est pas un poète modeste. Son ambition le place même au niveau des plus grands» (Proust 1970, 271).

La modestie toutefois étant de mise dans une épître dédicatoire, le poète offre à l'héritier d'un «prince aimé des Cieux» dont la gloire est évoquée en style encomiastique, de «légères peintures» qui, espère-t-il, vont lui «agréer,» c'est-à-dire lui procurer du plaisir («A Monseigneur le Dauphin»). Fierté de l'artiste créateur et modestie requise de la part d'un sujet s'adressant à son prince se trouvent donc placées en un harmonieux équilibre dans cette courte mais révélatrice épître.

Un autre texte caractéristique des vues de La Fontaine sur son art, sur ses dons et ses intentions en tant qu'écrivain se trouve dans une position stratégique, en tête du livre II. Le poète s'exprime ouvertement pour commencer, affirme sans hésiter son anticonformisme quasi-iconoclaste:

> Quand j'aurais, en naissant, reçu de Calliope
> Les dons qu'à ses Amants cette Muse a promis,
> Je les consacrerais aux mensonges d'Ésope:
> Le mensonge et les vers de tout temps sont amis.
>
> *Contre ceux qui ont le goût difficile*, II, 1

L'exorde, loin d'être une *captatio benevolentiae*, constitue une fière déclaration et annonce les couleurs sans équivoque possible: le rejet du genre épique, symbole des genres établis, le choix de la fable, fiction poétique. La même conviction, celle concernant les genres traditionnels pour lesquels le poète ne se sent pas fait se trouve exprimée sous forme allégorique dans «Clymène,» comme j'ai tenté de le montrer ailleurs[191].

La tournure hypothétique «Quant j'aurais...reçu» montre bien que le poète ne se sent pas doué pour le genre épique, ni à l'aise dans les genres établis, il reconnaît lucidement le caractère particulier de son talent, idée qui revient comme un leitmotiv dans les *Fables*. On songe à la grenouille qui, poussée par la vanité et les illusions sur sa nature «s'enfla si bien qu'elle creva» (I, 4). Aux réflexions sur la nature humaine qui suivent le récit,

> Le monde est plein de gens qui ne sont pas plus sages;
> Tout Bourgeois veut bâtir comme les grands Seigneurs,
> Tout petit Prince a des ambassadeurs
> Tout marquis veut avoir des Pages.
> *La Grenouille qui se veut faire aussi grosse que le bœuf*, I, 3

On pourrait, dans la même veine, ajouter une phrase à propos des auteurs qui prétendent s'illustrer dans les grands genres sans posséder les dons qui conviennent: «Tout auteur d'Homère veut suivre le sillage.» L'admonition implicite se voit renouvelée de façon explicite dans une autre fable:

> Ne forçons point notre talent
> Nous ne ferions rien avec grâce...
> *L'Ane et le petit chien,* I, 5

Un critique a fort bien résumé ce qu'il considère comme le message esthétique essentiel de «Contre ceux qui ont le goût difficile»: «La vraic question posée est en dernière analyse celle de la dignité comparée des grands genres et de la fable» (Proust 1970, 235)

Les protestations de modestie qui suivent constituent cette fois la *captatio benevolentiae* attendue plus tôt:

> Mais je ne me crois pas si chéri du Parnasse
> Que de savoir orner toutes ces fictions.
> On peut donner du lustre à leurs inventions;
> On le peut, je l'essaie; un plus savant le fasse.
> *Contre ceux qui ont le goût difficile*, II, 1

---

191 Sweetser 1991: Philip A. Wadsworth (1970, 172) a noté la parenté avec la fable II, 1, c'est-à-dire «Contre ceux qui ont le goût difficile».

Elles ne doivent pas nous leurrer, La Fontaine reconnaît la nécessité des ornements sans prétendre avoir toujours réussi à en procurer suffisamment pour plaire à tout le monde. Le but avoué de ce travail qui consiste à orner, à égayer, à susciter un plaisir véritablement poétique pour le lecteur est de «donner du lustre» à ses créations, c'est-à-dire, par dérivation étymologique à illustrer la fable; c'est ainsi que «Contre ceux qui ont le goût difficile» apparaît comme une «Défense et illustration de la fable.» L'anaphore des pronoms indéfinis *on* suggère que l'entreprise devrait se placer à un niveau général, universel, mais que lui, le poète, a déjà fait ses armes dans ce domaine, l'affirmation du moi créateur étant tempérée de modestie: «je l'essaie; un plus savant le fasse.»

Dans cet exorde se trouve un très savant dosage de fierté et de modestie, de désinvolture et d'humour. Jean-Pierre Collinet (1989) a noté ces contrastes:

> La Fontaine, dès les premiers vers de sa fable fait rimer Calliope, muse de l'héroïque, avec Ésope, père de l'apologue, établissant entre le merveilleux de l'épopée et l'enchantement des fables une suggestive confrontation. (183)

Le choix des rimes produit un effet héroï-comique, comparable à celui de la dédicace en vers: «Je chante les héros dont Ésope est le père.» Le décalage inattendu entre Calliope et Ésope traduit sans doute l'aspect incongru en apparence de son choix: pourtant ce choix paradoxal s'est vu pleinement justifié par la réussite du poète:

> Cependant jusqu'ici d'un langage nouveau
> J'ai fait parler le Loup et répondre l'Agneau.
> J'ai passé plus avant: les Arbres et les Plantes
> sont devenus chez moi créatures parlantes.
> Qui ne prendrait ceci pour un enchantement?
>
> *Contre ceux qui ont le goût difficile*, II, 1

On remarque de nouveau l'anaphone du *je* du créateur conscient d'avoir fait du nouveau, selon le vœu d'Apollon lui-même: «Il me faut du nouveau, n'en fût-il point au monde» (La Fontaine 1958, 21). Jean-Pierre Collinet (1989) a très justement souligné la nature de ce processus de création: «La poésie des *Fables* n'est pas simple mise en vers, mais invention d'un langage. A chaque être, elle prête une voix et une âme et le poète parfois s'émerveille de son propre pouvoir» (160).

On note ici également d'autres rimes qui proposent un rapprochement incongru, contraire à la vraisemblance: Plantes parlantes et le terme *enchantement* qui marque la fin de l'exorde est à prendre dans son sens étymologique de *carmen*, comme le rappelle Marc Fumaroli[192], c'est-à-dire de chant incantatoire, de pouvoir magique, caractère essentiel de la véritable poésie.

Si La Fontaine a emprunté à Phèdre le sujet de la fable et les procédés de la parodie et du dialogue fictif, il a saisi «l'occasion de marquer son autonomie vis-à-vis de son modèle romain» (La Fontaine 1985, I:366-367) en les transformant. On sait l'importance du dialogue dans l'œuvre de La Fontaine qui voulait faire des *Fables* «Une ample comédie à cent actes divers/Et don't la scène est l'univers» («Le Bûcheron et Mercure,» V, 1). Il se devait alors d'utiliser la forme «théâtrale par excellence, la forme dialogique. En dehors et en plus du théâtre, le dialogue appartenait à une longue tradition littéraire et philosophique, cultivée chez les Anciens par des maîtres chers au fabuliste, Socrate et Platon; tradition qui allait connaître un regain d'actualité dans la littérature mondaine du XVIIe siècle car il exprimait l'esprit même et le ton de la «conversation galante»:

> Peu d'œuvres en témoignent aussi bien que les *Fables*, véritable concert de voix à l'intérieur de la voix du poète, qui s'adresse toujours à un interlocuteur possible, à un auditeur qu'il tient pour son «semblable, son frère.» (La Fontaine 1985, 28)[193].

C'est précisément à un échange dialogique entre le poète et ses critiques auquel nous sommes invités à assister dans la fable proprement dite; amusante comédie qui correspond sous une forme très condensée à celle qui se déroule dans «Clymène» avec les ornements de la mythologie. Les objections des censeurs révèlent leur manque de pénétration, de sensibilité littéraire et de goût et la forme prise pour les exprimer traduit leur mépris pour un genre nouveau dont ils n'ont pas compris la portée et qu'ils qualifient avec superbe de «contes d'enfant.»

Le poète va répondre à ce mépris implicite pour le genre qu'il a choisi d'illustrer par une dévalorisation humoristique des genres reconnus, établis, en se livrant à des pastiches qui vont provoquer de la part des censeurs de nouvelles objections, plus spécifiques que le pur et simple dédain se faisant jour dans «contes d'enfant» et dénonçant de façon indirecte l'étroitesse de leur vision qui s'attache uniquement à l'application des règles. Or, on sait

---

[192] M. Fumaroli (La Fontaine 1985, I:367). Note sur la fable «Contre ceux qui ont le goût difficile»: [La Fontaine revendique] «hautement le statut de *carmen* (enchantement) pour le genre tout entier».

[193] *Voir* M. Fumaroli (La Fontaine 1985, I:28-31), «Une poétique du dialogue.» On lira avec profit ces pages très substantielles.

ce que La Fontaine et ses amis de Port-Royal pensaient de ces règles sacrosaintes:

> Il est difficile d'établir des règles qui soient universellement vraies; elles ont toutes leurs exceptions...Il faut donc s'élever au-dessus des règles qui ont toujours quelque chose de sombre et de mort.
>
> *Préface* au *Recueil de Poésies chrétiennes et diverses*

Selon la hiérarchie des genres, le poète commence par l'épopée, puis passe à l'idylle bucolique, pastichant leurs *topoi* et leurs procédés rhétoriques. Malgré sa bonne volonté apparente de se plier aux conventions du genre, il se voit de nouveau vivement critiqué par ses impitoyables censeurs. Ils trouvent la période pompeuse et interminable consacrée au siège de Troie trop longue et l'histoire du cheval introduit dans la ville plus invraisemblable que celle du renard flattant le corbeau, sujet ésopique traité par La Fontaine. La critique porte donc à la fois sur le fond: invraisemblance du sujet, et sur la forme: les accumulations touchent à l'emphase. L'idylle ne parvient pas davantage à satisfaire ces censeurs pointilleux qui condamnent une rime, question de forme encore, mais extrêmement ponctuelle. Ils apparaissent donc comme des pédants s'attachant essentiellement à l'observation des règles. On sait quelle était l'attitude de La Fontaine vis-à-vis des pédants: il suffit de relire «L'Enfant et le Maître d'école,» et «l'Ecolier, le Pédant et le Maître d'un jardin.»

Il est possible en effet de trouver matière à critiquer dans ces pastiches[194], leurs exagérations comiques, visent, en faisant sourire le lecteur, à démontrer qu'il ne faut pas forcer son talent, ni aller contre son génie, mais au contraire suivre sa pente, comme La Fontaine l'avait fait en transformant la fable, en l'érigeant en genre poétique.

La preuve que les faiblesses de ces pastiches sont délibérées, destinées à illustrer l'apologie de la fable, se trouve dans la brillante réussite d'»Adonis» qui «réalisait cette synthèse entre l'inspiration héroïque de l'épopée et l'inspiration amoureuse de l'idylle qui permettait à La Fontaine, sans sortir de la moyenne région qui est son climat propre, de s'élever ou de s'abaisser d'un ton à l'autre par des passages nuancés» (Collinet 1989, 184). Un autre aspect de l'ironie subtile de cette apologie consiste, comme le note spirituellement Marc Fumaroli, dans la construction par le fabuliste d'un véritable cheval de Troie poétique, «rare et nouvel artifice,» la fable contenant en effet les deux genres reconnus, l'épopée et l'idylle, mais introduisant en même temps, non sans malice les animaux:

---

[194] David Lee Rubin (1982, 203-204) a bien relevé les faiblesses voulues de ces pastiches.

> Dans les deux fragments pastichés, le poète n'a pas manqué de faire figurer animaux, cheval de bois, moutons et chiens, qui ne jurent ni avec le haut style ni avec le style moyen. Détour implicite et ironique pour détruire l'argument majeur des détracteurs de la fable: la «bassesse» de ses personnages d'animaux. (La Fontaine 1985, I:367)

Le poète reprend le dialogue avec ses critiques dans un mouvement comique d'exaspération affectée, parfaitement traduit dans l'allitération des plosives: «Maudit censeur, te tairas-tu?» Le terme *conte* est repris à dessein, mais sans la qualification dédaigneuse de «conte d'enfant,» utilisée par le censeur: «Ne saurais-je achever mon conte?» Dans les vérités générales de la moralité, avec les termes «plaire» et «satisfaire» à la rime réapparaît le thème fondamental de la poétique lafontainienne: «C'est un dessein très dangereux/Que d'entreprendre de te plaire,» attitude qu'on retrouve dans la fable initiale du livre III: «Parbleu, dit le Meunier, est bien fou du cerveau/Qui prétend contenter tout le monde et son père» («Le Meunier, son fils et l'âne» III, 1) avec en guise de conclusion, une observation à double tranchant, pitié ou raillerie[195]: «Les délicats sont malheureux/Rien ne saurait les satisfaire.» Or, le but de toute vie humaine étant la quête du bonheur, ces gens se privent volontairement, par une sorte de perversité regrettable, des plus grands plaisirs qui s'offrent à eux.

«Contre ceux qui ont le goût difficile» apparaît alors comme un texte gigogne, *apologia pro domo sua*, plaidoyer éloquent, «Défense et illustration de la fable,» polémique en forme de comédie, démystification des genres établis au moyen d'amusants pastiches, art poétique et art de vivre: satire des «délicats malheureux,» personnages moroses qui boudent leur plaisir, leçon d'hédonisme délicat. La polémique contre ceux qui ont le goût difficile suppose implicitement des lecteurs appréciatifs[196] évoqués dans la préface du premier Recueil, gens de goût qui ont encouragé le poète dans son entreprise: «L'indulgence que l'on a eue pour quelques unes de mes Fables me donne lieu d'espérer la même grâce pour ce Recueil» («Préface»). Il y bien une complicité latente entre l'auteur et son vrai public, celui des honnêtes gens, des gens du monde. On sait en effet que

---

[195] J-P. Collinet (1989, 160): «L'arme du moraliste est la moquerie. Ses indignations durent peu. Il arrive que la pitié se substitue à la raillerie, mais cela reste rare, et la gaieté, même au sens usuel domine, prenant de l'anodine plaisanterie à l'ironie légèrement sarcastique toutes les formes, passant par tous les degrés».

[196] Roseann Runte (1979, 33): «We are invited to be the friend of the author and to scorn the critic...The Aesopian fable is straightforward while La Fontaine's is devious...With La Fontaine the artistic veil of allegory extends beyond the simple *récit* to envelop its framework and moral».

Mme de Sévigné, La Rochefoucauld et d'autres les avaient goûtées. Plutôt que d'éprouver une réelle indignation, le poète s'amuse à se moquer des pédants, de leurs critiques pointilleuses, de leur manque de vision qui les empêche de goûter le plaisir du texte qui leur est si élégamment offert.

C'est précisément à une personne de goût que La Fontaine s'adresse dans le prologue d'une fable située à une place stratégique elle aussi: «Votre goût a servi de règle à mon ouvrage./J'ai tenté les moyens d'acquérir son suffrage» («Le Bûcheron et Mercure,»V, 1) et dédiée à M.L.C.B, initiales généralement interprétées comme représentant le comte de Brienne qui avait collaboré avec La Fontaine au *Recueil de Poésies chrétiennes et diverses*. Ce dernier partageait avec son dédicataire le goût pour un style tempéré, évitant la recherche excessive et la surcharge d'ornements. Ils rejetaient donc l'un et l'autre l'esthétique de la génération précédente et avaient adopté l'atticisme de celle de 1660, ce qui n'impliquait nullement austérité et dépouillement total: «Non qu'il faille bannir certains traits délicats:/Vous les aimez, ces traits, et je ne les hais pas.» *Vous* et *je* se rejoignent autour du terme central, *ces traits* c'est-à-dire ces raffinements de l'expression qui contribuent à plaire et cette entente cordiale illustre «l'existence simultanée d'un public de premier choix et de grands talents d'écrivains. Elle atteste, surtout, que se nouent entre ces deux groupes, des relations confiantes et constantes qui les enrichissent l'un et l'autre» (Zuber 1977, 385).

La Fontaine affirme une fois de plus le principe fondamental du «plaire et instruire» en se réclamant d'Ésope. A l'exposé des vues poétiques, vient se greffer une définition précise du but moral que se propose le fabuliste:

> Je tâche d'y tourner le vice en ridicule,
> Ne pouvant l'attaquer avec des bras d'Hercule.
> C'est là tout mon talent; je ne sais s'il suffit.
> Tantôt je peins en un récit
> La sotte vanité jointe avecque l'envie,
> Deux pivots sur qui roule aujourd'hui notre vie.
>
> *Le Bûcheron et Mercure*, V, 1

Mais cette déclaration qui pourrait sembler trop nettement didactique se voit tempérée à la fois de modestie et d'humour grâce aux «bras d'Hercule» que le poète se défend de posséder. La mention d'Hercule se trouve d'ailleurs tout à fait à sa place dans une fable où Mercure et Jupiter sont également présents. Elle est illustrée par des exemples tirés de ses propres fables: La Fontaine, comme Molière, sait faire sa propre publicité. L'exemple de la grenouille qui veut se faire aussi grosse que le bœuf sert, bien entendu, à illustrer «la sotte vanité jointe avecque l'envie» et peut s'appliquer, comme on l'a suggéré plus haut, à l'auteur qui vise trop haut en matière de genre ou de style. L'auteur emploie sciemment le terme de comédie pour définir ses fables,

> faisant de cet ouvrage
> Une ample Comédie à cent actes divers,
> Et dont la scène est l'Univers.
> Hommes, Dieux, Animaux, tout y fait quelque rôle...
> *Le Bûcheron et Mercure*, V, 1

A la revendication de peintre des mœurs[197] et de création d'un univers, La Fontaine toujours soucieux d'égayer son texte et d'éviter la pesanteur didactique ajoute le sel attique de la plaisanterie, avec une légère allusion érotique: le Mercure de sa fable ne sera pas le messager des galantes entreprises de Jupiter, comme il devait l'être en 1668 dans *Amphitryon*:

> Jupiter comme un autre: Introduisons celui
> Qui porte de sa part aux Belles la parole:
> Ce n'est pas de cela qu'il s'agit aujourd'hui.
> *Le Bûcheron et Mercure*, V, 1

Les mêmes idées seront reprises au début du livre VI, encore une fois dans un prologue où le poète nous parle du genre qu'il a choisi, des principes qui ont guidé ceux qui l'ont pratiqué, autre «Art poétique de la fable», comme le souligne Marc Fumaroli (La Fontaine 1985, I:391).

Les interprètes les plus qualifiés s'accordent pour constater que le recueil forme bien un tout, que les mêmes idées de base se retrouvent à des points stratégiques, avec des variations sur un même thème:

> Le cycle du recueil se referme: le préambule du dernier livre répond au début de la «Préface»...Mais jamais la même formule ne s'est trouvée exactement répétée: cette variété dans la variation donne la mesure d'un art libre et divers qui ne cesse d'apporter aux différents problèmes de la création poétique des réponses originales. (Collinet 1989, 205)

---

[197] J-P. Collinet (1989, 161): «Peignant avant La Bruyère les "mœurs de ce siècle"...son observation atteint une vérité plus générale, une portée plus universelle...leur univers est à triple étage et s'apparente à celui de l'épopée.» Ainsi, de façon paradoxale, La Fontaine rejoint l'épopée, refusée comme genre convenu.

Le sens et la portée de la création d'une forme ont été admirablement définis à propos d'un poète moderne, grand admirateur de La Fontaine, par Bernard Beugnot (1989):

> Mais la naissance ou la création d'une forme demeure la plus haute ambition que le poète puisse s'assigner parce qu'il y a en elle un geste de sacralisation du langage, d'inscription de la parole qui l'apparente aux stèles et aux monuments. Le proverbe, l'aphorisme, la diction sentencieuse qu'affectionne traditionnellement la fable, tiennent leur séduction de ce qu'ils présentent au niveau de la phrase, et non plus seulement du mot, ce même caractère de densité, de clôture qui leur confère hiératisme et intemporalité. (44)

Références

Beugnot, Bernard (1990). *Poétique de Francis Ponge*, Paris: PUF.

Bray, Bernard (1990). «La louange, exigence de civilité et pratique épistolaire.» *XVIIe siècle*, 42:2 (avril/juin). 135-153.

Collinet, J-P. (1989). *Le Monde littéraire de La Fontaine.* Genève-Paris: Slatkine Reprints.

Duchêne, Roger (1990). *Jean de La Fontaine*. Paris: Fayard.

La Fontaine, Jean de (1985). *Fables*. Marc Fumaroli, éd. 2 vol. Paris: Imprimerie Nationale.

________ (1962). *Fables*. Georges Couton, éd. Paris: Garnier.

Mesnard, Jean (1989). «Vraie et fausse beauté dans l'esthétique au dix-septième siècle.» Dans *Convergences. Rhetoric and Poetic in Seventeenth-Century France*.

David Lee Rubin and Mary B. McKinley, éds. Columbus: Ohio State University Press. 3-33.

Proust, Jacques (1970). «Remarques sur la disposition par livres des *Fables* de La Fontaine.» Dans *Mélanges Pierre Jourda*. Paris: Nizet.

Rubin, David Lee (1982). «Four Modes of Double Irony in La Fontaine's *Fables*.» Dans *The Equilibrium of Wit. Essays for Odette de Mourgues*. Peter Bayley and Dorothy Gabe Coleman, éds. Lexington, KY: French Forum Publishers. 201-212.

Runte, Roseann (1979). «Reconstruction and Deconstruction: La Fontaine, Aesop and the Eighteenth-Century French Fabulists.» *Papers in French Seventeenth Century Literature*, 11. 29-46.

Slater, Maya (1990). «La Fontaine and Brevity.» *French Studies*. 44:2 (April). 143-155.

Sweetser, Marie-Odile (1991). «Pour une lecture allégorique de Clymène' comme art poétique.» *French Literature Series*, vol. 18 (Spring).

Tocanne, Bernard (1990). «L'efflorescence classique: 1660-1685,» 3ème partie du *Précis de littérature française du XVIIe siècle* sous la direction de Jean Mesnard. Paris: PUF.

Wadsworth, Philip A. (1970). *Young La Fontaine; A Study of his Artistic Growth in his Early Poetry and First Fables*. New York: AMS Press.

Zuber, Roger (1977). «Atticisme et classicisme.» Dans *Critique et création littéraire en France au XVIIe siècle*. Paris: CNRS. 375-387. 376-377.

______ (1990). «De Lucien écrivain à Lucien de d'Ablancourt.» *Littératures classiques*. 13 (October). 9-18.

III. La Fontaine conteur

Une fugue à trois voix: *Joconde*

Depuis la condamnation péremptoire de Paul Valéry[198], les *Contes* de La Fontaine avaient relativement peu attiré l'attention de la critique, à part celle de quelques éminents spécialistes[199]. Pourtant, comme le rappelle pertinemment Micheline Cuénin, ils furent au dix-septième siècle, goûtés des connaisseurs:

> Le dessein de La Fontaine, en adaptant les deux célèbres Italiens, c'était, comme de coutume d'en faire son miel. Il ne visait pas le grand public...mais, dit la préface, un petit nombre de gens choisis. La *Dissertation sur Joconde* montre qu'il fut compris par eux[200].

En effet l'auteur ou les auteurs de cette célèbre *Dissertation* ont fort justement relevé la transformation que La Fontaine avait fait subir à un matériau peu adapté en apparence à un public raffiné de mondains et de doctes: on se souvient que Chapelain les admirait. Les attaques contre le modèle italien sont destinées à faire ressortir la supériorité du poète français, sa sûreté de touche et de goût, son art. La comparaison avec Voiture qui a «caché les absurdités par l'enjoûment de sa narration, et par la manière plaisante dont il dit toutes choses»[201]. illustre parfaitement le point de vue des admirateurs de La Fontaine conteur. Son originalité dans la conception de la nouvelle vient d'être mise en valeur par John D. Lyons:

---

[198] Paul Valéry, *Au sujet d'Adonis*, dans *Œuvres*, éd. Jean Hytier, Pléiade (Paris: Gallimard, 1957), I, 493-494.

[199] Il suffira de rappeler les éditions des *Contes* de Pierre Clarac, Georges Couton, Nicole Ferrier et Jean-Pierre Collinet; les études de Philip A. Wadsworth, *Young La Fontaine* (Evanston, Illinois: Northwestern U.P., 1952), pp. 139-166; Jean-Pierre Collinet, *Le Monde littéraire de La Fontaine* (Paris: P.U.F., 1970): on consultera avec profit le très riche chapitre sur les *Contes*, pp. 117-145; John C. Lapp, *The Esthetics of Négligence: La Fontaine's Contes* (Cambridge U.P., 1971).

[200] Micheline Cuénin, dans le chapitre sur La Fontaine dans Roger Zuber et Micheline Cuénin, *Littérature française 4. Le Classicisme* (Paris: Arthaud, 1984), p. 222.

[201] *Dissertation sur Joconde*, dans *Œuvres complètes de Boileau*, introduction par Antoine Adam, éd. établie et annotée par Françoise Escal, Pléiade (Paris: Gallimard, 1966), pp. 310-312.

> Pourtant, La Fontaine a opéré une telle transformation d'un genre narratif séculaire, qu'il serait surprenant, même sans la *Dissertation sur Joconde*, que son œuvre n'apporte aucune leçon sur les problèmes de représentation du réel[202].

La tradition de la nouvelle «passe en France par l'*Heptaméron* et pour l'époque de La Fontaine, par d'autres recueils comme ceux de Segrais. Dans cette tradition, il était devenu habituel de souligner exactement le contraire de ce que l'auteur des *Contes* avance ici, à savoir, que la valeur des nouvelles consistait dans l'exacte représentation de la réalité»[203]. Or La Fontaine «se fonde...sur le contenu d'œuvres précédentes et non pas sur une référence au monde actuel. Le choix du titre pour le second recueil, les *Contes et nouvelles en vers*, après le premier recueil de *Nouvelles en vers*, ne serait donc pas un simple caprice mais le reflet d'une volonté d'accentuer la fonction de conter.» Le critique cite à l'appui l'opinion de René Godenne[204].

Jean-Pierre Collinet a très bien su dégager les aspects essentiels de cet art du conteur:

> Grâce et gaieté...c'est en deux mots tout le charme des Nouvelles et des Contes. Le passage de l'une à l'autre donne lieu dans les Nouvelles, qui sont en général plus étendues, à de délicates modulations. Avec *Joconde*, le conteur donne d'emblée la mesure de sa virtuosité, et montre la souple diversité de son talent. Astolphe et Joconde sont la réplique l'un de l'autre: entre le roi et le courtisan s'institue un amusant contrepoint[205].

Les termes «modulations» et «contrepoint» sont éclairants et choisis de façon très heureuse: il s'agit bien d'une structure musicale, inventée avec un art consommé de l'utilisation des «voix», autour d'un thème ou d'un leit-motif, évoqué dans le titre de 1664, celui de «l'infidélité des femmes». On tentera d'examiner tour à tour les trois voix qui semblent alterner, s'opposer et finalement s'harmoniser dans cette fugue à trois voix, celle des hommes, des femmes et du narrateur qui mène le jeu et conduit le lecteur

---

[202] John D. Lyons, «D'une vérité sans effet: La Fontaine et la théorie de la nouvelle», *Littératures classiques*, «La littérature et le réel», dirigé par Georges Forestier, no. 11, (janvier 1989), 109.

[203] *Ibid.*, pp. 113-114.

[204] René Godenne, cité p. 114, note 25, *Etudes sur la nouvelle française* (Genève: Slatkine, 1985), p. 79.

[205] J-P. Collinet, *Le Monde littéraire*, op. cit., p. 142.

discrètement mais sûrement de l'une à l'autre tout en faisant entendre la sienne, car il se trouve dans une position avantageuse qui lui permet d'observer, de commenter, de juger. Dans une récente étude sur la nouvelle en prose, Eglal Henein met bien en valeur la «présence lancinante du narrateur» et se livre à une spirituelle généalogie, valable aussi, croyons-nous, pour la nouvelle en vers lafontainienne. Ses remarques confirment l'importance de la voix du narrateur et des divers héritages qui vont devenir apparents dans *Joconde*:

> De son ancêtre paternel, le conte oral, il [le récit] a gardé un trait, la voix du conteur. De son ancêtre maternel, la parabole, il a hérité un tic, l'intention d'instruire. Un grand père italien lui a donné le goût du fait divers...Des parents français lui ont appris les charmes de la variété[206].

On se rappelle que La Fontaine proclamait «Diversité c'est ma devise»: on va voir que dans le cadre d'une seule nouvelle, ce principe de l'esthétique personnelle du poète se trouve illustré grâce à l'alternance des voix.

Le narrateur de *Joconde*, conscient de ses devoirs, ou du moins qui s'attache à le paraître, commence par nous présenter le roi Astolphe, dans un désir implicite de respecter la hiérarchie sociale et les conventions du genre adopté au début, le conte de fée. Ce choix place immédiatement son récit dans le domaine du fabuleux, de l'irréel, de l'invraisemblable et le narrateur dans le rôle de la nourrice, de l'homme ou de la femme des campagnes racontant une histoire merveilleuse à un auditoire naïf. Or il s'agit bien d'une mise en scène:

> Jadis régnait en Lombardie
> Un prince aussi beau que le jour[207].

Jadis est l'adverbe de temps généralement utilisé dans les contes de fée: il projette le lecteur dans un passé fort lointain, quasi fabuleux. La Lombardie, province d'Italie, envahie à l'époque médiévale par des barbares, puis la mention de Rome viennent compléter le dépaysement dans le temps et dans l'espace. Il ne s'agit pas pourtant pour le narrateur de créer

---

[206] Eglal Henein, «L'Age ingrat de la nouvelle», dans «La Nouvelle: Théorie et pratique,» *Papers on French Seventeenth Century Literature*, vol. XVI, no. 30, 1989, 115-116.

[207] Toutes les citations renvoient à l'édition des *Contes et nouvelles en vers* de Nicole Ferrier et Jean-Pierre Collinet (Paris: Garnier-Flammarion, 1980). Le numéro de la page sera indiqué dans le texte.

un cadre historique ou géographique défini, mais une atmosphère d'évasion, «un climat idéal où situer ses contes. Cette Italie qu'il n'a jamais vue...s'offre à son imagination comme le pays rêvé des aventures amoureuses et galantes»[208].

L'expression «un prince plus beau que le jour» nous plonge dans l'atmosphère des contes de fée, mais avec une légère modification: ce sont en général les princesses qui sont décrites comme plus belles que le jour. Ici cette formule hyperbolique se trouve appliquée à un homme, premier signe annonciateur d'un renversement, d'une subversion imperceptible qui va se poursuivre insensiblement jusqu'à la fin.
Cette beauté extraordinaire suscite, selon le narrateur, l'envie et l'amour, passions violentes, chez les «beautés qui régnaient à la cour»: ici encore, on a affaire à un monde renversé, le prince régnant ne règne pas, ce sont les femmes qui l'entourent qui règnent mais leurs passions ne semblent pas toucher le prince tout occupé de lui-même:

> Un jour en se mirant: Je fais, dit-il, gageure
> Qu'il n'est mortel dans la nature,
> Qui me soit égal en appas;
> Et gage si l'on veut, la meilleure province
> De mes états... (p. 51)

Astolphe apparaît comme un véritable émule de Narcisse. La voix de ce monarque, épris de lui-même, de ses seuls avantages physiques — comme une femme, il possède des «appas» —, prêt à se dépouiller de «la meilleure province de ses états», pour une satisfaction de vanité, apparaît comme celle d'un être frivole, féminisé, irresponsable, le contraire même du concept reçu au XVIIe siècle du souverain soucieux de l'intégrité de son territoire, consacrant tous ses efforts au bien commun. La gageure semble faire écho à la tradition médiévale, de nouveau déplace le récit dans un passé lointain et fait d'Astolphe un personnage de fiction qui ne correspond pas à la réalité contemporaine. La voix du frère de Joconde traduit également la vanité, celle d'avoir un frère digne de se mesurer à Astolphe et de savoir juger la beauté:

> Je m'y connais un peu; soit dit sans vanité. (p. 51)

---

[208] Jean-Pierre Collinet, «La Fontaine et l'Italie», dans *L'Italianisme en France, Studi Francesi*, Supplément au no 35 (maggio-agosto 1968), 119-124; sur les *Contes*, 122-123. Réimpression dans *La Fontaine en amont et en aval*, Histoire et critique des idées, vol. 11 (Pise: Editrice Libreria Goliardica, 1988), pp. 22-23.

La fonction essentielle du roi est rabaissée à un niveau mondain et érotique, de vanité et de plaisir, de manière opposée au concept héroïque du monarque. Sous l'élégance du langage, on entrevoit la cour d'Astolphe ramenée au niveau d'une basse-cour. Ce roi accepte avec un vif empressement de se mesurer à un rival, non par des prouesses militaires, mais par des conquêtes féminines:

> Voyons si nos beautés en seront amoureuses,
> Si ses appas le mettront en crédit:
> Nous en croirons les connaisseuses,
> Comme très bien vous avez dit. (pp. 51-51)

Le terme «connaisseuses», rare au féminin, souligne de nouveau le renversement de la situation conventionnelle selon laquelle ce sont les hommes qui jugent de la beauté, des charmes féminins. Astolphe, contrairement à l'attitude active, aggressive réservée aux hommes se déclare très satisfait de devenir l'objet des désirs et des tentatives de conquête de la part des femmes.

La voix du narrateur intervient pour présenter le personnage qui va devenir le double du roi. Le ton uni et simple correspond à la vision de bonheur intime dans la retraite qui aurait dû être celui de Joconde:

> A la campagne il vivait,
> Loin du commerce et du monde.
> Marié depuis peu: content, je n'en sais rien.
> Sa femme avait de la jeunesse,
> De la beauté, de la délicatesse;
> Il ne tenait à lui qu'il ne s'en trouvât bien. (p. 52).

La voix du narrateur laisse entendre que Joconde ne sait pas apprécier les avantages de sa situation ni prévoir à quoi pourrait se porter une femme qui a «de la délicatesse»[209] si elle se trouvait abandonnée. Le narrateur prépare ainsi le lecteur à ce qui va suivre: Joconde aurait dû consacrer ses soins à la jeune épousée. Il est compréhensible qu'elle s'offusque de son départ et le considère comme une marque indubitable et insultante d'indifférence. Pourtant la voix de la belle délaissée adopte le ton élégiaque dans ses tendres reproches qui visent au pathétique:

---

[209] Au sens du XVIIe siècle, susceptible, ombrageuse.

Quoi, tu me quittes, disait-elle,
As-tu bien l'âme assez cruelle,
Pour préférer à ma constante amour,
Les faveurs de la cour? (p. 52)

La suite des événements soulignera l'ironie de cette profession de fidélité et la fausseté de la dame. Elle reproche à son mari non seulement sa «cruauté» mais aussi son manque de jugement et de sagesse en entonnant une véritable ode à la solitude qui rappelle celle des poètes lyriques tels que Racan, Théophile et Saint-Amant et annonce la méditation qui couronne *Le Songe d'un habitant du Mogol*. La voix de la femme abandonnée termine sur une note pathétique:

tu ris de mon amour:
Va cruel, va montrer ta beauté singulière,
Je mourrai, je l'espère, avant la fin du jour[210]. (p. 52)

L'accusation de mépris, «tu ris de mon amour», permet d'entrevoir de tragiques conséquences, mais le désir implicite de vengeance va s'exprimer sur le mode comique, voire celui de la farce, au lieu du tragique attendu.

Le narrateur s'excuse plaisamment de son ignorance en ce qui concerne la réponse du mari mais donne, lui aussi, dans le pathétique, par une sorte de jeu littéraire:

Disons que la douleur l'empêcha de parler;
C'est un fort bon moyen de se tirer d'affaire. (p. 52)

La dame se conduit en héroïne de roman, donnant au voyageur de nombreux témoignages d'affection: baisers, bracelet, portrait, démentis par la conduite qu'elle va tenir après le départ. La voix du narrateur interpelle de façon familière son public, comme dans un récit oral, pour montrer qu'il n'est pas dupe:

Vous autres bonnes gens eussiez cru que la dame
Une heure après eût rendu l'âme;
Moi qui sais ce qu'est l'esprit d'une femme,
Je m'en serais à bon droit défié. (p. 53)

---

[210] Dans leur note à ce vers, p. 416, note 3, les éditeurs relèvent des correspondances avec des œuvres contemporaines, la *Clélie*, l'*Eglogue* I de Mlle Desjardins.

L'antithèse entre «vous autres bonnes gens» et «moi qui sais» qui souligne sa supériorité est tout à fait comique. De quelle science s'agit-il, sinon de celle contenue dans des lieux communs? Sa vanité est aussi patente que celle d'Astolphe et de Joconde. D'autre part, alors qu'il prétend s'adresser à des auditeurs naïfs, il sait bien qu'en fait son récit est destiné à un public raffiné: n'y aurait-il pas chez ce narrateur une certaine dose d'hyprocrisie, comme celle dénoncée chez les femmes?

Joconde, revenu à l'improviste, surprend sa femme en train de dormir en compagnie d'un «lourdaud de valet sur son sein étendu». Son premier mouvement provoqué par la colère et le désir de vengeance se voit vite réprimé et la voix du narrateur approuve sa discrétion:

> Le moins de bruit que l'on peut faire
> En telle affaire
> Est le plus sûr de la moitié. (p. 53)

L'opinion commune recommande la prudence qui consiste à éviter le scandale à tout prix: on la retrouve chez Sosie dans l'*Amphitryon* de Molière:

> Sur telles affaires, toujours
> Le meilleur est de ne rien dire.

Plutôt que ses sentiments profonds, ce sont les préjugés de classe de Joconde qui se montrent:

> Encor si c'était un blondin!
> Mais un gros lourdaud de valet!
> C'est à quoi j'ai plus de regret,
> Plus j'y pense, et plus j'en enrage. (p. 53)

Au lieu d'examiner sa propre conduite et de penser qu'elle pourrait expliquer, sinon justifier celle de sa femme, il préfère attribuer le choix humiliant d'un inférieur à l'influence d'un Amour aveugle. L'intervention de ce dieu de la mythologie dans une situation scabreuse produit un effet comique, repris plus tard dans une fable:

> Deux Coqs vivaient en paix: une Poule survint,
> Et voilà la guerre allumée.
> Amour, tu perdis Troie...
>
> *Les Deux Coqs, Fables*, VII, 12

On se souvient aussi d'Alceste attribuant sa faiblesse devant Célimène à un «fatal amour», évoquant une destinée malheureuse et exprimant, comme Joconde, sa rage:

> Mon astre me disait ce que j'avais à craindre
> ....
> Je ne suis plus à moi, je suis tout à la rage.
> *Le Misanthrope*, IV, 3, 1294-1310

La rage de Joconde, refoulée par prudence, se manifeste par une sorte de dépression qui nuit à ses attraits. On a vu que le roi Astolphe avait été présenté en Narcisse devant son miroir. Joconde est qualifié de Narcisse par les dames de la cour: les deux personnages partagent un trait commun, la vanité et la prétention de pouvoir conquérir tous les cœurs. La dégradation de Narcisse en malade de la jaunisse produit un effet comique, voire burlesque:

> Est-ce là ce Narcisse
> Qui prétendait tous nos cœurs enchaîner?
> Quoi le pauvre homme a la jaunisse! (p. 54)

Ce qui va consoler le mari trompé est la découverte que le roi, autre parangon de beauté et de charme, partage son sort. La reine, pourtant consciente de son rang et de sa beauté, poursuit le nain du roi qui la dédaigne, apparemment peu flatté d'une telle conquête. Il semble bien que les mêmes causes aient produit les mêmes effets: la reine, négligée par un mari tout occupé de lui-même, a cherché, comme la femme de Joconde, des compensations dans un être qui est l'exact opposé de son Adonis de mari. L'ironie est qu'elle retrouve dans cet être choisi pour sa laideur la même indifférence dont elle se plaint. La voix des femmes exprime donc dans les deux cas plaintes et reproches, sur le mode élégiaque pour la femme de Joconde, sur un mode beaucoup plus réaliste et ordinaire pour la reine.

La consolation que Joconde tire de cette situation incongrue est clairement exprimée:

> Je ne suis pas le seul, et puisque même on quitte
> Un prince si charmant, pour un nain contrefait,
> Il ne faut pas que je m'irrite,
> D'être quitté pour un valet. (p. 55)

Le topos du «Cosi fan tutte» va devenir le leit-motif de la deuxième partie de la nouvelle. Joconde en effet, par solidarité masculine, fait part à

Astolphe de ses observations, le plus diplomatiquement possible. La voix du narrateur énumère les mesures de prudence nécessaires en pareil cas:

> Il ne faut à la cour ni trop voir, ni trop dire... (p. 55)

Après être remonté à «l'origine du monde», Joconde cite son propre exemple, introduit par la formule familière «Moi qui vous parle» et en se livrant à l'invention d'un nouveau dieu et d'un nouveau culte:

> Je fus forcé par mon destin,
> De reconnaître Cocuage
> Pour un des dieux du mariage,
> Et comme tel de lui sacrifier. (p. 56)

Le mélange des styles dans la voix de Joconde, tour à tour familier et noble, et la réalité d'une situation de farce crée un effet inattendu et plein d'humour.

La vanité masculine se fait de nouveau entendre dans la voix du roi. Malgré sa confiance en la bonne foi de son confident, il ne parvient pas à croire qu'un homme aussi séduisant que lui ait pu être trompé. Les preuves lui ayant été fournies, il est d'abord accablé par «l'énormité du fait», hyperbole comique pour une occurence présentée comme banale selon le titre de la nouvelle. Le roi a recours au style noble pour justifier une entreprise burlesque: «lâchement trahis» par leurs femmes, les maris trompés vont se venger à leur tour en partant incognito pour un voyage de conquêtes amoureuses. A la vanité bien établie dans la voix des hommes «Nous sommes beaux; nous avons de l'esprit» s'ajoute le préjugé sur la vénalité des femmes, «avec cela bonnes lettres de change». Le narrateur évoque le nombre impressionnant de conquêtes faites par les deux amis dans toutes les classes de la société. Conscient de l'invraisemblance de ces hyperboles, il se retranche prudemment derrière l'autorité de sa source:

> Je rends comme on me le donne;
> Et l'Arioste ne ment pas. (p. 57)

La satiété engendrant le dégoût, Astolphe propose à son compagnon le partage, invoquant de façon comique les préceptes de la médecine:

> Car en amour, comme à la table,
> Si l'on en croit la Faculté,
> Diversité de mets peut nuire à la santé. (p. 58)

Le roi abandonne tout préjugé nobiliaire et dans un esprit égalitaire propose à Astolphe de partager les faveurs de la fille de leur hôte. Malgré leur longue série d'aventures érotiques, ils font preuve d'une comique naïveté en la jugeant tout à fait innocente:

> Sa poupée en sait autant qu'elle. (p. 58)

Le narrateur, en homme averti et toujours sûr de sa supériorité, reconnaît leur naïveté mais rappelle la ruse proverbiale des femmes confirmée par Salomon lui-même. Comme on le voit, le narrateur a constamment recours aux autorités pour appuyer ses propres opinions qui ne sont autres que des lieux communs. La présence de la Bible dans une situation grivoise pourrait paraître friser l'irrévérence, mais le ton extrêmement sérieux le garantit d'un tel reproche.

Dans ce dernier épisode, la voix du narrateur se consacre à illustrer le thème de la nouvelle de façon hyperbolique. Les épouses infidèles avaient trompé leurs maris à leur insu, discrètement. La fille de l'aubergiste les trompe d'abord en jouant en actrice consommée la comédie de l'innocence, puis en introduisant avec une audace invraisemblable le «jeune gars» qu'elle avait délaissé, dans leurs ébats. Les jeunes paysans, poussés par l'appât du lucre se mettent d'accord pour tromper les riches séducteurs. On retrouve ici la tradition médiévale de la farce où les personnages simples trompent leurs supérieurs. La Fontaine y avait eu recours dans les *Rieurs du Beau Richard* et la reprend à nouveau dans le *Conte d'une chose arrivée à Château-Thierry*. Les deux amis, plaisantant sur leurs mésaventures nocturnes font venir la fille qui «leur confessa tout le mystère». «Ils en rirent tous deux», preuve de leur indifférence, contrastant avec la réaction de vanité blessée au moment de la découverte de l'infidélité de leurs épouses. Les présents faits à la fille de l'aubergiste lui permettent de faire un mariage honorable: l'argent efface les «erreurs» passées dans un paradoxe comique contraire à la morale.

La fin de ces aventures peu glorieuses est annoncée dans un mode héroï-comique par un narrateur qui se moque évidemment de personnages jugés ridicules:

> Se voyant chargés de lauriers
> Qui les rendront fameux chez les races futures:
> Lauriers d'autant plus beaux, qu'il ne leur en coûta
> Qu'un peu d'adresse, et quelques feintes larmes;
> Et que loin des dangers et du bruit des alarmes,
> L'un et l'autre les remporta. (p. 62)

En contraste avec cette terminologie héroïque appliquée à des aventures burlesques, la voix d'Astolphe exprime une résolution prosaïque, tout à fait bourgeoise, contraire par conséquent à son rang:

> Retournons au logis par le plus court chemin:
> Si nos femmes sont infidèles,
> Consolons-nous, bien d'autres le sont qu'elles. (p. 62)

Par un nouveau contraste, il se laisse emporter dans un mouvement lyrique bien inattendu vers un idéal dont on le croyait bien incapable:

> Un temps viendra que le flambeau d'Amour
> Ne brûlera les cœurs que de pudiques flammes... (p. 62)

Le roi se laisse aussi emporter une fois de plus par un désir de se cacher la vérité, par un besoin d'illusion, relevant de la vanité: il attribue à des puissances surnaturelles, magiques, des malheurs conjugaux dont il devrait chercher la source en sa propre attitude:

> D'ailleurs tout l'univers est plein
> De maudits enchanteurs, qui des corps et des âmes,
> Font tout ce qui leur plaît. Savons nous si ces gens
> ....
> N'ont point ensorcelé mon épouse et la vôtre?
> Et si par quelque étrange cas,
> Nous n'avons point cru voir chose qui n'était pas? (p. 62)

Le roi, pour préserver sa dignité offensée, adopte les croyances populaires répandues, en fait, dans toutes les couches de la société, les faisant alterner avec la voix du bon sens:

> Ainsi que bons bourgeois achevons notre vie,
> Chacun près de sa femme, et demeurons-en là.
> Peut-être que l'absence, ou bien la jalousie,
> Nous ont rendu leurs cœurs, que l'Hymen nous ôta, (p. 62)

Pour la première fois, une lueur de compréhension apparaît dans la voix du roi: c'est bien en effet parce qu'elles ont été mariées sans être consultées, sans que leur cœur ait été touché, sans que leur mari ait fait le moindre effort pour se faire aimer que les femmes se sont montrées infidèles.

La voix du narrateur reprend le style du conte de fée pour nous présenter la conclusion traditionnelle du bonheur sans nuages.

L'alternance des voix a permis à l'auteur de montrer subtilement les deux faces de la médaille, avec en position médiane celle du narrateur. La voix des femmes dénonce la négligence ou l'abandon dont elles sont victimes par des plaintes élégiaques de la part de la femme de Joconde, suivies, de façon incongrue, d'une vengeance comique; par des reproches simples et directs de la part de la reine, adressés, non à son mari mais à un amant peu empressé. La voix des hommes exprime naïvement leur narcissisme, leur refus de toute responsabilité, leur amour-propre dans leurs préjugés sociaux: scandalisés par l'infidélité de leur femme avec un inférieur, ils n'hésitent pas de leur côté à prendre leur plaisir avec des femmes d'un rang bien inférieur au leur. La vengeance des femmes abandonnées comme celle des maris trompés apparaît comme un pur mécanisme qui ne leur procure aucune satisfaction. Entre ces voix dissonantes, la voix du narrateur représente l'opinion commune, mélange de préjugés enracinés et d'un bon sens un peu court inspiré par une prudence traditionnelle. Les trois voix semblent se rejoindre à la fin dans l'acceptation d'une situation de fait et dans la réconciliation qui assure le dénouement heureux attendu.

L'alternance des voix s'accompagne d'une alternance des tons et des styles. On a noté au passage celui du conte de fée, du roman, de la comédie, de la farce, de la poésie élégiaque ou héroïque, les genres nobles étant subvertis par l'ironie et par l'humour, ce qui permet de maintenir un style tempéré, convenant à la nouvelle. Les pénétrantes remarques de Jean-Pierre Collinet à propos des *Fables* cristallisent avec bonheur l'esthétique qui est aussi celle des *Contes*, la «prédilection...chez La Fontaine pour la modulation, la nuance, les formules mixtes et le mélange des tons», «le burlesque tempéré fondé sur de brusques dissonances et ruptures de tons dont La Fontaine tire avec virtuosité de si subtils effets»[211].

Le texte de *Joconde* se présente comme une nouvelle adaptée d'un célèbre modèle italien, il devient en fait une création véritablement lafontainienne où derrière les voix des personnages, de façon implicite, perceptible seulement pour l'oreille des auditeurs avertis, se laisse deviner la voix de l'auteur, leur procurant le plaisir «d'une appréhension double: l'appréhension d'un ensemble clos, doué d'une certaine homogénéité...et la perception, par ailleurs, de transgressions à l'intérieur de ce premier 'ensemble'...La Fontaine a cette réputation de jouer de malice, d'aimer

[211] J-P. Collinet, «La Fontaine et l'Italie», loc. cit., 120 et 121.

subvertir la forme trop bien finie, d'inquiéter l'évidence»[212]. L'homogénéité se voit assurée ici par le choix d'un cadre de convention, celui du conte de fée, par l'alternance des voix qui se rejoignent. La subversion a lieu à la fois dans la forme, comme on l'a relevé, et dans le message. L'infidélité des femmes, thème explicite de la nouvelle, subit une transformation par la suggestion subtile de ses causes: l'indifférence et l'égoïsme des hommes, la condition qui est celle des femmes dans la société et l'existence de mentalités défavorables, exprimées essentiellement par la voix du narrateur. L'harmonie est restaurée à la fin, mais après mainte aventure. C'est laisser entendre que l'ordre moral et social, basé sur des normes imposées de l'extérieur, ne tient pas compte de la liberté de choix de l'individu, informée par l'expérience. On pourrait voir là une manifestation d'un esprit libre insinuant une morale «moderne», basée sur la connaissance, tolérante et humaniste, et *Joconde* comme une nouvelle à la fois subversive et exemplaire, illustrant le moyen de parvenir à l'harmonie en ménage.

---

212 Philippe Jousset, «Jouvence de La Fontaine. Petite physiologie d'un plaisir de lecture», *Poétique* 74 (avril 1988), 250. Il est question des *Fables*, en particulier de *La Jeune Veuve*.

Images féminines chez La Fontaine: traditions et subversions

Qui mieux que Roger Duchêne a su mettre en lumière diverses personnalités féminines dans la société et les lettres françaises au XVIIe siècle? D'une part, il a révélé, grâce à une inlassable recherche dans des documents de tous ordres, la vie, la formation et les activités les plus diverses, pas seulement littéraires, de femmes du monde qui, conscientes des normes et des mentalités, se défendaient d'être des écrivains de profession, Mme de Sévigné et Mme de Lafayette. D'autre part il a examiné, sans se laisser influencer par les préjugés qui s'attachent traditionnellement à la courtisane, l'étonnante carrière d'une Ninon de Lenclos qui avait réussi par son intelligence, sa diplomatie, et son sens politique à parvenir à être acceptée[213]. Ce qui relie ces remarquables figures de femmes à celle de Jean de La Fontaine est, comme on l'a noté dans divers comptes rendus de la magistrale biographie du poète que Roger Duchêne nous a donné[214], le fait que les unes par leur dépassement des limites imposées par une société patriarcale, l'autre par son choix de la fable et son rejet des genres établis, étaient tous des marginaux. Il semble donc naturel d'explorer la façon dont cet écrivain non-conformiste avait représenté les femmes dans son œuvre, faisant appel à certaines images, certains types et situations hérités de la tradition et puisés dans des genres établis mais en même temps les renouvelant, les transformant selon son génie propre et même les subvertissant discrètement.

La tradition d'origine médiévale, à tendance satirique et misogyne, généralement qualifiée de «gauloise» offrait à un lecteur aussi éclectique dans ses goûts que Jean de La Fontaine maints exemples savoureux convergeant vers quelques prototypes féminins où la ruse, la tromperie, la fourberie d'une part, la naïveté et la sottise de l'autre apparaissaient comme des traits caractéristiques attribués à la nature féminine. Or les *Contes* et certaines fables s'alimentent à ce réservoir où le poète pouvait facilement puiser, sûr de se faire comprendre d'un public nourri, lui aussi, par les mêmes images convenues. On sait, en effet, par le vif succès des *Contes*

---

213 Roger Duchêne, *Madame de Sévigné ou la chance d'être femme,* Fayard, Paris, 1982; *Madame de Lafayette, la romancière aux cent bras*, Fayard, Paris, 1988, *Ninon de Lenclos, la courtisane du Grand Siècle*, Fayard, Paris, 1984.

214 Roger Duchêne, *Jean de La Fontaine*, Fayard, Paris, 1990. Compte rendus d'André Blanc, *XVIIe Siècle*, No. 168, juillet-août-sept. 1990, p. 401-403; de Marie-Odile Sweetser, *The French Review*, vol. 64, No. 2, décembre 1990, p. 365-366.

que ce genre et ces conventions étaient très appréciés du public mondain auquel La Fontaine cherchait précisément à plaire par un désir bien naturel d'approbation et de succès[215], par besoin d'argent aussi probablement. Après la chute de Foucquet en 1661, il s'était vu privé d'un généreux mécène. La Fontaine ou son libraire aurait eu l'idée de mettre à profit ses talents de conteur dans un recueil destiné au divertissement d'un public mondain qui goûtait des histoires grivoises dans la tradition des fabliaux et conteurs du XVIe siècle, mais présentées d'une façon nouvelle, dans le goût du XVIIe siècle, c'est-à-dire dans un langage élégant, utilisant allusions et sous-entendus et relevé de traits d'esprit.

Un des plus célèbres de ces contes, car il provoqua une querelle littéraire, est *Joconde, ou l'infidélité des femmes*, inspiré de l'Arioste. Ce titre semble suggérer un thème et un traitement traditionnels. La Fontaine reprend en effet une histoire bien connue, traitée par d'autres avant lui, mais selon Roger Duchêne, «A une traduction fidèle, il a l'audace d'opposer une libre imitation»[216]. J'irai plus loin et tenterai de montrer qu'il s'agit en fait d'une ironique ou humoristique subversion. Si en effet les femmes, celle de Joconde, celle du roi Astolphe se montrent infidèles, ce n'est certes pas parce que la nature féminine comporte ce trait constitutif, selon les préjugés de la tradition gauloise et misogyne, mais bien parce que leurs maris les ont poussées à bout par leur vanité, leur égoïsme et leur indifférence. Elles ont été traitées par eux comme de simples objets dont ils croient pouvoir disposer à leur gré, sans consulter le moins du monde les sentiments de leurs épouses. Dès le début, le roi Astolphe est décrit comme «un prince aussi beau que le jour», expression courante dans les contes de fées, mais utilisée pour décrire les princesses. Cette formule hyperbolique appliquée à un homme donne le ton: le lecteur averti perçoit l'ironie implicite qui va aller s'accentuant. Parmi les beautés qui règnent à la cour, les unes lui portent envie, les autres tombent amoureuses de lui. Sa vanité, sa suffisance l'amènent à lancer une folle gageure, bien peu digne d'un prince:

---

[215] Roger Duchêne, *Jean de La Fontaine*, p. 234: «Il s'est maintenant [1664] plongé dans ce qui occupera principalement le reste de sa vie, la littérature et les conditions de la création littéraire. Il est un homme de lettres, très attaché à son succès, très attentif aux conditions de sa réussite».

[216] Roger Duchêne, *Jean de La Fontaine*, p. 222.

> Un jour en se mirant: je fais, dit-il, la gageure
> Qu'il n'est point de mortel dans la nature,
> Qui me soit égal en appas;
> Et gage, si l'on veut, la meilleure province
> De mes Etats [...][217].

Astolphe apparaît ici comme un véritable émule de Narcisse épris de lui-même, de ses seuls avantages physiques, prêt à se dépouiller, de façon inconcevable pour un souverain, d'une partie de son territoire pour une satisfaction de vanité. Il est donc présenté selon le stéréotype misognyne de la femme: frivole, irresponsable, incapable de s''élever à un niveau intellectuel, rationnel et moral correspondant à son rang, à sa fonction royale. Il sera peu surprenant de voir ce prince si peu conscient de ses responsabilités négliger aussi bien que les affaires de l'Etat, ses devoirs conjugaux. La reine, justement offensée, ne va pas accepter la situation, s'y résigner, mais avec la vigueur d'une personne lésée, prendre l'initiative, c'est-à-dire chercher à se venger. Dans l'univers fictif, la vengeance dans le registre tragique se traduit par le meurtre, dans le registre comique par le choix d'un autre partenaire. C'est à quoi la reine s'emploie, en choisissant pour accomplir sa vengeance l'exact opposé de son époux: un nain peu séduisant qui, d'ailleurs, pour comble d'ironie, ne se soucie guère de répondre à ses avances: autre exemple, sans doute, du caractère irrationnel de la conduite des hommes dans ce conte.

Joconde, tenté par la fortune qui l'attend à la cour s'il participe au concours de beauté proposé par le roi, n'hésite pas à quitter la jeune et belle femme qu'il venait d'épouser. Il aurait dû, s'il avait été moins vaniteux et plus sage, savoir jouir de son bonheur et ne pas offenser une épouse qui s'attendait légitimement à le voir s'empresser auprès d'elle car «Sa femme avait de la jeunesse, /De la beauté, de la délicatesse./Il ne tenait qu'à lui qu'il ne s'en trouvât bien» (p. 52). La «délicatesse» attribuée à la jeune épousée, au sens du XVIIe siècle de susceptibilité, l'amènera à la même décision que la reine: elle se considère abandonnée sans raison par un époux insensible dont le départ est pour elle une marque indubitable et insultante de totale indifférence. Toutefois, elle tente de le retenir par de tendres reproches, en ayant recours au pathétique, en évoquant sa mort probable: «Quoi, tu me quittes, disait-elle,/As-tu bien l'âme assez cruelle,/Pour préférer à ma constante amour/Les faveurs de la cour?» (p. 52). Elle met en avant les avantages de la retraite dans une riante campagne

---

[217] Jean de La Fontaine, *Contes et nouvelles en vers*, éd. Nicole Ferrier et Jean-Pierre Collinet, Garnier-Flammarion, Paris, 1980. Toutes les citations des *Contes* renvoient à cette édition, le titre et le numéro de la page seront indiqués dans le texte.

«Enfin moi qui devrais me nommer la première: /Mais ce n'est plus le temps, tu ris de mon amour: /Va cruel, va montrer ta beauté singulière,/Je mourrai, je l'espère, avant la fin du jour» (p. 52). Le «moi», les «je» soulignent la présence d'une femme-sujet qui refuse d'être traitée comme un objet commodément laissé à la maison. Il est évident qu'elle saura affirmer son autonomie dans un mouvement justifié d''indignation et de vengeance. Si son mari l'abandonne pour la cour, elle l'abandonnera de son côté pour un autre qui représente, comme le nain choisi par la reine, l'opposé du mari épris de sa beauté: un valet grossier.

En découvrant l'infidélité de leurs femmes, les maris décident de se venger à leur tour. Après maintes aventures, une lueur de compréhension apparaît dans des êtres jusque-là enfermés dans leur univers personnel, dans leur égoïsme: «Peut-être que l'absence, ou bien la jalousie, /Nous ont rendu leurs cœurs, que l'Hymen nous ôta» (p. 62). Leurs femmes ont été mariées sans être consultées, elles n'avaient pu exercer un libre choix et avaient dû accepter pour époux des hommes qui n'avaient pas cherché à se faire aimer d'elles, à toucher leur cœur. C'est bien la première fois que les deux hommes pensent au cœur de leurs femmes, qu'ils reconnaissent l'avoir perdu par leur propre faute, par leur égoïsme, leur indifférence et leur manque de considération pour les sentiments de l'autre. Par suite, malgré le traditionnel dénouement qui rejoint les époux séparés selon la formule «Tout est bien qui finit bien», le conte illustre une vérité psychologique et morale sur l'harmonie et le bonheur en ménage: Joconde ou comment la vanité et l'égoïsme des hommes causent l'infidélité des femmes. Cette leçon implicite représente un écart notable par rapport à la position traditionnelle du conte gaulois à tendance misogyne que le titre semblait annoncer au départ. De façon indirecte, La Fontaine nous propose des vues modernes sur les obligations réciproques du mariage. La condition des femmes qui existe dans la société d'ordre du XVIIe siècle, l'existence de préjugés et de mentalités défavorables à la femme sont clairement évoquées. Mais sous une surface divertissante, le conte laisse entendre que pour subsister, l'ordre social et moral doit tenir compte de la liberté de choix de l'individu, que les rapports interpersonnels doivent être basés sur le respect de l'autre. L'attitude discrètement subversive de l'auteur se fait jour dans la distanciation prise par rapport à ses peronnages: hommes, femmes et narrateur[218], dont les traits: vanité, désir de vengeance,

---

[218] Roger Duchêne, *Jean de La Fontaine*, p. 248: «Celui qui présente et commente les aventures de Joconde n'a pas plus de réalité que Joconde lui-même [...]. Pour l'auteur, cette parenthèse [l'intervention du narrateur] est un moyen de se mettre à distance de son récit, et nous avec lui. Elle en souligne le caractère arbitraire»; p. 249: «Toutes les théories sur la narration, et ce qu'on sait aujourd'hui sur la nécessité de ne pas

scepticisme et naïveté sont poussés à l'absurde pour créer un effet comique, ludique, comme Roger Duchêne l'a bien vu:

> En citant ses modèles, l'auteur reconnaissait qu'il poursuivait une carrière d'imitateur, non de novateur. Son originalité n'était pas dans l'invention mais dans l'expression et la disposition de la matière. Il y avait largement de quoi exercer sa liberté [...]. A la différence de presque tous les théoriciens de son temps [...] La Fontaine défend, d'une façon très moderne, l'idée d'un texte dont la construction, toute de fantaisie, ne dépend que des règles de son bon fonctionnement [...]. Conteur à succès, il revendique le droit à une technique adaptée à la nature marginale de son œuvre[219].

Par suite l'identification assumée par le lecteur entre le narrateur et l'auteur est un leurre, savamment ménagé. L'auteur est en fait le maître d'œuvre qui manipule ses marionnettes, ses personnages et son destinataire, le narrateur aussi bien que le lecteur. Toutefois, le critique moderne est amené, après réflexion, à distinguer le narrateur, avec ses idées conventionnelles, simpliste dans ses commentaires, de l'auteur, artiste consommé, et dans la personne même de Jean de La Fontaine d'un double aspect: auteur habile à créer l'illusion, puis oubliant qu'il est l'auteur du conte, redevenu un lecteur à son tour, « gros Jean comme devant», charmé par son propre texte.

Un autre conteur italien, Boccace, a fourni le canevas de *La Fiancée du roi de Garbe*. L'héroïne pourrait être considérée comme une victime. Une série d'aventures malheureuses l'éloigne systématiquement du roi auquel elle a été promise et la place dans des situations de violence, de cœrcition où elle doit subir la loi du plus fort. La figure d'Alaciel pourrait alors paraître tragique, ou au moins pathétique et touchante. L'ironie ou la subversion consiste dans le fait que cette figure de la victime se voit transformée par le conteur en un habile diplomate, une actrice de talent qui sait retourner une situation apparemment tragique à son propre avantage: «Quoi qu'il en soit, la belle en ses traverses,/ Accidents, fortunes diverses, Eut beaucoup à souffrir, beaucoup à travailler; /Changea huit fois de chevalier[...]» (*La Fiancée*, p. 158) sans conséquences graves. Ces changements répétés, philosophiquement supportés, font tomber le personnage du registre romanesque et pathétique dans celui du conte gaulois. Toutefois le narrateur évite le ton goguenard, narquois du fabliau,

---

confondre le La Fontaine de l'état civil et le conteur d'histoires, sont, par suite, impuissantes à lutter contre une identification voulue et savamment agencée. Ce brouillage des identités fait partie de son personnage».

[219] Roger Duchêne, *Jean de La Fontaine*, p. 242-243.

du conte traditionnel et présente une défense de la victime, avec un souci louable de faire preuve de compréhension et de tenir compte de la situation, du «cas» dans lequel l'héroïne se trouvait placée par la force des choses, et de ses intentions. La Fontaine, on le sait, s'intéressait à la casuistique: «Il ne faut pas pour cela qu'on l'accuse: /Ce n'était après tout que bonne intention, /Gratitude, ou compassion, /Crainte de pis, honnête excuse» (*La Fiancée*, p. 158). Apparemment, le roi Mamolin trouve assez de satisfaction dans un mariage enfin réalisé pour ne pas examiner de près les aventures qui ont retardé l'arrivée de la jeune épouse. Par là, il fait preuve d'esprit et de sagesse. On sait en effet les ravages causés par la jalousie. De plus, les «épreuves» subies par Alaciel n'ont rien enlevé à sa beauté, à son pouvoir de séduction. Elles ont, au contraire, contribué à développer sa faculté d'adaptation et sa complaisance. Le roi pouvait apprécier les avantages de telles qualités, désirables en une épouse royale. Le roi de Garbe se montre prudent et sage en négligeant de montrer la curiosité ordinaire et les préjugés qui s'attachent aux femmes qui ont connu des aventures diverses avant le mariage, et au contraire en choisissant de suivre son intérêt et son plaisir. L'expérience de la vie et de ses vicissitudes n'a en effet rien enlevé aux qualités naturelles, à la valeur personnelle d'Alaciel. Elle a su s'adapter aux circonstances, utiliser ses charmes pour retrouver son pays et son père et de là revenir au projet initial de mariage princier, si important dans la politique dynastique. On voit ainsi le type traditionnel de la femme ayant connu maintes aventures et jugée dégradée par elles, transformé, subverti avec humour. Alaciel a su se tirer de situations délicates et parvenir au triomphe de sa carrière, le mariage royal auquel elle avait été destinée. De son côté, le roi de Garbe par sa discrétion, sa tolérance et sa sagesse a assuré sa réputation aussi bien que celle de son épouse tout en réalisant une alliance utile sur le plan politique, pleine d'agrément sur le plan personnel. Comme le dit le Sosie de Molière vers la même époque: «Sur telles affaires, toujours /Le meilleur est de ne rien dire» (*Amphitryon,* III, 10) et surtout, comme l'affirme le narrateur, de ne pas prendre au tragique un accident qui n'affecte pas le caractère et les qualités intrinsèques de la victime de circonstances qu'elle ne pouvait contrôler. Dans un tel cas, «il ne se faut pas pendre». Alaciel et Mamolin offrent donc un exemple de constance, de prudence et de tolérance, leçon morale quelque peu inattendue et subversive après le récit des huit épisodes qui ont précédé leur union.

La Jeune Veuve, fable souvent jugée très proche d'un conte, offre un exemple, présenté avec plus de ménagements sans doute que dans *Joconde* ou *La Fiancée du roi de Garbe*, de l'image convenue selon la veine gauloise, de la légèreté et de l'inconstance féminines. La jeune femme, en proie d'abord à un violent chagrin à la mort de son mari et qui prétendait le suivre dans la tombe, finit avec le temps par reprendre goût à la vie au point de souhaiter un remariage avec un homme plus jeune et plus séduisant que le défunt. L'exemple aurait pu aussi bien présenter le cas parallèle d'un veuf, comme le note Georges Couton dans sa note à cette fable[220]. Le thème général de la fable est sans doute le pouvoir bénéfique du temps qui console des chagrins les plus profondément ressentis: ce processus d'atténuation progressive et de renouvellement fait d'ailleurs partie du cycle naturel et s'applique à tous les êtres vivants, hommes et femmes. Si La Fontaine a préféré comme protagoniste de sa fable une jeune et jolie femme, c'est que ce choix permettait un effet comique plus marqué, renforcé par les contrastes et les hyperboles: une jeune femme pleurant un époux déjà mûr, avec un violent chagrin suivi d'une période de consolation et de reprise du goût de vivre. Le poète, en mettant en scène avec beaucoup de charme et d'art cette petite comédie semble l'inscrire dans une tradition gauloise, satirique et misogyne. Il semble reprendre le *leitmotiv* du *Cosi fan tutte*, ou sous sa forme française «Souvent femme varie/Bien fol est qui s'y fie». Toutefois, dans un recueil destiné à un public plus large que celui des *Contes,* l'aspect satirique et misogyne devait être atténué et le triomphe reste celui du Temps, personnifié, déifié: «Sur les ailes du Temps la tristesse s'envole» (*La Jeune Veuve,* VI, 21, p. 170) et la leçon est, de nouveau, une leçon de sagesse qui consiste à en accepter les effets réparateurs et vivifiants. Le premier recueil des *Fables* se termine ainsi sur une note de sagesse souriante, contrepoint à l'ouverture beaucoup plus sombre montrant les conséquences funestes de l'absence de prudence et de charité, orchestrées dans *La Cigale et la fourmi.* Marc Fumaroli a bien mis en relief l'inflexion de cette clôture:

> Le premier recueil s'achève sur une fable plus souriante, qui fait contrepoids aux deux précédentes, d'une «mâle gaieté» [...]. En dépit de la gracieuse comédie déployée par La Fontaine [...] la morale d'Abstémius [très platement misogyne] n'en est pas moins, avec une touche délicate, tirée du côté de la sagesse de l'Ecclésiaste, III, 1-8 [...]. Il est clair qu'ici l'instinct vital de la «jeune veuve», tout en se pliant aux oscillations décrites par le sage désabusé, n'en finit pas moins, avec la pleine sympathie du poète, à «tourner du côté du bonheur»[221].

---

[220] Georges Couton, éd. des *Fables*, Garnier, Paris, 1962, p. 463, No. 1. Toutes les citations des *Fables* renvoient à cette édition.

[221] Marc Fumaroli, éd. des *Fables*, Imprimerie nationale, Paris, 1985, 2 vol., I, 395.

L'épilogue du premier recueil assure la transition avec l'œuvre qui allait suivre:

Amour, ce tyran de ma vie,
Veut que je change de sujets:
[...]
Retournons à Psyché: Damon, vous m'exhortez
A peindre ses malheurs et ses félicités:
J'y consens: peut-être ma veine
En sa faveur s'échauffera.
Heureux si ce travail est la dernière peine
Que son époux me causera!

Epilogue, p. 172.

Le sujet même et le titre de l'ouvrage annonçaient une orientation précise, vers le domaine du merveilleux et du galant. Il était de fait dédié à la galante duchesse de Bouillon. Dans la préface, La Fontaine déclare se soumettre au goût du siècle qui «se porte au galant et à la plaisanterie»[222]. Mais il n'y a pas une solution de continuité avec ce qui avait précédé, malgré l'originalité de cette œuvre qui échappe à une classification générique précise, comme Roger Duchêne l'a judicieusement souligné:

> La Fontaine insiste sur la continuité de ses œuvres. *Psyché* est aussi un conte destiné à ceux qui aiment le merveilleux. *Psyché* est aussi une fable, destinée à ceux qui aiment donner un sens à ce qu'on leur raconte. La différence n'est que dans l'ampleur du projet. L'auteur a mis dans son récit le même esprit de plaisanterie que dans les *Contes*, et, bien qu'il ne le rappelle pas, il y reprend un des plus vieux mythes de l'Antiquité, qui comporte une morale comme les *Fables*[223].

L'esprit satirique et mysogyne apparaît clairement dès le début du récit, dans les plaisanteries concernant la rivalité et la jalousie traditionnellement attribuées aux femmes en matière de beauté et de pouvoir de séduction. C'est en effet par jalousie et par dépit que Vénus persécute Psyché et confie le soin de sa vengeance à son fils, Cupidon, qui, selon un paradoxe traditionnel, tombe amoureux de la rivale de sa mère: on a donc affaire à la situation typique des contes de fées, de la belle-mère jalouse et persécutrice. D'autre part, Psyché n'échappe pas aux traits du prototype de la jeune fille qui veut avant tout s'assurer d'un mari. Si dans *La Fille*, la

---

222 La Fontaine, Préface des *Amours de Psyché et de Cupidon* in *Œuvres diverses*, éd. Pierre Clarac, Gallimard, Paris, 1968, p. 123. Toutes les citations de *Psyché* renvoient à cette édition, qui sera indiquée par *O.D.*

223 Roger Duchêne, *Jean de La Fontaine*, p. 279.

jeune dédaigneuse se trouve «à la fin tout aise et tout heureuse/De rencontrer un malotru» (*La Fille*, VII, 4, p. 184). Psyché est désespérée par l'abandon de tous ses prétendants et par la solitude dans laquelle elle se trouve exilée:

> De quoi me sert ma beauté? Les dieux, en me la donnant, ne m'ont pas fait un si grand présent que l'on s'imagine [...] qu'ils me laissent au moins un amant: il n'y a fille si misérable qui n'en ait un; la seule Psyché ne saurait rendre personne heureux; les cœurs que le hasard lui a donnés, son peu de mérite les lui fait perdre. Comment me puis-je montrer après cet affront?
>
> *Psyché, O.D.*, p. 137-138

Bien que le narrateur refuse d'affirmer qu'elle est prête à accepter le monstre annoncé par l'oracle plutôt que de ne pas avoir de mari, la prétérition est suggestive: «Je ne veux pas dire que cette belle, trouvant à tout des expédients, fût de l'humeur de beaucoup de filles qui aiment mieux avoir un méchant mari que de n'en point avoir du tout»[224] *(Psyché, O.D.*, p. 139). La jeune fille n'échappe pas non plus aux effets de la vanité: elle éprouve une grande satisfaction à voir la richesse du palais de son futur époux, à voir sa beauté rehaussée par les habits somptueux dont les nymphes la revêtent pour ses noces: «Ce ne fut pas une petite joie pour Psyché de se voir si brave et de se regarder dans les miroirs dont le cabinet était plein» (*Psyché, O.D.*, p. 142). Selon le prototype féminin traditionnel, Psyché consumée de curiosité et poussée par le désir de connaître, va transgresser l'interdit, action qui la précipitera dans une série d'épreuves de plus en plus pénibles. D'ailleurs, elle aurait pu éviter ces malheurs si elle avait su exercer son jugement et sa faculté de réflexion, de raisonnement, car il y avait autour d'elle, dans le palais enchanté de Cupidon, des signes qu'elle aurait dû savoir déchiffrer: ici encore, l'aspect misogyne du conte transparaît dans cette présentation de la femme comme manquant de clairvoyance et de faculté rationnelle (*O.D.*, p, 146-148), dominée par la vanité:

---

[224] *Ibid.*, p. 281, R. Duchêne note l'ironie de l'auteur: «C'est le climat railleur et misogyne des *Contes*».

> Parmi cette diversité d'objets, rien ne plut tant à la belle que de rencontrer partout son portrait, ou bien sa statue, ou quelque autre ouvrage de cette nature. Il semblait que ce palais fût un temple, et Psyché la déesse à qui il était consacré.
>
> *Psyché, O.D.*, p. 147-148

Cette attitude d'auto-satisfaction dans la contemplation de soi-même rappelle celle de Joconde et montre clairement que sa curiosité reste à la surface des êtres et des choses qui flattent sa vanité et que l'amour ne lui a pas encore ouvert les yeux. Son mari lui reproche de n'être pas parvenue au véritable amour dans l'épisode de la rencontre dans l'obscurité de la grotte:

> Faut-il que je doive à la beauté d'un ruisseau une si agréable rencontre? Pourquoi n'est-ce pas à l'amour? Ah! Psyché, Psyché, je vois bien que cette passion et vos jeunes ans n'ont encore guère de commerce ensemble. Si vous aimiez, vous chercheriez le silence et la solitude avec plus de soin que vous ne les évitez maintenant [...] mais vous n'aimez point.
>
> *Psyché, O.D.*, p. 150

Le séjour chez le sage vieillard et ses petites filles lui fait sentir le charme d'une vie simple et naturelle. Le vieillard lui enseigne une leçon de courage, de foi et d'espérance. La réaction des jeunes filles lorsqu'elle leur raconte ses malheurs est intéressante: l'aînée lui recommande la soumission et le repentir pour obtenir le pardon de son mari, attitude traditionnelle de subordination féminine, la plus jeune au contraire soutient que le désir de connaître son époux était une preuve d'amour: l'amour, selon la théorie néo-platonicienne, étant basé sur la connaissance des qualités de l'objet aimé. Elle devrait par suite attendre qu'il revienne à elle, car c'est à lui à faire les premiers pas. Mais ces conseils de fierté, d'indépendance ne s'accordent pas avec les sentiments intimes de l'héroïne qui part à la recherche de celui qu'elle a perdu et qui lui manque: la réaction du sentiment l'emporte sur les considérations théoriques.

Ce seront les épreuves de plus en plus pénibles et décourageantes qui la mûriront, lui feront petit à petit abandonner ses préoccupations égoïstes, comprendre la grandeur de sa perte et la profondeur de son amour. Elle abandonnera graduellement l'amour-propre, perdra momentanément ses attraits physiques pour parvenir à l'amour véritable. Jacqueline Van Baelen a bien montré l'itinéraire psychologique de Psyché de l'ignorance et de l'acceptation passive d'un ordre imposé à la connaissance de soi et à la liberté[225]. Cupidon avait épousé la jeune fille sans obtenir son consentement, le mariage ne reposait pas sur un choix libre des époux, en toute connaissance de cause. Il ne s'agissait donc pas d'une union véritable, selon la conception chrétienne et moderne du mariage dont l'essence est le consentement mutuel. C'est après les épreuves, lorsqu'ils connaissent leurs véritables sentiments l'un pour l'autre et qu'ils se choisissent librement que l'union s'accomplit et que le couple peut parvenir au bonheur. L'auteur déclare à juste titre que «le bonheur parfait pour Psyché fera l'objet d'une conquête qui passe pas plusieurs étapes» (p. 182). Psyché est loin d'être «la seule fautive ou coupable, toute l'idylle de Cupidon et de Psyché est vouée à l'échec» car «Psyché devient l'épouse de Cupidon, non parce qu'elle le désire, mais parce qu'elle y est *contrainte* [...]» (p. 183): nous retrouvons ici, dans une autre tonalité plus pathétique, la situation qui était celle de la femme de Joconde et du roi Astolphe dans le conte de La Fontaine: absence de liberté dans le choix du partenaire, cause de bien des malheurs. C'est celle aussi de la plupart des femmes dans la société du XVIIe siècle.

«Le désir de *voir* son époux révèle non seulement une curiosité banale, mais aussi le refus de se plier aux règles imposées par Cupidon» (p. 184). Psyché se trouve dans une situation d'infériorité, traitée de façon humiliante pour une adulte, comme une enfant à qui on refuse certaines connaissances, arbitrairement. Dans de telles circonstances, l'amour conjugal, basé sur la confiance et le respect mutuels ne saurait exister,

> elle atteindra le bonheur parfait en pleine connaissance et liberté. De l'ignorance à la connaissance [...] Psyché et Cupidon parcourent toutes les étapes d'un difficile apprentissage du bonheur; l'expérience, la connaissance de soi, leur permettront de se retrouver libres, sur pied d'égalité et même d'accéder à l'amour parfait en pleine lumière (p. 184).

A l'ininéraire psychologique vient s'ajouter un itinéraire spirituel pour Noémi Hepp, «de l'*eros* à l'*agape* ou de l'amour-propre à l'amour. Sous les plaisanteries et le badinage, La Fontaine recrée le mythe, lui donne un sens nouveau»[226]. C'est bien lui qui a inventé la scène des retrouvailles de Psyché et de Cupidon, lorsque l'héroïne a perdu sa beauté; son teint devenu noir, elle se cache dans une grotte. Cette scène ne se trouvait pas chez

---

[225] Jacqueline Van Baelen, «*Psyché*: vers une esthétique de la liberté», *La Cohérence intérieure. Etudes sur la littérature française du XVIIe siècle* présentées en hommage à Judd D. Hubert, J.-M. Place, Paris, 1977, p. 177-186. Voir surtout p. 182-184.

[226] Noémi Hepp, «De l'amour galant à l'amour sublime: l'envol de *Psyché*», *Cahiers de littérature du XVIIe siècle,* No. 6, 1984, 239-248.

Apulée, source principale de l'œuvre de La Fontaine. L'Amour demande pardon à Psyché des épreuves qu'il lui a fait subir et «s'offre à subir [...] toute pénitence qu'elle voudra lui imposer» (p. 240). Psyché, transformée par les épreuves et touchée de ce repentir n'exige rien, ce qui amène une réconciliation ponctuée de larmes et de baisers. Psyché poursuit «son ascension dans la générosité» (p. 240), répond *en riant* à la demande de l'Amour qui la prie de se montrer à lui. L'auteur souligne que «jamais, jusqu'ici, Psyché n'a ri» (p. 240) et accepte d'accéder au désir de Cupidon malgré la perte de sa beauté, «la voici donc parvenue à un amour entièrement désintéressé, qui n'est plus que don de soi» (p. 241). Elle encourage son époux à renoncer à elle pour parvenir à une réconciliation avec sa mère, Vénus. Cette générosité, preuve d'amour véritable, touche tellement Cupidon qu'il éprouve pour elle un amour beaucoup plus profond qu'auparavant. Psyché est ainsi présentée par La Fontaine comme un personnage agissant, alors que chez Apulée, elle est passive et accepte simplement les présents des dieux: les noces et l'apothéose. La quête de Psyché, selon ce critique, va de l'amour terrestre, possessif, entaché d'égoïsme à l'amour spirituel qui a des ailes, d'où son envol vers le ciel, selon la légende, envol qui acquiert ainsi un sens allégorique moderne. Tout en reconnaissant la présence de divers courants d'idées, c'est à la lumière d'une spiritualité chrétienne que N. Hepp pense pouvoir éclairer l'aventure intérieure de Psyché. On se souvient que La Fontaine, influencé sans doute par la pensée épicurienne, a aussi été proche de Port-Royal[227]. La quête de Psyché aboutit au «don total de soi dans lequel s'abolit l'amour-propre; «l'esclavage» qui en résulte vu comme le sommet de la liberté; enfin la joie fleurissant de ce don» (p. 245).

Dans sa belle étude «D'*Adonis* à *Psyché*: La Fontaine et ses deux éducations sentimentales», Jean-Pierre Collinet retrace les étapes de l'instruction donnée à Psyché par les Nymphes, par les arts: statues, tableaux, tapisseries qui ornent le palais de Cupidon, par son époux lui-même «irremplaçable précepteur et son véritable maître en matière et éducation sentimentales[228]. Il souligne un trait important de la personnalité de Psyché «moins passive déjà qu'Adonis...elle n'accepte pas sans réagir son insolite isolement, s'interroge, compare sa destinée avec celle de ses aînées qu'elle envie»: sa curiosité, aux yeux de lecteurs modernes paraît tout à fait légitime. Pourtant le texte représente la transgression d'un interdit d'origine divine - rappel dans le registre païen antique de celle

[227] Roger Duchêne, *Jean de La Fontaine*, «Au service de Port-Royal», p. 293-300.

[228] Jean-Pierre Collinet, «D'*Adonis* à Psyché: La Fontaine et ses deux éducations sentimentales», *Littératures*, 1996, 51-64. Citations p. 59, p. 57, p. 60, p. 61.

d'Eve sévèrement réprimandée par son époux - précepteur qui s'arroge une autorité maritale reconnue à l'époque. Il utilise les arguments misogynes traditionnels, consacrant la position de supériorité de l'homme dans le couple:

> Vous êtes tombée justement, lui reproche le dieu, dans les trois défauts qui ont le plus accoutumé de nuire aux personnes de votre sexe, la curiosité, la vanité et le trop d'esprit. (p. 60)

La révélation de la beauté de Cupidon ravit la belle épouse coupable qui connaît la joie de l'extase dans son double aspect, sensuel et mystique:

> mysticisme et sensualité se mêlent indiscernablement; dans un syncrétisme où fusionne avec une spiritualité d'origine platonicienne un hédonisme issu du courant épicurien. (p. 61)

Après les épreuves, la joie de la réconciliation fournit un dénouement heureux. L'Amour, dans une scène d'un burlesque léger qui permet à La Fontaine de retrouver le ton «galant» et le «juste tempérament» souhaité dans la Préface, obtient de Jupiter l'apothéose pour Psyché. Les noces sont célébrées, suivies de la naissance d'une fille, Volupté. L'Hymne à la Volupté ramène le texte à un niveau humain et pour finir quasi personnel[229]. Tous les plaisirs des sens «sont évoqués, en termes délicats; ceux de l'esprit aussi: Epicure, le «plus bel esprit de la Grèce», est cité, comme un fervent disciple, le narrateur lui-même:

> J'aime le jeu, l'amour, les livres, la musique,
> La ville et la campagne, enfin tout; il n'est rien
> Qui ne me soit souverain bien,
> Jusqu'au sombre plaisir d'un cœur mélancolique.
>
> *O.D.*, p. 258

Dans la préface de son édition critique, Michel Jeanneret estime qu'ici comme dans d'autres passages

> La Fontaine déconstruit les paradigmes édifiants...Mort au monde et perte de la beauté, effet néfaste de la curiosité, amour désincarné...toutes les coordonnées du modèle allégorique semblent réunies. Elles ne sont pas moins subverties par un autre discours, qui plaide pour la légitimité de la coquetterie, reconnaît que l'attrait des corps et le charme de la beauté physique sont des composantes

---

[229] Pierre Clarac *Œuvres diverses*, p. 827, note 1, estime que Poliphile, «présenté comme l'auteur roman...parle certainement au nom de La Fontaine».

nécessaires de l'amour. Ici aussi, deux doctrines, spiritualiste et naturaliste, se détruisent ou se neutralisent réciproquement. Survient alors l'hymne de la Volupté, comme pour brouiller définitivement les cartes; il célèbre la totalité des plaisirs et, par ses inflexions épicuriennes, porte le coup final au programme platonicien[230].

Si La Fontaine ne se prive pas d'utiliser dans ses figures de femmes des archétypes consacrés par l'usage et les mentalités, de faire appel à des vues satiriques et misogynes conventionnelles, il aboutit dans *Psyché* à une individualisation de son héroïne, en lui donnant l'occasion d'apprendre à se connaître et à connaître la nature d'un amour humain véritable et durable, comme Marc Fumaroli l'a bien montré dans sa pénétrante étude où il reconnaît le bien fondé de l'interprétation platonico-épicurienne, mais où il propose un autre type de subversion, beaucoup plus discrète et infiniment subtile, de nature politique à un premier niveau, en fait profondément humaniste, suggérée à Louis XIV. Il lui propose « une ascension esthétique et une orientation morale»:

> Dans le miroir de l'évolution de Psyché, le poète l'incite à reconnaître, au-delà de la vanité de la gloire militaire et de la guerre, sa propre humanité...*Les Amours de Psyché* font partie de la vaste campagne qui pousse le roi à accorder à Foucquet, héros tragique, héros repenti et converti, une grâce qui honorerait l'humanité de Louis XIV, et montrerait qu'il sait exercer un pouvoir vraiment royal. En plein Versailles, la philosophie du Jardin, sous le voile de la Fable, ne désespère pas de parachever l'éducation du roi[231].

Dans les deux Contes envisagés ici, aussi bien que dans son roman, La Fontaine tend, de façon discrète, à suggérer que les femmes ont des droits, qu'elles devraient pouvoir choisir librement leurs partenaires et que certains principes moraux établis par une tradition d'origine religieuse ou sociale ne sont pas des impératifs absolus. Elles ont aussi le droit de connaître, d'exercer leur jugement pour mettre en question des choix qui leur sont arbitrairement imposés. La Fontaine voit dans l'instinct vital de conservation et de recherche du bonheur le guide le plus sûr pour l'humanité en général, sans distinction de sexe.

---

[230] Michel Jeanneret, *Les Amours de Psyché et de Cupidon*, éd. critique avec la collaboration de Stefan Schœttke, Le Livre de Poche classique (Paris: Librairie Générale Française, 1991), Introduction, pp. 18-19.

[231] Marc Fumaroli, «De Vaux à Versailles: politique de la poésie», *Littératures classiques*, «La Fontaine, *Adonis, Le Songe de Vaux, Les Amours de Psyché*». No. 29, Janvier 1997, 31-45. Citations 43-44.

La Fontaine Conteur: Vieilles Histoires, Nouvelle Manière

Dans l'*Avertissement* qui précède l'édition des *Contes* de 1664, La Fontaine utilise pour justifier cette publication un argument esthétique et cite les auteurs et les œuvres qui l'ont inspiré:

> Le vieux langage, pour les choses de cette nature, a des grâces que celui de notre siècle n'a pas. Les *Cent Nouvelles Nouvelles,* les vieilles traductions de Boccace et des Amadis, Rabelais, nos anciens poètes, nous en fournissent des preuves infaillibles[232].

Mais c'est surtout dans ses lucides *Préfaces* à la première et à la deuxième partie des *Contes et Nouvelles en vers* que le poète définit magistralement son but, en rattachant son œuvre au genre de la nouvelle et à la tradition du conte facétieux. Toutes les caractéristiques essentielles du genre se voient examinées, les réponses aux objections soulevées par la critique présentées avec la ferme conviction d'avoir observé les lois implicites du genre[233]. La valeur et l'acuité de ces vues se trouvent confirmées par leur adoption de la part d'éminents spécialistes contemporains. Ils reprennent dans leurs analyses les catégories évoquées par La Fontaine: brièveté, diversité, plaisir des lecteurs, adaptation aux goûts de ceux-ci[234]. Quant aux objections faites aux conteurs: caractère licencieux, misogyne, anticléricalisme, entorses aux bienséances, immoralité, invraisemblance, La Fontaine y répond en affirmant qu'il ne

---

[232] *Nouvelles en vers tirées de Boccace et de l'Arioste,* dans *OEuvres complètes*, éd. Jean-Pierre Collinet, Pléiade (Paris: Gallimard: 1991) I, *Fables. Contes et Nouvelles,* 550. Toutes les citations de La Fontaine et des notes et commentaires renvoient à cette édition et seront indiquées dans le texte.

[233] Jean-Pierre Collinet, *Le Monde littéraire de La Fontaine* (Genève-Paris: Slatkine Reprints, 1989), p. 117: «L'art de conter est constitué par l'*Avertissement* de 1664, et les deux *Préfaces* de 1665»; p. 134: «l'essentiel dans l'art de conter propre à La Fontaine: la liberté dans l'imitation».

[234] Sur la tradition, on consultera:

Phillipe Ménard, *Les Fabliaux. Contes à rire du moyen âge* (Paris: P.U.F., 1983) Roger Dubuis, *Les Cent Nouvelles nouvelles et la tradition de la nouvelle en France au moyen âge* (Presses Universitaires de Grenoble, 1973)

Pierre Jourda, éd., *Conteurs français du XVIe siècle,* Pléiade (Paris: Gallimard, 1965)

Préface, XV-XLVI: IX: «Les plus anciennes sont écrites en vers, comme le seront bien plus tard les *Contes* de La Fontaine».

prétend pas donner au public un ouvrage destiné à devenir un classique, mais à le distraire (*Préface, O.C.* I, 556). L'invraisemblance, l'absurdité même de certaines histoires relèvent d'une intention ludique:

> et puis ce n'est ni le vrai ni le vraisemblable qui font la beauté et la grâce de ces choses-ci: c'est seulement la manière de les conter.
>
> *Préface*, I, 557

Grâce à ses garants, les auteurs qui l'ont précédé et ont établi une tradition séculaire, La Fontaine est à même d'exercer son indépendance à l'égard des règles classiques, car, nous dit-il

> le secret de plaire ne consiste pas toujours en l'ajustement, ni même en la régularité: il faut du piquant et de l'agréable si l'on veut toucher.
>
> *Préface* de la *Deuxième Partie*, I, 603

L'auteur énonce ici ses vues sur l'esthétique de la négligence, sur la supériorité de la grâce, plus touchante que la beauté régulière, illustrées quelques années plus tard dans un épisode célèbre des *Amours de Psyché*, celui de Myrtis et de Mégano, esthétique qui informera l'ensemble de son œuvre.

La premier conte de cette *Deuxième Partie*, *Le Faiseur d'oreilles et le raccommodeur de moules* est présenté comme «tiré des *Cent nouvelles nouvelles et d'un conte de Boccace*». Nous nous tiendrons dans cette étude à la première de ces sources et pour éviter toute confusion conserverons le terme «nouvelle» pour la source, le terme «conte» pour les textes lafontainiens, même longs, généralement considérés comme des nouvelles. Le rédacteur des *Cent Nouvelles nouvelles* appartient au cercle de la cour du duc de Bourgogne: le lieu de l'action passe, chez La Fontaine de la Bourgogne à la Champagne, province dont le conteur était originaire et dont il connaissait bien les villes et la campagne, les habitants et leurs traditions. On se rappelle le ballet des *Rieurs du Beau-Richard* de 1659, rapproché d'une farce médiévale, *La Farce du Poulier* par Charles Mazouer qui qualifie La Fontaine d' «auteur gaulois»[235]. Parmi les *Contes*, le *Conte d'une chose arrivée* à *Château-Thierry* et *Les Rémois*[236] utilisent le cadre champenois. Le poète éprouvait évidemment un attachement solide

---

[235] Charles Mazouer, «*Les Rieurs du Beau-Richard:* Vitalité de la tradition des farces gauloises en 1660», *XVIIe Siècle*, no. 97 (1972), 71-83, voir en particulier 71-73.

[236] Voir le texte de la communication de Danielle Quéruel, «*Les Rémois*: du fabliau médiéval au conte de La Fontaine», *Le Fablier*, No. 10, 1998, 57-65.

et durable pour la province où il avait passé son enfance et sa jeunesse, et où selon le témoignage de dédicaces, celles à M. de Barillon et à Mlle de Sillery, celles à la duchesse et au cardinal de Bouillon, il avait gardé des rapports personnels[237]. Il était donc tout à fait naturel que la société des Amis de Jean de La Fontaine y tînt son colloque de 1998.

Les raisons du changement de lieu sont donc parfaitement compréhensibles. Les deux jeunes épouses, celle du meunier dans la *Troysiesme Nouvelle*, celle du marchand dans le conte sont d'une naïveté et d'une simplicité qui touche à l'invraisemblance, ce qui contribue à créer une atmosphère de farce, La Fontaine d'ailleurs insiste beaucoup sur cette simplicité:

> Alix était fort neuve sur ce point.
> Le trop d'esprit ne l'incommodait point:
> De ce défaut on n'accusait la belle.
> Elle ignorait les malices d'amour.
> La pauvre dame allait tout devant elle,
> Et n'y savait ni finesse ni tour.
>
> *Le faiseur d'oreilles, O.C.* I, (607, 12-17)

pour mitiger l'invraisemblance de son aventure et pour éviter à son personnage toute culpabilité. Alix, la jeune femme de Sire Guillaume, parti en voyage d'affaire pour se procurer des marchandises ou en échanger contre les siennes, est «enceinte de six mois», circonstance qui vise sans doute à la rendre réceptive aux arguments du séducteur, Compère André. En lui faisant craindre une malformation de l'enfant à naître, il la persuade aisément qu'il se tient prêt à compléter l'ouvrage laissé inachevé par son époux:

> Je m'ébahis comme au bout du royaume
> S'en est allé le compère Guillaume,
> Sans achever l'enfant que vous portez:
> Car je vois bien qu'il lui manque une oreille:
> Votre couleur me le démontre assez,
> En ayant vu mainte épreuve pareille.
>
> *Le faiseur d'oreilles,* (607 22-26)

---

237 Voir mon étude «Les épîtres dédicatoires des *Fables* ou La Fontaine et l'art de plaire», *Littératures classiques*, no. 18; printemps 1993, 267-285; sur la Champagne 274-275, à propos de la dédicace du *Pouvoir des Fables* à M. de Barillon et celle de *Tircis et Amarante* à Mlle de Sillery.

C'est aussi en inquiétant la belle meunière dans la nouvelle sur l'état branlant de son «devant» par suite sur ses rapports conjugaux et sa future progéniture que le chevalier aborde celle-ci et la persuade qu'il pourra remettre les choses en place. La différence sociale entre les deux couples est notable dans la *Troysiesme nouvelle*: il s'agit d'un «gentil chevalier» marié à une «belle et gente dame»[238], et d'un meunier et de sa femme. Au contraire les personnages du conte appartiennent au même milieu bourgeois. Ici encore, La Fontaine a tenté d'atténuer l'invraisemblance. Qu'un noble chevalier séduise une meunière au moyen d'une fourberie, cela devait paraître «normal» dans le contexte littéraire médiéval de la pastourelle, mais que le meunier songe à se venger du trompeur plus puissant que lui pouvait paraître dangereux pour lui et peu croyable pour les lecteurs.

Les deux simples jeunes femmes se lamentent sur leur malheur et s'adressent à celui qui leur a révélé leur condition alarmante, sollicitent son aide, ce qui permet au trompeur de parvenir à ses fins, sous couleur de service rendu. La meunière se montre «très lye et joyeuse» de ce traitement (p. 40), Madame Alix de son côté se plaît à ce jeu (p. 608, 42-44). Si les jeunes épouses ne commettent pas un adultère de propos délibéré, elles ne montrent du moins aucune hésitation, aucune répugnance à se livrer à un tel traitement et y prennent plaisir. L'expression de la sensualité des femmes comme des hommes fait partie des conventions du genre, admises par auteurs et lecteurs, relevant d'une conception implicite de la nature humaine comme essentiellement sexuelle.

Dans leur simplicité, les épouses confient à leur mari ce qui s'est passé pendant leur absence et leur conseille de remercier celui qui leur a rendu un signalé service: l'effet comique voulu par l'auteur et perçu par le lecteur est évident. Les maris trompés, conscients de la simplicité de leurs femmes, décident de se venger du fourbe. Le thème comique du trompeur trompé constitue la structure de base des deux textes. Sire Guillaume ordonne à sa femme de faire venir sire André sous prétexte qu'il est de nouveau parti en voyage. Il revient alors inopinément, le séducteur est obligé de se cacher tandis qu'il

[238] *Les Cent Nouvelles nouvelles*, éd. Franklin P. Sweetser (Genève: Droz, 1966), *La Troysiesme Nouvelle*, p. 38. Toutes les citations des *CNN* renvoient à cette édition et seront indiquées dans le texte.

Va quérir main-forte,
Ne le voulant sans doute assassiner;
Mais quelque oreille au pauvre homme couper:
Peut-être pis, ce qu'on coupe en Turquie,
Pays cruel et plein de Barbarie.

(610, 128-132)

Les lecteurs peuvent apprécier l'adaptation de la vengeance au méfait: le trompeur avait prétendu créer une oreille, le vengeur pourrait lui en enlever une; et aussi l'allusion à la castration pratiquée en Turquie, évoquée sur le mode comique, alors que la cruauté orientale le sera sur le mode tragique quelques années plus tard dans *Bajazet*. Réflexion faite, Sire Guillaume estime qu'il vaut mieux éviter le scandale et des poursuites judiciaires possibles. Il songe à un stratagème encore mieux adapté à la situation: rendre à la femme de Sire André un service du même genre en «raccommodant» son moule défectueux: tous ses enfants ont le nez un peu court (611, 173):

La dame prit le tout en patience;
Bénit le ciel de ce que la vengeance
Tombait sur elle, et non sur sire André,
Tant elle avait pour lui de charité.

(611, 181-184)

Ici encore on perçoit l'humour du conteur louant la «charité» de l'épouse qui a détourné sur elle la vengeance du mari trompé. Elle la trouve évidemment à son goût tandis que celui-ci a la satisfaction de rendre au trompeur:

Fèves pour pois, et pain blanc pour fouace[239].
Qu'on dit bien vrai que se venger est doux!

(611, 189-190)

André, qui voit tout de sa cachette, se garde de protester, estimant qu'il s'en tire après tout à bon compte:

Sortir à moins c'était pour lui merveilles:
Je dis à moins; car mieux vaut, tout prisé,
Cornes gagner que perdre ses oreilles.

(611, 199-201)

---

[239] *Ibid.*, p. 43: le rédacteur utilise une expression équivalente «monseigneur raroit beurre pour œufs».

La Troysiesme Nouvelle présentait le même type de vengeance, avec une affabulation différente: le meunier en use de même avec la dame du chevalier qui l'avait trompé, en prétendant «repêcher» le diamant qu'il avait fait disparaître. Le mari, toutefois, n'assiste pas à cette opération de repêchage, mais ayant appris par sa femme ce qui s'était passé, il y fait allusion lorsqu'il rencontre le meunier, dans un échange comique car celui-ci lui réplique du tac-au-tac. Tout se termine, d'ailleurs, selon les conventions du genre, par cette plaisanterie, chacun promettant à l'autre de se taire; comme chez Molière:

> Sur telles affaires, toujours
> Le meilleur est de ne rien dire.
>
> *Amphitryon,* III, x, 1641-1642.

La vengeance du mari trompé contre le séducteur _ qu'il ait réussi ou non dans son entreprise _ constitue un thème constant, repris avec maintes variations à travers les *Contes. Le Conte d'une chose arrivée à Château-Thierry* élabore avec humour, grâce au dialogue final, la situation des *Rieurs du Beau-Richard*[240]. La femme du savetier suit les ordres de son mari, tousse au moment prévu. Un des «plus gros bourgeois» de la ville remarque qu'elle a manqué une excellente occasion:

> Mieux eût valu tousser après l'affaire,
> [...]
> Vous eussiez eu votre compte tous trois.
>
> *Conte d'une chose, O.C., I,* 585, 30-32.

Sa réplique ne manque pas d'humour, voire d'un trait de satire:

> Ah monsieur! croyez-vous
> Que nous ayons tant d'esprit que vos dames?
>
> (585, 35-36)

C'est aussi ce thème, traité avec embellissements, qui informe *Les Rémois*: les séducteurs, surpris par le retour du mari en accord avec sa femme, doivent assister, muets, dans leur cachette, à la séduction de leurs épouses, comme dans *Le faiseur d'oreilles*.

---

240 Jean Emelina, «La Fontaine, des *Rieurs du Beau-Richard* au *Conte d'une chose arrivée à Château-Thierry*: variations comiques sur le thème du cocuage et de la fidélité » dans *La «Guirlande» di Cecilia. Studi in onore di Cecilia Rizza* (Fasano-Paris: Schena-Nizet, 1998), pp. 213-224.

Le conte suivant, *Les Frères de Catalogne,* s'inspire aussi de la XXXIIe Nouvelle des *Cent Nouvelles nouvelles.* Jean-Pierre Collinet dans sa présentation a fort bien indiqué les modifications apportées par La Fontaine à sa source, (*O.C.* I, 1377). Le thème est encore celui de maris trompés, cette fois par des moines paillards. On sait quelle place la sensualité des moines et religieuses tenait dans la tradition satirique des fabliaux, contes et nouvelles. Le changement de «cordeliers», terme utilisé dans la version du manuscrit Conrart, en «frères» a suscité des commentaires. Pour Georges Couton, l'hypothèse d'un désir d'atténuation paraît peu probable:

> On pense généralement que c'est pour ne pas paraître s'attaquer à un ordre particulier. Nous doutons de cette explication. Cordelier et frère mineur, les mots sont interchangeables...La Fontaine appelle ses frères, frères dîmeurs: aucun ordre ne s'est jamais appelé ainsi, mais l'écho précise: dîmeurs, mineurs[241].

Le jeu d'écho est évident, on pourrait parler de paronomase utilisée dans un but comique ou même satirique et suggérer aussi que le dissyllabe «frère» s'insère plus facilement que le trisyllabe «cordelier» dans un vers aussi court que l'octosyllabe du conte.

Dans maints contes, les transgressions des moines sont évoquées avec un sens de leur aspect comique. Roger Dubuis, à propos du texte source, la XXXIIe nouvelle, estime que «le sujet se prêtait admirablement au développement d'une énorme farce: l'idée même de cette dîme relève plus du «canular» que de la luxure.» Il conclut toutefois que le dénouement s'inscrit, plûtot que dans le registre comique, dans celui de l'humour noir[242]. La Fontaine a pu être sensible à l'aspect énorme, invraisemblable et par suite burlesque du sujet, mais a conservé la vengeance des époux bafoués comme un acte de justice civile, après consultation, délibération et jugement des coupables. Jürgen Grimm estime que

> la fin du conte se signale par une cruauté exceptionnelle et unique dans les Contes. La Fontaine est ici en contradiction flagrante avec une loi fondamentale du genre qui veut «qu'en ces sortes de contes, chacun devait être content à la fin»[243].

---

241 Georges Couton, éd. de La Fontaine, *Contes et nouvelles en vers,* Classiques Garnier (Paris: Garnier, 1961), p. 392, note 1.

242 Roger Dubuis, *Les Cent Nouvelles, op. cit.,* p. 95.

243 Jürgen Grimm, «'Comment on traite les pervers': La satire anticléricale dans les *Contes*», *Papers on French Seventeenth Century Literature,* XXIII, no. 44, 1996, 169-170.

Les frères périssent dans les flammes, annonciatrices de celles de l'enfer où leur péché les destine, dans un véritable «autodafé», selon l'expression de J-P. Collinet qui, lui aussi, rappelle «la règle du dénouement heureux posée dans la *Préface* de 1666» (*O.C.* I, 1377). Mais ne sait-on pas aussi que La Fontaine ne s'astreint pas aveuglément aux règles? En dehors de la fidélité à sa source, pourrait-on voir dans ce châtiment une inversion de la situation historique au XVIIe siècle en Espagne où l'hétérodoxie était poursuivie et punie par l'inquisition dans des autodafés? Ici, au contraire, ce sont les moines coupables qui sont poursuivis par un groupe de citoyens lésés par leurs exactions qui s'érigent en juges de personnes appartenant à l'Eglise: autre exemple de monde renversé, de subversion de l'ordre établi, l'Eglise étant considérée comme le premier ordre dans la société d'Ancien Régime: elle possédait ses propres tribunaux réservés à ses membres.

De façon ironique et par antiphrase, les frères sont qualifiés de «bons», alors qu'ils abusent scandaleusement de l'ignorance et de la naïveté des femmes dont ils sont les confesseurs et directeurs de conscience, qui sont donc leurs «filles spirituelles», ils commettent ainsi un double péché de luxure et d'inceste. La naïveté et l'ignorance féminines se trouvent de nouveau soulignées:

> Au temps que le sexe vivait
> Dans l'ignorance, et ne savait
> Gloser encor sur l'Evangile
> *Les Frères de Catalogne,* (O.C., 612, 15-17).

S'agit-il ici d'unc plaisanterie au sujet des «femmes savantes» en général, ou plus particulièrement de femmes qui se mêlent de participer aux querelles théologiques comme celles qui dressaient les religieuses de Port-Royal contre l'autorité ecclésiastique dans l'affaire du formulaire?[244]

En tout cas, si une légère ironie est dirigée contre les femmes «docteurs», l'attaque contre la «casuistique pervertie», selon la formule de Jürgen Grimm (*loc. cit,*, p. 1712) est patente, violente même sous le voile

---

[244] La Fontaine, *Ballade sur Escobar*, dans *OEuvres diverses*, éd. Pierre Clarac, Pléiade (Paris: Gallimard, 1958), p. 587:

> C'est à bon droit que l'on condamne Rome.
> L'évêque d'Ypre, auteur de vains débats;
> Ses sectateurs nous défendent en somme
> Tous les plaisirs que l'on goûte ici-bas.

L'éditeur note, p. 936: «Le 26 août 1664, Péréfixe est venu à Port-Royal de Paris procéder à l'enlèvement de douze religieuses».

de la plaisanterie[245]. On peut à juste titre rapprocher la tirade du frère André de celle de Tartuffe à Elmire. L'argumentation est particulièrement spécieuse: en accordant à leurs confesseurs la dîme des «dons de mariage», les femmes n'enlèvent rien à leurs époux qui «ont pris leur nécessaire» (613, 38). Il s'agit d'un droit «authentique et bien signé/que les papes nous ont donné», «fondé sur l'Ecriture», interprétation spécieuse[246]:

> Or les œuvres de mariage
> Etant un bien, comme savez,
> Ou savoir chacune devez,
> Il est clair que dîme en est due.
>
> (613, 66-69)

La casuistique avait pris au XVIIe siècle un sens péjoratif et était liée au parti jésuite, comme le note Catherine Grisé qui cite notre conte[247] et les arguments d'apparence logique mais de moralité plus que douteuse utilisés par frère André. Celui-ci termine en évoquant les vertus théologales mais remplace l'espérance par la discrétion, fortement recommandée aux dames:

> Tout ceci doit être secret;
> Pour vos maris et pour tout autre.
> Voici trois mots d'un bon apôtre
> Qui font à notre intention:
> Foi, charité, discrétion.
>
> (614, 80-84)

L'empressement des dames à payer cette dîme d'un nouveau genre reprend les vues traditionnelles sur la nature féminine, soumise à ses instincts:

---

[245] Jürgen Grimm, «'Qui t'engage à cette entreprise?' Les engagements de La Fontaine» *Le Fablier*, no. 8 (1996), 85, estime que le sermon de frère André est un chef-d'œuvre «de casuistique diabolique».

[246] Georges Couton, Note 1 sur *Les Frères de Catalogne*, éd. cit, p. 393: «Une argumentation pour établir le droit à la dîme s'appuie sur le droit canon d'une part, sur l'Ancien Testament d'autre part. L'obligation de la dîme est «fondée sur l'Ecriture». Précisons: *Deutéronome* XIV, 22...Au IXe siècle environ la dîme devient une obligation. Elle est l'objet de Décrétales (cf., v. 56, «les papes»).

[247] Catherine Grisé, «La casuistique dans les *Contes* de la Fontaine», *Studi Francesi* XXXIII, 99 (1989), 411-421.

Chacune accourt; grande dispute
A qui la première paiera.
Mainte bourgeoise murmura
Qu'au lendemain on l'eût remise.

(614, 94-97)

J-P. Collinet souligne que «cet embarras des bons pères, accablés de besogne, est une invention de La Fontaine» (1378, note 4 à la p. 614); l'ardeur de leurs pénitentes leur permet de faire un choix: ils «n'expédiaient / que les fringantes et les belles» (615, 136-137).

Une jeune femme naïve révèle à son mari le secret des frères dîmeurs. Celui-ci décide d'avertir le seigneur et l'échevin, fait sonner le tocsin, signal d'alarme annonçant un grave danger concernant tous les citoyens. Il s'agit sans doute d'une hyperbole suggérant l'ire des époux lésés et destinée à préparer l'ampleur de leur action vengeresse. La Fontaine abrège le récit détaillé de l'enquête et du procès qui se trouve dans la nouvelle et insiste sur la décision unanime des citoyens: un supplice exemplaire pour les moines dévoyés et sacrilèges est envisagé: bûcher, noyade.

Afin que cette pépinière,
Flottant ainsi sur la rivière,
S'en aille apprendre à l'univers,
Comment on traite les pervers.

(617, 237-240)

Après délibération

Bref, tous conclurent à la mort:
L'avis du feu fut le plus fort.

(618, 243-244)

La Fontaine modifie sa source qui plaçait l'autodafé dans le monastère même et son église. Dans le conte, par respect pour la maison de Dieu, l'exécution a lieu dans une grange. Les maris vengés sautent de joie et dansent «au son du tambour», addition au texte source: c'est donc une célébration de victoire de la justice humaine. On pourrait voir là aussi un souvenir du ballet des *Rieurs du Beau-Richard*[248] qui comporte des pas de

[248] La Fontaine, *Les Rieurs du Beau-Richard, OEuvres diverses, éd. cit.*, p. 353, quatrième entrée, avec la didascalie «Tandis que le notaire danse encore, le savetier entre sur la fin».

danse, et une manifestation de joie de toute la population qui mitige l'horreur du châtiment.

L'Ermite, lui, échappe à la punition: il n'a pas offensé un groupe puissant et actif de citoyens, mais a abusé des femmes simples, naïves et pauvres, sans défense. La source du conte est la quatorzième des *Cent Nouvelles nouvelles*. Le texte commence par des allégories:

> Dame Vénus, et dame Hypocrisie,
> Font quelquefois ensemble de bons coups.
>
> *L'Ermite, O.C.*, I, 687, 1-2

Dans le texte primitif, conservé dans les manuscrits Conrart, l'auteur emploie la personnification plus précise «Dame Luxure». Le terme «Dame Vénus», personnification de l'amour profane, a une connotation plus littéraire. «Dame Luxure» évoque un péché capital, particulièrement grave chez un moine ou un ermite[249]. Le changement opéré par l'auteur traduit probablement l'intention d'éviter une allégorie trop moralisante, de s'adapter au goût de son public.

On retrouve les vues sur la nature humaine avec ses pulsions sexuelles à laquelle prêtre, moines, religieuses ou ermite ne sauraient se soustraire:

> Tout homme est homme: les ermites sur tous.
>
> (687, 3)

Tartuffe disait:

> Ah! Pour être dévot, je n'en suis pas moins homme.
>
> (III, 3, 966)

Il est évident que selon le proverbe, «l'habit ne fait pas le moine», les apparences sont trompeuses et l'hypocrisie patente dans le portrait plein de verve caustique brossé par La Fontaine (687, 11-22): ce dernier tentait-il de rivaliser avec celui du Tartuffe de Molière? Les spécialistes sont d'accord sur un rapprochement entre les deux œuvres confirmé par les dates[250]. Georges Couton note que l'ermite «n'est pas un de ces moines paillards

---

[249] Jürgen Grimm, «Comment on traite les pervers», *loc. cit.*, 165-168, voit dans ce changement un désir d'atténuation.

[250] G. Couton, p. 403, note 2 de son édition des *Contes*; J-P. Collinet, éd. cit, 1407; J. Grimm, *loc. cit.*, 167.

dont on puisse se contenter de rire, mais un imposteur»[251]. En effet il prétend faire entendre à ses victimes la voix de Dieu, manœuvre sacrilège qui cause la déchéance d'une jeune fille ingénue et pauvre, sans recours aucun. L'absence de dot l'a empêchée de trouver un mari; le déshonneur d'avoir mis au monde un enfant illégitime consommera sa ruine. Cette situation aggrave la culpabilité du faux saint et représente de façon exacte la mentalité de l'époque selon laquelle le mariage était une affaire, un contrat; «Hymen...mène à présent à sa suite un notaire» (668, 37-38). Pauvre, sans protecteur, la jeune ingénue est une proie toute désignée: personne ne pourrait la défendre des entreprises lubriques et de l'imposture de l'anachorète. Il pratique une ouverture dans la mince paroi de la maisonnette de la veuve et par une nuit de tempête où il est sûr de ne pas être remarqué, il introduit un cornet dans l'ouverture. Il exhorte les deux femmes, prétendant être la voix de Dieu à aller trouver Luce, son «serviteur fidèle», et à lui assurer la «compagnie» de la fille dont il naîtra un pape qui «réformera tout le peuple chrétien» (668, 57-67). Il fait ainsi appel à la croyance de ces femmes simples aux miracles aussi bien qu'à leur espoir de promotion sociale. L'idéal de réforme de la chrétienté et de la papauté avait été très vivace à la fin du moyen âge et à la Renaissance: on se souvient de l'œuvre du Concile de Trente et de l'ampleur du mouvement de la Contre-Réforme.

La fille, dans sa naïveté ne comprend pas le sens du mot «compagnie» et déclare que sa cousine Anne «est bien mieux son affaire/ Et retiendrait bien mieux tous ses sermons» (689. 78-79). La mère montre un certain degré de circonspection, se demandant si le message vient du diable, et en remet l'accomplissement au lendemain. Utilisant le même procédé, le «corneur» accuse la mère d'avoir désobéi à Dieu et la menace de mort si elle ne va pas trouver l'ermite (689, 105-110). La fille épouvantée par cette menace, adjure sa mère de se mettre en route, non sans s'être parée de ses plus beaux atours:

> Sans se douter de ce qu'elle allait faire:
> Jeune fillette a toujours soin de plaire.
>
> (690, 118-119)

Le narrateur relève, non sans malice, la coquetterie féminine. Dans la quatorzième nouvelle, l'ermite requiert une troisième manifestation de la volonté divine, procédé habile de la part du fourbe pour rassurer ses victimes. La tradition offrait une garantie d'authenticité: l'ange du Seigneur

---

[251] G. Couton, *Introduction* à son édition, XXIII.

avait annoncé à Marie qu'elle serait la mère du Sauveur; Jeanne d'Arc avait appris sa mission par des voix de saints et de saintes. Des femmes simples pouvaient ajouter foi au message transmis par une voix d'origine surnaturelle.

L'hypocrite organise une véritable mise en scène pour mieux éblouir ses victimes et les convaincre de sa sainteté, tout comme Tartuffe:

> A la haire et à la discipline de l'un répondent le capuce et le fouet de l'autre

note J-P. Collinet (1407). Cette scène hautement pénitentielle est suivie d'une autre, franchement érotique. La fille cache d'abord sa grossesse car elle craint d'être séparée de son séducteur:

> Le jeu d'Amour commençait à lui plaire
>
> (691, 174),

Le trait conventionnel de la sensualité féminine est une fois de plus mis en avant. La mère, jugeant que le miracle est accompli, décide que le moment de la séparation est venu, l'ermite les quitte sur une grandiose prédiction de prospérité, et dernier geste sacrilège, en leur donnant sa bénédiction.

Cette prédiction de futures grandeurs, absente du modèle, constitue «la première variation sur le thème des «châteaux en Espagne» qui, transposé dans les *Fables,* sera développé par *La Laitière et le Pot au lait,*», remarque judicieusement J-P. Collinet (1409, note 1 à la page 692); thème cher au poète sur la nature humaine sujette aux illusions.

Dans la nouvelle, la mère dans sa vanité ne peut s'empêcher de raconter à sa voisine qui répand le bruit autour d'elle, la glorieuse destinée prédite à sa fille: celle-ci accouche d'une fille, la fourberie de l'ermite est découverte. Il prend prudemment la fuite et laisse la pauvre fille déshonorée, «dont ce fut grand dommage, car belle, gente et bonne estoit» (p. 104). Conclusion morale dénoncant la turpitude du séducteur. La Fontaine évite le rôle de moraliste, insiste sur les rêves de grandeur entretenus par la mère et la fille et termine par une pointe, ménageant ainsi l'effet de surprise, ce qui relève d'une intention esthétique[252]:

---

[252] R. Dubuis, *Les Cent Nouvelles*, op. cit., insiste sur la notion 'inattendu dans le genre de la nouvelle, p. 67, p. 95.

Mais ce qui vint détruisit les châteaux,
Fit avorter les mitres, les chapeaux
Et les grandeurs de toute la famille:
La signora mit au monde une fille.

(692, 205-208)

Mais on peut y voir aussi une intention subversive: c'est la Nature qui dénonce à la fois l'imposture et renverse les illusions de grandeur d'un chacun.

C'est aussi l'absence de leçon morale qui frappe dans l'*Abbesse* dont la source est la XXIe nouvelle des *Cent Nouvelles nouvelles*. Georges Couton attribue cette indulgence à la mentalité répandue à l'époque:

> D'une façon générale le poète sourit sans animosité véritable du clergé séculier. Il est indulgent aux nonnes: Courtoisie le veut. S'agit-il des réguliers? il cesse de rire et devient violent. Ces réactions différentes sont assez générales en son temps[253].

En effet, le ton de *L'Abbesse* paraît plein d'humour et de sympathie pour des femmes enfermées le plus souvent à l'époque dans des couvents pour servir les intérêts de leur famille. La Fontaine songeait-il à Madame de Coucy, abbesse de Mouzon, pour laquelle il avait composé une épître fort galante, voire suggestive?[254]

Ainsi, quant on vous fit abbesse
Et qu'on enferma vos appas,
[...]
Pardonnez-moi si j'ai quelque soupçon
Que cet habit dont vous êtes vêtue,
En vous voilant, soit receleur d'appas:
N'en est-il point dont il puisse à ma vue
Se confier? je ne le dirais pas.

Lettre à M.D.C.A.D.M., O.D., pp. 492-493

La maladie de l'abbesse du conte et le traitement recommandé relèvent d'une conception de la nature humaine comme double, comportant un corps avec ses pulsions sexuelles dont il convient de tenir compte en envisageant l'avenir d'une jeune fille.

---

253 G. Couton, *Introduction,* XXIII.

254 Voir *O.D.*, notes, p. 880: «date de composition: sans doute, deuxième moitié de 1657».

Le prologue tourne sur l'exemple, arme à deux tranchants:

> L'exemple sert, l'exemple nuit aussi:
> Lequel des deux doit l'emporter ici,
> Ce n'est mon fait.
>
> *L'Abbesse, O.C.*, I, 815, 1-3.

comme le prouve l'histoire des moutons de Panurge contée par Maître François. La Fontaine, qui goûtait Rabelais, avait pu voir dans le thème de l'exemple, choisi pour structurer son conte, une occasion d'évoquer un épisode célèbre. Il pouvait aussi vouloir reprendre le thème de l'ambivalence de toutes choses, de toutes conduites, traité dans sa *Vie d'Esope le Phrygien,* placée en tête du premier recueil des *Fables*, où l'épisode des langues joue un rôle clef dans la pensée et l'œuvre du poète. De fait, si l'exemple des moutons noyés pour avoir suivi celui que Panurge avait jeté à la mer, avait été désastreux pour leur propriétaire, le conteur suggère malicieusement, après les dénégations d'usage: «Ce n'est mon fait», que celui proposé par les religieuses pour encourager l'abbesse à suivre l'ordonnance du médecin consulté, se révélait bénéfique pour la communauté, délivrée d'une règle contre nature.

L'abbesse en effet dépérit, le sang, humeur vitale, se retire de son visage, ses «pâles couleurs» indiquent un mal dangereux, sinon fatal:

> Notre malade avait la face blême
> Tout justement comme un saint de carême...
>
> (816, 57-58)

On consulte la Faculté. La XXIe nouvelle donne des précisions géographiques, l'abbaye étant située aux confins de la Normandie, une des sœurs va consulter un médecin à Rouen, capitale de la province, et lui porte l'urine de la malade. On se souvient de cette pratique médicale ancienne encore évoquée par Molière. La Fontaine néglige ces préliminaires et en vient au fait: l'abbesse ne guérira que si elle a «compagnie d'homme», le médecin précise que ce doit être «un bon galant»:

> Bon le faut-il, c'est un point important:
> Autre que bon n'est ici suffisant:
> Et si bon n'est deux en prendrez madame.
>
> (817, 74-76)

L'abbesse souhaite au fond d'elle-même adopter le traitement prescrit mais craint de scandaliser sa communauté, de perdre le respect de ses membres.

Aucun scrupule moral ou religieux ne semble l'effleurer, son hésitation vient du qu'en dira-t-on[255], de la perte de son autorité et de sa position:

> Mais le moyen que sa communauté
> Lui vît sans peine approuver telle chose?
>
> (817, 79-80)

La sœur Agnès tente de la persuader, puis devant les hésitations de l'abbesse a la bonne idée de consulter ses sœurs, de leur montrer que c'est la honte qui empêche leur supérieure d'accepter le remède prescrit. Elle suggère que l'une d'entre elles donne l'exemple, toutes alors se portent volontaires et on fait venir des moines de divers ordres pour les aider dans cette entreprise salutaire. Il apparaît clairement que la conduite de l'abbesse relève de conventions imposées par la société, par ses mentalités, d'un souci de ce que sa communauté attend d'elle, plutôt que des principes d'une morale théologique.

Dans la XXIe nouvelle, les circonstances de la consultation et le caractère mortel de la maladie de l'abbesse sont beaucoup plus développés. Cette dernière confie à ses sœurs en une scène pathétique ses dernières volontés, elles se livrent à leur tour à des protestations d'attachement à leur supérieure. Surtout un cas de conscience est posé: accepter de transgresser le vœu de chasteté pour guérir, ou choisir la mort et commettre ainsi un péché grave en se suicidant, péché qui empêcherait son salut éternel. Il est curieux de noter que La Fontaine qui avait utilisé des arguments d'une casuistique dévoyée dans *Les frères de Catalogne*, ou simplement rigoriste dans *Le cas de conscience*, n'a pas jugé bon de reprendre l'argumentation utilisée dans sa source mais s'est contenté d'insister sur la valeur de l'exemple, selon le thème posé dans le prologue. Toutes les sœurs acceptent en effet avec un enthousiasme comique de donner l'exemple à leur supérieure, encore une fois l'auteur se sert de la figure du monde renversé: l'exemple que l'abbesse doit donner à ses sœurs lui est donné par ces dernières: exemple subversif de la règle monastique:

---

[255] Martha Houle, «The Play of *bienséances* in La Fontaine's *L'Abbesse*», *P.F.S.C.L.*, XVIII, no. 34, 1991, 109-1221.

Anne L. Birberick, «From World to Text: The Figure of the Nun in La Fontaine's Contes», dans *Refiguring La Fontaine. Tercentenary Essays*, ed. by Anne L. Birberick, EMF Monographs (Charlottesville: Rookwood Press, 1996), pp. 181-201. L'auteur souligne le triomphe de la nature sur la contrainte, p. 182 et l'adoption d'une conduite gouvernée par les normes sociales plutôt que celles d'une conscience chrétienne.

Pas une n'est qui montre en ce dessein
De la froideur, soit nonne, soit nonnette,
Mère prieure, ancienne ou discrète.

(817, 108-110)

Illustration du point de vue implicite du narrateur: la répression des instincts naturels chez les religieuses aboutit à une véritable célébration de ces derniers, et à celle de la force irrépressible de l'exemple: les nonnes se conduisent comme les moutons de Panurge, trop heureuses d'avoir une raison de «charité» pour abandonner sans remords des vœux contraignants. Elles font appel à des moines qui, eux aussi, participent avec ardeur à cette entreprise:

L'escadron, dit l'histoire,
Ne fut petit, ni comme l'on peut croire
Lent à montrer de sa part le chemin.

(818, 113-115)

A la puissance de l'instinct vital, universel chez hommes, femmes et animaux, correspond celle de l'exemple: l'abbesse sagement se rend:

Un jouvenceau fait l'opération
Sur la malade. Elle redevient rose

(818, 133-134)

c'est-à-dire que le sang, humeur vitale, comme on l'a noté plus haut, lui redonne des forces, l'antithèse entre «rose» et «pâles», «blême» du début en dit long. La conclusion exprime la tendance épicurienne du conte, dans un style d'un lyrisme non dépourvu d'humour:

Ô doux remède, ô remède à donner,
Remède ami de mainte créature,
Ami des gens, ami de la nature,
Ami de tout, point d'honneur excepté.
Point d'honneur est une autre maladie:
Dans ses écrits madame Faculté
N'en parle point. Que de maux en la vie!

(818, 137-143)

Comme je l'avais remarqué dans de précédentes études[256], la lecture proposée ici de quelques contes inspirés des *Cent Nouvelles nouvelles* montre bien l'attitude indépendante de La Fontaine à l'égard de ses sources, un esprit de subversion qu'on sent courir sous les remarques malicieuses et l'humour, particulièrement marqué à propos des moines et religieuses: à une tradition de plaisanteries anticléricales et misogynes, le conteur substitue des vues fondées implicitement sur une pensée rationaliste (*frühe Aufklärung,* selon l'expression de Jürgen Grimm), une psychologie ou une anthropologie basée sur l'observation et l'expérience, une morale épicurienne du plaisir. Les êtres humains, hommes et femmes sont des créatures doubles. Les besoins fondamentaux du corps ne sauraient être négligés; réprimés, ils provoquent de dangereuses réactions compensatoires. Malgré ce que la conduite des frères de Catalogne ou de l'ermite comporte d'immoral et d'odieux, les femmes qu'ils séduisent apprécient leur ardeur érotique et la partagent. L'abbesse, encouragée par l'exemple de ses sœurs, retrouve la santé: toutes, ainsi que leurs partenaires participent sans remords à une entreprise subversive de l'ordre monastique, entreprise qui va beaucoup plus loin que celle de l'antimonastère de l'abbaye de Thélème, création utopique où les Thélémites avaient la liberté de quitter l'abbaye pour se marier, ce que ne peuvent faire moines et religieuses dans le monde réel. La Fontaine qui avait utilisé, avec effet comique, assimilant religieuses du troupeau de l'abbesse au troupeau de moutons de Dindenaut, l'épisode du *Quart Livre* dans le prologue, devait naturellement penser à une autre création célèbre de Rabelais, l'abbaye de Thélème qui n'est pas nommée dans son texte mais dont l'image devait être présente à l'esprit de ses lecteurs[257].

Pourtant, comme l'a bien vu Marc Fumaroli, la devise de l'abbaye de Thélème, «Fay ce que vouldras» s'adapte bien à la pensée de La Fontaine,

---

256 M-O. Sweetser, «La Modernité de La Fontaine», dans *Refiguring La Fontaine*, *op. cit.*, p. 12.

«Images féminines chez La Fontaine: traditions et subversions», dans *Correspondances. Mélanges Roger Duchêne.* Textes réunis par Wolfgang Leiner et Pierre Ronzeaud (Tübingen: Gunter Narr; Aix-en-Provence: Publications de l'Université de Provence, 1992), pp. 201-213.

257 Martha Houle, «The Play of "bienséances"», *loc. cit.,* mentionne l'abbaye de Thélème, p. 117 et conclut «chastity is not a question of faith, or of vocation; it is rather one of social practice or custom. By common accord, that custom can be changed».

dans les *Contes* comme dans les *Fables*[258]. Patrick Dandrey, à propos des *Fables* souligne ce qui rapproche l'animal de l'homme et le charme du naturel qui en résulte. Dans les *Contes*, inversement, on perçoit, et cela est particulièrement évident dans l'*Abbesse*, le rapprochement de l'homme et de l'animal, partageant les mêmes instincts vitaux, aboutissant à ce qu'il nomme une «poétique de l'ambivalence», à une «poésie de l'ambiguité»[259].

[258] Marc Fumaroli, *Introduction* à son édition des Fables (Paris: Imprimerie Nationale, 1985), 2 vol., I, 50.

[259] Patrick Dandrey, *La Fabrique des Fables. Essai sur la poétique de La Fontaine*, 2nd éd. (Paris: Klincksieck, 1992), p. 217.

IV. La Fontaine fabuliste

Un Nouvel Orphée:
chant et charmes dans les *Fables*

Retraçant la carrière de La Fontaine dans sa belle et dense *Introduction* aux *Œuvres complètes*, Jean-Pierre Collinet conclut qu'à sa mort «il emportait sa lyre. Avec lui disparaissait moins notre Homère que notre Orphée...qui par un privilège plus rare que d'attirer à soi les animaux et les plantes par son chant, avait su capter leur langage et le traduire en langue des dieux»[260]. C'est bien en effet la création d'un «langage nouveau» que le poète revendique avec une juste fierté dans une fable qui est un véritable manifeste, une apologie *pro domo sua* faite sur un ton humoristique où il se défend d'être un autre Homère ou un autre Virgile, celui de l'*Enéide* ou celui des *Bucoliques*: ses dons l'orientent dans une autre direction, tout aussi valable, quoi qu'en pensent les «délicats»:

> Cependant jusqu'ici d'un langage nouveau
> J'ai fait parler le Loup et répondre l'Agneau.
> J'ai passé plus avant; les Arbres et les Plantes
> Sont devenus chez moi créatures parlantes.
> Qui ne prendrait ceci pour un enchantement?
>
> *Contre ceux qui ont le goût difficile* II, 1, 9-13, p. 69

Le poète se montre très conscient de ce qu'il considère comme un don exceptionnel: il a doué animaux et plantes d'une faculté propre à l'homme, les a métamorphosés en «créatures parlantes» par un processus magique, quasi divin. Or on sait que selon une des versions de la légende, Orphée était le fils de la muse Calliope, précisément nommée au premier vers de la fable:

> Quant j'aurais en naissant reçu de Calliope
> Les dons qu'à ses amants cette Muse a promis...
>
> *Ibid.*, II, 1, 1-2, p. 69

et d'un roi de Thrace ou d'Apollon lui-même. Orphée participe donc à une essence divine ou semi-divine, possède des dons de magicien qui lui permettent d'échapper aux lois naturelles, d'exercer un pouvoir de

---

[260] Jean-Pierre Collinet, *Introduction* aux *Œuvres complètes* de La Fontaine, Pléiade (Paris: Gallimard, 1991), I, LVIII. Toutes les citations des *Fables* renvoient au tome I de cette édition qui contient *Fables. Contes et nouvelles.* On donnera dans le texte les indications: livre, numéro de la fable, des vers et celui de la page.

subjugation, finalement de pénétrer dans le royaume des ombres et ainsi de triompher de la mort[261]. D'une manière comparable, le poète possède des dons spéciaux, celui de prêter la parole à des êtres fictifs, de séduire par le langage et par sa musique, de transporter ses auditeurs dans un monde différent du monde ordinaire et aussi de transcender la condition humaine grâce à la pérennité de son Œuvre, d'acquérir ainsi l'immortalité des héros et des dieux. J-P. Collinet avait bien perçu la nature de ce pouvoir orphique:

> Le mythe orphique comprend trois éléments principaux, tous propres à toucher l'imagination et la sensibilité d'un poète comme La Fontaine: il chante et joue de la lyre; il charme par ses dons les animaux et les plantes; il descend par amour jusqu'au fond des enfers[262].

Dès la première fable qui sert d'introduction au premier Recueil, c'est en effet l'acte de chanter qui est mis en valeur. On entendra ici le terme «charme» dans sa double signification étymologique, de chant et de formule magique.

> La Cigale, ayant chanté
> Tout l'été...
>
> *La Cigale et la Fourmi,* I, 1, 1-2, p. 31

A travers toute la fable, du premier à l'avant-dernier vers, au niveau narratif comme au niveau dialogique, on assiste à une reprise insistante de l'acte de chanter:

> Je chantais à tout venant, ne vous déplaise.
> Vous chantiez? J'en suis fort aise...
>
> *Ibid.*, 20-21, p. 31

Au premier vers, «ayant chanté» a une simple valeur descriptive ou narrative, degré zéro, pourrait-on dire. «Je chantais» exprime une activité

---

[261] Charles Segal, *Orpheus. The Myth of the Poet* (Baltimore and London: The Johns Hopkins University Press, 1989), pp. 8-16 présente diverses versions du mythe, les interprète en termes de magie, d'enchantement, d'incantation au moyen du langage poétique. Il rapproche la fascination exercée par le langage poétique de la séduction érotique, en citant une étymologie commune, p. 10.

[262] J-P. Collinet, «La Fontaine et son faux Orphée (*Fables* X, 10)» dans *L'Intelligence du passé, les faits, l'écriture et le sens. Mélanges offerts à Jean Lafond.* Etudes réunies par Pierre Aquilon, Jacques Chupeau, François Weil (Publications de l'Université de Tours, 1988), p. 386.

euphorique, utilise le verbe dans un sens hédoniste; «vous chantiez», le verbe, cette fois, représente une action condamnable, connotant paresse et irresponsabilité. L'ambivalence de la fable a bien été perçue par J-P. Collinet qui y voit à juste titre le désir du poète de respecter et de traduire la vérité intérieure de ses personnages[263].

Si l'on passe du niveau littéral au niveau allégorique, celui qui chante, c'est le poète-musicien, le nouvel Orphée:

> Mais déjà la personne du poète subrepticement se glisse, de deux façons. D'abord il s'agit d'exprimer l'ivresse éperdue de la musique, si passionnément aimée par La Fontaine lui-même. Un accident du rythme y suffit... Mais il n'en faut pas davantage pour que, grâce à cette rupture, la poésie devienne musique elle-même, et la versification, expressive mélodie. Dans la chanteuse, d'autre part, le poète complice, découvre son propre reflet[264].

Si son chant, sa parole enchantent ses auditeurs et lui procure le plaisir de la création artistique, de la communication avec d'autres êtres sensibles au charme de sa musique, il doit aussi, comme la Cigale plaidant en vain auprès de la Fourmi, faire face à l'incompréhension du grand nombre, à l'absence de récompense matérielle. L'auteur des *Fables*, privé à partir de 1661 d'un généreux mécène, reconnaît les difficultés matérielles et morales auxquelles il doit s'attendre dans une société de «consommation», c'est-à-dire où les uns consomment les autres, selon Michel Serres[265]. La Cigale périt, faute de nourriture, la Fourmi a le dernier mot. Mais, dans la longue durée, ceux que la musicienne avait charmés et leurs descendants se souviendront de son chant, du plaisir éprouvé à l'entendre. De même, La Fontaine, poète imprévoyant, impécunieux[266], poursuivra son Œuvre, se fera entendre des «happy few» qui avaient encouragé ses premières tentatives:

---

[263] J-P. Collinet, «La Cigale et le Hérisson», *Littératures classiques*, «La voix au XVIIe siècle», dirigé par Patrick Dandrey, No. 12 (janvier 1990), p. 226: «si La Fontaine sympathise avec la Cigale, il ne se montre pas moins capable de comprendre les raisons de la Fourmi. Cette sorte d'impartialité qu'il garde à l'égard des personnages qu'il confronte les uns aux autres a souvent déconcerté. Mais, loin de trahir l'indifférence, elle dénote un effort attentif pour comprendre tous les êtres, apprendre à les écouter, et restituer fidèlement le plus secret de leur langage intérieur.»

[264] *Ibid.*

[265] Michel Serres, *Le Parasite* (Paris: Grasset, 1980), pp. 125-127.

[266] Sur les chroniques difficultés d'argent de La Fontaine, voir Roger Duchêne, *Jean de La Fontaine* (Paris: Fayard, 1990), *passim*.

> L'indulgence que l'on a eue pour quelques-unes de mes fables me donne lieu d'espérer la même grâce pour ce recueil.
>
> *Préface*, p. 5

J-P. Collinet, si sensible à toutes les nuances impliquées dans le texte, a su distinguer la «supplique discrètement adressée par l'ancien pensionné de Foucquet, par-dessus la tête du Dauphin, à son redoutable père» dans la dédicace où il déclarait: «Je chante les héros dont Esope est le père».

> Et voilà qu'il commence par chanter la Cigale, ayant elle-même chanté: jeu de miroir, où le passage du présent («Je chante») au passé («La Cigale ayant chanté) produit un mélancolique effet de décalage, une modulation du mode majeur au mode mineur, en même temps que la substitution de la troisième personne à la première, imposée par le récit, crée une distance, permet à l'auteur de prendre avec soi quelque recul[267].

Œuvre si simple en apparence, mais œuvre spéculaire, répondant à l'avance à l'évocation verlainienne du charme du mode mineur et à la célèbre exhortation:

> De la musique avant toute chose,
> Et pour cela préfère l'impair...

Dans les vers suivants, c'est «une autre musique, celle du vent» que le poète nous fait entendre:

> Se trouva fort dépourvue
> Quand la bise fut venue
>
> grâce à la plainte lugubre des voyelles aiguës, soutenues par une riche orchestration consonantique de fricatives, d'explosives et de sifflantes, dans une sorte de déchaînement rageur des forces élémentaires[268].

Et l'interprète de conclure:

> Le poète chante, et voilà que tout parle, y compris les éléments déchaînés...il se met à l'écoute de toutes les voix. La fable, avec lui devient symphonie concertante, prodigieux opéra parlé[269].

---

[267] J-P. Collinet, «La Cigale et le Hérisson», *loc. cit.*, p. 227.

[268] *Ibid.*

On observe un refus similaire à celui de la fourmi de se laisser séduire par le langage ou par la musique dans d'autres fables: l'appréhension réaliste du monde comme il va n'est jamais absente, en contrepoint avec leur pouvoir d'enchantement. C'est ainsi que le petit poisson, car

> Tout parle en mon ouvrage, et même les poissons
>
> *A Monseigneur le Dauphin*, p. 29

ne parvient pas à persuader au pêcheur de le relâcher pour lui donner le temps d'atteindre la taille adulte qui permettrait de le vendre à un «gros Partisan»:

> Poisson, mon bel ami, qui faites le Prêcheur
> Vous irez dans la poële et vous avez beau dire;
> Dès ce soir on vous fera frire.
>
> *Le Petit poisson et le pêcheur* V, 3, 21-23, p. 182

Les sons mélodieux produits par le rossignol ne parviennent pas non plus à le sauver des «mains» du milan, représenté comme un prédateur-consommateur:

> Un Rossignol tomba dans ses mains, par malheur
> Le héraut du printemps lui demande la vie.

lui offrant en échange le plaisir de son chant:

> Je m'en vais vous dire une chanson si belle
> Qu'elle vous ravira: mon chant plaît à chacun.
> Le Milan alors lui réplique:
> Vraiment, nous voici bien: lorsque je suis à jeun,
> Tu me viens parler de musique.
> ......
> Ventre affamé n'a point d'oreilles.
>
> *Le Milan et le Rossignol* IX, 18, 12-20, p. 380

L'art subtil du rossignol: rhétorique du suppliant, offre d'un plaisir délicat, est impuissant devant les impératifs biologiques de la survie: *primum vivere*.

Dans la même veine, le berger Tircis, malgré tout son art utilisé pour plaire à sa bien-aimée, ne réussit pas à captiver les poissons qu'elle voulait

---

[269] *Ibid.*, p. 230.

capturer. La fable commence dans le style de l'idylle, de la «pastorale galante», exagéré à plaisir pour créer un effet humoristique, voire parodique[270]:

> Tircis qui pour la seule Annette
> Faisait résonner les accords
> D'une voix et d'une musette
> Capables de toucher les morts
> ......
> Le Berger qui par ses chansons,
> Eût attiré des inhumaines,
> Crut, et crut mal, attirer des poissons.
> *Les Poissons et le berger qui joue de la flûte* X, 10, 1-13, p. 411.

Comme J-P. Collinet l'a spirituellement baptisé, le faux Orphée chante en vain pour persuader les poissons «d'entrer aux prisons de la Belle», c'est-à-dire dans un vivier:

> Ce discours éloquent ne fit pas grand effet:
> L'auditoire était sourd aussi bien que muet.
> Tircis eut beau prêcher: ses paroles miellées
> S'en étant aux vents envolées,
> Il tendit un long rets. Voilà les poissons pris...
> *Ibid.*, 24-28, pp. 411-412

Si les fables possèdent un pouvoir certain dont un habile orateur peut jouer: *Le Pouvoir des fables* en porte témoignage; si le Cerf à l'esprit inventif, peut en bon romancier, éviter la colère du Lion, amuser le Roi par des songes, le flatter, le payer d'agréables mensonges, il est des cas où «la puissance fait tout», quels que soient les charmes mis en œuvre.

---

[270] J-P. Collinet, La Fontaine, *Œuvres complètes*, I, note sur la fable, p. 1254. Voir aussi Marc Fumaroli, La Fontaine, *Fables* (Paris: Imprimerie Nationale, 1985), 2 vol. II, 390, note pertinemment que «cette fable est une variante très amplifiée d'une fable du premier recueil, en l'occurence *Le petit poisson et le pêcheur* (V, 8)...La fable commence sournoisement en idylle mélodieuse...J-P. Collinet a suggéré le modèle de ce pastiche: *La Maison de Sylvie* de Théophile de Viau, ode II, strophe 1, vers 5-10. De l'idylle on passe soudain à la réalité prosaïque et ésopique, puis, par un saut encore plus surprenant, à la terrible apostrophe finale...Ce changement de registre, depuis la douceur grêle et faussement naïve jusqu'à la véhémence presque brutale, fait de cette fable une des plus brillamment dissonantes de tout le recueil». La dissonance étant une des caractéristiques de la musique moderne, on peut voir ici un La Fontaine-Orphée en avance sur son temps.

Pourtant le chant apparaît comme l'expression naturelle, spontanée de la joie de vivre, comme une manifestation universellement reconnue d'un rapport heureux avec le monde et les autres:

> Un savetier chantait du matin jusqu'au soir:
> C'était merveilles de le voir,
> Merveilles de l'ouïr; il faisait des passages,
> Plus content qu'aucun des sept sages.
>
> *Le Savetier et le financier* VIII, 2, 1-4, p. 291

Cette joie de vivre, ce sens de faire partie d'un monde accueillant sont détruits par la présence de l'argent. Pour une âme claire et simple, celle du savetier ou celle du poète, l'argent constitue un fardeau insupportable qui empêche l'envol du chant, qu'il soit chanson populaire, comme c'est le cas pour le savetier, ou chant savant et raffiné pour le poète. La Fontaine prête au savetier le langage d'un petit artisan, heureux dans son travail, qui, par suite, ne sait pas évaluer de façon exacte ce qu'il gagne. Son insouciance en matière financière s'oppose comiquement à l'insistance de son interlocuteur, homme de finance qui prétend obtenir des chiffres exacts, hanté par l'impératif d'une comptabilité bien tenue:

> Ce n'est pas ma manière
> De compter de la sorte...
> Chaque jour amène son pain.
> ......
> Tantôt plus, tantôt moins.
>
> *Ibid.*, 18-24, p. 291

Suit une amusante digression sur les aléas du métier avec une pléthore de fêtes chômées où le savant éditeur reconnaît un écho de l'opposition de Louis XIV aux prérogatives de l'Eglise[271].

Toutefois ce n'est pas tellement le manque à gagner qui préoccupe «le gaillard savetier», mais la perte de sa joie, de son sommeil, de la paix d'esprit et de la satisfaction intérieure dont il jouissait avant le don malencontreux de «ce qui cause nos peines». De même, le poète, l'artiste, s'il a besoin de mécènes éclairés, ne saurait aliéner sa liberté pour acquérir la sécurité matérielle. Le chant, pour s'épanouir, réclame la liberté du créateur, sa confiance en lui-même, son indifférence aux «bruits» venus de l'extérieur qui permet la concentration sur son objet.

---

[271] J-P. Collinet, *Œuvres complètes* I, note à la page 292, p. 1192.

C'est dans le cadre d'une solitude accueillante et consolatrice que l'artiste peut développer au mieux ses dons, faire entendre son chant, même s'il ne jouit que d'un auditoire restreint:

> Eh quoi cette musique
> Pour ne chanter qu'aux animaux?
> Tout au plus à quelque rustique?
> Le désert est-il fait pour des talents si beaux?
> Venez faire aux cités éclater leurs merveilles.
>
> *Philomène et Progné* III, 15, 12-15, p. 129

Le poète est d'ailleurs très conscient d'avoir créé un monde nouveau ou d'avoir retrouvé, grâce à l'intervention des Muses, l'âge d'or où les animaux parlaient:

> Grâce aux Filles de Mémoire,
> J'ai chanté des animaux.
> Peut-être d'autres héros
> M'auraient acquis moins de gloire.
> Le Loup en langue des Dieux
> Parle au Chien dans mes ouvrages.
> Les Bêtes à qui mieux mieux
> Y font divers personnages...
>
> *Le Dépositaire infidèle* IX, 1, 1-8, p. 345

En effet, il est dangereux de vouloir s'élever au-dessus de ses dons naturels. Le fabuliste avait démontré le bien-fondé de cette lucide prise de conscience de ses dons dans *Contre ceux qui ont le goût difficile*, déjà citée. Il y revient dans les réflexions qui suivent un exemple d'hubris, de grandiloquence ridicule, dégonflée par la cascade de monosyllabes finales:

> Quand je songe à cette fable,
> Dont le récit est menteur
> Et le sens est véritable,
> Je me figure un auteur
> Qui dit: Je chanterai la guerre
> Que firent les Titans au Maître du tonnerre.
> C'est promettre beaucoup; mais qu'en sort-il souvent?
> Du vent.
>
> *La Montagne qui accouche* V, 10, 7-14, p. 192

D'ailleurs les dons artistiques véritables savent parfois se faire reconnaître, même auprès des gens simples et obtenir les prérogatives qu'ils méritent. Ainsi le cuisinier reconnaît son erreur au moment où le cygne fait entendre sa voix:

> Quoi? je mettrais, dit-il, un tel Chanteur en soupe!
> Non, non, ne plaise aux Dieux que jamais ma main coupe
> La gorge à qui s'en sert si bien.
>
> *Le cygne et le cuisinier* III, 12, 17-19, p. 125

avec, encore une fois, un rapprochement inattendu et cocasse entre la noblesse de l'art et le prosaïsme de la soupe. Plus large d'esprit, plus sensible que Chrysale, le cuisinier vit à la fois de bonne soupe et de beau langage.

La Fontaine évoque en badinant, avec une modestie de bon aloi en s'adressant à une aimable dédicataire, ses propres dons poétiques: les qualités de Mme Harvey sont, dit-il, un sujet «trop abondant pour ma lyre»:

> Peu de nos chants, peu de nos vers
> Par un encens flatteur amusent l'univers
> Et se font écouter des nations étranges.
> ......
> Agréez seulement le don que je vous fais
> Des derniers efforts de ma Muse:
> C'est peu de chose; elle est confuse
> De ces ouvrages imparfaits.
>
> *Le Renard anglais* XII, 23, 59-68, p. 498-499

Le bon goût, la discrétion requise de l'honnête homme obligent ici le poète à présenter ses offrandes poétiques comme «peu de chose», mais on a vu que dans d'autres textes, il n'avait pas hésité à proclamer son pouvoir d'enchantement: dans *Contre ceux qui ont le goût difficile* où il s'adressait à des critiques pointilleux que rien ne saurait satisfaire; il avait repris le thème avec l'emploi de «charme», à dessein, croyons-nous, dans l'épître dédicatoire à Mme de Montespan du deuxième recueil. L'apologue y est évoqué comme un don des immortels, ou d'un Sage, de toute façon

> C'est proprement un charme: il rend l'âme attentive,
> Ou plutôt il la tient captive,
> Nous attachant à des récits
> Qui mènent à son gré les cœurs et les esprits
>
> *A Mme de Montespan*, p. 247

On retrouve bien ici l'image forgée par la tradition d'Orphée, charmant son auditoire et le tenant captif. Après avoir cité ses maîtres en fiction, Esope et Homère, La Fontaine proclame:

> Le doux charme de maint songe
> Par leur bel art inventé,
> Sous les habits du mensonge
> Nous offre la vérité.
>
> *Le Dépositaire infidèle* IX, 1, 32-35, p. 346

Le «songe» se trouve ici évoqué: il s'agit de la vision du poète qui entraîne le lecteur, par une sorte de magie incantatoire, par un «charme» dans un domaine supraterrestre, éloigné du monde ordinaire dans le temps ou dans l'espace[272]: ainsi dans la célèbre méditation lyrique, l'Eden perdu de la solitude à deux, retrouvé dans le souvenir avec la poignante nostalgie de la fuite du temps et de l'amour:

> Hélas! quand reviendront de semblables moments?
> ......
> Ah si mon cœur osait encor se renflammer!
> Ne sentirai-je plus de charme qui m'arrête?
> Ai-je passé le temps d'aimer?
>
> *Les Deux Pigeons* IX, 2, 81-83, p. 350

C'est aussi dans le royaume de l'amour que le berger Tircis souhaite, dans des vers élégiaques, faire pénétrer la bergère insensible:

> Ah! si vous connaissiez comme moi certain mal
> Qui nous plaît et qui nous enchante!
> Il n'est bien sous le ciel qui vous parût égal...
>
> *Tircis et Amarante* VIII, 13, 31-33, p. 314

Lorsque l'amour est partagé, l'univers magique est atteint:

> Quel charme de s'ouïr louer par une bouche
> Qui même sans s'ouvrir nous enchante et nous touche.
>
> *Les Filles de Minée* XII, 28, 539-540, p. 535

---

272 Sur ce point, voir l'essai de Jean Mesnard, «L'univers poétique des *Fables* de la Fontaine» dans *La Poétique des Fables de La Fontaine*, éd. Lane M. Heller et Ian Richmond (London, Ontario: Mestengo Press, 1994), pp. 5-25.

C'est aussi une joie pure, supérieure que procure la véritable amitié et la compréhension intuitive, spontanée qui naît de ce sentiment partagé dont l'existence est célébrée au pays lointain, exotique, quasi fabuleux du Monomotapa:

> Qu'un ami véritable est une douce chose
> Il cherche vos besoins au fond de votre cœur;
> Il vous épargne la pudeur
> De les découvrir vous-même.
> Un songe, un rien, tout lui fait peur
> Quand il s'agit de ce qu'il aime.
>
> *Les Deux amis* VIII, 1, 26-31, p. 310

Mais ce sentiment peut aussi exister à Paris, comme le poète en avait fait l'expérience dans une relation unique avec celle qu'il célèbre sous le nom d'Iris:

> O vous, Iris, qui savez tout charmer,
> Qui savez plaire en un degré suprême,
> Vous que l'on aime à l'égal de soi-même
> ......
> agréez que ma Muse
> Achève un jour cette ébauche confuse.
> J'en ai placé l'idée et le projet,
> Pour plus de grâce, au-devant d'un sujet
> Où l'amitié donne de telles marques,
> Et d'un tel prix, que leur simple récit
> Peut quelque temps amuser votre esprit.
>
> *Le Corbeau, la gazelle, la tortue et le rat* XII, 15, 35-46, p. 484.

C'est aux animaux que revient le poète pour illustrer cette perfection dans l'amitié si rare dans la société des hommes. Le sujet inspire le fabuliste à qui, on le sait, les longs ouvrages font peur, pourtant dans ce cas, il pourrait oublier son idéal de brièveté. On apprécie une fois de plus l'ironie à double tranchant d'un écrivain qui sait se moquer de lui-même et des auteurs prolixes:

> Pour peu que je voulusse invoquer Apollon,
> J'en ferais pour vous plaire un ouvrage aussi long
> Que l'*Illiade* ou l'*Odyssée*
>
> *Ibid.*, 122-124, p. 486

Mais le mot de la fin touche à ses valeurs personnelles les plus profondes, celles qu'il a pu cultiver dans sa relation avec son aimable dédicataire:

> A qui donner le prix? Au cœur si l'on m'en croit.
>
> *Ibid.*, 134, p. 486

C'était en effet par une quête dictée par le cœur qu'Orphée s'était illustré, plus encore que par ses pouvoirs magiques, aux yeux des modernes, du moins. Qu'il s'agisse d'amour ou d'amitié, c'est l'authenticité et la réciprocité du sentiment qui comptent. Si les *Fables* ne nous offrent pas une quête qui serait la correspondance exacte de celle d'Orphée[273], elles se terminent avec la mise en œuvre d'un autre mythe, marquant lui aussi l'union durable des cœurs qui se reconnaissent: Philémon et Baucis représentent de plus la véritable sagesse, le détachement des biens matériels dont le fabuliste avait pourtant reconnu la nécessité et l'importance dans *La Cigale et la fourmi*. A la fin de sa vie et de sa carrière, faisant un retour sur lui-même avec une certaine mélancolie, il chante un bonheur simple et sans nuages, un exemple de sagesse, d'équilibre intérieur, d'harmonie avec le monde, reconnue et couronnée par les dieux:

> Ni l'or, ni la grandeur ne nous rendent heureux,
> Ces deux divinités n'accordent à nos vœux
> Que des biens peu certains, qu'un plaisir peu tranquille:
> ......
> L'humble toit est exempt d'un tribut si funeste
> Le Sage y vit en paix, et méprise le reste;
> Content de ces douceurs, errant parmi les bois,
> Il regarde à ses pieds les favoris des Rois;
> ......
> Approche-t-il du but, quitte-t-il ce séjour,
> Rien ne trouble sa fin, c'est le soir d'un beau jour.
>
> *Philémon et Baucis* XII, 25, 1-14, p. 503

La sagesse philosophique et socratique de la dernière fable;

> Apprendre à se connaître est le premier des soins
> Qu'impose à tous mortels la Majesté suprême.
>
> *Le Juge arbitre, l'hospitalier et le solitaire* XII, 29, 39-40 p. 537

---

[273] J-P. Collinet a pertinemment signalé qu'Orphée et sa quête trouvent un double féminin dans celle de Psyché, «La Fontaine et son faux Orphée, *loc. cit.*, p. 386.

se voit ici complétée par une forme de sagesse, psychologique et morale, voire spirituelle: mépris des richesses et des grandeurs, constance dans l'affection, bienfaisance et piété s'exprimant en charité. Plus heureux qu'Orphée, finalement privé de celle qu'il était parvenu à soustraire aux puissances infernales, Philémon et Baucis poursuivent dans la métamorphose une union harmonieuse, méritée par leurs vertus, exemple qui pourrait aussi être proposé aux Sages et par où le poète ne saurait mieux finir. Jusqu'au bout, La Fontaine réussit à toucher son public par son chant et par ses charmes, à faire pénétrer ses lecteurs dans un monde enchanté tout en insérant dans son chant les leçons d'une sagesse immémoriale, éternellement valable.

Les Epîtres dédicatoires des *Fables* ou La Fontaine et l'art de plaire

Les historiens de la littérature semblent d'accord pour faire remonter le genre de l'épître en vers aux poètes latins Horace et Ovide. Ils avaient utilisé avec bonheur cette forme souple qui s'adapte bien au traitement des sujets les plus divers: philosophiques, moraux, littéraires chez Horace; sentimentaux et amoureux dans les *Héroïdes*, nettement personnels dans les *Tristes* et les *Pontiques*, chez Ovide. L'épître accorde en effet au poète une grande liberté car il ne s'agit pas d'une forme fixe, et La Fontaine, pratiquant le vers libre, pouvait y trouver ce qui convenait à son génie. De même, le ton offre toute une gamme de variations possibles selon le sujet et le destinataire, pouvant aller de la haute éloquence au ton léger, badin réservé à des amis, à des familiers du poète. Si le mètre n'est pas fixé par des règles rigoureuses, Horace utilise l'hexamètre dactylique et Boileau, au 17ème siècle, se réclamant d'Horace[274] choisit pour ses Epîtres l'alexandrin à rime plate. Les *Epîtres* de Boileau illustrent bien la variété des sujets et des tons auxquels se prête le genre: héroïques, encomiastique lorsqu'il s'adresse au Roi, invoqué comme un nouveau Mécène ou un nouvel Alexandre; incisif et vigoureux, proche de la satire lorsqu'il dénonce de mauvais auteurs ou la vénalité de la justice.

La Fontaine n'a pas utilisé le terme d'épître qui se serait trouvé en conflit avec celui de fable pour nombre de textes en vers, placés en tête ou en conclusion de fables, adressés à des destinataires dont le nom est précisé ou simplement évoqué par des initiales. Il s'agit donc en fait, comme Marc Fumaroli l'a judicieusement noté dans son édition des *Fables*, d'épîtres en vers[275]. Ce sont ces textes qui feront l'objet de la présente étude. Ces épîtres servent à louer ou à remercier le dédicataire, à lui rendre un hommage amical, respectueux ou admiratif, à solliciter parfois sa protection: c'est le cas pour les épîtres dédicatoires du premier recueil au Dauphin, du second à Mme de Montespan, du livre XII au duc de Bourgogne. Elles servent aussi d'introduction, de prologue à la fable ou au recueil, ou d'épilogue. Elles rattachent la fable ou le recueil à la personne

---

[274] Jean Marmier, *Horace en France au 17e siècle* (Paris: P.U.F., 1962), ch. VIII, «Boileau», pp. 291-292.

[275] Marc Fumaroli, éd. des *Fables* de La Fontaine (Paris: Imprimerie nationale, 1985), 2 vol. Voir les Notes, I, 373, 377, 385; II, 327, 338, 345, 376, 394, 409, 417, 420, 428, 429 où le terme «fable-épître» est employé par l'éditeur.

que La Fontaine entend célébrer par des liens évidents ou subtils, délicatement suggérés.

Il serait possible d'ailleurs d'étendre le domaine de l'épître en vers dans les *Fables* au-delà de l'épître dédicatoire proprement dite en considérant comme telles certains passages où le poète s'adresse à ses lecteurs, et parmi eux, à un groupe particulier. Ainsi, dans *Contre ceux qui ont le goût difficile*, II, 1, La Fontaine interpelle ses censeurs; il s'adresse aux gens qui rêvent éveillés, comme lui, dans l'épilogue de *La Laitière et le pot au lait*, VII, 9, à ses compatriotes auxquels il souhaite de pouvoir jouir, comme les sujets de Charles II, des bienfaits de la paix dans *Un Animal dans la lune*, VII, 17, aux âmes inquiètes qui, comme lui encore, ne savent pas s'attacher au bonheur simple de l'amour partagé dans l'épilogue des *Deux Pigeons* IX, 2, ou de la retraite studieuse du savant ou de l'artiste, dans *Le Songe d'un habitant du Mogol*, XI, 4.

Les épîtres dédicatoires sont d'abord des compliments délicats et spirituels adressés à une personne dont l'importance dans la vie ou la carrière du fabuliste ne saurait être sous-estimée. Elles relèvent donc d'un genre et d'un style mondains, galants. D'éminents spécialistes ont à juste titre souligné l'influence de Voiture, maître du genre dans la génération précédente, sur La Fontaine, dès la période de Vaux.

> L'empreinte la plus évidente, cependant, qui l'ait marqué, c'est celle de Voiture et des poètes de salon. C'est son talent assez rare de poète mondain, son art du compliment galant, de l'allusion légère...la grâce sautillante de ses vers qui l'ont d'abord fait applaudir dans la société de Foucquet[276].

Cette empreinte allait subsister dans les épîtres dédicatoires des *Fables*, mais en même temps le poète allait assimiler, dans un véritable processus d'innutrition, d'autres influences, plus profondes, plus durables, en particulier celle d'Horace.

> mais, s'il est quelqu'un qui a su exquisément faire coïncider l'approfondissement de sa culture avec le mouvement créateur de son génie, comme autrefois Horace, ce n'est pas Boileau, trop prisonnier des formules et des clichés, c'est La Fontaine...[277]

Il semble bien en effet qu'il ait profité de l'exemple d'Horace, comme il l'affirme, d'ailleurs, dans l'*Epître à Huet*, «Horace par bonheur me dessilla

---

[276] Jean-Pierre Chauveau, *La Poésie des origines à 1715*, Collection U (Paris: A. Colin, 1968), pp. 175-176.

[277] *Ibid.*, p. 185.

les yeux»[278] en traitant dans ses épîtres dédicatoires les sujets les plus divers: réflexions sur son art, sur les goûts et les qualités de son dédicataire, et en choisissant une forme souple, faite pour donner libre cours à son génie[279]. J-P. Chauveau a bien montré que la préférence pour les formes courtes d'une part, libres de l'autre, se fait précisément sentir chez certains poètes du XVIIe siècle, gênés par les contraintes de la forme fixe, pratiquée par Malherbe dans l'ode:

> ces formes courtes où le poète est enclin à rechercher la concision et la pointe: l'épigramme, le madrigal ou au contraire pour la forme libre à rimes suivies: poème, discours, épître, satire, élégie...[280]

C'est cette diversité, si chère au poète qui en a fait sa devise, ce naturel, cette adéquation si nuancée entre la fable et son dédicataire qu'on tentera de dégager dans les épîtres dédicatoires. Il semble curieux de constater qu'un nombre à peu près égal d'épîtres se trouve adressé à des hommes et à des femmes, signe que le fabuliste marquait une fois de plus son indépendance dans le choix de ses protecteurs et protectrices et dans ses amitiés profondes et durables.

Le premier recueil des *Fables* s'ouvre en 1668 par une épître dédicatoire à Monseigneur le Dauphin, un enfant de six ans et demi. La Fontaine, comme il le fera dans d'autres épîtres du premier recueil, présente le but poursuivi dans «un premier et rapide crayon»[281]. Il pastiche avec humour l'incipit d'un grand genre, celui du poème épique, mais donne une définition concise de sa conception de la fable:

---

[278] La Fontaine, Epître à Monseigneur l'évêque de Soissons, *Œuvres diverses*, éd. Pierre Clarac (Paris: Gallimard, 1958), p. 648. On utilisera les initiales *O.D.* pour renvoyer à ce volume.

[279] J. Marmier, *op. cit.*, ch. IX, «La Fontaine et Horace», 336-337, donne une excellente évaluation de la leçon de naturel apprise par La Fontaine auprès d'Horace.

[280] J-P. Chauveau, *Préface* à son *Anthologie de la poésie française du XVIIe siècle* (Paris: Poésie/Gallimard, 1987), p. 21.

[281] Jean-Pierre Collinet, *Le Monde littéraire de La Fontaine* (Genève-Paris: Slatkine Reprints, 1989), p. 150.

Je chante les héros dont Esope est le père:
Troupe de qui l'histoire, encor que mensongère,
Contient des vérités qui servent de leçons.
Tout parle en mon ouvrage, et même les poissons.
Ce qu'ils disent s'adresse à tous tant que nous sommes.
Je me sers d'animaux pour instruire les hommes[282].

Fiction et vérité, union indissoluble et complémentarité des contraires, chant et parole, plaisir et instruction: tout le programme des *Fables* auquel souscrivent, implicitement du moins, la plupart des écrivains classiques, se trouve ici affirmé dans un court mais vigoureux prélude. Suivent l'éloge attendu du Dauphin et de son glorieux père Louis, «prince aimé des dieux», évoqué selon les lois du genre comme conquérant et digne héritier de ses illustres aïeux[283]. La Fontaine se permet d'abréger, mais, comme le remarque à juste titre Marc Fumaroli, il montre dans cette épître dédicatoire «un sens exquis de l'étiquette de Cour, se tourne vers le dauphin et lui récite, un peu à la manière des "envois" de l'ancienne poésie, un compliment en vers reprenant et résumant les thèmes de la dédicace en prose»[284].

Du point de vue de la forme, cette courte épître en alexandrins à rimes plates est tout à fait conforme à la pratique courante pour les formes non strophiques. On verra que La Fontaine, toujours épris de diversité, introduira par la suite le vers libre dans certaines de ses épîtres dédicatoires.

Après avoir rendu ses devoirs à la majesté royale, le poète se consacre à une très vieille amitié, nouée sur les bancs du collège, qui allait subsister jusqu'à sa mort, en dédiant à Maucroix *Le Meunier, son fils et l'âne*. De nouveau, le fabuliste présente dans le prologue des considérations sur «l'apologue», venu de «l'ancienne Grèce», mais s'il rend hommage à la tradition, il affirme aussi qu'on peut toujours y ajouter du nouveau:

---

282 La Fontaine, *Œuvres complètes* éd. J-P. Collinet, Pléiade (Paris: Gallimard, 1991) I, *Fables. Contes et Nouvelles*, p. 29. Toutes les citations des *Fables* renvoient à cette édition. Le livre, le numéro de la fable et celui de la page seront indiqués dans le texte, et le volume désigné par *O.C.*

283 Nicole Ferrier- Caverivière, *L'Image de Louis XIV dans la littérature française de 1660 à 1715* (Paris: P.U.F., 1981) chap. 1 et 2, et «Louis XIV et le Prince idéal dans la littérature française de 1660 à 1685", dans *L'Image du souverain dans les lettres françaises des guerres de religion à la révocation de l'édit de Nantes*, Actes et colloques, No. 24, éd. Noémi Hepp et Madeleine Bertaud (Paris: Klincksieck, 1985) pp. 69-79.

284 Marc Fumaroli, *Fables*, éd. cit., I, 358.

Mais ce champ ne se peut tellement moissonner
Que les derniers venus n'y trouvent à glaner.
La Feinte est un pays plein de terres désertes:
Tous les jours nos auteurs y font des découvertes.
Le Meunier, son fils et l'âne, III, 1, v. 3-6, p. 105

Ce goût de la nouveauté est une constante chez La Fontaine: on se souvient de la déclaration hyperbolique et paradoxale du dieu de la poésie:

Il me faut du nouveau, n'en fût-il point au monde[285].

Deux maîtres de la génération précédente, Malherbe et Racan, vont permettre au fabuliste de présenter à son ami un principe général de conduite. Un parallèle flatteur s'établit implicitement: l'amitié et la confiance qui règnent entre Maucroix et La Fontaine devient une réplique de celles des «deux rivaux d'Horace». Le choix d'une carrière, d'un genre de vie, se pose aux jeunes gens à n'importe quelle époque, dans n'importe quelle société. La question posée par Racan à Malherbe a donc une portée universelle, applicable sans doute au choix qui se présente aux deux amis d'enfance. Le choix du mariage rappelle évidemment la célèbre question qui sert de fil conducteur au *Tiers-Livre*. Chez Rabelais, la diversité des opinions contradictoires aboutissait à un scepticisme amusé à l'égard de personnages considérés comme possédant la sagesse. Ici, le désir de plaire à tout le monde se voit traité comme chimérique et moqué par un homme de bon sens qui va droit au but:

Mais j'ai les miens, la cour, le peuple, à contenter.
Malherbe là-dessus: Contenter tout le monde!
Le Meunier, son fils et l'âne III, 1, v. 24-25, p. 106

La reprise du verbe contenter est chargée d'ironie. Le contrepoint «entre la gravité du débat sur le choix d'une carrière et la saveur rustique de l'apologue dont Malherbe, avec sa rudesse bourrue, illustre son conseil»[286] existe déjà dans le prologue entre le sérieux avec lequel Racan sollicite l'avis de son maître et ami et l'exclamation de ce dernier, qui reprend, de façon antiphrastique le terme «contenter». La régularité de la forme: alexandrins à rimes plates, amène le savant éditeur «à considérer la pièce comme au moins ébauchée à date ancienne», et aussi à la rapprocher de la

---

[285] La Fontaine, *Clymène, O.D.*, éd. P. Clarac, Pléiade (Paris: Gallimard, 1958), p. 21.

[286] J-P. Collinet, *Le Monde littéraire, op. cit.*, p. 147.

fable, placée de façon symétrique en tête du livre II, *Contre ceux qui ont le goût difficile*: les deux textes «se font mutuellement écho par leur signification: renvoyant dos à dos des censeurs qu'il s'avère impossible de contenter tous parce qu'ils se contredisent les uns les autres, le poète achève par là d'affirmer son indépendance»[287].

L'épître dédicatoire à Mlle de Sévigné, précédant la fable du *Lion amoureux* IV, 1, se présente comme un hommage d'une galanterie de bon ton, destiné à une jeune fille qui brillait dans la société parisienne et à la Cour, dont la mère était depuis longtemps l'admiratrice de La Fontaine. Le poète évite avec tact de parler métier et pour rendre son texte plus léger, plus aérien, utilise l'octosyllabe avec, au début, un groupe de quatre vers à rimes embrassées et à la fin cinq vers à rimes croisées, entre les deux des octosyllabes à rimes plates. Il s'agit donc d'une présentation en encadrement, le début et la fin de l'épître marqués par des schémas de rimes différents du reste.

Le compliment est présenté en style galant, inspiré sans doute de celui de Voiture dont la célèbre lettre à la belle Lionne pouvait être présente à la mémoire de La Fontaine[288]. La beauté et les «attraits» de Mlle de Sévigné amènent naturellement l'évocation mythologique des Grâces. La prière à la dédicataire, érigée en demi-divinité, de bien vouloir regarder favorablement la fable qui lui est offerte et par extension son auteur entre tout à fait dans le cadre d'une épître en forme de madrigal. Mlle de Sévigné est présentée comme une belle insensible: le poète semble d'abord lui faire un léger et galant reproche de son «indifférence»[289]. Toutefois, il reconnaît les dangers de l'amour qui vont être illustrés dans la fable proprement dite, à propos du lion amoureux:

---

287 J-P. Collinet, *O.C.*, note à cette fable, p. 1096. Sur ce point, voir notre étude «A la recherche d'une poétique dans le premier recueil des *Fables*», dans les *Actes* de l'Université de Western Ontario, éd., Lane M. Heller et Ian Richmond, London, Ontario, Mestengo Press, 1994, pp. 105-117, incluse dans le présent recueil.

288 Alain Niderst, *Madeleine de Scudéry, Pellisson et leur monde* (Paris: P.U.F., 1976), p. 481, p. 488.

289 Sur la personnalité de Mlle de Sévigné et sa situation mondaine, voir Roger Duchêne, *Madame de Sévigné ou la chance d'être femme* (Paris: Fayard, 1982), p. 167; p. 170-173, pp. 189-199 et Jacqueline Duchêne, *Françoise de Grignan ou le mal d'amour* (Paris: Fayard, 1985), pp. 16-17. L'auteur note judicieusement que «malgré tout son désir de voir briller sa fille, Mme de Sévigné ne peut se défaire de ses convictions profondes. La petite-fille de sainte Chantal n'aurait jamais accepté de jeter sa propre fille dans les bras du Roi.»

Amour est un étrange maître.
Heureux qui peut ne le connaître
Que par récit, lui ni ses coups!

Le Lion Amoureux IV, v. 9-11, p. 137

Le fabuliste donne implicitement raison à la belle indifférente, suggérant la nécessité de la prudence, qui apparaît comme le mot de la fin:

Amour, amour, quand tu nous tiens,
On peut bien dire: Adieu, prudence.

Ibid., v. 59-60, p. 138

S'agirait-il ici d'une «stratégie de désorientation»[290] et la leçon s'adresserait-elle en fait à la dédicataire , heureusement protégée par son indifférence, mais avertie qu'il serait dangereux de s'éprendre, comme la bergère, d'un «Lion de haut parentage», d'un «amoureux à longue crinière» – on sait que la belle et abondante chevelure du jeune Louis XIV était célèbre – et de compromettre son avenir par des rapports flatteurs, certes, mais qui faisaient jaser, avec le jeune et séduisant monarque?

Une épître dédicatoire, adressée à un personnage désigné par des initiales: M.L.C.D.B., précède la fable liminaire du livre V, *Le Bûcheron et Mercure*. Ici encore, on a affaire à des vers libres, mélange d'alexandrins et d'octosyllabes, de rimes plates, croisées et embrassées. Les historiens de la littérature ont généralement accepté d'identifier les initiales avec celles du comte de Brienne: La Fontaine collaborait avec lui en vue du *Recueil de poésies chrétiennes et diverses* qui allait paraître en 1671, précédé d'une dédicace de La Fontaine au jeune prince de Conti. Jean-Pierre Collinet a exprimé des doutes sur cette attribution et a proposé d'y lire le cadet Despréaux-Boileau[291]. L'épître traite, comme celles adressées au Dauphin, à ses censeurs (II, 1), à son ami Maucroix (III, 1) de questions littéraires qui touchaient de près le fabuliste: il y formule sa poétique qui a reçu la caution de son dédicataire, homme de goût. On perçoit dans ces observations un manifeste nuancé du classicisme:

---

[290] Le terme est celui de Jürgen Grimm appliqué à la façon dont La Fontaine suggère indirectement ses vues politiques «Stratégies de désorientation dans les *Fables* de La Fontaine», dans *Ouverture et dialogue* dans *Mélanges offerts à Wolfgang Leiner*, éd. par Ulrich Döring, Antiopy Lyroudias, Rainer Zaiser (Tübingen: Günter Narr Verlag, 1988), pp. 175-191.

[291] J-P. Collinet, *Le Monde littéraire*, op. cit., p. 173, p. 462 note 73. *Préface* à Nicolas Boileau, *Satires, Epîtres, Art poétique*, Collection Poésie (Paris: Gallimard, 1985), p. 15.

Vous voulez qu'on évite un soin trop curieux,
Et des vains ornements l'effort ambitieux.
......
Non qu'il faille bannir certains traits délicats:
Vous les aimez ces traits, et je ne les hais pas.
Le Bûcheron et Mercure V, v. 3-8, p. 177

Le poète rejette les recherches excessives du baroque et de la préciosité, mais reconnaît le rôle de l'art qui permet de parvenir à l'élégance de l'expression. A l'idéal classique: plaire et instruire, hérité d'Esope et d'Horace[292], vient s'agréger la morale chrétienne qui dénonce la vanité et l'envie, de façon plaisante pour le lecteur en lui présentant

Une ample comédie à cent actes divers,
Et dont la scène est l'univers.
Hommes, Dieux, Animaux, tout y fait quelque rôle:
Jupiter comme un autre.
Ibid., v. 27-30, p. 178

Toutes les espèces, tous les rangs contribuent à la création de l'univers poétique de La Fontaine: son éclectisme et son égalitarisme se trouvent suggérés de façon humoristique et s'allient au thème du *theatrum mundi*, cultivé par les grand moralistes[293].

Les dédicaces du second recueil (1678) à Madame de Montespan font pendant à celle du premier recueil au Dauphin: le fabuliste espère par ces gestes faire sa cour, obtenir quelques faveurs du roi, sous forme d'une pension. La beauté et l'esprit de la favorite pouvaient à juste titre appeler la louange et l'hommage d'un poète mondain, maniant avec virtuosité le compliment galant:

Paroles et regards, tout est charme dans vous.
Ma Muse en un sujet si doux
Voudrait s'étendre davantage;
Mais il faut réserver à d'autres cet emploi,
Et d'un plus grand maître que moi
Votre louange est le partage.
A Mme de Montespan, VII, v. 23-28, pp. 247-248

---

[292] J-P. Collinet, *O.C.*, p. 1130 notes 3 et 4, cite les rappels d'Horace.

[293] Sur le *théatrum mundi* chez les moralistes, voir Louis Van Delft, *Le Moraliste classique* (Genève: Droz, 1982), pp. 191-210.

Encore une fois, avec un tact parfait, sensible au protocole, et pratiquant l'esprit courtois, le poète s'efface devant le seul maître digne de chanter les louanges de sa dame, le Roi. Tout, le vocabulaire mythologique, le style encomiastique, contribuent à élever un temple à la divinité, Olympe, compagne élue de Jupiter.

On a de nouveau affaire à des vers libres, mélange d'alexandrins et d'octosyllabes et de rimes variées. La fable est littéralement portée aux nues par des hyperboles, geste audacieux, voire contestataire pour un genre qui n'avait pas été reconnu dans l'*Art poétique* en 1674: elle est un don des dieux ou d'hommes qui devraient être mis au rang des dieux:

> L'apologue est un don qui vient des immortels;
> Ou si c'est un présent des hommes,
> Quiconque nous l'a fait mérite des autels.
> Nous devons tous tant que nous sommes
> Eriger en divinité
> Le Sage par qui fut ce bel art inventé.
> C'est proprement un charme: il rend l'âme attentive,
> Ou plutôt il la tient captive
> Nous attachant à des récits
> Qui mènent à son gré les cœurs et les esprits.
>
> *Ibid.*, v. 1-10, p. 247

La définition de la fable comme «charme» lui confère une double valeur de chant, de poésie lyrique, et d'enchantement, de pouvoir magique: or le fabuliste allait précisément traiter du pouvoir des fables dans la fable qui porte ce titre, elle aussi précédée d'une épître dédicatoire en vers libres à M. de Barillon, ambassadeur de France en Angleterre. Ce gentilhomme champenois appartenait aux cercles d'amis de La Fontaine, Mme de Sévigné et sa fille, les Coulanges, Mme du Plessis-Guénégaud, puis Mme de La Sablière[294]. Le ton employé par La Fontaine est donc amical, d'une familiarité de bon ton, légèrement humoristique dans l'évocation du sacrifice proposé de «cent moutons»: ici encore faut-il voir une allusion à la province commune au dédicataire et au fabuliste, et à son élevage?

La Fontaine, inquiet au sujet de la situation diplomatique de la France menacée par une coalition européenne, se tourne vers son ami qui, dans son rôle d'ambassadeur, saura jouer d'adresse et persuader le roi d'Angleterre Charles II de ne pas se joindre à «l'hydre» qu'est la coalition dressée contre son cousin le roi de France. L'argument des liens familiaux, dynastiques

---

[294] Léon Petit, *La Fontaine et Saint-Evremond ou la tentation de l'Angleterre* (Toulouse, Privat, 1953), pp. 29-43, sur Paul de Barrillon et son rôle diplomatique.

qui unissent les deux pays est habilement invoqué et le désarroi du poète fortement marqué par une expression familière:

> mais que l'Angleterre
> Veuille que nos deux Rois se lassent d'être amis,
> J'ai peine à digérer la chose.
>
> *Le Pouvoir des fables* VIII, 4, v. 14-16, p. 295

La coalition, présentée sous forme métaphorique d'hydre amène naturellement l'image traditionnelle du roi de France en Hercule gaulois, métaphore largement utilisée depuis la Renaissance dans la poésie encomiastique. On sait la sympathie éprouvée par La Fontaine pour l'Angleterre et son souverain Charles II, petit-fils d'Henri IV par sa mère et frère de Madame dont La Fontaine avait célébré le mariage avec Philippe d'Orléans[295]. Le poète avait chaleureusement exprimé son admiration pour le monarque anglais dans *Un animal dans la lune* VII, 17 et loué le bonheur de son peuple qui jouissait des bienfaits de la paix. L'intervention de l'ambassadeur à Londres pourrait ramener la paix en France:

> Si votre esprit plein de souplesse,
> Par éloquence et par adresse,
> Peut adoucir les cœurs, et détourner ce coup,
> Je vous sacrifierai cent moutons; c'est beaucoup
> Pour un habitant du Parnasse.
>
> *Ibid.,* v. 21-25, pp. 295-296

Offrande digne d'un provincial de Château-Thierry, propriétaire de fermes et de troupeaux faisant partie de l'héritage paternel, et d'un poète qui plaisante sur sa propre impécuniosité[296]. On voit combien La Fontaine sait varier les tons, selon le dédicataire: un temple pour Olympe-Montespan, un sacrifice hyperbolique de moutons pour un ami champenois. Encore une fois, il s'abstient d'appuyer sur l'éloge, il invoque la modestie de M. de Barillon, parfait honnête homme aussi bien qu'habile représentant des intérêts français à la cour d'Angleterre.

Comme à Mlle de Sévigné dans le premier recueil, c'est à une jeune fille de l'aristocratie que le poète s'adresse, Mlle de Sillery, jeune Champenoise, fille de Roger Brûlart, marquis de Sillery et nièce de son ami La Rochefoucauld, dans l'épître dédicatoire de *Tircis et Amarante*. Ici

---

[295] *Ibid.*, pp. 15-22, «La merveille que nous ont donnée les Anglais» (1661).

[296] Roger Duchêne, *Jean de La Fontaine* (Paris: Fayard, 1990), pp. 112-114.

encore, il s'agit d'une question littéraire. La Fontaine avait cessé, temporairement du moins, d'écrire des fables pour se consacrer aux contes, choix apparemment déploré par la jeune fille qui, de façon flatteuse, lui réclame de nouvelles fables:

> J'avais Esope quitté
> Pour être tout à Boccace:
> Mais une divinité
> Veut revoir sur le Parnasse
> Des fables de ma façon...
>
> *Tircis et Amarante* VIII, 13, v. 1-5, p. 313

Pour donner à cette petite querelle le ton plaisant qui convient entre amis, le poète adopte l'alerte heptasyllabe dans l'épître et des schémas de rimes variés au début et à la fin surtout. De nouveau, la charmante dédicataire se voit assimilée à une divinité au souhait de laquelle le fabuliste galant homme ne saurait résister. Malgré la qualité de divinité de la jeune fille, le poète n'hésite pas à adopter un ton familier comme il convient à un vieil ami de la famille. Comme Mlle de Sévigné en matière d'amour, la jeune personne se montre assez difficile en matière de goût: les contes lui paraissent «obscurs», indignes d'un bel esprit, c'est-à-dire d'une précieuse[297]. Pour elle, La Fontaine se tournera vers le genre bucolique et composera une «idylle». L'ironie est que cette idylle se termine de façon inattendue, comique, à la manière d'un conte précisément, par la déconvenue du berger qui avait trop bien analysé, à la manière des précieux justement, les effets de l'amour[298].

Les épîtres suivantes forment le prologue et l'épilogue de *Discours* adressés à des amis très chers pour lesquels La Fontaine éprouve la plus grande admiration, Mme de La Sablière et La Rochefoucauld; un sentiment commun les anime: Ici encore, subtilement la fable renouvelle et illustre l'hommage de l'épître. C'est dans le salon de Mme de La Sablière que La Fontaine avait eu l'occasion de rencontrer des savants et des penseurs distingués, de diverses tendances: cartésiens et gassendistes, de les entendre

---

[297] J-P. Collinet, *O.C.*, p. 1205, note. 1. Sur Mlle de Sillery et sa famille, leurs rapports avec Maucroix et La Fontaine, voir l'excellente étude de Roger Zuber, «Madame de Thibergeau, La Fontaine et La Rochefoucauld», *Mélanges Pintard, Travaux de littérature de l'Université de Strasbourg*, XIII, 2, 1975, 323-338. L'auteur conclut: «...comme l'indique dans *Tircis et Amarante* le comique du quiproquo, le goût de cette inspiratrice n'avait rien de guindé.»

[298] Marc Fumaroli, *Fables* II, 346, estime que «le retournement final, avec son humour piquant, est du meilleur La Fontaine...des *Contes* justement!»

discuter les questions scientifiques et philosophiques qui passionnaient l'intelligentsia de l'époque. Le fabuliste avait énormément profité de ces contacts: les idées exprimées par ces penseurs à la pointe de la modernité confirmaient les siennes. Il était donc juste de réserver à Mme de La Sablière, animatrice d'un salon «philosophique» avant la lettre la poésie la plus haute, digne de Lucrèce dont il se déclare ailleurs le disciple[299].

De même, le *Discours à M. le duc de La Rochefoucauld* allie à l'hommage reconnaissant de l'épître finale un thème philosophique suggéré par le dédicataire et developpé par lui dans une de ses *Réflexions diverses* (No. 11). Le fabuliste partage ce point de vue sur la nature animale, instinctive de l'homme:

> Je me suis souvent dit, voyant de quelle sorte
> L'homme agit et qu'il se comporte
> En mille occasions comme les animaux...
> *Discours à M. le Duc de La Rochefoucauld*, X, 14, v. 1-3, p. 418

Le fabuliste, comme l'auteur des *Maximes* et des *Réflexions diverses*, avait observé la légèreté et l'inconséquence humaines, semblables à celles des lapins, l'instinct de possession, féroce pour les nouveaux venus qui pourraient susciter une concurrence, observé dans le monde apparemment raffiné des salons où femmes et hommes s'entredéchirent:

> La coquette et l'auteur sont de ce caractère;
> Malheur à l'écrivain nouveau,
> Le moins de gens qu'on peut à l'entour du gâteau,
> C'est le droit du jeu, c'est l'affaire.
> *Ibid.*, v. 48-51, p. 419

Un autre lien existe entre les deux dédicataires: Mme de La Sablière et La Rochefoucauld sont tous deux modestes, refusant les louanges, discrets, suprêmement intelligents et sensibles. Ils se conduisent en honnêtes gens qui ne se piquent de rien, mêlant dans leurs conversations le sérieux et la plaisanterie, réalisant ainsi l'idéal de diversité et d'urbanité cher au poète:

---

[299] Marc Fumaroli, *Fables* II, pp. 376-377 a bien saisi l'intention du fabuliste: Fable-épître, le *Discours* est d'abord un hymne d'admiration, de reconnaissance, de tendre amitié, à la protectrice de La Fontaine depuis 1672, Mme de La Sablière...Mais La Fontaine va plus loin: il réserve à son intelligente protectrice la plus ambitieuse de ses fables, celle où il s'élève le plus haut dans «la poésie philosophique».

La bagatelle, la science,
Les chimères, le rien, tout est bon. Je soutiens
Qu'il faut de tout aux entretiens:
C'est un parterre, où Flore épand ses biens;
Sur différentes fleurs l'Abeille s'y repose,
Et fait du miel de toute chose.
Discours à Mme de La Sablière, IX, v. 18-23, p. 383

La Rochefoucauld, dont La Fontaine avait célébré les *Maximes* dans *l'Homme et son image* I, 11, – fable qui lui était dédiée, mais dépourvue d'épître – s'était montré dès les débuts littéraires du fabuliste, un défenseur éclairé de son art et un ami avec qui il pouvait partager une complicité d'écrivain:

Vous enfin dont à peine ai-je encore obtenu
Que votre nom reçût ici quelques hommages,
Du temps et des censeurs défendant mes ouvrages,
......
Permettez-moi du moins d'apprendre à tout le monde
Que vous m'avez donné le sujet de ces vers.
Discours à M. le Duc de La Rochefoucauld, X, 14, v. 63-71, pp. 419-420

Contrairement aux nombreux exemples d'ingratitude illustrés dans les *Fables*, La Fontaine a su cultiver la vertu de reconnaissance, marque d'un cœur bien né, en dehors de toute différence de rang. Réciproquement, le duc, héritier d'un grand nom, n'a pas hésité à témoigner activement son amitié et son estime pour le poète, montrant ainsi qu'il savait reconnaître les qualités de l'esprit et du cœur et trouver dans les douceurs de l'amitié dont il se faisait une conception très élevée, une compensation à ses déceptions politiques[300].

La fable dédiée au duc du Maine, XI, 2 ne comporte pas d'épître. La mise en valeur de l'intelligence et du charme du «fils de Jupiter» était bien faite pour plaire à sa mère, Mme de Montespan, à qui le second recueil était dédié. M. Fumaroli estime qu'ici «le style encomiastique est singulièrement voyant»[301]. La fable en effet se termine par l'intervention de l'Amour comme le dernier des dieux chargés de l'éducation du prince, allusion évidente et peut-être un peu trop appuyée selon notre goût, mais

---

[300] Marguerite Haillant, «De l'amitié au XVIIe siècle» dans *Thèmes et genres littéraires aux XVIIe et XVIIIe siècles, Mélanges en l'honneur de Jacques Truchet* (Paris: P.U.F., 1992), pp. 225-236. Sur La Rochefoucauld en particulier, pp. 231-234.

[301] M. Fumaroli, *Fables* II, 328.

probablement acceptable au XVIIe siècle, à la naissance du jeune duc, rappel aussi de l'apopthegme utilisé à travers toute la tradition selon lequel «l'amour est un grand maître.»

Le livre XII (1693), dédié au duc de Bourgogne, s'ouvre par une fable (de 1690) dont le prologue en vers libres, mais avec une large proportion d'alexandrins à rimes plates, constitue une épître dédicatoire au jeune prince. La Fontaine évoque les dons exceptionnels du petit-fils de Louis XIV, cultivés, on le sait, par son précepteur, Fénelon, qui toutefois n'est pas nommé. Cette absence paraît surprenante, comme le remarque J-P. Collinet à propos de la dédicace en prose[302], car La Fontaine avait inséré une allusion flatteuse au précepteur du Dauphin dans la dédicace en prose du premier recueil. Fénelon aurait-il refusé de se voir nommer par humilité chrétienne ou par sens des convenances estimant qu'un homme d'Eglise ne devait pas paraître dans un ouvrage profane?

La dédicace est écrite dans un ton élevé, convenant au fils de l'héritier du trône, avec des allusions à la carrière héroïque de son père et de son grand-père. La fable présente une moralité conventionnelle, mais qui était bien faite pour plaire au précepteur de l'enfant: on ne doit pas être esclave de ses passions. Elle insinue, en fait, une réflexion sur la relativité des opinions. On peut voir là un trait de modernité et d'ouverture vers les lumières[303]. Il semble bien qu'en cette fin de règne, assombrie par les guerres et les problèmes intérieurs, le jeune duc de Bourgogne ait représenté aux yeux des Français l'avenir et l'espoir de la dynastie, comme le suggère Jürgen Grimm[304].

La Fontaine avait dédié en 1671 le *Recueil de poésies chrétiennes et diverses* à Louis Armand de Conti, encore enfant. C'est à son frère cadet, François Louis, devenu prince de Conti à la mort de son aîné qu'il adresse l'épître dédicatoire de la fable *Le Milan, le Roi et le Chasseur*, écrite en vers libres. Cette épître sert aussi d'épithalame pour célébrer le mariage du prince avec Marie-Thérèse de Bourbon, petite-fille du Grand Condé en 1699. L'épître annonce le thème de la fable, l'éloge de la clémence royale.

---

302 J-P. Collinet, *O.C.*, p. 1273.

303 Nicole Ferrier-Caverivière, «L'avènement des Lumières», dans *Thèmes et genres littéraires, op. cit.*, p. 213.

Jürgen Grimm parle de «früh Aufklärung», «Le Livre XII des *Fables*, somme d'une vie, somme d'un siècle?», *Le Fablier*, No. 1, 1989, p. 64.

304 Jürgen Grimm, «Jean de La Fontaine: «Malgré Jupiter même et les temps orageux». Pour une réévaluation du livre XII des *Fables*», *Œuvres et critiques* XVI, 2, 1991, 57-69. Sur le duc de Bourgogne, pp. 62-63. Voir aussi du même auteur l'article cité dans la note 30, p. 67.

Le prince avait bénéficié, à la requête du Grand Condé mourant, de celle de Louis XIV qu'il avait offensé par des propos désobligeants, découverts dans une lettre interceptée. Le choix du sujet était donc en rapport avec la situation du prince. Mais, par une nouvelle stratégie de désorientation, c'est au prince lui-même que La Fontaine attribue l'opinion générale sur les mérites de la clémence et la pratique de la magnanimité:

> Comme les Dieux sont bons, ils veulent que les Rois
> Le soient aussi: c'est l'indulgence
> Qui fait le plus beau de leurs droits,
> Non les douceurs de la vengeance.
> Prince, c'est votre avis. On sait que le courroux
> S'éteint en votre cœur sitôt qu'on l'y voit naître.
>
> *Le Milan, le Roi et le Chasseur*, XII, 12, v. 1-6, p. 475

Le poète fait appel à la mythologie pour célébrer l'équanimité du prince, en la contrastant avec la colère d'Achille, et le caractère exceptionnel de sa bonté parmi les Grands:

> Peu de Grands sont nés tels en cet âge où nous sommes,
> L'univers leur sait gré du mal qu'ils ne font pas.
> Loin que vous suiviez ces exemples,
> Mille actes généreux vous promettent des temples.
>
> *Ibid.,* v. 11-14, p. 475

On se souvient de ce que La Bruyère à la même époque écrivait sur les Grands et les courtisans. M. Fumaroli a noté à propos de ces vers:

> les pointes contre Louis XIV sont perceptibles à un œil attentif, dès l'épître liminaire; au vers 7, «Achille» évoque invinciblement les injustices dont ce héros fut victime de la part d'Agamemnon. Au vers 12, la sentence terrible «L'univers leur sait gré du mal qu'ils ne font pas», tout en restant assez générale pour ne pas donner prise à la censure, porte à plein contre la tyrannie du vieux roi[305].

Un temple avait été promis à Mme de Montespan, des autels au duc de Bourgogne, ici le poète va jusqu'à prédire au prince l'apothéose «dans le palais des Dieux», parmi lesquels Apollon et Hymen se voient nommés: ils introduisent l'éloge de la princesse de Conti, née Bourbon et l'évocation d'un bonheur idyllique. La Fontaine pensait sans doute que les hyperboles du style encomiastique habilement déployées dans l'épître feraient passer

---

[305] M. Fumaroli, *Fables* II, 418.

l'ironie implicite de la fable proprement dite: égalité des hommes selon la nature, en dépit des différences sociales artificiellement imposées[306].

C'est aussi un temple, une apothéose que La Fontaine réserve à sa bienfaitrice divinisée, à la plus chère de ses amies dans la longue épître dédicatoire, la plus personnelle qu'il ait écrite, véritable hymne à l'amitié:

> Je vous gardais un temple dans mes vers:
> ......
> Sur le portail j'aurais ces mots écrits:
> Palais sacré de la déesse Iris;
> ......
> L'Apothéose à la voûte eût paru.
> Là, tout l'Olympe en pompe eût été vu
> Plaçant Iris sous un dais de lumière.
> *Le Corbeau, la Gazelle, la Tortue et le Rat* XII, 15, v. 1-15, p. 483

La forme adoptée est uniformément le décasyllabe, mais encore une fois avec des schémas de rimes divers. L'intention encomiastique est claire, magnifiée et approfondie par rapport aux autres épîtres dédicatoires, comme les éditeurs l'ont très justement noté[307]. La déesse Iris mérite un véritable culte. Son éloge comprend un triple hommage rendu à son charme, son «art de plaire», à son esprit et à son cœur. Elle refuse l'amour, blessée comme d'autres femmes (on songe à la Clymène de la pièce du même nom et des élégies) par une expérience malheureuse: elle pourrait et

---

[306] Jürgen Grimm, «J. de La Fontaine...», *op. cit.*, p. 62, cite le commentaire de M. Fumaroli (note 32) et ajoute «La véritable hardiesse de la fable consiste, pourtant, dans le rabaissement physique du personnage du roi...L'argumentation «biologique» contenue indirectement dans le commentaire du narrateur:

> «Le nez royal fut pris comme un nez du commun» est unique dans les fables...»

[307] J-P. Collinet, *O.C.*, p. 1292: «Le temple que le poète voue à Mme de La Sablière dans son prologue sert de couronnement aux deux *Discours* qu'il a composés pour elle en 1679 et 1684.» M. Fumaroli, *Fables* II, 420: «Cette fable, avec celle des *Deux Pigeons* est celle où le fond du cœur tendre et l'humanité exquise du grand poète se découvrent le mieux.» L'éditeur y voit «*une invite* à Mme de La Sablière à trouver asile et réconfort, non dans un couvent, mais dans une société d'amis à toute épreuve qu'elle a mérité de voir se former autour d'elle». «La Fontaine fait précéder sa narration (Il compte sur le pouvoir des fables) par une somptueuse épître qui fait de Mme de La Sablière, bien au-dessus de Mme de Montespan, dédicataire officielle du second recueil, la divinité inspiratrice de toutes les *Fables* depuis le livre VII. Il se livre dans cette épître à une magnifique variation sur les vers fameux d'Horace (*Odes*, III, 30): Exegi monumentum aere perennius...». On retrouve donc jusqu'au bout l'inspiration horatienne dans les épîtres de La Fontaine.

devrait trouver une consolation dans la société d'amis fidèles, comme les animaux de la fable qui illustrent la perfection du dévouement inspiré par la plus véritable amitié.

L'amie anglaise, Mme Harvey, à laquelle La Fontaine dédie sa fable *Le Renard anglais*, illustre une fois de plus l'intérêt très vif du poète pour les rapports entre les deux pays, dont *Le Pouvoir des fables* VIII, 4, dédié à son ami Paul de Barillon, ambassadeur de France à Londres, avait témoigné. A cet intérêt qui touchait à des questions de guerre et de paix en Europe s'ajoutaient des liens personnels avec les exilés français, Saint-Evremond, la duchesse Mazarin et leur cercle. La dédicataire était précisément une amie intime de la duchesse Mazarin, veuve et sœur d'ambassadeurs, et avait servi d'agent français à la cour anglaise: ses services avaient été très appréciés de notre ambassadeur, M. de Barillon. La Fontaine ne manque pas de faire l'éloge des talents diplomatiques, de l'intelligence et des qualités de dévouement de Mme Harvey, sœur du duc de Montagu, plusieurs fois ambassadeur à la cour de France:

> Le bon cœur est chez vous compagnon du bon sens,
> Avec cent qualités trop longues à déduire,
> Une noblesse d'âme, un talent pour conduire
> Et les affaires et les gens,
> Une humeur franche et libre, et le don d'être amie
> Malgré Jupiter même et les temps orageux.
>
> *Le Renard anglais* XII, 23, v. 1-6, p. 497

De plus, la noble Anglaise fait preuve de son bon goût, comme d'autres dédicataires délicats en refusant l'«éloge pompeux» qu'elle méritait. Le poète va y substituer, de façon flatteuse pour elle, l'éloge de son pays dont elle incarne les qualités les plus marquantes. L'Angleterre est présentée comme le pays de la libre enquête pour les savants pratiquant observation et expériences:

> Les Anglais pensent profondément;
> Leur esprit, en cela, suit leur tempérament.
> Creusant dans les sujets, et forts d'expériences,
> Ils étendent partout l'empire des sciences.
> ......
> Vos gens à pénétrer l'emportent sur les autres...
>
> *Ibid.,* v. 13-18, p. 497

La Fontaine reprend ici l'éloge inséré dans l'épilogue d'*Un Animal dans la lune* (VII, 17), comme l'a bien vu Jürgen Grimm qui conclut:

> Ici et ailleurs, l'Angleterre représente pour La Fontaine ce que Paul Hazard appellera «un esprit nouveau» qui est synonyme, avant tout, de liberté politique

après avoir noté qu'il s'agit aussi de liberté individuelle, de la possibilité d'une libre enquête dans tous les domaines des sciences et des arts:

> L'Angleterre qui assure la liberté à beaucoup d'exilés français doit paraître à La Fontaine un lieu d'asile idéal où règnent la liberté et la paix et qui est propice à l'épanouissement des arts et des sciences[308].

La fable se termine d'ailleurs par un compliment galant à la plus célèbre de ces exilés, Hortense Mancini, duchesse Mazarin «des Amours Déesse tutélaire». Elle avait été rejointe à Londres par sa sœur, la duchesse de Bouillon, protectrice de La Fontaine, à qui il avait dédié *Psyché* (O.D., pp. 121-122 (1669). Les deux sœurs avaient une réputation de galanterie, par suite leur cercle devait représenter pour le poète un idéal épicurien où la libre enquête se doublait de liberté dans les plaisirs, dans le cadre de «l'île de Cythère», allusion transparente où l'on pourrait voir une préfiguration de l'atmosphère du dix-huitième siècle, évoquée dans le célèbre tableau de Watteau, comme le note M. Fumaroli[309].

C'est encore un appel au bonheur et à l'amour partagé que La Fontaine lance dans l'idylle imitée de Théocrite, *Daphnis et Alcimadure*, dédiée à la fille de sa bienfaitrice, Mme de La Mésangère[310]. Cette épître rappelle celle du *Lion amoureux* (IV, 1), dédiée elle aussi à la fille d'une admiratrice et amie, Mme de Sévigné. Le poète ne manque pas de joindre, toujours en vers libres, la mère et la fille dans son invocation initiale:

> Aimable fille d'une mère
> A qui seule aujourd'hui mille cœurs font la cour,
> Sans ceux que l'amitié rend soigneux de vous plaire,
> Et quelques-uns encor que vous garde l'amour,
> Je ne puis qu'en cette préface
> Je ne partage entre elle et vous
> Un peu de cet encens qu'on recueille au Parnasse,
> Et que j'ai le secret de rendre exquis et doux.
>
> *Daphnis et Alcimadure* XII, 24, v. 1-8, p. 500

[308] Jürgen Grimm, «Le Livre XII des *Fables*», *loc. cit.*, *Le Fablier*, No. 1, p. 66.

[309] M. Fumaroli, *Fables*, II, 429.

[310] Sur Mme de La Mésangère, voir Alain Niderst, «Fontenelle, auxiliaire du Régent», *Cahiers Saint-Simon*, No. 19, (1991), 69.

La jeune veuve a hérité de son aimable mère, Mme de La Sablière, «un cœur plein de tendresse», de «nobles sentiments», «des grâces», de «l'esprit». Elle est donc faite pour le bonheur dans l'amour partagé et aurait tort, comme la jeune veuve de la fable, de rejeter l'idée d'un remariage. L'Amour, la fable va le montrer, sait se venger des belles insensibles: par la mort d'abord, ensuite par un retournement ironique, l'amant dédaigné refuse d'écouter celle qui maintenant l'aborde aux Enfers, regrettant d'avoir causé sa mort. La leçon épicurienne du «Carpe diem» se fait de nouveau entendre ici et la dédicataire semble l'avoir comprise et pratiquée, comme la jeune veuve de la fable, puisqu'elle se remaria.

Comme dans le *Discours* à La Rochefoucauld, c'est dans l'épilogue de *Philémon et Baucis* que La Fontaine s'adresse à son dédicataire, le duc de Vendôme, neveu de la duchesse de Bouillon. Il s'agit, cette fois, d'un assez long poème à sujet mythologique qui fait pendant à l'*Adonis* et où le poète adopte le vers «classique» qui lui avait si bien servi dans son premier poème. Comme l'a noté J-P. Chauveau, «La Fontaine retrouve le secret des alexandrins à la fois paisibles, graves et caressants»[311]; mais il tient aussi, s'adressant à un «héros» – le courage et les talents militaires du duc de Vendôme étaient très estimés du roi – à entonner son éloge «en un style assez haut» pour que son nom et sa réputation parviennent à la postérité. Ce qui couronne les mérites du duc, pour La Fontaine, est son goût artistique et son activité de mécène:

> Vous joignez à ces dons l'amour des beaux ouvrages,
> Vous y joignez un goût plus sûr que nos suffrages,
> Don du Ciel, qui peut seul tenir lieu des présents
> Que nous font à regret le travail et les ans.
> ......
> Peu de gens élevés, peu d'autres encor même
> Font voir par ces faveurs que Jupiter les aime.
> Si quelque enfant des Dieux les possède, c'est vous...
>
> *Philémon et Baucis* XII, 25; v. 170-185, p. 507

Le lien entre l'épître dédicatoire placée en épilogue et la fable proprement dite semble bien être avant tout le désir du poète d'élever l'hospitalité pratiquée par les personnages du mythe aussi bien que par le duc au niveau d'une vertu. Bien entendu, celle de Philémon et Baucis possède une signification religieuse, spirituelle, tandis que celle de Vendôme est essentiellement laïque et humaniste. Un autre lien entre les deux serait sans doute celui du bonheur dans une retraite à la campagne, «loin des cours et

---

[311] J-P. Chauveau, *La Poésie des origines à 1715*, *op. cit.*, p. 188

des villes», toutes proportions gardées entre la rustique chaumière de Philémon et Baucis et l'élégant château d'Anet, ancien domaine de Diane de Poitiers, où le duc avait dû se retirer, «appauvri par sa prodigalité»[312]; toutefois, il continuait, dans sa retraite, à se montrer généreux pour poètes et écrivains qu'il traitait en amis[313]. La Fontaine avait trouvé à Anet, avec ses beaux ombrages, un refuge bucolique évoqué en termes mythologiques comme le séjour des Muses et d'Apollon; ce cadre lui rappelait sans doute les heureux moments passés à Vaux, et il appréciait le cercle d'esprits libres, réunis par le duc, l'atmosphère détendue et hédoniste qui y régnait.

Si La Fontaine, comme il l'avoue dans son second *Discours* à Mme de La Sablière, a été «volage en vers comme en amour», il a du moins été stable dans ses amitiés. Il a su, tout au long de sa carrière, attirer sur lui, non seulement la bienveillance, mais la véritable amitié de protecteurs et de protectrices hors du commun par leur naissance, leurs talents, leur goût, leur charme. Les épîtres dédicatoires qu'il leur a adressées dans ses *Fables* en portent un témoignage irrécusable. Si, dans celles destinées à des personnages royaux, il emploie de préférence l'alexandrin, vers noble, solennel fait pour créer un ton pompeux, convenant à des «héros», il préfère, dans l'ensemble, le vers libre, plus léger, plus souple, adapté à des sujets et à des tons variés. Même dans le style encomiastique et dans des poèmes qu'on pourrait considérer comme des pièces de circonstance destinés à rendre hommage, il conserve son indépendance. Il est d'ailleurs parfaitement conscient de sa réussite dans un genre qui pouvait paraître conventionnel et qui semblait en voie d'épuisement après les éclatantes productions de Malherbe[314]. Or il apparaît clairement, d'après l'étude des épîtres dédicatoires des *Fables* que le poète a su transformer et renouveler le genre. Tout d'abord en établissant un délicat rapport entre le sujet de la

---

312 J-P. Collinet, *O.C.*, p. 1304, note 1 à cette fable.

313 M. Fumaroli, *Fables*, II, 431: «...le duc de Vendôme avait le goût assez fin pour pensionner La Fontaine, qui en échange le régalait de bagatelles...La fable de *Philémon et Baucis* est de très loin le chef-d'œuvre de cette production en hommage à l'hospitalité et aux subsides du duc.»

314 J-P. Chauveau, «Vie et mort d'un genre sous les règnes de Louis XIII et de Louis XIV: la poésie encomiastique», *Papers on French Seventeenth Century Literature*, No. 9 (1978), 67-82, p. 67: «On sait avec quelle lenteur et quelle application méthodique Malherbe a frayé sa voie et forgé l'outil qui allait lui assurer, dès son arrivée à la Cour en 1605...une prééminence quasi incontestée au royaume de la poésie.»

fable et la personnalité et la situation du dédicataire[315]. C'est à la fin de sa carrière, dans une épître dédicatoire du livre XII qu'il affirme tranquillement avoir «le secret de rendre exquis et doux», «l'encens qu'on recueille au Parnasse» (*Daphnis et Alcimadure* XII, 24, p. 500). En réalisant l'adéquation, la correspondance harmonieuse entre le sujet traité et les qualités, les talents du dédicataire, en adoptant un ton naturel, élégant mais non forcé, La Fontaine est parvenu à redonner vie à un genre qui se diluait dans les trop banales manifestations de la poésie galante cultivée dans les salons. Le poète sans doute sait manier le compliment galant lorsqu'il s'adresse à des femmes, élevées au rang de divinités, l'éloge des qualités viriles lorsqu'il s'adresse à des hommes élevés au rang de héros, mais il n'oublie jamais d'y infuser une voix et des sentiments personnels, de laisser parler son cœur[316].

Bien plus, l'épître dédicatoire chez La Fontaine devient la défense et l'illustration du genre qu'il a choisi entre tous, la fable, reléguée à son époque dans le domaine didactique et qu'il élève au niveau lyrique. Cette démarche était certes nouvelle dans le genre encomiastique: de l'éloge du dédicataire, La Fontaine passe à celui du genre qu'il pratique et y glisse fréquemment un abrégé de son art poétique. Par suite, les épîtres dédicatoires, illustrant un art de plaire renouvelé touchent aussi, profondément, à l'art même du poète.

---

[315] Bernard Bray, «La louange, exigence de civilité et pratique épistolaire», *XVIIe Siècle*, No. 167, vol. 42, No. 2 (Avril/Juin 1990), 135-153: «Or la louange, jugement favorable porté par un individu sur un autre, contribue d'une manière essentielle à la constitution de cette image représentée – à condition bien sûr qu'elle soit justifiée, et formulée d'une manière agréable... Discours écrit ou oral, le texte élogieux se constitue en portrait – un portrait dans lequel le peintre pourra s'enorgueillir d'avoir su mettre en valeur les qualités du sujet représenté.», pp. 135-136.

[316] *Ibid.*, p. 150, l'auteur contraste la louange de la génération précédente, celle de Voiture et de Balzac à celle de Boileau. Ses réflexions pourraient s'appliquer à celle de La Fontaine, la sévérité en moins.

Le poète et le petit prince: Stratégies d'éducation dans *Les Compagnons d'Ulysse*

Le livre XII des *Fables* apparaît au premier abord comme un recueil hétérogène si on le considère d'un point de vue purement esthétique, comme le reconnaît Jürgen Grimm. Il y voit pourtant la «somme d'une vie» et «la somme d'un siècle»[317], invoquant l'intention même de l'auteur qui établit, en toute connaissance de cause, un lien entre le livre XII et le premier recueil, l'un et l'autre dédié à un enfant royal, appelé à régner, le Grand Dauphin et le duc de Bourgogne respectivement. D'autre part le chiffre XII conférait à l'ensemble une valeur symbolique, le rapprochant des œuvres classiques d'Homère et de Virgile[318].

Avec d'autres critiques, Jürgen Grimm a bien perçu la signification historique, politique et sociale du choix de duc de Bourgogne comme dédicataire du livre XII. Le jeune prince représentait l'avenir de la monarchie, le renouveau espéré par un pays épuisé par les guerres, atteint de désenchantement à la fin d'un règne qui avait perdu le dynamisme et l'éclat de l'âge d'or des années 1660-1690. Le savant exégète évoque à juste titre les «espérances politiques bien concrètes» qui animaient «le groupe représenté par Saint-Simon, Fénelon et le duc de Beauvilliers»[319]. Marc Fumaroli avait judicieusement noté que dans «l'atmosphère fin-de-siècle qui s'établit confusément autour de Louis XIV vieilli», son petit-fils «apparaît comme une promesse de rénovation, sinon même de rédemption» et que son précepteur Fénelon «se crut auprès du prince (Mentor auprès de Télémaque) l'instrument providentiel» de cette réjuvénation[320]. Cette vision partagée par le poète et le précepteur pouvait fournir un point d'ancrage à ce livre hétérogène où le poète, selon ses propres termes, entend apporter sa contribution à l'éducation d'une «tête si chère», porteuse

---

[317] Jürgen Grimm, «Le Livre XII des *Fables*, somme d'une vie, somme d'un siècle?», *Le Fablier*, No. 1, 1989, pp. 63-64. L'auteur estime que le livre XII «est très hétérogène» mais qu'il doit être considéré néanmoins «comme une unité intellectuelle et artistique».

[318] Jürgen Grimm, «Jean de la Fontaine. _Malgré Jupiter même et les temps orageux'. Pour une réévaluation du livre XII des *Fables*», *Œuvres et critiques*, XVI, 2, 1991, p. 59.

[319] Jürgen Grimm, «Le livre XII des *Fables*», *loc.cit.*, p. 67.

[320] Marc Fumaroli, *Introduction* à son édition des *Fables* (Paris: Imprimerie Nationale, 1985), 2 vol., I, pp. 59-60 et Notes au Livre Douzième, II, p. 408.

de l'espoir d'un groupe soucieux du bien de l'Etat qui devait être assuré par un prince vertueux et sage.

L'existence et les idées directrices de ce petit groupe a fait l'objet d'une étude approfondie. Il s'était formé d'abord autour de Bossuet et de Fénelon. Pour François-Xavier Cuche, les écrivains représentatifs des tendances de ce «petit concile» sont Fénelon, La Bruyère et Fleury:

> On sait quelle part de son énergie Fénelon a consacrée à exposer des modèles de société ou à élaborer des projets de réforme...Très logiquement, sa conscience chrétienne l'obligeait à lutter contre la misère, les injustices, en définitive contre les péchés politiques ou sociaux[321].

Si La Fontaine n'est pas allé aussi loin que Fénelon, il apparaît bien, comme l'a montré Jürgen Grimm, qu'il a eu une conscience aiguë des inégalités, des injustices de la société de son temps, des misères du petit peuple et qu'il les a représentées dans ses fables sous le voile de l'apologue, au moyen d'une «rhétorique indirecte», de «stratégies de désorientation», ce qui a permis de poser la question: «Y a-t-il une critique sociale dans les *Fables* de la Fontaine?[322]»

---

[321] François-Xavier Cuche, *Une pensée sociale catholique. Fleury, La Bruyère et Fénelon*. Préface de Jacques Truchet (Paris: Ed. du Cerf, 1991), p. 12, p. 20. Jürgen Grimm, «Jean de La Fontaine. "Malgré Jupiter même..."», *loc. cit*, p. 65: «Or le livre XII contient la critique sinon la plus sévère, du moins la plus catégorique de son temps et on peut la comparer, à maints égards, aux *Caractères* de la Bruyère et au *Télémaque* de Fénelon.»

[322] Jürgen Grimm, «"Plus fait douceur que violence". La rhétorique indirecte dans les *Fables* de La Fontaine» dans *Le langage littéraire au XVIIe siècle. De la rhétorique à la littérature*, éd. par Christian Wentzlaff-Eggebert, Etudes littéraires françaises 50 (Tübingen: Gunter Narr Verlag 1991), pp. 109-118.

«Stratégies de désorientation dans les *Fables* de La Fontaine» dans *Ouverture et dialogue*. Mélanges offerts à Wolfgang Leiner, éd. Ulrich Döring, Antiopy Lyroudias, Rainer Zaiser (Tübingen: Gunter Narr Verlag, 1988), pp. 175-191.

«Y a-t-il une critique sociale dans les *Fables* de La Fontaine?», *Littératures classiques*, Supplément 1992, «La Fontaine, *Fables*, livres VII à XII», pp. 61-79.

«Nous revînmes au Roi; l'on y revient toujours». Le roi et la monarchie dans les *Fables* de La Fontaine», *Romanistische Zeitschrift für Literaturgeschichte. Cahiers d'Histoire des Littératures Romanes*, Heft 1/2, 1993, pp. 40-55, où l'auteur conclut judicieusement, p. 53: «La Fontaine [...] n'est nullement un révolutionnaire». Il partage le point de vue de nombre d'auteurs de la fin du siècle qui «tout en critiquant les excès du régime, restent attachés au principe d'une monarchie absolue».

L'épître dédicatoire pourrait nous éclairer sur les intentions du poète qui se conforme aux usages et commence par un éloge hyperbolique du jeune prince, relevant du genre encomiastique. Il loue son»goût exquis», son «jugement si solide» et, ce qui importe particulièrement à l'auteur «cette science de bien juger des ouvrages de l'esprit, à quoi vous joignez déjà celle de connaître toutes les règles qui y conviennent»[323]. Cet éloge pourrait paraître suspect de la part d'un écrivain qui s'était prudemment tenu en dehors de la hiérarchie des genres et de leurs règles en choisissant la fable. Toutefois, le respect des règles pour atteindre à la perfection faisait partie d'un corps de doctrine classique, adopté entre autres par La Bruyère et Fénelon[324] auquel La Fontaine pensait certainement. L'éloge de l'élève se reflétait implicitement sur le maître qui avait développé ce jugement et ce goût et lui avait imparti la connaissance des règles. Par suite, bien que le nom de Fénelon ne se trouve pas inscrit en toutes lettres dans cette épître dédicatoire et qu'on puisse, avec l'éditeur, regretter cette absence, il y est implicitement évoqué:

> On regrette un peu de ne pas trouver ici l'éloge de Fénelon, alors que La Fontaine, en 1668, avait rendu hommage aux qualités pédagogiques, pourtant médiocres, du président de Périgny alors précepteur du Dauphin, avant Bossuet.
> (*O.C.*, I, p. 1273)

La Fontaine avait dû nouer avec Fénelon des relations assez étroites, mais dont l'origine est mal connue[325], dès le début du préceptorat en 1689.

---

[323] La Fontaine, *Œuvres complètes*, Pléiade, éd. Jean-Pierre Collinet, (Paris: Gallimard, 1991), t. 1, *Fables et contes*, A Monseigneur le Duc de Bourgogne, p. 449. Toutes les citations des *Fables* et notes de l'éditeur renvoient à ce volume, indiqué dans le texte par *O.C.*, avec les numéros de page.

[324] F.-X. Cuche, *Une pensée sociale, op. cit.*, «La règle et la loi», pp. 205-206: «Tout ce qui est règle, réglé, régulier, régularité, etc.,...se trouve valorisé...Cette vérité ne concerne pas, tant s'en faut, la seule littérature. La règle est principe d'existence, d'organisation et de fonctionnement de toute réalité de quelque ordre que ce soit.»

[325] Marc Fumaroli, Note à l'épitre dédicatoire dans son édition des *Fables*, II, p. 408, suggère diverses voies d'accès par de grandes dames qui faisaient partie du «petit troupeau» dirigé par Fénelon: la duchesse de Mortemart, belle-sœur du duc de Beauvilliers gouverneur du duc de Bourgogne; la duchesse de Béthune-Charost, fille de Fouquet.

On pourrait aussi songer à Pellisson, vieil ami de La Fontaine depuis la période de Vaux. Fénelon avait connu Pellisson lorsque, jeune abbé, il avait résidé à Paris à l'abbaye de St. Germain des Prés dont Pellisson était l'économe. Voir Jean Orcibal, *Correspondance* de Fénelon (Paris: Klincksieck, 1972), I, pp. 77-78 et note 89, p. 78.

Il avait pu, par sens des convenances, préférer ne pas être nommé dans un ouvrage profane.

En manière de «captatio benevolentiae», le fabuliste invoque «les ordres» du prince et s'excuse avec modestie: «L'envie de vous plaire me tiendra lieu d'une imagination que les ans ont affaiblie» (*O.C.*, I, p. 450).

L'excuse de l'âge se double d'un compliment dans l'épître en vers au début de la fable liminaire:

> Je vous offre un peu tard ces présents de ma Muse,
> Les ans et les travaux me serviront d'excuse:
> Mon esprit diminue, au lieu qu'à chaque instant
> On aperçoit le vôtre aller en augmentant.
>
> *Les Compagnons d'Ulysse*, p. 451

L'éloge de la fable après celui du prince réapparaît ici comme dans la dédicace au Dauphin du premier recueil de 1668, comme dans celle à Madame de Montespan en tête du deuxième. Cet éloge du genre suggère habilement que l'œuvre du fabuliste va dans le même sens que l'instruction dispensée par le précepteur:

> Ces mensonges sont proprement une manière d'histoire où on ne flatte personne. Ce ne sont pas choses de peu d'importance que ces sujets. Les animaux sont les précepteurs des hommes dans mon ouvrage. Je ne m'étendrai pas davantage là-dessus: vous voyez mieux que moi le profit qu'on en peut tirer.
> (*O.C.*, I, p. 449)

La Fontaine souligne donc la valeur éducative des fictions que sont les fables et emploie, à dessein, le terme «précepteurs» attribué avec tact aux animaux. Le jeune duc apprendra par leurs exemples à développer ses qualités de jugement dans le domaine politique, diplomatique et militaire, dans les affaires d'Etat en un mot:

> Si vous vous connaissez maintenant en orateurs et en poètes, vous vous connaîtrez encore mieux quelque jour en bons politiques et en bons généraux d'armée; et vous vous tromperez aussi peu au choix des personnes qu'au mérite des actions.
> (*O.C.*, I, pp. 449-450)

Fénelon lui avait été délégué comme conseiller spirituel au moment de sa dernière maladie et lui avait succédé à l'Académie en 1693. Son *Discours* de réception contenait l'éloge de Pellisson. Voir *Œuvres* de Fénelon, éd. Jacques Le Brun, Pléiade (Paris: Gallimard, 1983) I, pp. 1405-1406.

Les études et la formation humanistes sont ainsi présentées comme une utile base à l'éducation d'un futur souverain responsable de la conduite de l'Etat. De telles vues ne pouvaient que satisfaire pleinement le précepteur et le gouverneur: elles correspondaient aux leurs et à celles de leur groupe qui plaçait ses espoirs dans un nouveau règne établi sous le signe de la modération et de la paix, comme l'insinue la dernière partie de l'épître, à l'occasion de l'éloge du roi, exigé par l'usage.

La Fontaine y exprime les vœux d'un pays épuisé par les guerres avec les siens et ceux de l'entourage du duc de Bourgogne. On sait en effet que dès le début du siècle, le «parti dévot»

> tenta de définir une politique chrétienne caractérisée par son pacifisme mais aussi par ses préoccupations sociales...La seconde moitié du XVIIe siècle hérite de cette tradition...Deux noms, dans l'Histoire de l'Eglise de France, dominent incontestablement cette période, ceux de Bossuet et de Fénelon[326].

Le poète se sentait évidemment soutenu par la pensée d'une élite aussi bien que par les aspirations du pays en général en présentant un portrait idéalisé du roi:

> Je me le figure comme un conquérant qui veut mettre des bornes à sa gloire et à sa puissance, et de qui on pourrait dire, à meilleur titre qu'on ne l'a dit d'Alexandre, qu'il va tenir les états de l'univers, en obligeant les ministres de tant de princes de s'assembler pour terminer une guerre qui ne peut être que ruineuse à leurs maîtres.
> (*O.C.*, I, p. 450)

L'importance de ce passage a été bien mise en relief par Jean-Pierre Collinet qui y lit l'influence de la pensée politique de Fénelon et qui avait déjà noté la présence de «bien des idées et bien des vues sur les événements du temps» dans la dédicace (*O.C.*, I, p. 1273):

> La situation militaire de la France ne s'est pas améliorée, tant s'en faut, quand paraît le livre XII, en pleine guerre de la Ligue d'Augsbourg...Mais comment, pour Louis le Grand, sortir sans perdre la face de ce conflit qui se prolonge et dont l'issue demeure douteuse? La dédicace au duc de Bourgogne émet l'idée, qu'on croirait volontiers influencée par Fénelon d'une conférence internationale sur la paix, où tous les belligérants s'assiéraient autour de la table, mais

326 F.-X. Cuche, *Une pensée sociale, op. cit.*, p. 14.

> où tout serait en somme réglé par un roi de France prêt à rabattre de ses exigences dans le seul souci du repos général[327].

C'est à un désir d'enseigner et de guider que répond la fable-liminaire du livre XII, *Les Compagnons d'Ulysse,* dédiée spécifiquement "A Monseigneur le Duc de Bourgogne",

> fable-somme, résumant l'univers des Fables plus complètement que ne l'avait fait le voyage des *Deux Pigeons*. La Fontaine a quitté de plus en plus ouvertement, depuis le premier recueil, le genre de l'apologue. Cette fable-somme se situe dans l'ordre de la Fable, de la «théologie fabuleuse» des Anciens que l'humanisme avait comprise comme un langage chiffré où s'enveloppait une sagesse plus profonde que toutes les philosophies[328].

Le poète y reprend l'éloge de la dédicace en prose du recueil et l'attitude d'humilité traditionnelle du donateur. En contraste, le jeune duc se voit exalté à un niveau mythique dans l'invocation:

> Prince, l'unique objet du soin des Immortels,
> Souffrez que mon encens parfume vos autels.
> *Les Compagnons d'Ulysse* XII, 1, 1-2, p. 451

Les qualités fondamentales du bon prince, diplomatiquement attribuées au dédicataire, sont explicitement nommées: elles sont mises au rang des divinités qui composent sa cour:

> Le sens et la raison y règlent toute chose.
> (XII, 1, 20-22, p. 451)

En contraste avec ces qualités si prisées chez un futur monarque, le fabuliste présente un récit qui semble illustrer l'absence de sens et de raison chez les Grecs, compagnons d'Ulysse qui

> Imprudents et peu circonspects,
> S'abandonnèrent à des charmes
> Qui métamorphosaient en bêtes les humains.
> 24-26, p. 452

---

327 J.-P. Collinet, «Guerre et révolution dans les *Fables* de La Fontaine», dans *Recherches et Travaux*, No. 42 «Guerre et littérature», 1992, p. 61.

328 Marc Fumaroli, Note à cette fable, dans son édition, *op. cit.,* II, p. 409.

Le fabuliste, conscient des études faites par le duc de Bourgogne sous la direction d'un humaniste qui est aussi un pédagogue, n'hésite pas à utiliser avec humour un exemple classique, probablement pris dans le célèbre manuel de Despautère[329] que l'élève de Fénelon devait pratiquer:

> Il s'en vit de petits, exemplum ut Talpa,
> Le seul Ulysse en échappa.
>
> XII, 1, 40-41, p. 452

Bel exemple de brièveté: La Fontaine ne se soucie pas d'expliquer comment Ulysse échappe au sort de ses compagnons, contrairement à sa source, l'*Odyssée* (chant X, v. 225-465) où le poète rapporte en détail les diverses étapes de l'aventure et où intervient Hermès. Si ce point de départ de la fable se trouve bien dans un célèbre texte d'Homère, admiré par La Fontaine, ce dernier y trouve un matériau prestigieux qu'il transforme radicalement, comme il le fait dans toutes ses œuvres: le départ vers une toute autre signification de l'épisode constitue une véritable subversion. L' «ingénieux Ulysse», fidèle à l'image léguée par la tradition, réussit à séduire Circé et à obtenir d'elle la promesse d'une délivrance pour ses malheureux compagnons. On apprécie évidemment l'humour de cette esquisse où l'on perçoit un rappel discret des *Contes* et une tendance tout à fait moderne à humaniser, à présenter de façon anthropomorphique des personnages qui appartiennent au monde du mythe: en 1658, Vénus tombait amoureuse d'Adonis, ici Circé «fille du dieu du jour», c'est-à-dire du soleil et de la nymphe Persa, cède aux charmes d'un simple mortel. Même dans une fable dédiée à un enfant royal, d'intention apparemment pédagogique, le conteur ne saurait abdiquer:

> Comme il joignait à la sagesse
> La mine d'un héros et le doux entretien,
> Il fit tant que l'Enchanteresse
> Prit un autre poison peu différent du sien.
> Une Déesse dit tout ce qu'elle a dans l'âme:
> Celle-ci déclara sa flamme.
> Ulysse était trop fin pour ne pas profiter
> D'une pareille conjoncture.
> Il obtint qu'on rendrait à ces Grecs leur figure.
>
> XII, 1, 43-51, p. 452

[329] J.-P. Collinet, *O.C.*, note 3, p. 1275 et M. Fumaroli, *éd. cit.*, note au v. 40, II, p. 410: «signe de connivence avec le jeune écolier qu'est le duc.»

On apprécie l'ironie du retournement, l'enchanteresse enchantée. De plus, il n'est peut-être pas inutile, semble penser le fabuliste, d'insinuer dans l'esprit du jeune prince, une leçon de diplomatie: «Plus fait douceur que violence» et «le Pouvoir des Fables». Ulysse possède le charme physique et l'aura d'un héros, mais surtout une imagination fertile – il avait inventé la ruse du fameux cheval de Troie – servie par un langage persuasif, ici celui de la galanterie. Cette leçon que le petit prince est peut-être un peu jeune pour apprécier en 1690 ou en 1693, pourra lui être utile à l'avenir.

La question cruciale est alors posée par la magicienne ramenée à un niveau humain. Si elle a eu la faiblesse de se laisser séduire par les charmes virils et les «paroles miellées» d'Ulysse, elle se montre tout à fait fine mouche dans sa connaissance de la nature humaine, plus perspicace que le héros habile qui croyait rendre service à ses compagnons en leur offrant la possibilité de recouvrer leur condition première:

> Mais la voudront-ils bien, dit la Nymphe, accepter?
>
> XII, 1, 52, p. 459

De récents commentateurs ont fort bien analysé la faiblesse de la proposition d'Ulysse et les raisons des réponses négatives des trois représentants du règne animal, le lion, l'ours et le loup[330]. La Fontaine avait dû les choisir à dessein, d'abord pour présenter des types plus relevés que les pourceaux homériques, mais surtout pour les placer dans une position de force, de puissance, le lion étant généralement considéré comme le roi des animaux, le loup comme celui des forêts. L'offre d'Ulysse est présentée de façon peu rationnelle: il court d'un animal à l'autre, s'exclame sur la laideur de l'ours et blâme le loup de sa cruauté, de ses appétits carnivores. L'inventeur du cheval de Troie montre peu d'«invention» verbale, de raisonnement ou d'éloquence, estimant sans doute, et à tort, que son offre sera immédiatement acceptée avec reconnaissance et avec joie. Or le lion, devenu roi puissant, refuse de redevenir un simple citoyen, ou un simple soldat. Son statut social s'est nettement amélioré et il entend s'y tenir:

> Je ne veux point changer d'état.

---

[330] David Lee Rubin, «Four Modes of Double Irony in La Fontaine's *Fables*», V, «Homeric Smile», dans *The Equilibrium of Wit. Essays for Odette de Mourgues*, ed. By Peter Bayley and Dorothy Gabe Coleman (Lexington, Ky.: French Forum Publishers, 1982), pp. 208-210.

Phrase-clé qui sera reprise comme un refrain par les deux autres, de façon comique, comme le «sans-dot» de Molière.

L'ours refuse d'accepter le jugement péremptoire d'Ulysse sur sa nouvelle apparence. Ce jugement décèle un point de vue anthropocentrique établissant de façon arbitraire une hiérarchie esthétique entre les êtres, dénoncée dans la réplique:

> Qui t'a dit qu'une forme est plus belle qu'une autre?
> Est-ce à la tienne à juger de la nôtre?
> Je me rapporte aux yeux d'une Ourse mes amours.
>
> XII, 1, 70-72, p. 453

Le relativisme en matière esthétique se voit plaisamment mis en avant[331], conforté par l'approbation féminine. L'idée moderne, scientifique, des formes naturelles adaptées à leur milieu et à leur fonction se laisse entrevoir.

Aux arguments de statut social et de relativisme esthétique, Ulysse ne sait que répondre; il va tenter une approche éthique avec le loup agrémentée de considération galante: sous sa forme ancienne, il avait été un honnête homme, il est devenu un prédateur dévorant les moutons d'une «jeune et belle Bergère» à qui il fait ainsi le plus grand tort. L'argument à la fois moral et galant n'a pas plus de succès. Bien au contraire, le loup passe à l'attaque. Ce loup «quelque peu clerc» cite Hobbes à l'appui de son refus: les hommes sont des carnivores qui se livrent au carnage de la guerre au moindre prétexte:

> Pour un mot quelquefois vous vous étranglez tous;
> Ne vous êtes-vous pas l'un à l'autre des Loups?
> Tout bien considéré, je te soutiens en somme
> Que scélérat pour scélérat
> Il vaut mieux être un Loup qu'un homme.
>
> XII, 1, 93-97, p. 453

On pourrait relever des vues similaires chez La Bruyère:

> Petits hommes, hauts de six pieds, espèces d'animaux glorieux et superbes, qui méprisez toute autre espèce...ne dites-vous pas en commun proverbe: des loups ravissants, des lions furieux, malicieux comme un singe? Et vous autres, qui êtes-vous? J'entends corner sans cesse à mes oreilles: L'homme est un animal raisonnable. Qui vous a

---

[331] J.-P. Collinet, *O.C.*, note 1, p. 1276 cite d'Urfé et Pascal comme exemples de relativisme en matière esthétique.

passé cette définition?...Mais si vous voyez deux chiens qui s'aboient, qui s'affrontent, qui se mordent et se déchirent, vous dites: «Voilà de sots animaux»[332].

Les compagnons, malgré les objurgations d'Ulysse, s'en tiennent à leur décision, invoquant

La liberté, les bois, suivre leur appétit,
C'étaient leurs délices suprêmes:
Tous renonçaient au los des belles actions.
Ils croyaient s'affranchir suivant leurs passions;
Ils étaient esclaves d'eux-mêmes.

XII, 1, 102-106, p. 453

Le loup, dans la fable du premier livre, «Le Loup et le chien», choisissait la vie en liberté dans les bois où il n'avait pas toujours de quoi manger à sa faim, lieu sauvage opposé à l'ordre social , à la soumission à un maître. De façon humoristique le fabuliste semblait, tout en présentant en contraste la vie de confort du chien, accorder au loup, sa liberté de choix:

Cela dit, maître Loup s'enfuit, et court encore.

O.C., I, 5, 41, p. 36

L'attitude du poète était ambivalente et la fable restait ouverte et problématique.

Ici, le fabuliste paraît interpréter le choix de la liberté par les compagnons métamorphosés comme un affranchissement radical des lois divines et humaines, morales et sociales, surtout comme un rejet condamnable de la condition humaine conférée par le Créateur. L'apostrophe finale qui reprend celle du début, mais sur un tout autre ton, présente une leçon fort austère, ce dont le poète-courtisan s'excuse:

Prince, j'aurais voulu vous choisir un sujet
Où je pusse mêler le plaisant à l'utile
...
Les Compagnons d'Ulysse enfin se sont offerts.
Ils ont force pareils en ce bas univers:
Gens à qui j'impose pour peine
Votre censure et votre haine.

XII, 1, 107-114, pp. 453-454

---

332 La Bruyère, *Les Caractères*, «Des Jugements», 119, éd. Robert Garapon (Paris: Garnier, 1962), pp. 388-389.

Le fabuliste semble adopter une attitude d'un stoïcisme sévère, d'un rigorisme digne du monachisme des premiers siècles, illustré par les Pères du désert dont il connaissait les Vies. Cette condamnation implacable, très éloignée d'un humanisme chrétien apparaît peu conforme au tempérament du poète, si indulgent aux faiblesses humaines, si ouvert, ou même à la simple charité chrétienne qui recommande de condamner le péché sans accabler le pécheur, envers lequel il convient de pratiquer douceur et pardon. Ce ton inattendu, cette attitude inflexible en désaccord avec celles évidentes dans l'ensemble de l'œuvre, ont attiré l'attention et les commentaires de plusieurs spécialistes. Philip Wadsworth estime que «le prologue et l'épilogue de la fable trahissent une certaine gêne» et déclare:

> Ce qui frappe surtout dans *Les Compagnons d'Ulysse*, c'est la contradiction entre la leçon finale, toute conventionnelle et anodine, et la matière et le ton de la fable elle-même[333].

Le critique note le «style enjoué», le «duel d'esprit qui amorce une comédie sentimentale» entre Circé et Ulysse dans le corps même du récit et conclut:

> La richesse intellectuelle des *Compagnons d'Ulysse*, les discours des trois animaux, et l'accusation de bestialité articulée par le loup évoquent les grandes fables misanthropiques du recueil de 1678-79. On se rappelle inévitablement la brillante coterie de Mme de La Sablière qui avait tant fait pour féconder la pensée du fabuliste.

L'hypothèse proposée pour éclairer ce décalage, voire le désaccord entre récit et moralité est la suivante: La Fontaine aurait utilisé un texte datant de la période précédente, influencée par la pensée philosophique des hôtes du salon de Mme de La Sablière. Pressé de rendre hommage au duc de Bourgogne, il y aurait ajouté hâtivement un prologue encomiastique et une moralité qui se voulait édifiante[334]. Mais était-elle véritablement édifiante? Cette «censure» et cette «haine» semblent peu recommandables dans la perspective de la charité chrétienne enseignée par le précepteur et le gouverneur du prince. Le fabuliste voulait-il soutenir la doctrine de l'éminente dignité de l'homme dans l'ordre de la création car il avait été doué de raison et d'une âme immortelle par son créateur, et voulait-il de cette manière pallier aux objections que le *Discours à Madame de La Sablière* sur l'âme des bêtes aurait pu soulever et réaffirmer ainsi

---

[333] Philip A. Wadsworth, «Le douzième livre des *Fables*», *Cahiers de l'Association Internationale des Etudes Françaises,* No. 26, Mai 1974, p. 108.

[334] *Ibid.*, pp. 109-110.

l'orthodoxie de sa position? Ou bien faudrait-il voir dans cette condamnation la mise en œuvre d'une morale épicurienne élevée, comme l'a proposé Jürgen Grimm à propos du livre XII où le thème de la liberté se voit traité, selon son analyse, de façon antithétique dans *Les Compagnons* et *Le Philosophe scythe*: les compagnons ne savent pas dominer leurs passions, le sage au contraire a adopté la bonne voie en observant la modération. La véritable liberté consiste à savoir rechercher les plaisirs en établissant parmi eux une hiérarchie nécessaire. L'éminent critique rappelle

> une idée centrale de la morale épicurienne: la domination qu'exerce le sage sur ses propres désirs, sa capacité et sa liberté de pouvoir se restreindre aux «désirs naturels et nécessaires» et de jouir avec modération des «désirs naturels non nécessaires»[335].

D'autre part, les positions épicurienne et augustinienne sur la nature humaine se trouvaient fort proches l'une de l'autre au XVIIe siècle, comme l'a montré Jean Lafond qui note la «difficulté» qui affecte l'interprétation de «l'œuvre d'un La Fontaine qui, dans les mêmes années, chante les mérites de la Volupté,

> maîtresse
> Du plus bel esprit de la Grèce,

fréquente l'hôtel du duc de Liancourt, dont on sait les sympathies jansénistes, et se voit chargé par Port-Royal du Recueil de poésies chrétiennes et diverses». L'exégète affirme: «Le XVII siècle tentera sur nouveaux frais de faire se rencontrer épicurisme et christianisme...C'est cet épicurisme christianisé qu'on retrouve dans les éloges que font d'Epicure Sarasin, La Fontaine,...[336]»

La pensée qui se dégage implicitement du récit dans *Les Compagnons d'Ulysse*, en contraste avec la moralité, paraît très libre, exprimant un tranquille relativisme. D'un point de vue pragmatique, Ulysse jouant avec habileté le rôle de séducteur auprès de Circé, obtient une réponse favorable à une demande légitime. Il a toutes les raisons du monde de vouloir conserver ses compagnons, de remplir ses responsabilités de chef de l'expédition: il a besoin d'eux, de leurs services comme membres

---

335 Jürgen Grimm, «La Fontaine, Lucrèce et l'épicurisme», *Literatur und Wissenschaft. Begegnung und Integration.* Festschrift für Rudolf Baehr, herausgegeben von Brigitte Winklehner (Tübingen: Stauffenburg Verlag, 1987), p. 46, p. 48.

336 Jean Lafond, «Augustinisme et épicurisme au XVIIe siècle», *XVIIe Siècle*, No. 135, Avril/Juin 1982, p. 149 et p. 163.

d'équipage. Ses actions ne sont pas désintéressées. Son talent diplomatique et sa perspicacité lui font défaut lorsqu'il s'agit de persuader aux compagnons métamorphosés en animaux de reprendre la forme humaine.

Ce sont eux qui présentent les arguments décisifs: si la condition humaine peut paraître supérieure sur un plan abstrait, philosophique ou théologique, dans la réalité sociale le rôle de simple soldat est peu reluisant, comporte des tâches pénibles, des risques constants, impose une discipline rigoureuse qui enlève toute liberté à l'individu. On sait combien La Fontaine déplorait les guerres et souhaitait la paix, depuis *Un Animal dans la lune* jusqu'à l'attaque virulente du loup contre le carnage sous le prétexte le plus futile dans *Les Compagnons d'Ulysse*. A travers toute son œuvre, le désir de paix est présent.

Celui de liberté aussi: la Cigale, le Loup ont préféré la liberté à la sécurité; le Solitaire a besoin d'être libéré des contraintes et des occupations sociales pour se connaître.

On serait tenté de lire ici en filigrane une critique de la société d'ordres de l'ancien régime qui écrasait le Tiers-Etat de travail et d'impôts comme le fabuliste l'avait déjà montré dans «La Mort et le bûcheron». Ces contraintes supprimaient le sens de la dignité humaine au point où le pauvre bûcheron, préparait et annonçait la critique des Lumières et pouvait être compris comme un avertissement indirect, respectueux mais salutaire, destiné au futur souverain lorsqu'il atteindrait l'âge d'homme. Jürgen Grimm a bien montré que le poète avait toujours su, d'un bout à l'autre de sa carrière, utiliser des «stratégies de désorientation» pour insinuer des idées qui pouvaient paraitre subversives en matière politique et sociale.

L'emprunt à une source antique, prestigieuse, l'*Odyssée* lui permettait de tirer de l'épisode des compagnons d'Ulysse une leçon respectable, se rattachant à une éthique traditionnelle qui recommandait la maîtrise des passions. A un autre niveau, les raisons qui justifient ce refus apparaissent comme entièrement valables: elles indiquent, de façon implicite, une attitude critique à l'égard des institutions qui condamnent les gens simples à la misère et à la servitude. En rapprochant la fable du texte de La Bruyère, on pourrait y voir également une dénonciation de l'orgueil, de l'outrecuidance des hommes qui se croient supérieurs aux animaux, alors que, malgré leur belle raison, ils se conduisent en bêtes brutes en se faisant la guerre et en s'entretuant. Par là, La Fontaine se trouve en bonne place dans le groupe des moralistes qui, avec Pascal, La Bruyère et Fénelon, dénoncent les méfaits et l'inhumanité des guerres.

Le fabuliste entend sans doute suggérer au futur roi de France une politique de justice sociale, de respect pour les droits de l'individu et de recours à des solutions non-violentes dans les conflits externes. La diplomatie d'Ulysse, utilisant la séduction du discours a fait merveille dans un premier temps: il a réussi à persuader à Circé de délivrer ses compagnons. En revanche, son insuccès auprès de ceux-ci est dû à une approche négative d'une part: il ne fait aucun effort pour persuader le Lion, souligne la laideur de l'Ours et la cruauté du Loup, de l'autre à l'exercice de la liberté de choix des compagnons. Transformés en animaux puissants, ils n'ont plus à se soumettre aux décisions de leur chef et sont en mesure de conserver leurs nouveaux privilèges:

> La puissance fait tout

comme le fabuliste le rappelait aux princes dans «Les Poissons et le berger qui joue de la flûte» (*O.C.*, X, 10, p. 412).

L'ambivalence et l'ambiguïté restent bien la marque du poète, même dans une fable destinée à célébrer un jeune prince et à l'instruire. Le poète lui a montré la valeur de la persuasion par le langage, de la diplomatie opposée à la guerre, le danger des aventures lointaines, en apparence «héroïques», en fait dangereuses même pour les vainqueurs, le rejet de la servitude et de la misère par les humbles, leur désir de liberté et d'accès au pouvoir, aspirations qui allaient se préciser et s'affirmer au siècle suivant où, si le duc de Bourgogne avait régné, il aurait pu s'appliquer à les satisfaire et sauver ainsi la monarchie d'un naufrage dont celui d'Ulysse et de ses compagnons fournit la métaphore aux lecteurs d'aujourd'hui.

Les leçons du livre XII

Le dernier recueil des *Fables,* publié en 1693, notre actuel livre XII, est dédié à un enfant royal, le duc de Bourgogne, né en 1682, âgé alors de onze ans, fils du dédicataire des *Fables choisies mises en vers* de 1668, le grand Dauphin. Le genre même de la fable présupposait une intention didactique, et la poétique du XVIIe siècle avait adopté le précepte horatien de joindre l'utile à l'agréable, de plaire et d'instruire. Cette double intention est réitérée d'un recueil à l'autre jusqu'à l'épître dédicatoire en prose du livre XII où le poète souligne la valeur éducative de son ouvrage, avec une flatteuse prétérition:

> Les animaux sont les précepteurs des hommes dans mon ouvrage. Je ne m'étendrai pas davantage là-dessus; vous voyez mieux que moi le profit qu'on en peut tirer.
>
> A Monseigneur le Duc de Bourgogne[337]

Louis van Delft inclut La Fontaine parmi les moralistes[338]; dans sa pénétrante étude sur la brièveté, Maya Slater conclut de sa comparaison entre la brièveté laconique du premier recueil et celle, horatienne, du second, à une orientation de plus en plus didactique, transparaissant dans l'emploi de cette dernière[339]. Les spécialistes qui ont récemment proposé une réévaluation du livre XII, Marc Fumaroli dans son édition des *Fables*, Jürgen Grimm dans ses importants travaux[340], ont su mettre en valeur la

---

337 La Fontaine, *Œuvres complètes*, Pléiade (Paris: Gallimard, 1991), 2 vol. I, *Fables, Contes et Nouvelles*, éd. Jean-Pierre Collinet.

Toutes les citations des fables et des notes de l'éditeur renvoient à ce volume. Elles seront indiquées dans le texte par *O.C.* I, avec le numéro du livre, de la fable, des vers et celui de la page.

338 Louis Van Delft, *Le Moraliste classique. Essai de définition et de typologie* (Genève: Droz, 1982), p. 107: «L'auteur des *Fables* sera bien, pour nous, un moraliste», p. 186: les fables offrent «une rencontre riche d'enseignement sur l'existence».

__________________, *Littérature et anthropologie. Nature humaine et caractère à l'âge classique* (Paris: P.U.F., 1993), p. 82, à propos précisément de la dédicace au duc de Bourgogne.

339 Maya Slater, «La Fontaine and Brevity», *French Studies*, vol. 44, no. 2, April 1990, 143-155, en particulier, 154-155.

340 Marc Fumaroli, éd. des *Fables* de La Fontaine (Paris: Imprimerie Nationale, 1985), 2 vol., *Introduction*, I, 59-60; II, 408, 413.

situation politique de la France épuisée par les guerres, l'espoir de renouvellement incarné dans le duc de Bourgogne dont l'éducation devenait une entreprise cruciale à laquelle son précepteur, Fénelon, allait consacrer le meilleur de ses forces pendant de nombreuses années. Il s'agissait d'abord, dans la ligne de la pédagogie de Montaigne[341] de former le jugement du jeune prince: La Fontaine loue le jugement du prince. (A Monseigneur le Duc de Bourgogne, *O.C.* 1, 449-450.) Fénelon, de même avertit Télémaque par la bouche de Mentor:

> Connoissez donc, ô mon cher Télémaque, connoissez les hommes: examinez-les peu à peu; ne vous livrez à aucun...apprenez par là à ne juger promptement de personne ni en bien ni en mal...[342]

Profitant de l'éloge obligé au monarque régnant, le fabuliste mentionne «la paix qui semble se rapprocher, et dont il [Louis XIV] impose les conditions avec toute la modération que peuvent souhaiter nos ennemis.» (*O.C.* I, 450). Or l'importance de la paix pour la prospérité d'un royaume et le bonheur des peuples étaient des idées chères à La Fontaine – on se souvient d'*Un animal dans la lune* – partagées par le précepteur:

> Comme la guerre ne doit jamais être faite qu'à regret, le plus courtement qu'il est possible et en vue d'une constante paix, il s'ensuit que la fonction de commander les armées n'est qu'une fonction passagère, forcée et triste pour les bons rois[343].

On notera au fur et à mesure de cette étude les rencontres significatives entre les conseils implicites du fabuliste et ceux, explicites, du précepteur:

Jürgen Grimm, «Le livre XII des *Fables*: somme d'une vie, somme d'un siècle?», *Le Fablier*, No. 1 (1989), 63-68.

____________________, Jean de La Fontaine, «Malgré Jupiter même et les temps orageux». Pour une réévaluation du livre XII des *Fables*», *Œuvres et critiques*, XVI, 2, 1991, 57-69.

[341] Bernard Beugnot, «La Fontaine et Montaigne: essai de bilan», *Etudes françaises* I, no. 3, octobre 1965, 43-65.

[342] Fénelon, *Les Aventures de Télémaque*, éd. Jeanne-Lydie Goré (Paris: Garnier, 1987), p. 555.

[343] Fénelon, *Examen de conscience sur les devoirs de la royauté* dans Ecrits et lettres politiques, éd. Charles Urbain (Paris: Bossard, 1921), p. 33.

La date de composition de ce texte n'est pas connue. Il a été publié pour la première fois par le marquis de Fénelon, à la suite du *Télémaque* en 1734. Voir Ch. Urbain, Introduction, p. 14. Toutes les citations de l'Examen de conscience renvoient à cette édition et seront indiquées dans le texte.

tous deux, par des voies différentes, avaient un but commun: la formation d'un futur monarque, le fabuliste désirant présenter ses leçons de façon agréable, suggérer, faire réfléchir.

Sans doute le livre XII contient-il en dehors des fables spécifiquement dédiées ou destinées au duc de Bourgogne, d'autres textes. Leur présence a amené nombre de commentateurs à souligner le caractère hétérogène du recueil, a même incité certains éditeurs à éliminer contes et longs poèmes mythologiques. On peut naturellement songer aux impératifs de l'édition: La Fontaine avait probablement voulu étoffer un volume qui pouvait paraître un peu mince à son libraire, Claude Barbin, et à son public. Mais la présence de ces textes pouvait se justifier dans une perspective plus vaste, à long terme, l'éducation du prince devant se poursuivre dans les années à venir, la connaissance de la nature humaine et de ses faiblesses, celles de l'amour en particulier, pouvant se révéler d'une grande utilité: le précepteur lui-même n'hésitera pas à avertir son élève des effets délétères de la passion au sixième livre du *Télémaque*. En contraste, la présentation de réussites possibles dans le domaine des sentiments et des relations humaines fournissait une vision idéalisée mais proposée comme un exemple.

On tentera de dégager du «cycle du duc de Bourgogne» quelques leçons destinées à un futur monarque, politiques, diplomatiques, économiques, stratégiques, applicables dans une société de cour et dans un monde conflictuel, envisagés sans illusion. Dans d'autres textes faisant partie du recueil, on relèvera des leçons plus générales sur divers aspects de la nature humaine et sur la recherche d'un équilibre, d'une sagesse, auxquels tout être, quel que soit son rang, devrait aspirer.

La contradiction entre la moralité de la fable initiale, *Les Compagnons d'Ulysse*, et le corps du récit a fait l'objet d'une étude[344], reprise ici.

C'est encore de la force de l'instinct qu'il est question dans la fable *Le Chat et les deux Moineaux*. Ceux-ci sont croqués allègrement par le chat «civilisé» grâce à l'éducation reçue. La coutume ou l'accoutumance semblait bien devenue une seconde nature chez le chat élevé en compagnie d'un moineau: l'habitude créée par la vie commune a fait taire momentanément les appétits carnivores du chat. Ils vont bientôt se réveiller, selon l'adage, «chassez le naturel, il revient au galop», à l'occasion d'une généreuse défense de son ami contre les attaques d'un

---

[344] M.-O. Sweetser, «Le poète et le petit prince: stratégies d'éducation dans *Les Compagnons d'Ulysse*», dans *«Diversité, c'est ma devise.» Studien für französischen Literatur des 17. Jahrhunderts. Festschrift für Jürgen Grimm*. Herausgegeben von Frank-Rutger Hausman, Christoph Miething und Margarete Zimmerman. Biblio 17, vol. 86 (Paris-Seattle-Tübingen: PFSCL, 1994), 509-523.

moineau du voisinage, puni de sa témérité et croqué par maître Chat. Instruit par l'expérience et mis en goût par le festin, il décide de croquer aussi son ami. Le fabuliste, avec une pirouette, se dispense de tirer lui-même la moralité dont pourtant il reconnaît, avec une feinte soumission aux règles du genre, la nécessité. Il propose une devinette au petit prince, avec l'espoir qu'il pourra plus tard en tirer une application politique: un roi puissant, protecteur d'un petit pays attaqué par un voisin peut, sous prétexte de défendre son allié contre l'assaillant, annexer l'un et l'autre, procédé quelque peu cynique de «real politik».

La question économique fait l'objet de deux fables, *Du Thésauriseur et du Singe* (XII, 3) et *La Chauve-Souris, le Buisson et le Canard* (XII, 7). Déjà dans *Le Savetier et le Financier* (VIII, 2), La Fontaine avait traité avec humour les conséquences néfastes de la possession de l'argent. Dans *Du Thésauriseur*, la passion de l'or est présentée de façon plus radicale encore, montrant que les deux extrêmes, l'avarice et la dissipation se touchent, se rejoignent dans l'absurde: l'or accumulé ne profite à personne:

> Quand ces biens sont oisifs, je tiens qu'ils sont frivoles.
> *Du Thésauriseur et du Singe* XII, 3; 4. *O.C.* I, 457.

Sans recommander de «jeter l'argent par les fenêtres», le narrateur caractérise le Singe comme «plus sage, à mon sens, que son maître». Il n'est pas du moins dominé par une passion morbide: «On sait que cette erreur/ Va souvent jusqu'à la fureur» (1 et 2). L'or n'est pas un bien en soi, il doit assurer production et échange. On perçoit ici un écho de la politique d'expansion économique qui avait été celle de Colbert, ou, comme le suggère pertinemment Marc Fumaroli qui voit dans cette fable une «sorte de *Dîme royale lafontainienne*» (*Fables* II, 413), une annonce du principe qui allait être présenté par Vauban, grand serviteur de l'Etat, mais conscient à la fois de la misère du peuple et de la richesse potentielle de son pays[345] La fable se termine par une allusion caustique à une réalité sociale contemporaine, à «maint et maint financier/ qui n'en fait pas meilleur usage» que Dom Bertrand, le singe qui s'amuse à jeter les pièces d'or à la mer. Sur un ton humoristique, ironique, le fabuliste montre «ce que cette course universelle à l'argent comporte d'absurde»[346].

---

[345] Vauban, *Projet d'une Dîme royale*, dans *Economistes-financiers du XVIIIe siècle*, éd. Eugène Daire (Paris: Guillaumin, 1843), pp. 49-50.

Le texte de Vauban a été publié en 1707, mais essentiellement rédigé en 1698, selon l'éditeur.

[346] François-Xavier Cuche, *Une pensée sociale catholique, Fleury, la Bruyère, Fénélon*. Préface de Jacques Truchet (Paris: Editions du Cerf, 1991), p. 117.

La Chauve-Souris, le Buisson et le Canard nous ramène à la réalité économique avec une allusion plus précise que dans *Du Thésauriseur* à la politique d'expansion maritime et commerciale encouragée par Colbert. Le système capitaliste avec ses risques s'y trouve évoqué. La perte de marchandises, due à des facteurs externes qui ne dépendent pas des commerçants dont les capacités ou l'honnêteté ne sont pas mises en question, entraîne la perte du crédit, la meute des créanciers, la lutte pour la survie financière. Un jeune prince appelé à régner devait être au courant des avantages et des dangers d'un système financier qui allait prendre une importance de plus en plus grande au XVIIIe siècle.

La fable se termine par une anecdote illustrant de façon humoristique le danger des emprunts et des dettes, envisagé cette fois à un niveau individuel, non plus comme une entreprise commerciale. Il y a contraste évident entre les risques courus par des négociants, comptant sur un bénéfice probable de leurs investissements et les dépenses inconsidérées d'un grand seigneur ayant dissipé son patrimoine et obligé pour échapper à ses créanciers de se sauver comme un voleur «par un escalier dérobé».

Dans *Les Deux Chèvres* (XII, 4), le fabuliste entend montrer les dangers de l'esprit d'aventure et de celui de contestation. On risque de s'égarer en quittant les chemins battus, en voulant s'éloigner de la société et échapper à ses lois, «vers quelque mont pendant en précipice». Ce goût ne convient pas à un prince, à un futur monarque qui doit vivre au milieu de son peuple et observer les lois.

La rencontre des deux «amazones» sur un pont fort étroit jeté sur un torrent de montagne se révèle fatale. Elles n'ont pas su voir le danger, poussées par la vanité et l'esprit de contestation. L'allusion à la rencontre historique de Louis XIV et de Philippe IV dans l'île des Faisans en 1660 amène de façon naturelle le thème politique de la prudence, vertu royale, de l'utilité de la conciliation, qualité diplomatique, et des dangers de l'orgueil, d'une fausse notion de supériorité attachée au rang et à la naissance:

> Elles avaient la gloire
> De compter dans leur race (à ce que dit l'Histoire)
> L'une certaine Chèvre au mérite sans pair
> Dont Polyphème fit présent à Galatée;
> Et l'autre la Chèvre Amalthée,
> Par qui fut nourri Jupiter.
>
> *Les Deux chèvres* XII, 4, 29-33. *O.C.* I, 460.

Comme le suggère Marc Fumaroli, on peut y voir une allusion satirique aux querelles de préséance qui pullulaient à l'époque, de Louis XIV à de simples hobereaux (*Fables* II, 412). A un autre niveau, on devine un conseil indirect de modestie, de modération et de prudence. Le précepteur, autorisé par sa qualité sacerdotale, dira au prince de façon beaucoup plus directe:

> Ne vous êtes-vous point imaginé que l'Evangile ne doit point être la règle des rois comme celle de leurs sujets: que la politique les dispense d'être humbles, justes, sincères, compatissants, prêts à pardonner les injures?
>
> *Examen de conscience*, pp. 30-31

C'est encore la force de l'instinct, la cruauté de la lutte pour la vie que La Fontaine met en scène pour le duc de Bourgogne qui lui avait demandé «une fable qui fût nommée 'Le Chat et la Souris'». Dans sa magistrale étude sur la ballade formant prologue, Patrick Dandrey a bien dégagé les thèmes essentiels et en a indiqué avec beaucoup de finesse les modulations dans la fable même: «chat cruel, souris illusionnée, pouvoir discrétionnaire de celui-là sur celle-ci» en y ajoutant «la modulation sur le rapport d'âge entre les protagonistes». Il conclut à la supériorité du déchiffrement éthique sur la fiction allégorique[347]. La fable en effet reprend le thème omniprésent à travers l'ensemble des *Fables* de la cruauté de la vie et des êtres menés par leurs instincts primordiaux: *Le Petit Poisson et le Pêcheur* (V, 3), *Le Milan et le Rossignol* (IX, 18) témoignent de l'importance de cette vision. Jean-Pierre Collinet a fort justement remarqué que «se manifeste jusqu'au bout la tendance au redoublement et à la multiple gémination, caractéristique de la démarche créatrice chez le poète des *Fables*»[348]. La rhétorique de la jeune Souris échoue malgré son innocence et sa courtoisie: «Réservez ce repas à Messieurs vos enfants». Le vieux Chat représente le principe de réalité, la cruauté de l'instinct biologique: «Ventre affamé n'a point d'oreilles», il vit de bonne chair et non de beau langage: leçon de réalisme politique pour un prince appelé à traiter avec de puissants adversaires qui pourraient un jour ou l'autre le tenir sous leurs griffes.

Le préambule de *La Querelle des Chiens et des Chats et celle des Chats et des Souris* (XII, 8) a recours, probablement dans un but pédagogique sinon parodique, à un procédé épique: l'évocation de la Discorde régnant dans le monde. La guerre est présentée comme un fait éternel, inéluctable, la paix imposée de force ne saurait durer, tant l'instinct combatif prédomine dans toutes les espèces. Jürgen Grimm voit là une «idée

---

[347] Patrick Dandrey, *La Fabrique des «Fables». Essai sur la poétique de La Fontaine*, 2e éd. (Paris: Klincksieck, 1992), pp. 81-83.

[348] Jean-Pierre Collinet, *Le Monde littéraire de La Fontaine* (Genève-Paris: Slatkine Reprints, 1989), p. 226.

maîtresse de la pensée de La Fontaine», déjà présente dans la réplique du loup, inspirée de Hobbes, dans *Les Compagnons d'Ulysse* («Le livre XII», pp. 64-65). Pourtant la sagesse du créateur n'est pas mise en question:

> D'en chercher la raison, ce sont soins superflus.
> Dieu fit bien ce qu'il fit, et je n'en sais pas plus.
>
> XII, 8, 41-42, *O.C.* I, 467.

rappel du *Gland et de la Citrouille* (IX, 4). Le seul remède à cet instinct regrettable serait l'éducation, nécessaire à tous les âges de la vie.

L'Ecrevisse et sa fille (XII, 10) combine un prologue encomiastique, cette fois à la louange du souverain, Louis XIV, avec le thème traité précédemment, la toute-puissance du naturel. Il convenait de donner en exemple au petit-fils la stratégie des effets de surprise utilisée par son aïeul en temps de guerre: la science militaire faisait partie de l'éducation d'un prince destiné à prendre la tête des armées de son pays.

Les fables *L'Aigle et la Pie* (XII, 11) et *Le Renard, les Mouches et le Hérisson* (XII, 13) présentent au futur dauphin les dangers de la Cour. La présence de sycophantes, d'espions et de délateurs force ses habitants à «porter habit de deux paroisses», comme la pie, c'est-à-dire à pratiquer la duplicité. Dans la fable 13, La Fontaine montre «courtisans» et «magistrats» nommément cités, puisant dans les caisses de l'Etat. La Bruyère avait dit «L'on se couche à la cour et l'on se lève sur l'intérêt»[349]. Le terme «magistrats» fait probablement allusion à une noblesse de robe qui comptait des parvenus jouissant de fortunes disproportionnées aux services rendus, proprement scandaleuses. Fénelon condamnera, lui aussi, le manque de jugement de la part d'un souverain qui permet de tels excès. (*Examen de conscience*, pp. 45-46.)

Même vision désabusée des hommes qui pratiquent l'ingratitude la plus cruelle dans *La Forêt et le Bûcheron*, avec une note élégiaque, dûment notée par J-P. Collinet (*Le Monde littéraire*, p. 377) et par Marc Fumaroli (*Fables II,* 422). Il serait plausible d'y voir, en filigrane, le plaidoyer de l'ancien Maître des Eaux et Forêts pour la conservation des forêts du domaine royal et du poète pour la beauté de bois où il trouvait tant de charmes secrets:

---

[349] La Bruyère, *Les Caractères*, éd. Robert Garapon (Paris: Garnier, 1962), «De la cour», 22, p. 227.

mais que de doux ombrages
Soient exposés à ces outrages,
Qui ne se plaindrait là-dessus!
Hélas! J'ai beau crier et me rendre incommode:
L'ingratitude et les abus
N'en seront pas moins à la mode.

XII, 16, 21-26, *O.C.* I, 487.

Comme l'hypocrisie, l'ingratitude et les abus sont devenus des vices à la mode, corrupteurs d'une société. La Bruyère avait bien vu, lui aussi, la portée morale de cette emprise de la mode:

> Une chose folle et qui découvre bien notre petitesse, c'est l'assujettissement aux modes quand on l'étend à ce qui concerne le goût, le vivre, la santé, la conscience.
>
> *Les Caractères*, «De la Mode», 1, p. 393

Le double aspect de la curiosité avait préoccupé La Fontaine depuis longtemps, comme on peut le voir dans des textes célèbres: *Psyché, Les Deux Pigeons*. Le désir de connaître peut se révéler dangereux ou bénéfique. Le loup apprend à ses dépens une leçon de prudence et de circonspection dans *Le Renard, le Loup et le Cheval* (XII, 17). C'est aussi un avertissement utile à un jeune prince qui ne doit accorder sa confiance qu'à bon escient.

Le philosophe scythe, au contraire, manque de la curiosité intellectuelle nécessaire qui lui aurait permis de comprendre et d'appliquer les méthodes d'horticulture pratiquées par le Sage. L'absence de connaissance, d'observation et de jugement – principes de la méthode scientifique – a des conséquences funestes: le Scythe taille ses arbres à tort et à travers et fait tout périr. Si le naturel ne saurait être effacé, il peut être amélioré, mis en valeur par une sage culture qui opère un choix entre les bons et les mauvais éléments. Il existe entre nature et culture un délicat équilibre qu'il convient de respecter[350]. La position dualiste, nuancée de La Fontaine ouvre un large champ au précepteur averti qui saura cultiver les meilleures tendances de son élève.

La vanité des hommes, leur amour-propre, dénoncés par les moralistes, l'insignifiance de leurs préoccupations sont évoqués dans *L'Eléphant et le Singe de Jupiter* (XII, 21). Les dieux montrent une totale indifférence aux mesquines querelles humaines:

---

[350] M-O. Sweetser, «Le jardin: nature et culture chez La Fontaine», *Cahiers de l'Association Internationale des Etudes Françaises*, no. 34, Mai 1982, pp. 65-67.

> Qu'importe à ceux du firmament
> Qu'on soit Mouche ou bien Eléphant?
> .....
> Et quant à votre affaire,
> On n'en dit rien encor dans le Conseil des Dieux.
> Les petits et les grands sont égaux à leurs yeux.
>
> XII, 21, 20-21 et 37-39. *O.C.* I, 494-495

réflexions qui rappellent celles de la fable dédiée au prince de Conti, *Le Milan, le Roi et le Chasseur*:

> Le nez royal fut pris comme un nez du commun.
>
> XII, 12, 47. *O.C.* I, 476

Le recueil se clôt par cette fable justement célèbre qui marque la fin du parcours que le fabuliste s'est efforcé de tracer pour le profit et le plaisir de son dédicataire, à court et à long terme. En tant que futur souverain, il n'aura pas le choix entre la conduite de l'Etat et une retraite philosophique. Toutefois, même s'il n'a pas la possibilité de se retirer dans une thébaïde comme le Solitaire de l'ultime fable, il peut et doit apprendre à se connaître afin de comprendre l'humaine condition et savoir ainsi gouverner sagement son peuple. S'il est trop jeune en 1693 pour profiter de la «leçon» présentée «aux Rois» par le fabuliste, il saura plus tard en saisir l'essence.

C'est à cet avenir, somme toute assez proche, que pouvait songer La Fontaine en incluant dans son recueil des textes qui montrent les faiblesses de la nature humaine: l'inconstance si répandue, dans *La Matrone d'Ephèse*, la sotte suffisance, dans *Belphégor*, le danger des passions, de l'amour en particulier, dans *L'Amour et la Folie, Daphnis et Alcimadure, les Filles de Minée,* mais en prenant soin aussi d'évoquer l'autre versant, le bonheur fondé sur une affection constante et vertueuse dans *Philémon et Baucis*, sur une réciprocité harmonieuse dans l'amitié, chantée dans *Le Corbeau, la Gazelle, la Tortue et le Rat.*

Pour la plupart des commentateurs, c'est la dernière fable du livre XII, *Le juge arbitre, l'hospitalier et le solitaire* qui représente les «ultima verba» du poète. Celui-ci s'y adresse à l'individu intérieur pour souligner la nécessité psychologique et morale de se connaître et par suite les douceurs de la retraite «loin du monde et du bruit». A ceux qui ne peuvent se dérober à leurs obligations – et c'est le cas d'un Prince – il conseille implicitement de se réserver un espace intérieur, tel celui de l'arrière – boutique de Montaigne.

Les Filles de Minée[351], l'avant dernière, généralement groupée avec d'autres longs poèmes inspirés de célèbres auteurs antiques et modernes: Théocrite, Ovide et Machiavel, autour du thème de l'amour et de ses dangers, avec en contrepoint l'exemple idéal de *Philémon et Baucis*, me semble en fait s'adresser, elle aussi, à l'individu dans son rôle de citoyen, appelé à participer à la vie d'une communauté. Le poète cherche à illustrer la nécessité de rendre à chacun son dû, à envisager les divers aspects de la nature humaine, reflétés dans une société à laquelle il lui convient de s'intégrer.

Les filles de Minée honorent Pallas, déesse de la raison et de la sagesse, qui a voulu affirmer la place des femmes et de leur travail dans la fabrique sociale: elle protège les jeunes filles et les travaux féminins: filer, tisser, broder, pratiqués avec un zèle louable mais exclusif par les trois sœurs. C'est précisément le refus péremptoire, exprimé par l'aînée, de reconnaître l'importance d'un autre dieu et de participer à son culte, à ses fêtes, qui vont gravement offenser Bacchus et le pousser à infliger aux rebelles une punition exemplaire. Dans le texte des *Métamorphoses*, leur faute se trouve nettement dénoncée: «elles méprisent le dieu et profanent sa fête»[352]. De même le narrateur déclare:

> Bacchus, *à juste droit* de ses honneurs jaloux.
> Tout Dieu veut aux humains se faire reconnaître.
> La Grèce était en jeux pour le fils de Sémèle;
> Seules on vit trois sœurs condamner ce *saint zèle*.
> *Les Filles de Minée, O.C.* I, XII, 28, 4-10.

Il y dans le panthéon classique plusieurs divinités représentant chacune un aspect de la vie et de la personne humaines, de leurs activités et de leurs besoins. Se consacrer uniquement au travail de l'aiguille, pratiqué par les trois sœurs et honoré de Pallas, est aller à l'encontre des réalités humaines, psychologiques, sociales et économiques. Alcithoé se plaint de la pléthore des dieux et des fêtes, dans un esprit rationaliste et pragmatique qui rappelle la critique évoquée avec humour dans *Le Savetier et le financier* VIII, 2, 27 et notée par l'éditeur. Elle admet une exception en l'honneur de

---

[351] Cette fable vient de faire l'objet d'une étude narratologique par Catherine Grisé, «La Fontaine's et «*Les Filles de Minée*: ekphrasis et moralité», *Le Fablier*, No. 14, 2002, 25-28. «Weaving a Poetic Narrative», dans *The Shape of change. Essays in Early Modern Literature and La Fontaine in Honor of David Lee Rubin*, ed. Anne L. Birberick and Russell Ganim (Amsterdam-New York: Rodopi, 2002), pp. 239-263.

[352] Ovide, *Les Métamorphoses*, texte établi et traduit par Georges Lafaye (Paris: Société d'éditions Les Belles Lettres, 1960), t. I, livre IV, «Les filles de Minyas», p. 109.

Cérès, déesse des moissons, justement célébrée dans un culte agraire. Mais Bacchus, dieu de la vigne, assume, lui aussi, une fonction importante dans l'économie méditerranéenne: La Fontaine, Champenois, comprenait mieux que quiconque la place de la vigne et du vin dans la vie quotidienne de son propre pays. Bacchus d'ailleurs, à l'origine, se voyait honoré dans un culte agraire. Il est méprisé par la jeune fille en tant que dieu du vin, provoquant des excès dans l'ivresse. Mais il est aussi le dieu de la fête, des loisirs, de la joie de vivre, de l'enthousiasme et de l'inspiration artistique: *Enivrez-vous*, dira Baudelaire dans *Le Spleen de Paris*: «De vin, de poésie ou de vertu, à votre guise. Mais enivrez-vous». L'on sait que le culte de Dionysos est considéré comme l'origine de l'art dramatique. L'aînée refuse donc de reconnaître les aspects positifs du dieu et de son culte, son point de vue est essentiellement réducteur: ses sœurs partagent ce point de vue et décident de faire sécession, démarche condamnable dans la vie de la cité.

Toutefois elles reconnaissent implicitement le besoin de détente, de divertissement et décident de raconter des histoires illustrant les dangers de l'amour et les malheurs causés par la passion. L'amour est rapproché de Bacchus: il trouble une vue claire et rationnelle chez ceux et celles qui en sont possédés:

> Disons ce que l'Amour inspire à nos pareilles
> Non toutefois qu'il faille en contant ses merveilles
> Accoutumer nos cœurs à goûter son poison;
> Car ainsi que Bacchus, il trouble la raison.
> Récitons-nous les maux que ses biens nous attirent.
>
> XII, 28, 29-33

On note les antithèses merveilles-poison, maux-biens qui marquent l'ambivalence de l'amour, d'autant plus dangereux qu'il est infiniment séduisant, leçon implicite adressée au dédicataire lorsqu'il sera en âge de la comprendre. Même un tendre et pur amour comme celui de Pyrame et Thisbé connaît une issue tragique. L'histoire de Céphale et Procris qui débute par un heureux mariage se voit troublée par la passion illicite de l'Aurore, puis par la jalousie de la jeune épouse et aboutit à sa mort. Ceci amène la narratrice à s'exclamer:

Fuyons ce nœud, mes Sœurs, je ne puis trop le dire.
Jugez par le meilleur quel peut être le pire.
S'il ne nous est permis d'aimer que sous ses lois,
N'aimons point. Ce dessein fut pris par toutes trois.
Toutes trois, pour chasser de si tristes pensées,
A revoir leur travail se montrent empressées.

XII, 28, 273-278

Ce travail consiste en une tapisserie représentant le concours entre «le Dieu des eaux», Neptune «et Pallas la savante» pour obtenir l'honneur de nommer la ville qui allait devenir Athènes. Le choix devait dépendre du présent fait à la ville par chacune des divinités. Neptune lui offre le cheval, symbole de guerre, Pallas, l'olivier, symbole de paix. C'est elle qui l'emporte et confère son nom à la cité qui célébrera sa protectrice dans la fête des Panathénées (XII, 28, 292-294). La guerre et la paix font partie de l'histoire d'une cité. Le cheval constituait donc un don utile en prévision de guerres possibles. Mais au moment de sa fondation, c'est l'idéal de paix et d'harmonie qui l'inspire et Pallas-Athéna l'emporte. Mais celle-ci se verra à son tour perdante dans sa contestation avec Bacchus qui affirme sa puissance en la défiant de protéger ses dévotes, aveuglées par leurs préjugés:

Où sont, dit-il, ces Sœurs à la main sacrilège?
Que Pallas les défende, et vienne en leur faveur
Opposer son égide à ma juste fureur:
Rien ne m'empêchera de punir leur offense.
Voyez: et qu'on se rie après de ma puissance!

XII, 28, 544-548

Il leur inflige une métamorphose en créatures de nuit, en chauves-souris, animaux réputés aveugles, comme les sœurs l'ont été, en défiant un dieu tutélaire.

Leçon de sagesse, de tolérance, d'inclusion: l'exclusion, la sécession des sœurs sont punies. On ne saurait sans dommage se couper d'une partie de soi: la vie des sentiments, l'amour fait partie de la nature humaine: la dernière histoire, contée par Iris, célèbre l'amour, né paradoxalement chez un jeune homme insensible, et se termine par un heureux mariage. La plus jeune des sœurs se montre plus sage que ses aînées:

Nous avons condamné l'amour, m'allez-vous dire;
J'en blâme en nous l'excès; mais je n'approuve pas
Qu'insensible aux plus doux appas
Jamais un homme ne soupire.

Hé quoi, ce long repos est-il d'un si grand prix?
Les morts sont donc heureux? Ce n'est pas mon avis.
Je veux des passions...

XII, 28, 485-491

Le poète avait présenté le bonheur dans le mariage, basé sur un amour constant, dans *Philémon et Baucis*. On pourrait ajouter que, selon une version du mythe, Bacchus lui-même, pris de pitié pour Ariane abandonnée par Thésée à Naxos, l'avait épousée et avait ainsi assuré une fin heureuse à la tragédie de l'abandon[353]. Le tort des filles de Minée est de refuser d'admettre la coexistence des contraires dans la nature humaine et dans la société: raison-sagesse incarnées dans Pallas, instinct vital, sentiments, passions et inspiration incarnés dans Bacchus.

S'il est bon pour l'individu de savoir s'intégrer à la vie d'une communauté, il ne l'est pas moins de savoir être à soi, comme le poète l'indique dans son ultime fable. La magistrale étude de Bernard Beugnot a pertinemment démontré qu'en dépit de la source hagiographique – la traduction par Arnauld d'Andilly de la Vie des Saints Pères du désert – le texte de La Fontaine à travers les propos du solitaire «comme ceux du fabuliste qui leur font suite, mettent l'accent sur la personne, exaltée dans ses pouvoirs et son autonomie», car

[353] Ovide, *L'Art d'aimer*, Folio Classique (Paris: Gallimard, 1974). Textes établis et traduits par Henri Bornecque. Préface de Hubert Juin «La chaleur du vin», pp. 43-44 sur le mariage de Bacchus et d'Ariane. Sur Céphale et Procris, livre III, «Ne pas croire trop vite à l'existence d'une rivale», pp. 120-122.

Henry Carrington Lancaster, *A History of French Dramatic Literature in the Seventeenth Century*, Part III, vol. 2, The Period of Molière 1652-1672 (Baltimore, Maryland: The Johns Hopkins Press; Les Belles Lettres, 1936), pp. 524-531. *Le Mariage de Bachus et d'Ariane* est qualifiée de «comédie héroyque», p. 529. L'auteur estime que dans cette pièce à machines et à grand spectacle, Donneau de Visé a été influencé par l'*Amphitryon* de Molière.

Monique Vincent, *Donneau de Visé et le Mercure Galant*, (Lille: Atelier National de Reproduction des thèses. Diffusion: Paris, Aux Amateurs de livres, 1987) 2 vol. L'auteur souligne l'intention de Donneau de Visé de satisfaire le goût de Louis XIV pour les pièces à grand spectacle, vol. I, p. 58 et mentionne «ses deux opéras, les *Amours du Soleil* et *Le Mariage de Bacchus et d'Ariane*, pp. 271-272.

> l'entrée en solitude ne répond ni à un appel de la grâce, ni à une vocation; elle manifeste la crainte d'une dispersion, le souci d'une récupération de l'individu par lui-même[354].

Dans le même sens, Marc Fumaroli estime que cette «fable testament» «reste en deçà des options théologiques de Fénelon ou de Bossuet», précepteurs des princes auxquels La Fontaine avait dédié le premier et le dernier de ses recueils. Dans sa conclusion, le poète invite le jeune prince à se tourner vers une sagesse humaniste:

> Ce «connais-toi toi-même», par lequel La Fontaine dit adieu dignement et définitivement à la poésie, écarte tout le bruit, toute la méchanceté vaine du monde, mais il laisse intactes l'amitié, l'intimité et la conversation[355].

Dans une belle étude, intitulée précisément «Moralité» et précédée en exergue d'une citation de Fénelon, Patrick Dandrey pose la question des intentions du fabuliste: dans son désir de faire accéder «un genre prosaïque, narratif et didactique au statut poétique», aurait-il perdu en chemin «la dimension normative et instructive, en un mot éthique» de la fable? On a tenté de montrer le large accord entre les vues d'un précepteur ecclésiastique qui se veut aussi directeur de conscience et celles d'un fabuliste, homme du monde, enjoué et tolérant qui cherche un «tempérament» entre les extrêmes, prône la «règle d'or» du «moyen terme terme conçu non pas comme un point fixe entre deux extrémités immuables mais comme l'équilibre variable entre des forces irréductibles». Le critique conclut pour l'ensemble des *Fables*:

> L'ambition didactique et morale a pleinement tenu sa place et son rang dans l'élaboration d'une esthétique de l'apologue devenu poème[356].

elle confère au livre XII une unité non évidente à première vue, mais discernable tout de même: le projet du livre XII, celui d'une éducation princière, assure sa cohérence. Comme l'a si bien dit Jean-Pierre Collinet «contrairement aux apparences il [La Fontaine] se concentre bien plus sur

---

[354] Bernard Beugnot, «Autour d'un texte: l'ultime leçon des *Fables*», *Mélanges Pintard*, publiés par Noémi Hepp, Robert Mauzi et Claude Pichois, *Travaux de linguistique et de littérature de l'Université de Strasbourg*, XIII, 2, Etudes littéraires, 1975, 297-298.

[355] Marc Fumaroli, *Le poète et le roi* (Paris: Ed. de Fallois, 1997), pp. 440-441.

[356] Patrick Dandrey, «Moralité», dans *La Fontaine, Fables, livre VII*, éd. Pierre Ronzeaud. Supplément 1992 de *Littératures classiques*, 29-39.

le but qu'il poursuit avec une opiniâtre ténacité qu'il ne cède aux caprices de sa fantaisie et ne se disperse, attiré par 'tous les faux brillants'. Ce 'papillon' ne papillonne pas: il butine, 'semblable aux abeilles' du 'bon Platon'»[357].

---

[357] J-P. Collinet, *Préface* de son édition des *Poésies et Œuvres diverses* de Jean de la Fontaine (Paris: La Table Ronde, 1994), p. 28.

V. Pour le tricentenaire

Les Esthétiques de La Fontaine

Dans un louable souci de présenter les lignes de crête de l'esthétique classique, Patrick Dandrey a dégagé avec prudence et tact, conscient des nuances et interférences qui existent dans la réalité de la création littéraire, deux grands courants pour la période correspondant à l'apogée du règne de Louis XIV. L'une, en accord avec la tendance générale du régime depuis le classicisme Richelieu, organisatrice, régulatrice, représentée par l'Académie et les doctes: elle est fondée en autorité. L'autre, beaucoup plus souple, cherchant des relations harmonieuses à l'intérieur de l'œuvre et à l'extérieur entre l'œuvre et la société du temps, est celle qui se développe dans les cercles mondains, visant le public des honnêtes gens. Le critique précise que:

> cette distinction rend assez bien compte de l'opposition entre les deux logiques qui, en profondeur, nous paraissent organiser la création classique en France au XVIIe siècle: l'une d'origine plutôt savante, se définissant en termes de dominance tandis que l'autre, d'inspiration plutôt mondaine, forgée dans la conversation galante du salon et de la cour, a pour principe la pertinence. Ici l'on s'adapte, là on s'impose...séduire en s'insinuant ou en éblouissant, stratégie de délectation ou de domination, tel est le choix, grossièrement posé, qui s'offre au créateur classique[358].

Le critique rappelle les vues de Marc Fumaroli sur la situation culturelle à la fin de la Renaissance et au début du XVIIe siècle selon lesquelles il existait une petite élite de savants concentrée dans les collèges, universités et bibliothèques dont la langue est le latin, en contraste avec une «communauté des ignorans», opérant en langue vernaculaire; entre ces deux groupes agit la médiation d'une culture mondaine qu'on ne saurait confondre avec la «culture savante»: de sorte qu'au XVIIe siècle

> dans l'alambic de la Cour et du grand «monde», la «mémoire parallèle» et la langue vernaculaire filtrée par le «bel air», non contentes d'absorber le legs de l'humanisme latin et savant, lui-même

---

358 Patrick Dandrey, «Les deux esthétiques du classicisme français, *Littératures classiques*, «Qu'est-ce qu'un classique?», dirigé par Alain Viala, No. 19, automne 1993, 146-147.

> filtré, réformé, se cristallisent en une triomphante culture mondaine[359].

L'éminent historien de la culture ajoute que cette alliance, déjà esquissée par Montaigne et Malherbe «pour faire contrepoids à «l'anticaille» et à la «pédanterie», plus tard par d'Assoucy pour combattre le maniérisme de la «réthorique galante» utilise la culture mondaine «contre le péril pédant et contre le péril précieux». Dans cette lutte, il souligne le rôle joué par les femmes qui «indemnes de latin, sont tenues dans les rangs de la société polie pour plus proches des sources de la langue et de son génie particulier»[360].

Avant d'examiner l'influence des divers milieux fréquentés par La Fontaine au cours de sa carrière sur ses orientations, ses esthétiques, il convient d'évoquer ce qu'il pouvait trouver dans le domaine des idées sur l'art entretenues par écrivains, artistes et théoriciens. De précieux guides se trouvent à notre dispositon dans ce domaine.

Annie Becq dans son ouvrage *Genèse de l'esthétique française moderne. De la raison classique à l'Imagination créatrice* souligne «les contradictions de la raison classique» qui propose une théorie intellectualiste et rationaliste du beau tout en proclamant la nécessité du génie, don naturel. D'autre part, les théoriciens n'hésitent pas à faire appel tantôt à Platon, tantôt à Aristote pour soutenir leurs vues.

Influencés par la pensée cartésienne, nombre de théoriciens assignent «comme fonction à l'art en premier lieu de représenter le vrai, ce qui débouche sur une doctrine de l'imitation, en deuxième lieu de dispenser une instruction morale» mais «l'esthétique classique rationaliste ménage tout de même une place à l'imagination et à la sensibilité» et accepte la notion de génie «compatible avec les idées de création et de valeur», déjà proposée à la Renaissance mais n'ayant pas atteint son plein effet[361].

Ces concepts rationalistes sont appliqués rigoureusement par le cartésien Nicole dans sa *Dissertation sur la vraie et la fausse beauté*

---

[359] Marc Fumaroli, «Les enchantements de l'éloquence: Les *Fées* de Charles Perrault ou De la littérature», dans *Le Statut de la littérature*. Mélanges offerts à Paul Bénichou, éd. Marc Fumaroli (Genève: Droz, 1982), pp. 157-158. Article repris dans *La Diplomatie de l'esprit de Montaigne à La Fontaine* (Paris: Herman, 1994) sous le titre «Les *Contes* de Perrault, ou l'éducation de la douceur».

[360] *Ibid.*, pp. 158-159.

[361] Annie Becq, *Genèse de l'esthétique française moderne. De la raison classique à l'Imagination créatrice* 1680-1814 (Pisa: Pacini Editore, 1984), 2 vol. Vol I, pp. 13-16.

(1659). Jean Mesnard et Annie Becq sont d'accord sur le sens cartésien de la démarche:

> La démarche initiale de Nicole est calquée sur celle du *Discours de la Méthode*... Nicole pose donc deux principes, qui sont en même temps deux règles: pour être belle, une chose doit avoir convenance avec sa propre nature et avoir convenance avec la nature de l'homme, entendons de l'homme en général. La perception de la beauté est donc celle d'un double rapport, l'un interne à l'objet, l'autre unissant l'objet à l'homme. La difficulté du système de Nicole réside, non pas dans ses principes, première expression cohérente et profonde d'une esthétique moderne, mais dans leur application. Le souci de rationalisation dont ils témoignent ne va pas...sans porter atteinte à la complexité des choses. La conciliation de l'un et du divers forme le grand écueil de toute théorie esthétique[362].

Ces vues qui mettaient en valeur des rapports essentiels, internes et externes à l'œuvre, étaient suffisamment générales pour pouvoir, dans l'esprit de l'auteur, s'appliquer à n'importe quelle œuvre. Toutefois, c'est dans un nouvel esprit qu'il revient aux questions d'esthétique dans la préface du *Recueil de poésies chrétiennes et diverses*, dédié à M. le prince de Conti par M. de La Fontaine[363]. L'ouvrage représentait une initiative de Brienne, sous l'égide de Port-Royal: La Fontaine y avait participé et avait été chargé de rédiger la dédicace au jeune prince de Conti. La préface avait pu bénéficier des idées et suggestions des deux amis: or «l'esprit de pédanterie» résultant «d'un amas de...préceptes mal digérés» y est franchement condamné. Le rédacteur affirme qu'«il est difficile d'établir

---

[362] Jean Mesnard, «Vraie et fausse beauté dans l'esthétique du dix-septième siècle», dans *Convergences. Rhetoric and Poetic in Seventeenth-Century France.* Essays for Hugh M. Davidson, ed. David Lee Rubin and Mary McKinley (Columbus: Ohio State Univ. Press, 1989), pp. 10-11.

[363] La Préface du *Recueil de poésies chrétiennes et diverses* se trouve dans La Fontaine, *Œuvres diverses*, éd. Pierre Clarac, Pléiade (Paris: Gallimard, 1958), pp. 779-784. Toutes les références à ce volume seront indiquées dans le texte par *O.D.* Pour l'attribution de la préface à Nicole, on consultera l'article de Jules Brody, «Pierre Nicole, auteur de la préface du *Recueil de poésies chrétiennes et diverses, XVIIe Siècle*, No. 64, 1964, 31-54. Cette attribution a été reprise par Jean Mesnard, «L'Epigrammatum Delectus *de Port-Royal et ses annexes (1659):* problèmes d'attributions», dans *Ouverture et dialogue.* Mélanges offerts à Wolfgang Leiner (Tübingen: Gunter Narr Verlag, 1988), pp. 305-318, par Jean Lesaulnier, *Port-Royal insolite. Edition critique du Recueil de choses diverses* (Paris: Klincksieck, 1992), p. 231, note a.

des règles qui soient universellement vraies, elles ont toutes leurs exceptions» (*O.D.*, p. 780).

Tout en reconnaissant le bien-fondé des principes considérés comme constituant «la doctrine classique»: beauté consistant dans la vérité, nécessité du rapport avec la nature, de la bienséance et de la vraisemblance, le rédacteur affirme sans ambages:

> Il faut donc s'élever au dessus des règles qui ont toujours quelque chose de sombre et de mort. Il faut ne concevoir pas seulement par des raisonnements abstraits et métaphysiques, en quoi consiste la beauté des vers; il la faut sentir si vive et si forte qu'elle nous fasse rejeter sans hésiter tout ce qui n'y répond pas. Cette idée et cette impression vive, qui s'appelle sentiment ou goût est tout autrement subtile que toutes les règles du monde (*O.D.*, p. 782).

Le commentaire de Roger Duchêne est tout à fait révélateur:

> Ce sont exactement les idées énoncées par La Fontaine en tête de ses *Contes* et de sa récente *Psyché*. Les justifications théoriques n'éveillent pas de plaisir chez le lecteur qui n'en a pas éprouvé spontanément en lisant l'œuvre[364].

Jean Mesnard estime qu'il est possible de réconcilier les vues de cette préface de 1671 avec celles, plus rigides, de la *Dissertation* de 1659, peut-être d'ailleurs écrite plus tôt: Nicole n'aurait «fait que suivre une évolution qui est celle de tout son siècle»[365]. Selon cette préface, il convient de reconnaître le rôle du plaisir et de l'agrément dans la réaction du lecteur, attitude qui suggérerait un point de vue épicurien:

> A la rigidité systématique de l'esprit cartésien, s'oppose la souplesse d'esprits marqués par la tradition gassendiste qui a pris corps avec la génération de 1630[366].

L'auteur cite précisément La Fontaine et Méré comme exemples d'écrivains qui se méfiaient profondément des systèmes. On se souvient des réserves de La Fontaine quant à la doctrine cartésienne des animaux-machines, malgré son admiration pour le philosophe dont il avait bien perçu la grandeur. Sa sympathie pour les vues gassendistes avec lesquelles

---

[364] Roger Duchêne, *Jean de La Fontaine* (Paris: Fayard, 1990), p. 298. On consultera avec profit le chap. 39: «Au service de Port-Royal».

[365] Jean Mesnard, «*L'Epigrammatum Delectus*», loc. cit., p. 312.

[366] Annie Becq, *Genèse, op. cit.*, p. 52.

il avait pu se familiariser dans le cercle de Madame de La Sablière et pour les théories épicuriennes en général est bien connue[367]. Il s'agit surtout d'une confiance toute moderne en l'expérience et en l'observation, guidées par la raison, comme en témoigne «Un Animal dans la lune» (XII, 17) où le poète renvoie plaisamment dos à dos les philosophes soutenant des doctrines opposées.

Dans le domaine de la sympathie, des affinités électives qui est celui du poète, de l'artiste, l'admiration de La Fontaine pour Platon est bien attestée. Il cite l'exemple de Socrate, rapporté dans le *Phédon*, pour justifier son choix de la fable en vers dans la Préface de 1668. Or il existait, depuis la Renaissance, une tradition néo-platonicienne à laquelle se rattachent des artistes comme Poussin et où La Fontaine pouvait puiser, comme on l'a remarqué en particulier à propos de *Psyché*: il n'est que d'évoquer l'étude fondatrice de Jean Lafond, celles de Jean-Pierre Collinet, Michel Jeanneret, Alain Génetiot et tout récémment celle de Boris Donné qui rapproche la société des quatre amis de *Psyché* «d'une sorte d'Académie» d'où sont bannies «les conversations réglées et tout ce qui sent sa conférence Académique», communauté fondée sur l'amitié, l'harmonie et le désir de se consacrer aux plaisirs des arts sans intention régulatrice ou normative. Par là, elle s'inscrit dans la lignée de l'Académie néo-platonicienne de Carregi autour de Laurent de Médicis et de Marsile Ficin[368]. Toutes ces études confirment les vues d'Annie Becq:

---

[367] Jean-Pierre Collinet, *Le Monde littéraire de La Fontaine* (Genève: Slatkine, 1989), p. 549, note 508, estime que l'influence de Lucrèce est plus ancienne que celle de Gassendi. Jürgen Grimm, «La Fontaine, Lucrèce et l'épicurisme», dans *Litteratur und Wissenschaft. Begegnung und Integration?* Festschrift für Rudolf Baehr. Herausgegeben von Brigitte Winklehner (Tübingen: Stauffenburg Verlag, 1987), p. 53. Jean-Charles Darmon, «La Fontaine et la philosophie: remarques sur le statut de l'évidence dans les *Fables*», *XVIIe siècle*, No. 187 (avril-juin 1995), 267-305.

[368] Jean Lafond, «La Beauté et la Grâce. L'esthétique «platonicienne» des *Amours de Psyché*», *RHLF*, vol. 69, No. 3-4 (mai-août 1969), 475-490. J.-P. Collinet, *Le Monde littéraire*, op. cit., p. 283. Michel Jeanneret, *Introduction* à son édition avec Stefan Shoettke des *Amours de Psyché et de Cupidon*, Le Livre de poche classique (Paris: Librairie Générale Française, 1991), pp. 37-39. Alain Génetiot, «Poétique du roman et roman poétique: *Les Amours de Psyché* de La Fontaine», étude présentée au colloque de mai 1993 du Centre du roman et du romanesque de l'Université de Picardie, *XVIIe siècle*, No. 193, octobre-décembre 1996, 923-933. Boris Donné, «Du *Songe de Vaux* aux *Amours de Psyché*: les métamorphoses de "l'entrée en songe"», *Le Fablier*, No. 6, 1994; p. 56. Boris Donné, «Le Parnasse de Vaux et son Apollon, ou la clé du *Songe?*», *XVIIe Siècle*, No. 187 (avril-juin 1995), 203-223.

> Le cartésianisme est loin, on le sait, de rendre compte des options esthétiques du XVIIe siècle. Par delà le réel, l'artiste cherche à atteindre une vérité idéale avec laquelle se confond la beauté[369].

Toutes ces tendances, diffuses dans la pensée et la culture du XVIIe siècle, ont pu inspirer La Fontaine à un moment ou à un autre de sa carrière et lui servir à étayer ses propres notions esthétiques sans accorder à l'une ou à l'autre une exclusivité qui aurait été peu compatible avec son indépendance. On tentera simplement de retracer comment ces différents fils: savant, galant, gassendiste ou épicurien, néo-platonicien se recoupent et s'entrecroisent à travers l'œuvre, sans dogmatisme, avec une ouverture d'esprit et une catholicité de goût tout à fait remarquables, pour aboutir à une création artistique diverse et une à la fois.

La Fontaine, loin d'être un «ignorant», connaissait la tradition humaniste et savante: il cite Platon et Aristote, Plutarque, Horace, Quintilien et Térence dans ses préfaces (*Préface* du recueil de 1668, préface de la Première partie des *Contes*), Lucrèce dans le vers célèbre du *Poème du Quinquina* où il se déclare «Disciple de Lucrèce une seconde fois». Il paraît tout à fait légitime de reconnaître cette ambition savante qui se rattache à la grande tradition humaniste de la Renaissance. Emmanuel Bury évoque à juste titre à propos de la littérature classique *La Défense et illustration de la langue française* et la doctrine de l'innutrition proposée par Du Bellay:

> Cette littérature aux ambitions explicitement fondatrices, se nourrit en profondeur des apports antiques et étrangers.

par la traduction et l'imitation des meilleurs auteurs qui aboutit à l'émulation à l'égard du modèle et à une véritable re-création.

> Le lien le plus évident de l'une à l'autre de ces créations est incontestablement La Fontaine qui ne semble jamais avoir prétendu faire autre chose que traduire des ouvrages préexistants. On connaît ses fameux avertissements aux *Contes* qui rappellent sa dette à l'égard des modèles italiens, et bien sûr, la préface des *Fables* qui insiste simplement sur la «mise en vers» d'un fonds dont l'invention est entièrement due à Esope[370].

---

[369] Annie Becq, *Genèse*, p. 57.

[370] Emmanuel Bury, «Traduction et classicisme», *Littératures classiques*, No. 19, automne 1993, p. 129 et p. 138. Etude reprise en postface à Roger Zuber, *Les* «belles infidèles» *et la formation du goût classique* (Paris: Albin Michel, 1995).

Parmi les milieux fréquentés par le jeune La Fontaine, il convient de rappeler l'influence du groupe des «chevaliers de la Table Ronde»: ce groupe cultivait un goût du naturel qui s'exprimait en style burlesque qui restera un trait constant, sous forme atténuée dans les *Contes* et les *Fables*. Surtout, ses amis, selon Roger Zuber, «lui apprirent à apprécier chez les auteurs de l'Antiquité les qualités modérées et délicates», le «style attique», le goût du badinage[371].

D'autre part, Alain Génetiot, après avoir rappelé la culture savante du poète, insiste sur l'influence du futur poète mondain Pellisson qu'il fréquente avec Maucroix dans ces réunions de Palatins vers 1645. C'est lui «qui l'initie à la poésie galante de Voiture et de Sarasin. Or Voiture, maître incontesté de la poésie mondaine, est celui qui a fait découvrir Marot et créé à son imitation le «style marotique», le badinage. Dès lors, La Fontaine ne cesse de se réclamer de Voiture». Il ne s'agit pas d'imiter servilement, comme le poète le déclarera lui-même, mais au contraire de transposer à la manière des belles infidèles. Dès lors, le poète, «en particulier dans les *Contes* et les *Fables*, va transposer une couleur marotique et archaïsante et surtout un ton enjoué inspiré du badinage de Voiture. A l'école de ses deux maîtres mais avec son génie propre, La Fontaine élabore ainsi son esthétique de la négligence savante»[372].

On peut alors considérer les préfaces où La Fontaine invoque l'autorité des Anciens pour justifier ses dérogations à leur pratique servant de base aux principes et théories des doctes, comme une habile manœuvre pour pallier aux critiques de ces derniers:

> On ne trouvera pas ici l'élégance ni l'extrême brèveté qui rendent Phèdre recommandable, ce sont qualités au-dessus de ma portée...Il a donc fallu se récompenser d'ailleurs: c'est ce que j'ai fait avec d'autant plus de hardiesse que Quintilien dit qu'on ne saurait trop égayer les narrations. Il ne s'agit pas ici d'en apporter une raison; c'est assez que Quintilien l'ait dit[373].
>
> Préface des *Fables choisies mises en vers en 1688*

---

[371] Roger Zuber, *Les* «belles infidèles» *et la formation du goût classique,* nouvelle édition revue et augmentée, pp. 224-225.

[372] Alain Génetiot, «La Fontaine à l'école du style marotique et du badinage voiturien», *Le Fablier*, No. 5, 1993, p. 17, p. 19.

[373] La Fontaine, *Œuvres complètes*, Pléiade, éd. Jean-Pierre Collinet (Paris: Gallimard, 1991), 2 vol. I *Fables. Contes et nouvelles*, p. 7. Toutes les citations des fables et contes renvoient à cette édition qui sera indiquée dans le texte par *O.C.* I et le numéro de la page.

La modestie affichée ici par La Fontaine, le respect exprimé pour Quintilien auquel il ne saurait ajouter, traduisent implicitement le refus de paraître pédant, de faire œuvre de théoricien. Fanny Népote-Desmarres estime cette attitude caractéristique des écrivains classiques:

> Ce refus du Traité...se retrouve sous la plume des plus grands praticiens des valeurs classiques: sous celle d'un Jean de La Fontaine, par exemple, qui fait éclater entre préface (1668) à ses *Fables*, épîtres dédicatoires, ou fables telles «Le Pouvoir des fables» (VIII, 4), «Le Dépositaire infidèle» (IX, 1) par exemple, le Traité de poétique dont elles sont l'illustration[374].

Après avoir ainsi rendu aux Anciens un double hommage, le poète s'empresse de justifier les libertés prises avec ses sources en citant le goût du siècle:

> J'ai pourtant considéré que, ces fables étant sues de tout le monde, je ne ferais rien si je ne les rendais nouvelles par quelques traits qui en relevassent le goût. C'est ce qu'on demande aujourd'hui. On veut de la nouveauté et de la gaieté. Je n'appelle pas gaieté ce qui excite le rire; mais un certain charme, un air agréable, qu'on peut donner à toutes sortes de sujets, même les plus sérieux.
>
> *Préface* des *Fables, O.C.,* I, p. 7

Le savant éditeur rappelle dans sa note à ce passage (*O.C.*, I, note 7, p. 1050) que Mlle de Scudéry avait précisément parlé dans *Le Grand Cyrus* de cette «galanterie» qui «se mêle quelquefois aux choses les plus sérieuses et qui donne un charme inexplicable à tout ce que l'on dit», remarque qui conduit directement à celle de La Fontaine dans la préface de *Psyché*, œuvre dédiée à sa protectrice, la duchesse de Bouillon:

> Mon principal but est toujours de plaire: pour en venir là, je considère le goût du siècle. Or, après plusieurs expériences, il m'a semblé que ce goût se porte au galant et à la plaisanterie...dans un conte comme celui-ci, qui est plein de merveilleux, à la vérité, mais d'un merveilleux accompagné de badineries, et propre à amuser des enfants, il a fallu badiner depuis le commencement jusqu'à la fin; il a fallu chercher du galant et de la plaisanterie. Quand il ne l'aurait pas fallu, mon inclination m'y portait, et peut-être y suis-je tombé en

---

374 Fanny Népote-Desmarres, «Boileau, esprit satirique et satires en vers: une ontologie du verbe», *Littératures classiques,* «La Satire en vers au XVIIe siècle», dirigé par Louise Godard de Donville, No. 24, printemps 1995, p. 193, note 27.

beaucoup d'endroits contre la raison et la bienséance.

O.D., pp. 123-124

Il est facile de relever les termes qui donnent la clé de l'esthétique poursuivie ici: plaire selon le goût du siècle, par la galanterie, la plaisanterie et le badinage. La position adoptée se rattache de façon évidente à l'esthétique galante des années 1650, en honneur à la cour de Vaux, et prépare la mode des contes merveilleux qui allait se développer dans des salons mondains, animés par des femmes. Cette esthétique a été magistralement définie par Marc Fumaroli qui relève «dans la culture des élites du XVIIe siècle, le registre de «naïve simplicité» où se situent les *Histoires ou contes du temps passé*, un des «lieux» esthétiques de l'art de Cour français. Les «ballades» et «rondeaux» de Voiture, les premières fables de La Fontaine...confirment la présence et l'importance de ce registre esthétique»[375]. Culture savante, galanterie, naïve simplicité, merveilleux se trouvent ici entrecroisés. La Fontaine n'abandonne pas ses lettres de noblesse en humanisme: en 1654, il était entré dans la carrière littéraire avec une adaptation de Térence, mais les données de la comédie antique se trouvent fortement modifiées par la galanterie française pour aboutir à une grande délicatesse de touche[376]. De même, les Fables du premier recueil en 1668, mises sous l'invocation d'Esope et de Phèdre, c'est-à-dire affichant une inspiration «savante», s'adressent à un enfant royal et pouvaient être qualifiées par des esprits chagrins, peu enclins à la gaieté et à la badinerie de «contes d'enfant». Le choix par La Fontaine de la fable, vue comme «conte d'enfant», traduit une opposition entre une esthétique fondée sur la hiérarchie des genres et une esthétique nouvelle, moderne et souple, favorisant la simplicité naïve. Ce point de vue se trouve exprimé et illustré avec humour et charme dans deux textes essentiels sur ce point controversé: «Contre ceux qui ont le goût difficile» (II, 1) et «Le Pouvoir des fables» (VIII, 4), textes qui ont retenu l'attention de Maya Slater dans une communication précisément intitulée «La Fontaine fabuliste et les contes d'enfant»[377], expression utilisée de manière péjorative par les critiques du poète:

Vraiment, me diront nos Critiques,

---

[375] Marc Fumaroli, «Les enchantements de l'éloquence», *loc. cit.*, p. 159.

[376] J.-P. Collinet, Introduction à son édition des *Œuvres complètes* I, XVI, *Préface* à son édition des *Poésies et œuvres diverses* (Paris: La Table Ronde, 1994), pp. 13-15.

[377] Maya Slater, «La Fontaine fabuliste et les contes d'enfant», *Actes de Montréal*, éd. Antoine Soare, Biblio. 17, 1996, pp. 107-123.

Vous parlez magnifiquement
De cinq ou six contes d'enfant.
Contre ceux qui ont le goût difficile, II, 1, v. 14-16, *O.C.*, p. 69

dont il se moque avec esprit en leur présentant un pastiche de poème épique, évoquant la guerre de Troie sur un mode héroï-comique, puis un pastiche extrêmement conventionnel d'églogue. Le grand style de l'orateur utilisant toutes les «figures violentes» de la rhéthorique ne parvient pas à persuader les Athéniens, «peuple vain et léger» de faire face au danger qui les menace; il «prit un autre tour» et se mit à raconter un «conte d'enfant». Ses auditeurs faisant alors preuve de curiosité, il leur reproche leur négligence:

A ce reproche l'assemblée
Par l'apologue réveillée,
Se donne entière à l'Orateur:
Un trait de fable en eut l'honneur.
Le Pouvoir des fables, VIII, 4, v. 61-65, *O.C.* I, p. 296.

l'esthétique de la badinerie, de la plaisanterie se voit pleinement justifiée: elle est reliée à la nature humaine, revendiquée par le poète:

Nous sommes tous d'Athène en ce point; et moi-même
Au moment que je fais cette moralité,
Si Peau d'âne m'était conté,
J'y prendrais un plaisir extrême,
Le monde est vieux, dit-on; je le crois, cependant
Il le faut amuser encor comme un enfant.
Le Pouvoir des fables, v. 65-70, *O.C.,* I, pp. 196-197.

En ce qui concerne la galanterie, autre aspect important de cette esthétique nouvelle, c'est vers *Adonis* dédié à Fouquet en 1658 qu'il convient de se tourner d'abord. Ce poème «héroïque» d'inspiration ovidienne semble appartenir au genre du poème d'apparat à sujet mythologique, destiné à célébrer les exploits d'un héros, rédigé dans un style soutenu: alexandrins à rimes plates, relevé de figures. L'ambition de faire œuvre savante et noble apparaît dans l'*Avertissement* de 1671 où La Fontaine évoque une préparation sérieuse pour son poème «par la lecture des anciens...et par celle de quelques-uns de nos modernes». Toutefois, il reconnaît «qu'à proprement parler il ne mérite que le nom d'idylle» (*O.D.,* p. 3). Dans la deuxième version, publiée à la suite de *Psyché*, une place de plus en plus importante est faite à Vénus, la dédicace à Fouquet est remplacée par une invocation à Aminte aimée du poète, et ces modifications m'avaient amenée à y voir un poème d'amour[378] encadrant l'épisode héroïque de la chasse vue comme remède à l'amour. La composition tripartite en effet met en valeur les passages lyriques: ouverture et finale. Rencontre et bonheur amoureux au début, mort et déploration à la fin avec au centre une tapisserie où se déroulent les divers moments de l'entreprise héroïque. Cette divergence de styles justifierait l'hypothèse émise par deux lafontainiens: la partie épique relèverait d'une rédaction antérieure[379], l'influence galante du milieu Fouquet s'y faisant moins sentir que dans les parties amoureuses. Cette esthétique galante qui a connu sa pleine efflorescence dans les années 1650-1660 a fait l'objet de travaux savants dûs à Roger Duchêne, Alain Génetiot et Alain Viala[380] qui ont montré son influence dans les milieux mondains: sa présence ne saurait être négligée comme une composante essentielle de l'esthétique lafontainienne.

Cette même esthétique se fait jour dans *Le Songe de Vaux*, destiné, comme l'*Adonis* à célébrer un fastueux mécène. Dans sa partie nocturne, on est charmé par une esthétique de fête galante «grâce à la capiteuse apparition d'Aminte endormie, dont la présence fantomatique, auréolée d'un romanesque issu de l'*Astrée*, baigne le poème d'une atmosphère délicatement sensuelle»[381], tandis que le concours des fées touche à des questions d'esthétique proprement dites: nature et mérites respectifs des divers arts. Cette veine de réflexion sur la création artistique reparaît dans *Clymène*, puis au cours de la conversation des quatre amis de *Psyché*.

Apollon propose aux Muses de célébrer l'amour d'Acante pour Clymène qui n'est pas connue du dieu: à sujet nouveau doit correspondre une nouvelle manière car

---

[378] M.-O. Sweetser, «Adonis, poème d'amour. Conventions et création poétique», *L'Esprit créateur*, «Jean de La Fontaine»; Guest ed. David Lee Rubin, vol. XXI, No. 4 (Winter 1981), 41-49.

[379] Roger Duchêne, «La Fontaine et Foucquet: un pédant parmi les galants», *Le Fablier*, No. 5, 1993, 31-36. Marc Fumaroli, «Politique et poétique de Vénus: L'*Adone* de Marino et l'*Adonis* de La Fontaine», *Le Fablier*, No. 5, 1993, 11-16.

[380] Roger Duchêne, *Jean de La Fontaine*, op. cit., chap. 18 «La tentation galante», pp. 138-144 et l'article cité à la note 22. Alain Génetiot, *Les Genres lyriques mondains (1630-1660). Etude des poésies de Voiture, Vion d'Alibray, Sarasin et Scarron* (Genève: Droz, 1990). Alain Viala, *L'esthétique galante. Préface* à Paul Pellisson *Discours sur les* Œuvres de Monsieur Sarasin et autres textes (Toulouse: Société de littératures classiques, 1989), pp. 9-46.

[381] J.-P. Collinet, *Introduction* à O.C. I, XX.

Il me faut du nouveau, n'en fût-il point au monde.

Clymène, *O.C.*, I, v. 35, p. 778.

La beauté de Clymène est une beauté simple, sans apprêt, naturelle. Elle va finalement accorder ses faveurs à son amant-poète. Il s'agit, présentée sous forme d'allégorie[382], de célébrer une esthétique du naturel. Roger Zuber rapproche cette esthétique de celle définie par d'Ablancourt dans un «texte déjà très lafontainien», inspiré de Platon où le traducteur montre à fois la liberté du poète qui butine sur les fleurs, comme les abeilles, mais compose ensuite le miel, réparti dans des cellules «où chaque chose se trouve en sa place»: idéal classique conciliant ordre réfléchi et liberté créatrice[383].

Si l'*Adonis, Le Songe de Vaux, Clymène* relèvent à la fois d'une inspiration savante et galante, les *Contes* se réclament de maîtres modernes, italiens et français et adoptent un style très libre, relevant de l'esthétique de la négligence. Mais, subvertie sans doute par un humour et une ironie maniés avec légèreté, l'esthétique galante n'en est pas absente. On se souvient des plaintes élégiaques de la jeune épouse abandonnée par Joconde, exprimant dans les formes un désespoir démenti par ses actions («Joconde», *O.C.* I, 47-68, p. 560). En abordant un nouveau genre après *Adonis*, La Fontaine a recours à une autre esthétique: la nature du conte le veut ainsi, comme il le souligne dans la préface de la *Première partie* de 1665, «trop de scrupule gâterait tout». Ici encore, un célèbre écrivain de l'antiquité est allégué. La bienséance consiste, selon Cicéron, «à dire ce qu'il est à propos qu'on dise, eu égard au lieu, au temps, et aux personnes qu'on entretient».

> Ce principe une fois posé, ce n'est pas une faute de jugement que d'entretenir les gens d'aujourd'hui de contes un peu libres...et puis ce n'est ni le vrai ni le vraisemblable qui font la beauté et la grâce de ces choses-ci, c'est seulement la manière de conter.
>
> *Psyché, O.C.* I, p. 557.

Pour Jean-Pierre Collinet, la réussite des *Contes* montre qu' «une doctrine littéraire s'affirme, fondée sur l'indépendance dans l'imitation...On sent La Fontaine mûr désormais pour passer du conte à la

---

[382] M.-O. Sweetser, «Pour une lecture allégorique de Clymène comme art poétique», *French Literature Series*, vol. XVIII, «Poetry and Poetics», eds. A. Maynor Hardee and Freeman G. Henry, 1991, pp. 1-12.

[383] Roger Zuber, *Les* «belles infidèles», *op. cit.*, pp. 398-399.

fable»[384]. De son côté, Roger Duchêne estime qu'il n'y a pas solution de continuité entre contes et fables et relève ce passage insensible ou cette métamorphose d'un genre en un autre avec un titre bien choisi pour provoquer la réflexion critique: «Les fables de La Fontaine sont-elles des contes?[385]» Pour Marcel Gutwirth, il y a aussi un élément commun entre les deux, même s'il n'est pas conçu ou utilisé de la même manière:

> Le miracle de la fable, c'est...que le merveilleux, qui n'y est pas fin en soi comme dans le conte de fées, s'y fond tant et si bien avec la réalité terre à terre qu'autant parce qu'elle conte que par ce qu'elle enseigne, elle se trouve résider à la fois en pays de connaissance et dans cet autre monde fort expressivement appelé *never never land.* La Fontaine, si bien pénétré de la valeur de cette double appartenance, de la charge de poésie qu'elle recèle et du profond sérieux dont, sous les dehors de la badinerie, elle est en droit de se réclamer, n'a pas manqué de rappeler qu'elle avait été le recours ultime de Socrate[386].

En effet, prudence et audace s'allient dans le choix de la fable, genre qui sentait l'école. Il avait du moins comme garants Esope et Phèdre, et le maître de la sagesse antique, Socrate. Sous une telle égide, La Fontaine pouvait tenter une nouvelle aventure, renouveler entièrement un genre didactique pour créer une œuvre véritablement poétique, destinée à plaire à un public mondain qui avait goûté les *Contes*, aussi bien qu'à présenter un hommage adéquat au jeune dauphin. Le fait que l'une des fables du premier recueil, «L'homme et son image» (I, 11) est dédiée à M. le duc de La Rochefoucauld, auteur des *Maximes*, ne saurait révéler plus clairement à quel public le fabuliste s'adressait: il savait que les formes courtes, spirituelles, le «fragment», fables, conte ou maxime étaient particulièrement appréciées des gens du monde, comme Roger Zuber et Louis Van Delft l'ont pertinemment montré[387].

Si une esthétique mondaine, dirigée vers le plaisir du lecteur, sous-tend les *Fables*, la dimension éthique n'en est pas pour autant absente. Au lieu

384 J.-P. Collinet, *Introduction, O.C.,* I, XXIV.

385 R. Duchêne, *Jean de La Fontaine*, pp. 243-245.

386 Marcel Gutwirth, *Un merveilleux sans éclat: La Fontaine ou la poésie exilée* (Genève: Droz, 1987), p. 29.

387 Roger Zuber, «L'urbanité française au XVIIe siècle» dans *La Ville. Histoire et Mythes*, éd. M.-C. Bancquart (Nanterre: Institut de français de l'université de Paris X, 1983), p. 51. Louis Van Delft, «La fable comme fragment», dans *Hommages à Jean-Pierre Collinet,* éd. Jean Foyard et Gérard Taverdet (Dijon: Editions Universitaires Dijonnaises, 1992), pp. 365-375.

de s'exprimer en formules nettes, concises, normatives, la morale apparaît de façon diffuse, à travers le récit. Souvent implicite, elle échappe à une signification univoque pour stimuler les réflexions personnelles du lecteur et suggérer une vue multidimensionnelle du monde et des êtres. Patrick Dandrey choisit judicieusement comme exemple de cette nouvelle conception la fable liminaire, «La Cigale et la fourmi», dépourvue de moralité au sens traditionnel du terme mais qui ne manque pas de faire réfléchir à l'opportunité d'un tempérament entre l'imprévoyance menant à la famine et l'économie aboutissant au refus de l'entraide dans une communauté civile. Le critique souligne l'aspect paradoxal de ce choix mais y découvre une valeur de manifeste:

> la suppression de la moralité provient de l'importance nouvelle prise par les exigences de l'esthétique narrative...La révolution qu'introduit la poésie dans les fables n'a pas pour effet d'en exclure la moralité, mais de l'y inclure autrement et même plus profondément grâce à son association avec la narration qui peut confiner à l'osmose[388].

Il conclut en mettant en lumière cette véritable métamorphose:

> Autant dire que La Fontaine renouvelle sans le trahir le modèle ésopique, en exploitant à des fins esthétiques toutes les composantes du genre...De l'apologue ainsi transfiguré la dimension morale n'est pas exclue, elle est au contraire incluse dans une visée supérieure qui la transcende, en vertu de laquelle elle se trouve à la fois déplacée et élargie: déplacée, car la moralité n'est plus tout à fait où on l'attend; élargie, car le didactisme naïf de l'apologue ésopique s'épanouit en sagesse universelle, en vision du monde et de l'homme de plus en plus ambitieuse[389].

Point de vue qui correspond à celui de Jean Mesnard qui, dans «l'univers poétique des *Fables*» a bien vu que de «la multiplicité née de la fragmentation» il était possible «de dégager des facteurs d'unité complexe:

---

[388] Patrick Dandrey, *La Fabrique des Fables. Essai sur la poétique de La Fontaine,* 2nd éd. revue, corrigée et augmentée (Paris: Klincksieck, 1992), p. 48. Voir aussi David Lee Rubin, «Four modes of Double Irony in La Fontaine's *Fables*» dans *The Equilibrium of Wit. Essays for Odette de Mourgues*, éd. Peter Bayley and Dorothy Gabe Coleman (Lexington, Kentucky: French Forum Publishers, 1982), pp. 201-212 et sur les fables «problématiques», *A Pact with Silence. Art and Thought in the Fables of Jean de La Fontaine* (Columbus: Ohio State U.P., 1991), pp. 25-50.

[389] P. Dandrey, *La Fabrique, op. cit,* p. 49.

par exemple, pour s'en tenir au plus général, la recherche constante de l'union entre le savoir et le plaisir»[390].

La question de la moralité qui pourrait, à première vue, paraître différencier radicalement conte et fable ne fait pas problème lorsqu'on adopte cette souple définition d'une morale diffuse, implicite. Dans une étude séminale sur les rapports et interférences entre fables et contes, Roger Duchêne suggère que «la morale» de «Joconde» et celle des «Deux Pigeons» se recouvrent:

> A quoi bon aller chercher au loin ce qui l'on a chez soi?...Contrairement à ce qu'on pourrait croire, dans les contes immoraux de La Fontaine, il y a d'ordinaire une leçon morale, explicite ou implicite, exactement la même que celle des fables[391].

Comme Roger Duchêne l'a brillamment démontré, il y a de façon révélatrice de ses tendances esthétiques profondes, glissement d'un genre à un autre, en contraste avec la doctrine classique de séparation des genres. Au glissement du conte à la fable vient s'ajouter celui de la fable à l'épître car:

> le fabuliste assume le récit qu'il vient de faire et en dévoile le sens caché...Il est aussi celui qui explique et interprète, intermédiaire entre le texte et le lecteur. A mesure qu'on progresse dans son livre, on sent de plus en plus sa présence...encore plus évidente dans les fables de 1678 et de 1693[392].

Ceci est particulièrement visible dans le *Discours à Madame de La Sablière* qui est, tout autant qu'un poème philosophique, une épître adressée à une amie sur des questions discutées dans son cercle.

Après avoir rendu hommage à l'importante contribution de Roger Duchêne, Jürgen Grimm poursuit dans la même voie et montre que La Fontaine mériterait, quantitativement du moins, le titre d'épistolier. Il analyse avec beaucoup de finesse l'épître à M. Simon, de Troyes, y dégage la mise en œuvre de la poétique de la gaieté. Rédigée sur le ton de la conversation amicale, elle touche à bon nombre de sujets, sérieux et badins, allant de l'éloge du roi au pâté de canard arrosé d'un vin généreux. Cette

---

[390] Jean Mesnard, «L'Univers poétique des Fables», dans *La Poétique des Fables de La Fontaine.* Présentation de Jean Mesnard, éd. Lane M. Heller et Ian M. Richmond (London, Canada: Mestengo Press, the U. of Western Ontario, 1994), p. 15.

[391] Roger Duchêne, «Les fables de La Fontaine sont-elles des contes?», *Littératures classiques,* supplément au No. 16, 1992, pp. 85-108. sur *Joconde*, p. 94.

[392] *Ibid*, pp. 91-92.

épître marque ainsi l'adoption d'un nouveau genre, la satire/satura au sens étymologique, macédoine faite pour plaire au goût des mondains. Mais en évoquant les propos littéraires tenus au cours du repas, à propos de Bayle et de son talent de journaliste, J. Grimm estime que le rapprochement des deux éloges, celui du roi et celui de l'écrivain protestant qui avait dû quitter la France à la suite de la Révocation, par suite mal vu du pouvoir, insinue un trait satirique contre l'intolérance de ce dernier. La Fontaine, à l'intérieur d'un seul texte, pratique donc des genres divers mais parvient à les unifier dans la création d'une fiction épistolaire jointe à celle d'une conversation, à la fusion des deux modes de la satire, ancienne et moderne[393].

La Fontaine a pratiqué le genre plus libre, plus personnel de l'épître tout au long de sa carrière, en s'adressant à ses divers protecteurs et protectrices. D'ailleurs, l'épître tient une place non négligeable à l'intérieur même des *Fables* et ne consiste pas seulement en un délicat hommage au dédicataire: le poète réussit à y introduire, de façon subtile, un thème fondamental développé dans le corps même de la fable: ainsi, par exemple, celui de l'éducation dans «Les Compagnons d'Ulysse», de l'hospitalité et de l'amour constant dans «Philémon et Baucis»:

> En réalisant l'adéquation, la correspondance harmonieuse entre le sujet traité et les qualités, les mérites du dédicataire, en adoptant un ton naturel, élégant, mais non forcé, La Fontaine est parvenu à redonner vie à un genre qui se diluait dans les trop banales manifestations de la poésie galante cultivée dans les salons[394].

On peut donc observer ici une esthétique très souple, très moderne, impressionniste pourrait-on dire, où les lignes de démarcation sont à dessein estompées, avec la fécondation constante d'un genre par un autre. On y décèlera également un habile chassé-croisé des styles, des tons et des registres, relevé par divers commentateurs. Ainsi Jean Mesnard souligne les dissonances de langage, le recours au burlesque ou à l'héroï-comique:

---

393 Jürgen Grimm, «"Je m'écarte un peu trop". L'Épître à M. Simon, de Troyes: Épître, conte, satire», dans *Offene Gefüge. Literatursystem und Lebenwirklichkeit.* Festschrift für Fritz Nies. Herausgegeben von Henning Krauss in Verbindung mit Louis Van Delft, Gert Kaiser und Edward Reichel (Tübingen: Gunter Narr, 1994), pp. 39-53.

394 M.-O. Sweetser, «Les épîtres dédicatoires des Fables: La Fontaine ou l'art de plaire», *Littératures classiques,* No. 18, «L'épître en vers au XVIIe siècle», dirigé par Jean-Pierre Chauveau, printemps 1993, pp. 284-285.

> C'est d'une manière à peu près constante que La Fontaine pratique ce savant décalage entre la pensée et l'expression, adaptant un langage digne de l'épopée à une réalité triviale.

Il cite à l'appui le superbe tableau du lever de soleil mythologique de «La Vieille et les deux Servantes» allié à une sordide scène de genre[395]. On se souvient du perspicace commentaire de Marc Fumaroli à propos de la fable «Les Poissons et le Berger qui joue de la flûte», très conscient de la dissonance:

> De l'idylle on passe soudain à la réalité prosaïque et ésopique, puis, par un saut encore plus surprenant, à la terrible apostrophe finale adressée aux princes et aux rois. Le changement de registre, depuis la douceur grêle et faussement naïve jusqu'à la véhémence presque brutale, fait de cette fable une des plus brillamment dissonantes de tout le recueil[396].

Dans «Les Deux Pigeons», on passe de l'élégie à l'aphorisme, puis au réalisme de la narration, relevé toutefois par la badinerie avec des sous-entendus d'une légère sensualité qui rappellent les contes, pour finir par un très bel envol lyrique[397]. Cet entrecroisement traduit une parfaite maîtrise en consonance avec l'atticisme et l'urbanité d'un public enchanté, selon l'heureuse formule de Roger Zuber par «ces genres brefs et ces genres vifs qui favorisent l'insinuation discrète, les retournements d'attitude et la variété des tons»[398]. Bernard Tocanne résume la tendance générale de la critique des dernières années: une esthétique de la diversité commande les *Fables,* toutefois

> Le choix délibéré et le goût de la diversité se concilient avec une exigence toute classique d'unité[399].

C'est précisément à l'esthétique classique que Jean Lafond rattache le point de vue lafontainien transparaissant dans *Adonis* et surtout dans

---

395 Jean Mesnard, «L'univers poétique», *loc. cit.*, p. 22.

396 Marc Fumaroli, *Note* à cette fable dans son édition des *Fables* (Paris: Imprimerie Nationale, 1985), 2 vol. II, p. 390.

397 M.-O. Sweetser, «Réflexions sur la poétique de La Fontaine: le jeu des genres», *Papers on French Seventeenth Century Literature*, vol. XIV, No. 27, 1987, 637-651.

398 Roger Zuber, «L'urbanité française», loc. cit., p. 51.

399 Bernard Tocanne, «L'efflorescence classique», dans *Précis de littérature française du XVIIe siècle*, sous la direction de Jean Mesnard (Paris: P.U.F., 1990), p. 243.

Psyché: la grâce supérieure à la beauté. Cette doctrine, pour J. Lafond, se rapproche du «je ne sais quoi» et de l'agrément définis par Méré et par le Père Bouhours. Il estime que «l'apparition de cette esthétique chez La Fontaine est d'autant plus significative qu'elle ne lui est pas absolument particulière»[400]. Jean-Pierre Collinet et Roger Duchêne soulignent l'aspect expérimental de l'ensemble de cette œuvre considéré comme emblématique par la critique contemporaine:

> La technique du récit romanesque est déjà très audacieusement moderne dans *Psyché*, ce roman qui contient à la fois l'œuvre et sa critique[401].

Roger Duchêne y décèle une «aventure». Après la réussite des *Contes*, après celle toute récente des *Fables*, La Fontaine veut tenter du nouveau:

> ces victoires ne lui suffisent pas. Il veut essayer d'autres voies, inventer un ton, composer un ouvrage plus élevé dans la hiérarchie des genres[402].

De même, c'est un désir de renouvellement et de liberté que Bernard Tocanne souligne dans cette œuvre, mal comprise au moment de sa parution:

> Elle montre un désir de trouver une forme d'écriture échappant à la classification rigide des genres et des styles. *Psyché* tient du conte merveilleux, du roman, de la poésie, associant à une Grèce légendaire des personnages souvent inspirés par la galanterie moderne, aux agréments de la fiction mythologique, une analyse de l'amour et de la passion, au présent le passé[403].

Bernard Beugnot, dans un magistral essai, a bien montré les rapports internes de l'œuvre avec elle-même: il y voit «toutes les formes de la spécularité, thématique, narrative, structurelle» où «toutes les parties renvoient l'une à l'autre par un jeu de symétries, et d'échos, de reprises, d'inversions et de transpositions» qui font de *Psyché* «un objet esthétique

---

400 Jean Lafond, «La beauté et la grâce», *loc. cit.*, p. 84.

401 J.-P. Collinet, *Le Monde Littéraire, op. cit.*, p. 275.

402 R. Duchêne, *Jean de La Fontaine, op. cit.*, p. 279.

403 B. Tocanne, «L'efflorescence classique», *loc. cit.*, p. 240.

artistement concerté et la représentation idéale de la textualité classique»[404].

On retrouve dans *Psyché*, «somme lafontainienne, s'il en est», dans les termes de Jean-Pierre Chauveau[405], les fils entrecroisés d'une esthétique personnelle, alliant de façon paradoxale en apparence, le goût d'un humaniste pour les mythes anciens, celui de la galanterie et de la badinerie appréciées des mondains, celui de l'analyse psychologique des passions et des émotions d'un classique, le refus des frontières génériques d'un moderne[406] et le désir d'un créateur d'expérimenter et par là d'ouvrir de nouvelles voies.

Comme l'a fort bien perçu J.-P. Collinet, passant de la juxtaposition des divers éléments encore sensible dans l'*Adonis,* La Fontaine est parvenu dans *Psyché* à réaliser leur fusion en une véritable «cohésion esthétique, à fondre dans une complexe mais harmonieuse homogénéité» les divers genres et les différents styles, à dissimuler son message sans doute le plus personnel – son mythe poétique[407]. Ce mythe poétique s'incarne dans l'apothéose finale, celle de l'héroïne et, allégoriquement, celle de l'œuvre d'art qui représente et transfigure des thèmes humains fondamentaux et fait de l'artiste le maître du jeu, quelle que soit la forme adoptée.

Dans son introduction, Michel Jeanneret définit cette modernité comme un écart par rapport aux modèles anciens, «geste fondateur de la littérature

---

404 Bernard Beugnot, «Spécularités classiques», dans Destins *et enjeux du XVIIe siècle.* Préface de Jean Mesnard. Textes réunis et publiés par Yves-Marie Bercé et al. (Paris: P.U.F., 1985), pp. 179-180. On consultera aussi parmi les travaux récents: Michael Vincent, *Figures of the text. Reading and Writing (in) La Fontaine,* Purdue Univ. Monographs in Romance Languages, vol. 39 (Amsterdam/Philadelphia: John Benjamins Publishing Co., 1992), qui contient deux chapîtres sur *Psyché.* Le titre des articles suivants indique que leurs auteurs ont vu *Psyché* comme un miroir de l'esthétique du temps: Joan De Jean, «La Fontaine's *Psyché*: the reflecting Pool of Classicism», *L'Esprit créateur*, vol. XXI, No. 4, Winter 1981, 99-109. G.-J. Mallinson, «The Mirror of Revelation: La Fontaine's *Psyché*: and the Truths of Fiction», *French Studies,* vol. 48, No. 3, July 1994, 274-284.

405 Jean-Pierre Chauveau, «Le pouvoir des Fables ou la royauté de La Fontaine», dans *Jean de La Fontaine: deux approches de l'œuvre* (La Rochelle: Rumeur des Ages, 1995), p. 11.

406 Patrick Dandrey voit en *Psyché* un «nouveau roman» avant la lettre, «Stratégies de lecture et «annexion» du lecteur: la préface des *Amours de Psyché* de La Fontaine»; *P.F.S.C.L.,* vol. XIV, No. 27, 1987, 831-839.

407 J.-P. Collinet, *Introduction, O.C., I,* XXIV-XXV.

classique»[408]. La Fontaine a pratiqué cet écart avec une virtuosité constante à travers son œuvre. Une mémoire séculaire offrait au poète humaniste «tout un bruissement de formulations et de thèmes...offertes à la variation et à l'amplification, à la réécriture et à la recontextualisation». A partir de fragments «détachés d'œuvres originales très diverses», qui, de ce fait, «bénéficient d'une autonomie. donc d'une disponibilité nouvelle»[409], l'écrivain crée une œuvre bien à lui car ces fragments viennent s'agréger et se transformer dans son imaginaire, se fondre dans le thème qu'il a choisi et nourri en lui-même. L'exemple suprême de cette fabrique de l'œuvre pour Georges Molinié est justement La Fontaine:

> on reconnaîtra au concept profondément rhétorique de variation, plus encore qu'à celui de variété, le rôle structural générateur de tous ces textes. C'est au sein de l'identité...qu'éclatent la virtuosité géniale et la vraie nature de la création puissante, variant d'autant plus merveilleusement que la topique est plus affichée. L'emblème d'une telle littérarité, le plus topique et donc le plus singulier, pour nous, bien sûr, c'est La Fontaine[410].

La variation sur un même thème est aussi un procédé musical. Après J.-P. Collinet et P. Dandrey[411], Georges Molinié s'est intéressé aux fables doubles en distinguant deux types de doublage, «une allégorisation dédoublée du type «Le Héron/La Fille» », l'autre où les textes «se répondent, se complètent, se nuancent, en échos harmoniques et décalés» du type «Les Deux amis – Les Deux Pigeons»[412]. Jürgen Grimm a souhaité une recherche des leitmotivs pour la connaissance de La Fontaine poète

---

[408] Michel Jeanneret, Introduction à l'édition avec Stefan Schoettke des *Amours de Psyché*, p. 20.

[409] Bernard Beugnot, «Des Muses ouvrières: considérations sur les instruments de l'invention» dans *Les lieux de mémoire et la fabrique de l'œuvre*, éd. Volker Kapp, Biblio 17, vol. 80 (Paris-Seattle-Tübingen: P.F.S.C.L., 1993) pp. 31-32.

[410] Georges Molinié, «Mémoire: de quel lieu parle-t-on?», dans *Les lieux de mémoire, op. cit.*, p. 44.

[411] J.-P. Collinet, *Le Monde littéraire,* «Le cas particulier des fables doubles», pp. 163-226. Patrick Dandrey, *La Fabrique des Fables,* «L'Esthétique de parallèle», pp. 169-174.

[412] Georges Molinié, «Réécriture ou récriture: enjeux rhétoriques et sémiotiques», XVIIe siècle, «La Réécriture au XVIIe siècle», No. 186, vol. 47, No. 1, janvier-mars 1995, 62.

lyrique[413]. Ces procédés de composition musicale auxquels les interprètes les plus qualifiés ont été sensibles nous amènent à la subtile mise au point de J.-P. Collinet: plutôt que notre Homère, La Fontaine est notre Orphée[414], rapprochement qui m'avait amenée à étudier «chant et charmes dans les *Fables*»[415] et qui a probablement servi à inspirer le précieux ouvrage de P. Dandrey, quintessence lafontainienne célébrant le tricentenaire, *La Fontaine ou les métamorphoses d'Orphée*[416]. Dans un autre acte de célébration, très bienvenu lui aussi, Jean-Pierre Chauveau insiste sur l'enchantement qu'a su créer le poète:

> Un enchantement, c'est ce qui rompt avec les modes habituels de rapport au monde, ce qui transporte ailleurs, dans un invisible qui permet de poser un regard plus serein, plus profond...plus largement compréhensif aussi sur le monde et ses hôtes[417].

Enchantement qui procède d'un art de la séduction et qui assure la royauté du poète, magnifiquement définie par Marc Fumaroli:

> Seul un roi d'ancienne et légitime lignée...peut s'offrir ce luxe suprême: la simplicité et le naturel dans l'accueil, le regard accordé en personne à chacun, le ton de confidence souriante, mêlée d'apartés intimes, réservé à tous...Car cette royauté privée, toute métaphorique, est de celles que les Anciens accordaient aux poètes et aux sages de l'Age d'or. Elle ne compte sur aucune autre reconnaissance que la plus difficile à obtenir, celle du cœur[418].

---

413 Jürgen Grimm, «"Ce qu'on n'a point au cœur, l'a-t-on dans ses écrits?" Fable et lyrisme personnel», dans *Le Pouvoir des fables. Etudes lafontainiennes* I, Biblio 17, vol. 85 (Paris-Seattle-Tübingen: P.F.S.C.L., 1994), p. 240.

414 J.-P. Collinet, *Introduction, O.C., I,* LVIII.

415 M.-O. Sweetser, «Un nouvel Orphée: chant et charmes dans les *Fables*», dans *Hommages à Jean-Pierre Collinet, op. cit.*, pp. 343-354.

416 Patrick Dandrey, *La Fontaine ou les métamorphoses d'Orphée* (Paris: Gallimard, 1995).

417 J.-P. Chauveau, «Le pouvoir des Fables ou la royauté de La Fontaine», *loc. cit.*, pp. 19-20.

418 Marc Fumaroli, Introduction à son édition des *Fables*, p. 14. Reprise sous le titre «Les *Fables* de La Fontaine ou le sourire du sens commun», dans *La Diplomatie de l'esprit*, p. 482.

La Modernité de La Fontaine

Il pourrait sembler paradoxal de traiter La Fontaine de «moderne» puisque, dans la fameuse querelle qui a dominé le milieu littéraire et culturel à la fin du XVIIe siècle, en particulier à partir de 1687, La Fontaine a été traditionnellement considéré comme un partisan des Anciens. Depuis, au cours des siècles, son statut de «classique» s'est solidement établi. Le poète lui-même a contribué à créer cette image en se réclamant d'Esope, pour le premier recueil de ses *Fables*, selon l'usage de l'époque qui appréciait le patronage d'un auteur appartenant à la prestigieuse antiquité. Toutefois les travaux récents sur l'homme et l'œuvre ont grandement contribué à mettre en valeur son indépendance fondamentale, son refus des cadres trop stricts, des conventions, des normes qu'elles soient de nature sociale ou esthétique. Son biographe, Roger Duchêne, dans une étude fouillée et approfondie, le caractérise comme un «marginal»:

> La Fontaine a vécu en marginal. En ce siècle classique où s'instaure l'ordre de Louis XIV et de la Contre-Réforme, il n'a pas cru devoir faire comme tout le monde. Dans sa vie de famille comme dans sa vie professionnelle, il s'est le plus possible comporté à sa guise, au mépris des normes établies. Singulier paradoxe: notre grand fabuliste...celui qu'on donne depuis des siècles aux enfants pour leur apprendre à bien vivre, a vécu au mépris des lois[419].

mais il montre aussi le désir de succès et les tentatives faites pour plaire à l'institution littéraire de son temps. Jean-Pierre Collinet dans son ouvrage fondamental, *Le Monde littéraire de La Fontaine*, guide incomparable à la connaissance de l'œuvre, souligne l'extraordinaire entrelacement des genres et des tons:

> Tous les genres de poésie...se mêlent ici dans une prodigieuse floraison...A la variété des genres se superpose sans se confondre la gamme des tons[420].

L'une des tendances majeures de l'art moderne consiste précisément à effacer, à dépasser les frontières traditionnelles des genres, à une interpénétration de divers arts ou moyens d'expression. Ce même critique met en valeur les apports de la peinture et de la musique à l'œuvre

---

419 Roger Duchêne, *Jean de La Fontaine* (Paris: Fayard, 1990), 10-11.

420 Jean-Pierre Collinet, *Le Monde littéraire de La Fontaine* (Genève-Paris: Slatkine Reprints, 1989), 12-13.

lafontainienne, qui aboutissent à une «réussite suprême» dans le second recueil surtout, «dans une libre polyphonie».

Si l'on examine la position prise par La Fontaine au début de la Querelle en 1687 dans sa célèbre *Epître à Huet*, on constate qu'elle s'avère très nuancée. Ses déclarations éclairent ses lectures, sa culture et ses goûts. Il s'adresse à un docte, à un académicien qui est aussi un homme du monde, désireux de maintenir un débat courtois, de bon ton entre les partis opposés. Le savant Evêque de Soissons avait acquis une solide réputation de théoricien du roman avec sa *Lettre à M. de Segrais de l'origine des romans,* publiée en tête de *Zaïde* en 1670[421]. En lui offrant un Quintilien, La Fontaine affirmait sa fidélité à l'égard des Anciens, de la tradition rhétorique incarnée par un auteur qui faisait encore autorité au XVIIe siècle. Pourtant il n'hésite pas à rappeler l'argument favori des Modernes, utilisé par Charles Perrault: la grandeur de la France et de sa culture, incarnée dans un monarque célébré à la fois comme Alexandre et Auguste, non sans humour:

> La France excelle aux arts, ils y fleurissent tous;
> Notre prince avec art nous conduit aux alarmes,
> Et sans art nous louerions le succès de ses armes[422]!

Il refuse toutefois catégoriquement une imitation servile et n'hésite pas à peindre avec une fine ironie, alliant allusion classique et moderne, Virgile et Rabelais, les infortunés auteurs:

---

[421] Henri Coulet, *Le Roman jusqu'à la Révolution* (Paris: A. Colin, 1968), vol. 2, 66. «Huet apporte à l'apologie du roman tout le poids de son érudition et tout le sérieux de sa réflexion.»

[422] La Fontaine, *A Monseigneur l'Evêque de Soissons en lui donnant un Quintilien de la traduction d'Oratio Toscanella*, dans *Œuvres diverses*, éd. Pierre Clarac, Pléiade (Paris: Gallimard, 1958), 647. Toutes les citations des œuvres de La Fontaine contenues dans ce volume seront indiquées dans le texte par *O.D.* avec le numéro de la page.

L'Epître à Huet, publiée en 1687, avait été composée en 1674 selon la chronologie établie par J-P. Collinet dans son édition des *O.C.* I, Pléiade, CLVII-CLVIII. Cette date a été récemment confirmée par Alain Niderst, «La Fontaine et Huet», *Le Fablier*, No. 13, 2001, 45-50.

Quelques imitateurs, sot bétail, je l'avoue,
Suivent en vrais moutons le pasteur de Mantoue:
J'en use d'autre sorte; et, me laissant guider
Souvent à marcher seul, j'ose me hasarder.
On me verra toujours pratiquer cet usage;
Mon imitation n'est point un esclavage.

Epître à Huet O.D., p. 648

L'admiration, sincère sans nul doute, pour les maîtres de l'antiquité s'exprime en fonction de ses propres intérêts. On se souvient que sa première œuvre avait été une adaptation de l'*Eunuque* de Térence. Dans la *Lettre à M. de Maucroix* du 22 août 1661, *Relations d'une fête donnée à Vaux*, il avait exprimé son admiration et celle de la Cour pour un écrivain contemporain, établissant un lien d'affinité, et non d'imitation au sens propre, entre Molière et l'un des maîtres de la comédie antique, à propos des *Fâcheux:*

C'est un ouvrage de Molière.
Cet écrivain par sa manière
Charme à présent toute la Cour.
...
J'en suis ravi car c'est mon homme.
Te souvient-il bien qu'autrefois
Nous avons conclu d'une voix
Qu'il allait ramener en France
Le bon goût et l'air de Térence?

O.D., p. 525.

Dans le domaine de la poésie, ce sont les grands de l'antiquité classique qui l'ont inspiré: Homère et Virgile, Horace surtout dont le style simple et naturel lui convenait particulièrement, et l'avait préservé des excès d'un style recherché. Déjà dans les vers adressés à Ariste-Pellisson du *Songe de Vaux*, La Fontaine avait exprimé son admiration pour Homère et Virgile, tout en indiquant, avec une modestie de bon aloi, qu'il pratiquait un style différent:

Homère épand toujours ses dons avec largesse:
Virgile à ses trésors sait joindre la sagesse:
Mes vers vous pourraient-ils donner quelque plaisir.
Lorsque l'antiquité vous en offre à choisir?
...
Je vous présente donc quelques traits de ma lyre.

Le Songe de Vaux, O.D., p. 84.

Il revient à ces maîtres révérés dans l'*Epître à Huet*:

> Térence est dans mes mains, je m'instruis dans Horace;
> Homère et son rival sont mes dieux du Parnasse.
>
> *O.D.*, p. 648.

Sur le plan de la pensée, de la sagesse, c'est de Platon et de son maître Socrate qu'il se réclame. Ici aussi, il s'agit d'une constante: dans la *Préface* et la *Vie d'Esope* du premier recueil des *Fables*, Homère, Platon, Térence et Quintilien paraissent déjà[423]. Dans son très personnel *Discours à Madame de La Sablière*, prononcé lors de sa réception à l'Académie, le 2 mai 1684, ses allusions aux auteurs antiques s'accompagnent d'une citation de son poète-philosophe favori qui avait parfaitement décrit la nature du poète et avait ainsi, par avance, excusé la légèreté de son émule[424]:

> Je m'avoue, il est vrai, s'il faut parler ainsi,
> Papillon du Parnasse et semblable aux abeilles
> A qui le bon Platon compare nos merveilles,
> Je suis chose légère, et vole à tous sujets;
> Je vais de fleur en fleur et d'objet en objet.
>
> *O.D.*, p. 645.

La même idée et la même image sont utilisées pour décrire les conversations des quatre amis dans *Psyché*:

> Quand ils étaient ensemble et qu'ils avaient bien parlé de leur divertissements, si le hasard les faisait tomber sur quelque point de science ou de belles-lettres, ils profitaient de l'occasion: c'était toutefois sans s'arrêter trop longtemps à une même matière, voltigeant de propos en autre, comme des abeilles qui rencontreraient en leur chemin diverses sortes de fleurs.
>
> *O.D.*, p. 127

---

[423] La Fontaine, *Préface* des *Fables choisies mises en vers*, dans *Œuvres complètes*, I, *Fables, Contes et nouvelles*, éd. J-P. Collinet, Pléiade (Paris: Gallimard, 1991), 5-6. Toutes les citations des *Fables* et des *Contes* renvoient à cette édition indiquée dans le texte par *O.C.*, avec le numéro de la page.

[424] Platon, *Ion*, 534 b: «Les poètes nous disent que c'est à des sources de miel, dans certains jardins et vallons des Muses, qu'ils butinent les vers qu'ils nous apportent, semblables aux abeilles, voltigeant eux-mêmes comme elles. Et ils disent vrai: le poète est chose légère, ailée, sacrée». Cité par P. Clarac, *O.D.*, 982, note 7.

Parmi les poètes-philosophes de l'antiquité, on se serait attendu à voir figurer dans l'*Epître à Huet* le nom de Lucrèce. La Fontaine avait en effet manifesté l'ambition d'être son émule dans le premier *Discours à Mme de La Sablière* (*Fables*, livre IX) sur l'âme des bêtes et s'était déclaré «Disciple de Lucrèce une seconde fois» dans sa dédicace à la duchesse de Bouillon-Uranie du *Poème du Quinquina* en 1681. Lucrèce se trouve bien comme une présence capitale dans l'arrière-fond de l'œuvre, mais sa réputation de penseur matérialiste pouvait paraître gênante à un écrivain mondain qui cherchait à plaire. Jean-Pierre Collinet avait relevé une allusion implicite à Lucrèce dans l'*Epître à Monseigneur le Dauphin* de 1668, avec celles, explicites à Esope, Socrate et Horace et y avait vu «une sensibilité et une philosophie épicurienne qui...s'épanouira dans le second recueil», le critique estimait d'ailleurs qu'

> Un instant même, l'horizon s'élargit dans une échappée sur la double création des sciences et des arts, et sur toute l'histoire de la civilisation, où passe comme un écho de Lucrèce. (Collinet, *Le Monde littéraire* 149 et Note 17, 505. La référence à Lucrèce est: *De Natura Rerum* V, 1446-55).

Mais c'est surtout dans le *Poème du Quinquina* que La Fontaine prend nettement position, comme David Lee Rubin l'a montré. Il s'y déclare non seulement le disciple, mais le successeur de Lucrèce, dans la conviction que la poésie peut transmettre des connaissances, présentées de façon rationnelle, valables dans la conduite humaine et la poursuite du bonheur[425]. Le critique souligne toutefois à juste titre les différences entre les deux poètes. La Fontaine n'abandonne jamais son indépendance quelle que soit l'admiration éprouvée pour un maître: celle qu'il porte à Lucrèce a été durable et transparaît encore dans la dernière fable du livre XII, *Le Juge arbitre, l'hospitalier et le solitaire* (XII, 29) qui appelle un rapprochement avec le début du livre II du *De Natura Rerum.* (Collinet, *O.C.*, I, 1318).

A cette prestigieuse cohorte de grands noms venus de l'antiquité classique, La Fontaine, avec une franchise rarement pratiquée par ses confrères peu enclins à avouer leurs emprunts à des auteurs contemporains, avec son non-conformisme si attachant pour le lecteur d'aujourd'hui, ne craint pas d'ajouter une liste d'écrivains récents, français et italiens:

---

[425] David Lee Rubin, *A Pact with Silence. Art and Thought in the Fables of Jean de La Fontaine* (Columbus: Ohio State University Press, 1991), 51-52.

Je chéris l'Arioste et j'estime le Tasse;
Plein de Machiavel, entêté de Boccace,
J'en parle si souvent qu'on en est étourdi;
J'en lis qui sont du Nord, et qui sont du Midi.

Epître à Huet, O.D., p. 649.

vers capital où l'on pourrait voir préfigurer la distinction proposée par Mme de Staël entre littératures du Nord et du Midi, pleinement révélateur de la catholicité du goût de notre poète. Il n'oublie pas en effet que Charles Perrault et les Modernes avaient célébré les gloires nationales. A son tour, en admirateur de Boileau, de Molière et de Racine, il proclame avec une allusion aux historiographes qui illustreront pour la postérité les gloires du règne:

La France a la Satire et le double théâtre;
Des bergères d'Urfé chacun est idolâtre;
On nous promet l'histoire et c'est un beau projet.
J'attends beaucoup de l'art, beaucoup plus du sujet:
Il est riche, il est vaste, il est plein de noblesse;
Il me ferait trembler pour Rome et pour la Grèce.
Quant aux autres talents, l'ode qui baisse un peu,
Veut de la patience; et nos gens ont du feu.
Malherbe avec Racan, parmi les chœurs des anges,
Là-haut de l'Eternel célébrant les louanges,
Ont emporté leur lyre; et j'espère qu'un jour
J'entendrai leurs concerts au céleste séjour.

O.D., p. 649.

On se souvient de l'admiration juvénile de La Fontaine pour Malherbe: elle aurait inspiré sa propre vocation poétique quoique dans un genre tout différent. Jean-Pierre Chauveau se montre d'accord avec le jugement du fabuliste au sujet de l'ode et du lyrisme officiel[426]. Mais il est remarquable que l'académicien qu'était devenu La Fontaine n'hésite pas à citer d'Urfé et son goût durable pour l'*Astrée*, déjà affirmé dans la *Ballade* publiée avec les *Contes et Nouvelles en vers* de 1665, où il avoue sans vergogne ses lectures préférées: elles ne sont pas celles d'un docte mais d'un mondain très libre qui se plaît «aux livres d'amour»:

---

[426] Jean-Pierre Chauveau, «Vie et mort d'un genre sous les règnes de Louis XIII et de Louis XIV: la poésie encomiastique», *Papers on French Seventeenth Century Literature*, no. 9 (1978), 67-82.

> Non que monsieur d'Urfé n'ait fait une œuvre exquise:
> Etant petit garçon je lisais son roman,
> Et je le lis encore ayant la barbe grise.

O.D., p. 585.

Plus loin, il se moque de l'hypocrisie de la prude qui condamne les romans:

> J'ai lu maître Louis mille fois en ma vie;
> Et même quelquefois j'entre en tentation
> Lorsque l'Ermite trouve Angélique endormie...

O.D., p. 586.

allusion gaillarde qui sied à l'auteur des *Contes*, dont certains sont inspirés de l'Arioste, mentionné, on l'a vu, dans l'*Epître à Huet*. Il est clair que le poète connaît la tradition romanesque depuis l'antiquité grecque, représentée par la célèbre œuvre d'Héliodore, *Théagène et Chariclée*, qui avait aussi enchanté le jeune Racine, jusqu'aux romans du XVIIe siècle qu'il a constamment pratiqués:

> Le roman d'*Ariane* est très bien inventé;
> J'ai lu vingt et vingt fois celui du *Polexandre*;
> En fait d'événements, *Cléopâtre* et *Cassandre*
> Entre les beaux premiers doivent être rangés.
> Chacun prise *Cyrus* et la Carte du Tendre,
> Et le frère et la sœur ont les cœurs partagés

sans mépriser toutefois, à l'encontre de bien des doctes, un célèbre roman médiéval et un chef-d'œuvre venu d'Espagne:

> Même dans les plus vieux je tiens qu'on peut apprendre;
> *Perceval le Gallois* vient encore à son tour,
> Cervantes me ravit; et pour tout y comprendre,
> Je me plais aux livres d'amour.

O.D., p. 586.

Il est donc évident que d'un bout à l'autre de sa carrière, La Fontaine a fait preuve d'un goût éclectique révélé dans une étonnante diversité de lectures, en dépit des préjugés et des opinions convenues. On se souvient du mépris affichée par Boileau à l'endroit des romans:

> Dans un roman frivole aisément tout s'excuse.
> C'est assez qu'en courant la fiction amuse

Art poétique, III

et pour la poésie du XVIe et du premier XVIIe siècle qui ne se conformait pas aux normes établies par Malherbe. On se rappelle que la fable était absente de la nomenclature des genres dans l'*Art poétique*. On ne peut alors qu'être pleinement d'accord avec les érudits qui ont souligné le caractère ambigu de la position de La Fontaine. Jean-Pierre Collinet note «l'audacieuse modernité» du *Poème du Quinquina*, le parti-pris d'optimisme qui annonce les Lumières, l'enthousiasme pour les écrivains français qui prépare les voies au *Siècle de Louis XIV* de Voltaire. (Collinet, *Le monde,* 324-26). De son côte, Roger Duchêne voit dans le désir de triompher dans la poésie scientifique, comme l'avait fait Lucrèce, une illustration de la théorie moderniste de Chénier:

> Sur des pensers nouveaux, faisons des vers antiques,...dira Chénier. La Fontaine essaya de le faire un bon siècle avant lui. (Duchêne 389).

Le savant biographe remarque à propos de la Querelle:

> Son choix n'était pas évident. Tout ce qui avait assuré son succès le rejetait malgré lui dans le camp des Modernes...L'*Epître à Huet* était donc, dans une large mesure, un plaidoyer personnel...Poète marginal qui en prend à son aise avec ses sources et qui se règle sur son expérience et les réactions de son public, non sur les préceptes des doctes, ami personnel de Perrault...La Fontaine avait tout pour figurer parmi les Modernes
>
> Duchêne 450-451

Son ambivalence est bien attestée: elle ne relève pas d'une vulgaire ambition, d'un désir de ménager des sympathies dans les deux camps, mais plutôt d'une ouverture d'esprit, d'un sens de la justice à rendre aux maîtres de toutes les époques et de toutes les cultures, anciennes ou modernes. N'avait-il pas déjà affirmé sous le voile de la fiction dans *Psyché* ce désir de rendre justice à tous:

> Ils [les quatre amis] adoraient les ouvrages des anciens, ne refusaient point à ceux des modernes les louanges qui leur sont dues...
>
> *O.D.,* p. 127

A cette diversité dans les lectures correspond une diversité tout à fait remarquable dans l'écriture, et ceci dès le début de sa carrière, avec son premier chef-d'œuvre, l'*Adonis*, écrit pour son mécène Fouquet, en 1658. Dans un important article, Marc Fumaroli a soulevé la question des rapports entre l'*Adonis* de La Fontaine et l'*Adone* de Marino qui n'est pas cité parmi les auteurs italiens célébrés dans l'*Epître à Huet*. L'éminent historien de la littérature montre que Marino, reçu chaleureusement à la cour de France par Louis XIII et Marie de Médicis à qui il avait dédié l'*Adone*, pour lequel Chapelain avait écrit une préface en 1623, avait eu une influence certaine sur la poésie française de la décennie 1630-1640. Elle aurait pu jouer sur le jeune La Fontaine qui aurait ensuite, dans sa maturité, abandonné la manière mariniste qui ne s'accordait pas à son propre tempérament. Toutefois, il resterait des traces évidentes de la lecture de l'*Adone* dans la description de la chasse. Un processus beaucoup plus subtil d'innutrition serait sensible dans la vision pacifiste et hédoniste de l'*Adonis*, héritée du poète italien auquel s'appliquerait la mystérieuse allusion de l'*Epître à Huet* au maître qui avait failli le «gâter»[427].

La Fontaine renouvelle dans l'*Adonis* le «poème héroïque» en y introduisant les grands thèmes lyriques: amour, séparation, mort, et en empruntant libéralement à des genres très divers: idylle au moment de la rencontre et des amours heureuses d'Adonis et de Vénus, élégie lors de la séparation, tragédie de la mort héroïque, lamento pathétique et hymne en l'honneur du disparu et des lieux où les amants avaient connu le bonheur. Le poète réussit à créer une harmonieuse fusion de ces divers styles et à suggérer d'émouvantes visions, correspondant dans la création verbale à des créations picturales telles que les *Bergers d'Arcadie* de Poussin dont le thème «Et in Arcadia, ego» se révèle très proche de celui du poème[428]. La possibilité de ce passage d'une forme d'art à une autre, cette correspondance baudelairienne avant la lettre est tout à fait sensible au lecteur du XXIe siècle. Ce dernier se trouve également de plein pied avec des personnages mythologiques habilement ramenés par le poète à des dimensions humaines, rendus vraisemblables et sympathiques tout en gardant la distanciation souhaitable. Un élément personnel se trouve introduit dans la seconde version du poème, dédié à Aminte, dépeinte comme une belle insensible à qui le poète, amoureux repoussé, adresse un poème d'amour, dans l'espoir de la fléchir. Il y a donc dédoublement, mise en abyme, du récit encadré et de celui d'encadrement. Un autre aspect personnel dans ce somptueux poème serait, selon J-P. Collinet, le personnage d'Adonis, double idéalisé de La Fontaine, «où se reflète la complexité de sa nature», «l'enthousiasme allègre et la pente à la rêverie mélancolique». (Collinet, *Le Monde* 50). La réflexion sur la condition

---

[427] Marc Fumaroli, «Politique et poétique de Vénus: l'*Adone* de Marino et l'*Adonis* de La Fontaine», *Le Fablier*, no. 5, 1993, 11-16.

[428] Marie-Odile Sweetser, «*Adonis*, poème d'amour. Conventions et création poétiques», *L'Esprit créateur*, «Jean de La Fontaine», ed. David Lee Rubin, vol. XII, no. 4, Winter 1981, 41-49.

humaine, ayant une portée universelle, traduisant une tendance classique, s'allie à une vision artistique et à une sensibilité personnelles s'exprimant de façon métaphorique à travers un épisode et des personnages mythiques: cette pluralité de sens paraît bien accordée à une esthétique moderne.

Dans un texte destiné à chanter les merveilles de Vaux et la gloire de leur propriétaire, le surintendant Fouquet, La Fontaine marie de nouveau traditions et expression personnelle. Le procédé du songe, le mélange de prose et de vers, le débat entre des personnages allégoriques, ici les Fées représentant divers arts, tout cela relevait d'une tradition littéraire qui, au-delà de la Renaissance italienne, avec *Le Songe de Poliphile*, et du moyen-âge français, avec le *Roman de la Rose*, remontait à l'antiquité. Il y aurait dans cette œuvre hybride une jointure «entre une fonction laudative traditionnelle, la célébration du mécène par les œuvres, et une fonction réflexive particulière, l'exploration de la place assignée par Vaux à l'homme de lettres au sein des artistes», situant «de façon polémique la poésie dans une configuration des "Beaux Arts" en pleine évolution»[429]. Avant *Psyché* et préparant les voies à ce qui allait suivre, *Le Songe de Vaux* apparaît comme «une de ces œuvres composites auxquelles il est impossible d'assigner une place dans un genre déterminé» où divers éléments poétiques et romanesques se voient «fondus ou entrelacés», fusion qui correspondrait sur le plan littéraire à celle qui avait présidé à l'élaboration même du château de Vaux où se mariaient la pierre et la brique, les courbes et les droites, les cascades et les bassins. (Collinet, *Le Monde* 95). Cette fusion entre un thème précis, imposé par la commande d'un généreux mécène et les variations si diverses suggérées par l'atmosphère imaginée par un poète à propos d'un château, de ses jardins et de ses bosquets fait du *Songe de Vaux*, rêvé par La Fontaine, le Songe d'une nuit d'été, «l'occasion d'une plongée aux sources vives de l'imaginaire» où le poète «bifurque vers la magie de l'irréel». (Collinet, *Le Monde* 415). De là à voir chez La Fontaine une touche de surréalisme avant la lettre, il n'y aurait qu'un pas: le *Songe de Vaux* préfigurerait la fête étrange du *Grand Meaulnes* ou l'*Année dernière à Marienbad.*

A plus forte raison, ces observations s'appliquent aux *Amours de Psyché et de Cupidon.* Si les intentions de l'écrivain se laissent deviner dans les fragments qui subsistent du *Songe de Vaux*, avec *Psyché*, la réalisation est complète, si bien que Philip Wadsworth a pu qualifier cette

---

[429] Florence Dumora, «*Le Songe de Vaux*, "Paragone" de La Fontaine», *XVIIe Siècle* no. 175, vol. 44, no. 2 (Avril-juin 1992), 191.

œuvre achevée de «Songe de Versailles»[430]. L'œuvre était si originale qu'elle n'eut pas le succès attendu lors de sa publication en 1669 malgré l'annonce publicitaire dans l'*Epilogue* du premier recueil:

> Amour, ce tyran de ma vie,
> Veut que je change de sujets;
> Il faut contenter son envie.
> Retournons à Psyché...
>
> *O.C.*, I, 241.

Le poète avait pourtant placé la lecture de son conte dans le plus beau des cadres, créé par le plus magnifique des rois au goût duquel il rendait ainsi hommage. Il pouvait espérer plaire au maître des lieux aussi bien qu'à un public mondain et raffiné, capable de se laisser enchanter par un beau conte; il alliait aux charmes de la fable des conversations tenues avec aisance par quatre amis, honnêtes gens et non pédants, sur les mérites respectifs des différents genres littéraires. Le conte et les conversations suscitées par sa lecture se trouvaient encastrés dans le cadre merveilleux du château et du parc de Versailles.

Michael Vincent considère *Psyché* comme une «chrestomathie» de l'art de La Fontaine: tous les genres et les styles y sont représentés, du conte de fées au dialogue platonicien, de la prose littéraire ou familière évoquant la conversation à la poésie descriptive et lyrique. C'est aussi son «nouveau roman» du fait des rapports existant entre le conte et le cadre. Le critique montre que *Psyché* pose les problèmes fondamentaux de l'herméneutique moderne, celui de l'interprétation en général: du discours, des textes, des documents visuels, architectural ou pictural[431]. C'est parce que Psyché et ses parents ne parviennent pas à déchiffrer le sens caché de l'oracle sous l'ambiguité des termes qu'ils ne comprennent pas à quelle alliance elle est en fait destinée. Ils se lamentent de la voir livrée à un «monstre» alors que ce terme fait allusion à l'ambivalence de l'Amour, source de peines aussi bien que de joies.

Un double problème d'interprétation de documents visuels, d'œuvres d'art ici, se pose au cours de la visite du palais de Versailles par les quatre

---

[430] Philip A. Wadsworth, *Young La Fontaine* (Evanston, Ill.: Northwestern University Press, 1952), 116.

[431] Michael Vincent, *Figures of the Text. Reading and Writing (in) La Fontaine*, Purdue Univ. Monographs in Romance Languages, vol. 39 (Amsterdam/Philadelphia: John Benjamins Publishing Co., 1992), 65. Les chapitres 5 et 6 sont consacrés aux *Amours de Psyché et de Cupidon*. Les questions d'interprétation y sont traitées de façon approfondie.

amis et dans celle du palais de Cupidon par Psyché. Les quatre amis se trouvent dans la chambre du roi et remarquent la beauté d'une tapisserie chinoise qui contient, dit-on, toute la religion de ce pays-là: faute d'un brahmine pour les guider dans le déchiffrement de cette représentation, ils demeurent dans l'ignorance de la signification de ce qu'ils admirent pour sa beauté apparente. Michael Vincent soulève d'ailleurs avec finesse la possibilité d'un double sens: «ce pays-là», terme vague, pourrait aussi faire allusion à la Cour de Louis XIV dont la magnificence sensible à la vue, possède sans doute un sens caché pour le visiteur d'occasion, non initié aux arcanes de la politique royale. L'énigme qui se pose aux quatre amis dans l'histoire-cadre trouve une réplique beaucoup plus développée et plus importante dans l'histoire de Psyché: la question d'interprétation qui se pose à elle se révèle cruciale, car son sort en dépend. Si elle avait su, en effet, lire ce que les décorations, peintures, statues, tapisseries du palais de Cupidon tentaient de lui faire entendre, elle aurait pu deviner qui était cet époux qui refusait de se montrer à elle et de se nommer. Cette incapacité d'interpréter les signes, de mettre en question ce qu'elle croit savoir, représente la difficulté de la connaissance pour les êtres humains. Cupidon et sa puissance sont représentés dans la tapisserie en six panneaux: dans le dernier il s'incline devant une belle et jeune personne dont on ne voyait point le visage. Il est représenté comme un enfant, selon les conventions de la mythologie. Or Psyché le voit dans son esprit comme un époux qui, selon le sens littéral de l'oracle, cache peut-être un monstre. Elle ne parvient pas à se débarrasser de ces idées préconçues pour parvenir à une identification qui lui éviterait bien des épreuves. Lorsqu'elle contemple les statues, tableaux et objets d'art, c'est elle qu'elle voit. Sa propre représentation ainsi répétée la charme, certes, mais l'aveugle aussi à propos de l'Autre, l'Amour qu'elle méconnaît. Il faudra des épreuves de plus en plus pénibles pour lui permettre de sortir de cet égocentrisme, de ce narcissisme, pour la faire parvenir à l'amour de l'Autre. Le sens allégorique du conte finira par s'imposer, conclusion à un voyage initiatique de découverte évoquant une psychologie ou une psychagogie très moderne déjà.

Moderne, *Psyché* l'est aussi dans sa forme et dans sa portée philosophique, comme l'a bien vu Bernard Beugnot. L'œuvre «étale toutes les formes de la spécularité, thématique, narrative, structurelle, en son «génie de l'artificiel» (J. Rousset)»:

> Psyché vit des reflets de sa propre image, symbole d'un récit dont toutes les parties renvoient l'une à l'autre par un jeu de symétries et d'échos, de reprises, d'inversions, de transpositions. L'équilibre de la composition, les correspondances qui relient entre eux les épisodes...font de *Psyché*...un objet esthétique artistement concerté et la représentation idéale de la textualité classique[432].

Sur le plan philosophique, l'œuvre représenterait, selon le même critique, une tension ou un combat «entre deux tentations antagonistes, celle du repli ou du repos épicurien et celle d'un savoir qui pousse l'être vers l'autre ou vers l'extérieur». A l'allégorie de la curiosité punie, version païenne du mythe d'Eve, s'oppose en effet le désir de connaissance, reconnu comme légitime et nécessaire par la mentalité moderne, incarnée au XVIIe siècle dans la pensée cartésienne, ainsi:

> Comment ne pas voir dans ce triomphe de Psyché une absolution de sa curiosité, *animi vis et virtus*?[433]

Si, au premier abord, les *Contes* semblent se rattacher de près à un genre traditionnel et à leurs sources italiennes et françaises, un examen plus approfondi de ces textes destinés à amuser, à piquer l'intérêt d'un public mondain, curieux de voir comment le conteur parviendra à donner un tour nouveau à des canevas connus, permet de déceler une attitude très moderne, très indépendante de la part de La Fontaine à l'égard de son matériau[434]. Il s'agit d'une certaine distanciation, d'une ironie, bien étudiée à propos des *Fables* par David Lee Rubin et Richard Danner, d'un certain

---

[432] Bernard Beugnot, «Spécularités classiques» dans *Destins et enjeux du XVIIe siècle*, textes réunis par Yves-Marie Bercé, Norbert Dufourcq, Nicole Ferrier-Caverivière, Jean-Luc Gautier et Philippe Sellier. Préface de Jean Mesnard (Paris: Presses Universitaires de France, 1985), 179-80.

[433] B. Beugnot, «De la curiosité dans l'anthropologie classique», dans *Ouverture et dialogue. Mélanges offerts à Wolfgang Leiner*, éd. par Ulrich Döring, Antiopy Lyroudias, Rainer Zaiser (Tübingen: Gunter Narr, 1988), 17-19.

[434] M.-O. Sweetser, «Images féminines chez La Fontaine: traditions et subversion», dans *Correspondances. Mélanges offerts à Roger Duchêne*. Textes réunis par Wolfgang Leiner et Pierre Ronzeaud (Tübingen: Gunter Narr Verlag; Aix-en-Provence: Publications de l'Université de Provence, 1992), 201-213.

Le terme de *subversion* avait déjà été employé à propos des *Fables* dans «Le jeu des genres: réflexions sur la poétique de La Fontaine», *PFSCL* (1987), 637. Anne L. Birberick emploie également le terme «subversive» dans sa thèse, «Reading Undercover: Poetics and Politics in Jean de La Fontaine», Unpublished Dissertation, U. of Virginia, 1991, 11.

esprit de subversion. L'ironie dans *Joconde*, le premier et l'un des plus célèbres des *Contes*, consiste à suggérer sans le dire explicitement que l'infidélité des épouses respectives de Joconde et du roi Astolfe est causée par l'égocentrisme, le narcissisme et l'indifférence des maris. Ils traitent leurs femmes comme des objets en leur possession, non comme des personnes douées de sentiments qu'ils devraient s'efforcer de comprendre. Le titre qui conviendrait à ce conte ambigu pourrait être «Joconde ou comment la vanité et l'insensibilité des hommes provoquent l'infidélité des femmes». Au lieu de chercher la raison véritable de la conduite – inconduite à leurs yeux – de leurs épouses, les deux hommes décident de se venger et partent pour une quête burlesque d'aventures galantes qui, ironiquement, ne leur procure aucune satisfaction. Ils s'avisent enfin de penser au cœur de leurs épouses négligées, bafouées, et de retourner au logis où

> Chaque époux s'attachant auprès de sa moitié,
> Vécut en grand soulas, en paix, en amitié,
> Le plus heureux, le plus content du monde.
>
> *Joconde, O.C.*, I, 571.

c'est-à-dire qu'ils finissent par où ils auraient dû commencer, à leur honte.

La Fiancée du roi de Garbe se prête également à une interprétation subversive des idées reçues, de la morale sociale qui, à cette époque, n'accordait pas à la femme la même liberté qu'à l'homme en matière sexuelle. On pourrait voir aussi dans ce conte, comme l'a suggéré Catherine Grisé, une parodie érotique de la *Carte de Tendre*[435]. On aurait ainsi affaire à une entreprise de subversion à la fois littéraire et morale:

> On voit ainsi le type traditionnel de la femme ayant connu maintes aventures et jugée dégradée par elles, transformé, subverti avec humour. Alaciel a su se tirer de situations délicates et parvenir au triomphe de sa carrière, le mariage royal auquel elle avait été destinée. (Sweetser, «Images» 206).

Les aventures de l'héroïne n'affectent en rien ses qualités, sa valeur intrinsèque, reconnues par un roi prudent et sage qui donne par son acceptation chaleureuse de sa fiancée une leçon de tolérance tout à fait moderne.

---

[435] Catherine Grisé, «Erotic Dimensions of Space in La Fontaine's *La Fiancée du roi de Garbe*», *The Modern Language Review*, vol. 82, no. 3, July 1987, 588. Voir aussi, «La Casuistique dans les *Contes* de La Fontaine», *Studi Francesi*, 99, XXXIII, 1989, 411-21.

Un même aspect subversif apparaît dans *Le Cas de conscience*: cette fois il s'agit de la mise en question de l'autorité morale détenue par l'Eglise. Le curé condamne sévèrement l'expression de la sensualité de sa jeune pénitente, Anne, qui a pris plaisir à contempler le jeune garçon qu'elle aime se baigner nu. L'ironie de la situation est que le lecteur perçoit implicitement la sexualité réprimée du prêtre. Elle se voit éveillée par l'évocation de ce tableau idyllique et païen: un beau jeune homme nu, sortant du bain – souvenir probable de Vénus et d'Adonis – contemplé par une jeune et jolie fille, aimé, et désiré par elle. Le curé se livre à un retour sur lui-même, saisi par le regret d'une vie et d'un bonheur qu'il n'a pas connus, ayant renoncé aux plaisirs naturels de la jeunesse lorsqu'il a choisi la voie ascétique et sacerdotale. C'est précisément cette formation qui lui dicte sa réaction immédiate, celle du sévère confesseur, condamnant le plaisir pris par sa pénitente dans une telle contemplation, annonciatrice des voluptés attendues. La sensualité du prêtre éclate d'ailleurs dans un autre domaine, celui des plaisirs de la table où la jeune fille peut faire avec esprit la leçon au sévère confesseur: le gardien de la morale ne vaut pas mieux que ceux et celles dont il entend régler les mœurs, et la nature humaine s'avère bien la même sous la diversité des conditions.

Le Faucon a fait également l'objet de lectures ironiques qui mettent en cause une lecture littérale: selon celle-ci, on pourrait y voir une illustration, inattendue dans le genre et par suite suspecte, d'une conception de l'amour courtois, incarnée dans le héros. Ce dernier se ruine pour une belle insensible et va jusqu'à lui sacrifier son dernier bien, son faucon. Par un retournement inattendu lui aussi, la dame inexorable, devenue une riche veuve, touchée par le sacrifice du malheureux amant, consent à l'épouser. L'amant ruiné retrouve une fortune avec la femme vainement poursuivie. Les passages de style lyrique, élégiaque montrent que cet aspect de la poétique de La Fontaine subsiste même dans les *Contes* mais se trouve contrebalancé, marginalisé, selon Donna Kuizenga[436], par le ton cynique et ironique de l'ensemble et surtout par le dénouement «solution inespérée, réduite à ses véritables dimensions par l'ironie des vers finals du conte»[437].

En ce qui concerne les *Fables*, la vision ironique a été mise en évidence par les excellentes et subtiles lectures de David Lee Rubin et de Richard Danner qui y voient un signe indéniable de leur modernité. Dans de

---

[436] Donna Kuizenga, «La Fontaine's *Le Faucon.* A Lesson of Experience», *French Forum*, no. 2, 1977, 214-233. L'auteur conclut 221: «The tale is indeed cynical and ironic.»

[437] Jürgen Grimm, «*Le Faucon.* La Fontaine et Boccace: proximité et distance:, dans *Correspondances, op. cit.*, 223.

récentes et pénétrantes études, Marcel Gutwirth et David Lee Rubin ont bien mis en valeur certains aspects subversifs de la pensée et de l'expression du poète: dans sa défense de Fouquet, dans quelques fables et même dans des textes d'apparence encomiastique à l'égard du roi[438]. Ici encore, l'ironie sous-jacente révèle l'attitude ouverte, souple d'un auteur qui refuse de se laisser enfermer dans un texte univoque, voire même de se plier aux contraintes d'un rôle unique. Marc Fumaroli a souligné «l'ironique complexité» du dédoublement opéré subrepticement par le poète: on entend dans les *Fables* la voix du conteur, le «je» créateur d'un monde imaginaire et merveilleux, et celle du fabuliste, le «on» qui rapporte les opinions communes, transmises par la tradition et protège ainsi les libres échappées du conteur[439].

Le fabuliste avait-lui-même averti ses lecteurs dans le texte crucial qui sert d'introduction à son premier recueil de 1668, *La Vie d'Esope le Phrygien*, de la cœxistence des contraires[440]. L'anecdote du choix de la langue illustrait qu'une même chose pouvait être considérée tour à tour comme ce qu'il y avait de meilleur et de pire. L'exemple d'Esope servait aussi à montrer le danger des apparences trompeuses et la nécessité d'une vérification expérimentale, principes mêmes de toute connaissance scientifique. Esope, faussement accusé d'avoir volé des figues, parvient à confondre ceux qui l'avaient calomnié par une épreuve qui montre à l'évidence qui les avaient mangées. Dans les fables, La Fontaine se moque des conclusions hâtives d'observateurs naïfs, peu curieux, enclins à la superstition, prêts à croire qu'ils ont vu un animal dans la lune alors qu'il

---

[438] Richard Danner, *Patterns of Irony in the Fables of La Fontaine* (Athens, Ohio; London: Ohio University Press, 1985).

Marcel Gutwirth, «Beast Fable for the Sun King: A wry Poetic Offering», dans *Sun King. the Ascendancy of French Culture during the Reign of Louis XIV*, edited by David Lee Rubin, Folger Books (Washington: The Folger Shakespeare Library, London and Toronto: Associated University Presses, 1992), 103-114.

David Lee Rubin, «Four Modes of Double Irony in La Fontaine's *Fables*» dans *The Equilibrium of Wit. Essays for Odette de Mourgues*, ed. Peter Bayley and Dorothy Gabe Coleman (Lexington, Ky: French Fourm Publ., 192), 201-12.

______________________, «Icon and Caricature: Poetic Images of a Sun King», dans *Sun King, op. cit.*, 129-143. Sur La Fontaine, 135-142.

______________________, *A Pact with Silence, op. cit.*

[439] Marc Fumaroli, *Introduction* à son édition des *Fables* (Paris: Imprimerie Nationale, 1985), 2 vol, I, 47-48.

[440] M-O. Sweetser, «La Fontaine et Esope: une discrète déclaration», *Le Fablier*, no. 1, 1989, 15-21.

s'agit d'une souris prise entre les verres de la lunette. Ces exemples et bien d'autres font ressortir les avantages du doute méthodique, d'une analyse précise des phénomènes apparents et de vérifications constantes, principes fondamentaux de la méthode cartésienne, scientifique et moderne.

Les *Fables* apparaissent dans leur majorité comme des textes «problématiques», selon le terme de David L. Rubin, c'est-à-dire qu'elles présentent des problèmes susceptibles d'interprétations diverses, voire opposées selon le point de vue auquel se place le lecteur. («Four Modes» 207-8). Dès la première fable, le point de vue de l'utilité incarné dans la fourmi se voit opposer à celui du plaisir incarné dans la cigale. La Fourmi, peu charitable vis-à-vis de sa voisine qu'elle écrase d'un sarcasme, a le dernier mot; mais l'imprévoyante cigale a connu un été de bonheur, d'insouciance et de joie. Ses activités musicales ont enchanté ceux qui l'écoutaient. La question est reprise jusque dans la dernière fable: où se trouvent la sagesse et le bonheur? dans les activités dites utiles contribuant au bon fonctionnement, à l'ordre d'une société, ou dans la retraite studieuse et contemplative? Le monde, pour survivre, a besoin de citoyens actifs, mais le sage a le droit de préférer la retraite.

C'est donc à un éventail très large de lecteurs que les *Fables* s'adressent. Déjà Marc Fumaroli avait parlé de «la connivence de l'auditeur-lecteur, partenaire décisif du jeu». (48) Anne Birberick vient de préciser avec beaucoup de perspicacité les diverses catégories de lecteurs que le poète avait dû envisager, comme en font foi les remarques diverses et en apparence contradictoires du narrateur: lecteurs naïfs et savants, humbles et puissants, lecteur idéal ouvert à tous les sens possibles. (10-12).

A cette pluralité de lectures et de sens correspond de la part du poète une libre et habile utilisation des genres, tons et styles les plus divers: le choix de la fable permettait à La Fontaine de se tenir en dehors des conventions rigides gouvernant les grands genres et de sauter allègrement par dessus les frontières qui les séparaient les uns des autres. Il ne se fait pas faute de les utiliser tous selon les besoins de son texte et de ses personnages, selon aussi sa propre inclination. Le goût de la liberté est peut-être le plus marqué chez La Fontaine parmi tous les écrivains classiques. Marc Fumaroli voit cette attitude comme emblématique et intitule l'une des sections de sa brillante *Introduction*, «Fay ce que vouldras», (50) établissant ainsi la place du poète dans une lignée qui va de l'humanisme libérateur de la première Renaissance à l'individualisme moderne. La fable des *Deux Pigeons* fournit un bel exemple de créativité lafontainienne aboutissant à un texte à la fois lyrique et problématique: on y trouve le ton des contes, celui des proverbes et aphorismes, celui de l'élégie, du récit de voyage, la présence du dialogue qui rappelle que les fables sont «une ample comédie à cent actes divers». Le dénouement heureux relève de la comédie sentimentale, la méditation personnelle à la première personne du lyrisme discret caractéristique du poète. Le tout est projeté à un niveau universel, le couple d'oiseaux s'aimant «d'amour tendre» transposé dans le domaine des sentiments humains où la fusion s'opère dans une aura lyrique et élégiaque[441]. La fable toutefois reste problématique, ambivalente: le désir de connaître, de sortir d'un milieu circonscrit où le confort de la sécurité peut paraître étouffant est reconnu comme naturel, légitime, même s'il s'avère parfois dangereux. L'axiome selon lequel, quand on aime, «l'absence est le plus grand des maux» est posé en un délicat équilibre à «quiconque ne voit guère / N'a guère à dire aussi». Si le conseil de cultiver l'intimité sur «les rives prochaines», de trouver le bonheur dans l'approfondissement d'une union harmonieuse représente la position d'un narrateur faisant un retour mélancolique sur lui-même, saisi par la nostalgie des heureux moments de sa jeunesse, l'homme Jean de La Fontaine ne l'avait certes pas mis en pratique. Il avait erré hors du foyer, d'un logis d'emprunt à l'autre sa vie durant; le poète, lui, avait vagabondé dans les domaines de l'imaginaire, avec un éclectisme déconcertant sans doute à l'époque, reconnu par lui comme l'expression même de sa personnalité:

> J'irais plus haut peut-être au temple de Mémoire
> Si dans un genre seul j'avais usé mes jours.
> *Discours à Mme de La Sablière, O.D.*, p. 645.

Ici encore l'ambivalence et l'ironie qui ressort du décalage entre le rêve et la réalité, entre l'exhortation et la pratique apparaissent clairement.

Le refus des contraintes, des limites, s'exprime, selon Louis Van Delft, dans le choix de «la Fable comme fragment». En effet, malgré diverses tentatives pour découvrir un principe d'organisation des *Fables*, thématique ou formel, la recherche se poursuit, probablement parce que le poète s'est laissé séduire par le théâtre du monde «inépuisable» qu'il contemple «avec le regard lucide, mais ironique, d'un spectateur que frappe et délecte la 'diversité'», si bien que «l'on reste confondu...en constatant l'abondance, la diversité, l'hétérogénéité des matériaux à chaque fois réunis par La

---

[441] M-O. Sweetser, «Le jeu des genres: réflexions sur la poétique de La Fontaine», *PFSCL*, vol. XIV, no. 27, 1987, 637-51.

Fontaine et fondus en un tout à la fois souverainement syncrétique et ironique»[442].

Moderne, La Fontaine l'est sous plus d'un aspect, comme on a tenté de le montrer à travers son œuvre, de l'*Adonis* aux *Fables*. Dans le domaine de la pensée, son scepticisme souriant à l'égard des idées reçues, des conventions morales et sociales, envisagées avec le recul de l'observateur détaché, amusé, qui refuse de se laisser prendre dans le jeu, a pour versant positif une ouverture d'esprit, une catholicité de goût, qu'on peut percevoir dans le personnage de Poliphile, double probable du poète qui sollicite les conseils de ses amis mais garde son entière liberté: «de tout cela, il ne prit que ce qu'il lui plut» et qui surtout «aimait toutes choses» (*O.D.,* p. 127).

Cette disposition d'esprit et de tempérament favorisait un penchant peu commun à la tolérance, à l'acceptation des contradictions dans l'homme, dans la société, dans le monde et à une conscience aiguë de la coexistence des contraires, «concordia discors», remarquée par de récents exégètes.

Dans l'expression, dans la création poétique, la même liberté s'épanche dans le foisonnement des «cent actes divers» sur une scène qui embrasse l'univers, en une polyphonie qui a recours à tous les genres, tous les tons, tous les styles mais dont la fusion reflète le don de la mesure, de la discrétion et de l'élégance. Elle aboutit à ce que Patrick Dandrey a fort bien défini comme une «poétique de l'ambivalence», une «poésie de l'ambiguité», à une «esthétique du tempérament des oppositions», à un effet de «*séduction* exercée par la magie poétique», réalisant une idée chère aux grands écrivains du XXe siècle selon laquelle «la rêverie, la délectation, le plaisir d'esprit, la joie et la paix de l'âme ravie par les charmes de la beauté constituent une forme suprême de moralité»[443].

---

[442] Louis Van Delft, «La fable comme fragment», dans *Hommages à Jean-Pierre Collinet*, textes recueillis par Jean Foyard et Gérard Taverdet (Dijon: Editions Universitaires Dijonnaises, 1992), 371-73.

[443] Patrick Dandrey, *La Fabrique des Fables. Essai sur la poétique de La Fontaine*, 2ème édition (Paris: Klincksieck, 1992), 217, 227, 233, 245.

Liste des articles utilisés dans le volume

«*Adonis*, poème d'amour: conventions et création poétiques», *L'Esprit créateur*, La Fontaine issue, vol. XXI, no. 4, Winter 1981, pp. 41-49.

«Le jardin: nature et culture chez La Fontaine», *Cahiers de l'Association Internationale des Etudes françaises*, May 1982, no. 34, pp. 59-72.

«Le mécénat de Fouquet: la période de Vaux et ses prolongements dans l'œuvre de La Fontaine», *L'Age d'or du Mécénat, 1589-1661*, Paris, CNRS, 1985, pp. 263-272.

«Réflexions sur la poétique de La Fontaine: le jeu des genres», *Papers on French Seventeenth Century Literature*, vol. XIV, no. 27, 1987, pp. 637-651.

«Une fugue à trois voix: *Joconde*», *Littératures classiques*, no. 12, Janvier 1990, 213-224.

«La Fontaine et Esope: une discrète déclaration», *Le Fablier*, no. 1, 1989, 15-22.

«Pour une lecture allégorique de *Clymène* comme art poétique», *French Literature Series*, vol. 18, 1991, pp. 1-12.

«Images féminines chez La Fontaine: traditions et subversions», in *Correspondances. Mélanges Roger Duchêne*, Tübingen, Gunter Narr and Aix-en-Provence, Publications de l'Université de Provence, 1992, pp. 201-213.

«Un nouvel Orphée: chant et charmes dans les *Fables*,» in *Hommages à Jean-Pierre Collinet*, ed. Jean Foyard and Gérard Taverdet, Dijon, Editions Universitaires de Dijon, 1992, pp. 343-354.

«Les Epîtres dédicatoires des *Fables* ou La Fontaine et l'art de plaire», *Littératures classiques*, no. 18, 1993, 267-285.

«A la recherche d'une poétique lafontainienne dans le premier recueil des *Fables*», in *La Poétique des Fables de la Fontaine*. Présentation de Jean Mesnard, ed. Lane M. Heller and Ian Richmond, London, Canada, U. of Western Ontario Mestengo Press, 1994, pp. 105-117.

«Le poète et le petit prince: stratégies d'éducation dans *Les Compagnons d'Ulysse.»* In *«Diversité, c'est ma devise», Studien zür französischen Literatur des 17, Jahrhunderts.* Festschrift für Jürgen Grimm. Paris-Seattle-Tübingen, PFSCL, Biblio 17, vol. 86, 1994, pp. 509-523.

«Conseils d'un vieux Chat à une jeune Souris: les leçons du livre XII», *Actes de Londres, PFSCL,* vol. XXIII, No. 44, 1996, 95-103.

«La modernité de La Fontaine», in *Refiguring la Fontaine. Tercentenary Essays.* Edited by Anne L. Birberick, EMF Monographs, Charlottesville, VA., Rookwood Press, 1996, pp. 1-21.

«Les Esthétiques de La Fontaine», Actes du Colloque du Tricentenaire, *Le Fablier,* no. 8, 1996, 49-57.

«La Fontaine conteur: vieilles histoires, nouvelle manière», *Le Fablier,* No. 10, 1998, 47-54.

«Vaux et son goût: son exemplarité chez La Fontaine» dans *Vie des salons et activités littéraires de Marguerite de Valois à Mme de Staël,* ed. Roger Marchal, Presses Universitaires de Nancy, 2001, pp. 173-188.

«Vénus et Adonis: le mythe dans la tradition humaniste de la Renaissance européenne», *Le Fablier,* éd. Patrick Dandrey, No. 14, 2002, 9-17.

Je tiens à remercier les éditeurs et directeurs de presses qui ont accordé leur permission de reprendre certains de ces articles:

Cahiers de l'Association Internationale des Etudes françaises, le Fablier, Littératures classiques, L'Esprit créateur, Etudes littéraires françaises, French Literature Series, Mestengo Press (U. of Western Ontario), Papers on French Seventeenth Century Literature/Biblio 17, Presses Universitaires de Nancy, Rookwood Press, Association Bourguignonne de dialectologie et d'onomastique, devenue l'Assoc. Bourg. d'études linguistiques et littéraires.

Ouvrages cités

Abréviations utilisées:

La Fontaine: *Œuvres complètes*, Pléiade.

Fables, Contes et Nouvelles en vers, éd. J-P. Collinet: O.C. I
Œuvres diverses, éd. P. Clarac: O.D.

CAIEF:	Cahiers de l'Association Internationale des Etudes Françaises
F.R.	The French Review
PFSCL:	Papers on French Seventeenth Century Literature
P.U.F.:	Presses Universitaires de France
RHLF:	Revue d'histoire littéraire de la France

Lieu de publication: Paris, s'il n'est pas mentionné. Les autres lieux seront indiqués.

BARBICHE, Bernard. *Sully*. Albin Michel, 1978.

Les Institutions de la monarchie française à l'époque moderne. P.U.F., 1999.

BAUDELAIRE, Charles. *Les Fleurs du Mal*, éd. Antoine Adam, Garnier, 1961.

BAUDOIN, Jean. *Mythologie ou Explication des Fables*, Pierre Chevalier et Samuel Thiboust, 1627. *Préface.*

BECQ, Annie. Genèse de l'esthétique française moderne. De la raison classique à l'imagination créatrice 1680-1814. Pisa, Pacini Editore, 1984, 2 vol.

BERNSTOCK, Judith. *Poussin and French Dynastic Ideology*. Bern, New York, Oxford, Peter Lang, 2000.

BERTAUD, Madeleine. La Jalousie dans la littérature française au temps de Louis XIII. Genève, Droz, 1981.

L'Astrée et Polexandre. Du roman pastoral au roman héroïque. Genève, Droz, 1986.

Bertraud, Madeleine, éd. Avec Noémi Hepp, *L'image du souverain dans les lettres françaises des guerres de religion à la révocation de l'édit de Nantes.* Actes et colloques, No. 24, Klincksieck, 1985.

BESSETTE, Emile. «Présence de Virgile dans l'*Adonis* de La Fontaine», *Studi Francesi*, 12, 2, 1968.

BEUGNOT, Bernard. *Poétique de Francis Ponge*, P.U.F., 1990.

«Autour d'un texte; L'ultime leçon des *Fables*», *Mélanges Pintard*, publiés per Noémi Hepp, Robert Mauzi et Claude Pichois. Travaux de littérature romane de l'Université de Strasbourg, 1975.

«De la curiosité dans l'anthropologie classique» dans *Ouverture et dialogue. Mélanges offerts à Wolfgang Leiner*. Tübingen: Gunter Narr Verlag, 1988. Voir *Ouverture et dialogue.*

«Des Muses ouvrières: considérations sur les instruments de l'invention» dans *Les lieux de mémoire et la fabrique de l'œuvre*, éd. Volker Kapp. Biblio 17, vol. 80. Paris-Seattle-Tübingen; PFSCL, 1993.

«La Fontaine et Montaigne: essai de bilan». *Etudes françaises* I, No. 3, octobre 1965.

«L'idée de retraite dans l'œuvre de La Fontaine», *CAIEF*, No. 26, mai 1974.

«Spécularités classiques» dans *Destins et enjeux du XVIIe siècle. Préface* de Jean Mesnard, textes réunis par Yves-Marie Bercé, Norbert Dufourcq, Nicole Ferrier-Caverivière, Jean-Luc Gautier et Philippe Sellier. PUF, 1985.

BION. Chant funébre en l'honneur d'Adonis. Voir Bucoliques grecs.

BIRBERICK, Anne L., éd. *Refiguring La Fontaine. Tercentenary Essays.* EMF Monographs, Charlottesville, Virginia, Rookwood Press, 1996.

«The Figure of the Nun in La Fontaine's *Contes*» in *Refiguring La Fontaine.*

«Reading Undercover: Poetics and Politics in Jean de La Fontaine», Diss. U. of Virginia, 1991, Cette thèse a été publiée.

Reading Undercover; Audience and Authority in Jean de La Fontaine. Lewisburg, Bucknell U.P. London; Associated Univ. Presses, 1998.

BLOW, John. *Venus and Adonis*. London Baroque, Charles Medlam, Harmonia Mundi, France, 1988.

Voir *New Grove Dictionary of Opera*, éd. Stanley Sadie. London and New York, Mac Millan, 1992.

BOILEAU. *Dissertation sur Joconde* dans *Œuvres complètes* de Boileau, introduction Antoine Adam, éd. Françoise Escal, Pléiade, Gallimard, 1966.

BRAY, Bernard. «La louange, exigence de civilité et pratique épistolaire», *XVIIe Siècle* 42, 2, avril-juin 1990.

BRODY, Jules. *Lectures de La Fontaine*. EMF Monographs, Charlottesville, Virginia, Rookwood Press, 1996.

«L'Adonis» dans *Lectures*

«Pierre Nicole, auteur de la préface du *Recueil de poésies chrétiennes et diverses*», *XVIIe Siècle*, No. 64, 1964.

BUCOLIQUES GRECS. Textes établis et traduits par Ph.D. Legrand, Les Belles Lettres, 1953, vol. I et II: Bion, Moschos, Théocrite.

BURY, Emmanuel. L'*Esthétique de La Fontaine*, SEDES, 1996.

«Traduction et classicisme», *Littératures classiques*, No. 19, automne 1993. Repris dans *Post-face* à Roger Zuber, *"Les Belles infidéles" et la formation du goût classique*, Albin Michel, 1995.

CHAPELAIN, Jean. Lettre ou Discours de M. Chapelain à M. Favereau sur le poème d'Adonis du Chevalier Marin, dans Opuscules critiques avec une introduction par Alfred C. Hunter, Droz, 1936.

Lettre reproduite dans L'*Adone*, éd. de Giovanni Pozzi. Milano, Adelphi Edizioni, 1988, I, 11-45.

CHATELAIN, Urbain-Victor. *Le Surintendant Nicolas Fouquet*, protecteur des lettres, des arts et des sciences. Genève, Slatkine Reprints, 1971.

CHAUVEAU, Jean-Pierre. La Poésie des origines à 1715. A. Colin, 1968. chap. IV, V et Epilogue.

Anthologie de la poésie française du XVIIe Siècle. Poésie/Gallimard, 1987.

Lire le Baroque, Dunod, 1997.

Éd. Tristan, *La Lyre*. Genève-Paris, Droz, 1977.

«L'ambition d'un poète; La Fontaine et la transgression des genres», *Littératures classiques*, No. 29, janvier 1997.

«Les avatars de l'élégie au XVIIe Siècle», dans *Le Langage littéraire au XVIIe Siècle. De la rhétorique à la littérature*, éd. Christian Wentzlaff-Eggebert, Etudes littéraires françaises, Tübingen, Gunter Narr, 1991.

«Le pouvoir des Fables ou la royauté de La Fontaine», dans *Jean de La Fontaine: deux approches de l'œuvre*, La Rochelle, Rumeur des Ages, 1995.

CLARAC, Pierre. éd. La Fontaine, *Œuvres diverses*, Pléiade, Gallimard, 1958.

COLLINET, Jean-Pierre. *La Fontaine en amont et en aval*. Pise, Editrice Libreria Goliardica, 1988.

La Fontaine et quelques autres. Genève, Droz, 1992.

Le Monde littéraire de La Fontaine, PUF, 1970. Slatkine Reprints. Genève-Paris, 1989.

Éd. La Fontaine, *Fables, Contes et Nouvelles, Œuvres complètes* I, Pléiade, Gallimard, 1991.

Éd. La Fontaine, *Contes et nouvelles en vers,* avec. Nicole Ferrier, Garnier-Flammarion, 1980.

Éd. Jean de La Fontaine, *Poésies et Œuvres diverses*, Ed. de La Table Ronde, 1994.

D'Adonis à Psyché: La Fontaine et ses deux éducations sentimentales», *Littérature*, 1996.

«La Cigale et le Hérisson» *Littératures classiques*, «La Voix au XVIIe Siècle» dirigé par Patrick Dandrey, No. 12, janvier 1990.

«Guerre et révolution dans les *Fables*», *Recherches et Travaux*, No. 42 "Guerre et littérature", 1992.

«La Fontaine est-il poète?», *Œuvres et critiques* V, 1, Automne 1980. "Réception de textes lyrique".

«La Fontaine et Foucquet» dans *L'Age d'or du mécénat, 1598-1661*, éds. Roland Mousnier et Jean Mesnard, Ed. du CNRS, 1985.

«La Fontaine et l'Italie» dans L'*Italianisme en France, Studi Francesi*, Supplément au No. 35, maggio - agosto 1968.

«La Fontaine et la pastorale» dans *La Fontaine et quelques autres*, Genève, Droz, 1992.

«La Fontaine et son faux Orphée» dans *L'Intelligence du passé: les faits, l'écriture et le sens. Mélanges offerts à Jean Lafond*, Etudes réunies par Pierre Aquilon, Jacques Chupeau, François Weil. Publications de l'Univ. de Tours, 1988.

«Molière et La Fontaine», *CAIEF*, No. 26, mai 1974.

«Réflexions sur *Le Songe De Vaux*», *Le Fablier* No. 6, 1994.

CORNEILLE, Pierre. *Au lecteur* d'*Œdipe* dans *Œuvres complètes*, éd. Georges Couton, Pléiade, Gallimard, 1987, III.

CORRESPONDANCES, Mélanges offerts à Roger Duchêne. Textes réunis par Wolfgang Leiner et Pierre Ronzeaud. Tübingen, Gunter Narr Verlag; Aix-en-Provence, Publications de l'Univ. de Provence, 1992.

COULET, Henri. *Le Roman jusqu'à la Révolution*, A. Colin, 1968, 2 vol.

COUTON, Georges. *La Vieillesse de Corneille* (1658-1684). Maloine, 1949.

La Poétique de La Fontaine. PUF, 1957.

éd. Contes et nouvelles en vers, Garnier, 1961

Fables choisies mises en vers, Garnier, 1962.

CUCHE, François-Xavier. *Une pensée sociale catholique. Fleury, La Bruyère et Fénelon.* Préface de Jacques Truchet, Ed. du Cerf, 1991.

CUENIN, Micheline. «La Fontaine» dans Roger Zuber et Micheline Cuénin *Littérature française 4. Le Classicisme*, Arthaud, 1984.

DANDREY, Patrick. La Fabrique des Fables, Essai sur la poétique de La Fontaine, 2ème éd., Klincksieck, 1992.

La Fontaine ou les métamorphoses d'Orphée, Gallimard, 1995.

«Les deux esthétiques du classicisme français», *Littératures classiques*, No. 19, automne 1993.

«L'Emergence du naturel dans les *Fables* de La Fontaine. A propos du *Héron* et de *La Fille*», *RHLF*, vol. 83, No. 3, mai-juin 1983.

«Un jardin de mémoire. Modèles et structures du recueil des *Fables*», *Le Fablier*, No. 6, 1994.

«Moralité» dans La Fontaine, Fables, livres VII à XII. Supplément 1992 à *Littératures classiques*, janvier 1992.

«Une révolution discrète: les *Fables* de La Fontaine et l'esthétique de la continuité ornée», *PFSCL*, vol. X, No. 17, 1982.

«Stratégies de lecture et "annexion" du lecteur: la préface des *Amours de Psyché* de La Fontaine», *PFSCL*, vol. XIV, No. 27, 1987.

DANNER, Richard. *Patterns of Irony in La Fontaine's Fables*, Athens, Ohio U.P., 1985.

DARMON, Jean-Charles. «La Fontaine et la philosophie: remarques sur le statut de l'évidence dans les *Fables*», *XVIIe Siècle*, No. 187, avril-juin 1995.

DEFRENNE, Madeleine. «Le Phénomène créateur chez La Fontaine: le poète et le monde», *Australian Journal of French Studies* 12, 1975.

DE JEAN, Joan. «La Fontaine's *Psyché:* the reflecting Pool of Classicism», *L'Esprit créateur*, vol. XXI, No. 4, Winter 1981.

DELEUZE, Gilles. *Marcel Proust et les signes*, PUF, 1964.

DENIS, Delphine. *La Muse galante. Poétique de la conversation dans l'œuvre de Madeleine de Scudéry*, Honoré Champion, 1997.

DESSERT, Daniel. «L'Affaire Fouquet», L'*Histoire*, No. 32, mars 1981.

DONNÉ, Boris. «Le Parnasse de Vaux et son Apollon ou la clé du *Songe?*», *XVIIe Siècle,* No. 187, Avril-Juin 1995.

«Du *Songe de Vaux* aux *Amours de Psyché*: les métamorphoses de "l'entrée en songe"», *Le Fablier*, No. 6, 1994.

Voir aussi *La Fontaine et la Poétique du Songe. Récit, Rêverie et Allégorie dans les Amours de Psyché*, Honoré Champion, 1995.

DUBUIS, Roger. *Les Cent Nouvelles nouvelles et la tradition de la nouvelle en France*. Presses Universitaires de Grenoble, 1973.

DUCHÊNE, Jacqueline. *Françoise de Grignan ou le mal d'amour*, Fayard, 1985.

DUCHÊNE, Roger. *Jean de La Fontaine*, Fayard, 1990.

Madame de Sévigné ou la chance d'être femme, Fayard, 1982. Nouvelle édition 2002.

éd. Madame de Sévigné, *Correspondance*, Pléiade, Gallimard, 1972, 3 vol.

«Bourgeois gentilhomme ou bourgeois galant?» dans *Création et Recréation. Mélanges offerts* à M.O. Sweetser. Etudes réunies par Claire Gaudiani en collaboration avec Jacqueline Van Baelen. Tübingen, Gunter Narr, 1993.

«Un exemple de lettres galantes: la *Relation d'un voyage de Paris en Limousin* de La Fontaine», *PFSCL,* vol. XXIII, No. 44, 1996.

«Les fables de La Fontaine sont-elles des contes?» *Littératures classiques*, Supplément au No. 16, 1992.

«La Fontaine et Foucquet: un pédant parmi les galants», *Le Fablier*, No. 5, 1993.

«Préciosité et galanterie» dans *La «Guirlande» di Cecilia. Studi in onore di Cecilia Rizza*, a cura di Rosa Galli Pellegrini et al, Fasano. Paris, Schena-Nizet, 1996.

DUMORA, Florence. «Le Songe de Vaux, "paragone" de La Fontaine», *XVIIe Siècle,* No. 175, Avril-Juin 1992.

EMELINA, Jean. «La Fontaine, des *Rieurs du Beau-Richard* au *Conte d'une chose arrivée à Château-Thierry*, variations comiques sur le thème du cocuage et de la fidélité», dans *La Guirlande di Cecilia*, op. cit., 1998.

FÉNELON. *Les Aventures de Télémaque*, éd. Jeanne-Lydie Goré, Garnier, 1987.

Correspondance, éd. Jean Orcibal, Klincksieck, 1972, 2 vol.

Examen de conscience sur les devoirs de la royauté dans Ecrits et lettres politiques, ed. Charles Urbain, Bossard, 1921.

Œuvres, éd. Jacques Le Brun, Pléiade, Gallimard, 1983, t. I.

FERRIER, Nicole et Jean-Pierre COLLINET, eds. La Fontaine, *Contes et nouvelles en vers*, Garnier-Flammarion, 1980.

FERRIER-CAVERIVIÈRE, Nicole. *L'Image de Louis XIV dans la littérature française de 1660 à 1715*, PUF, 1981.

«L'avènement des Lumières» dans *Thèmes et genres littéraires aux XVIIe et XVIIIe siècles*. Mélanges en l'honneur de Jacques Truchet, éd. Nicole Ferrier-Caverivière, PUF, 1992.

«Louis XIV et le Prince idéal dans la littérature française de 1660 à 1685» dans L'*Image du souverain dans les lettres françaises des guerres de religion à la Révocation de l'édit de Nantes*, Actes et colloques, No. 24, éds. Noémi Hepp et Madeleine Bertaud, Klincksieck, 1985.

FUMAROLI, Marc. L'*Age de l'éloquence*. Genève, Droz, 1980.

La Diplomatie de l'esprit de Montaigne à La Fontaine, Herman, 1994.

L'Ecole du silence. Le sentiment des images au XVIIe Siècle, Flammarion, 1994.

Le Poéte et le roi, Ed. de Fallois, 1997.

éd. La Fontaine, *Fables*. Imprimerie Nationale, 1985. 2 vol. *Introduction* I, 11-71.

Réimpression, La Pochothèque/Le Livre de poche, 1995.

«Aristée et Orphée: l'Europe de l'action et l'Europe de l'esprit» dans Le *Mythe en littérature*. Essais en hommage à Pierre Brunel. Textes réunis par Yves Chevrel et Camille Dumoulié, PUF, 2000.

«Les enchantements de l'éloquence: Les *Fées* de Charles Perrault ou De la littérature» dans *Le Statut de la littérature*. Mélanges offerts à Paul Bénichou, éd. Marc Fumaroli, Genève, Droz, 1982.

«Les *Fables* et la tradition humaniste de l'apologue ésopique», dans son édition des *Fables* I, 73-92.

«Hiéroglyphes et lettres: La Sagesse mystérieuse des Anciens au XVIIe siècle», XVIIe Siècle, No. 158, janvier-mars 1988.

«Politique et poétique de Vénus: l'*Adone* de Marino et l'*Adonis* de La Fontaine», *Le Fablier*, No. 5, 1993.

«Préface» à Vaux-le-Vicomte de Jean-Marie Pérouse de Montclos, Ed. Scala, 1997.

«De Vaux à Versailles: politique de la poésie», *Littératures classiques*, No. 29, Janvier 1997.

GENETIOT, Alain. Poétique du loisir mondain de Voiture à La Fontaine, Honoré Champion, 1997.

«La Fontaine à l'école du style marotique et du badinage voiturien», *Le Fablier*, No. 5, 1993.

«Poétique du roman et roman poétique: *Les Amour de Psyché* de La Fontaine» *XVIIe Siècle*, No. 193, oct-déc. 1996.

GIRAUD, Yves F.A. La fable de Daphné. Essai sur un type de métamorphose végétale dans la littérature et dans les arts jusqu'à la fin du XVIIe siècle. Genève, Droz, 1968.

GODENNE, René. *Etudes sur la nouvelle française*. Genève, Slatkine, 1985.

GRIMAL, Pierre. *L'Art des jardins*, 3ème éd. PUF, 1974.

GRIMM, Jürgen. *Le Pouvoir des fables. Etudes lafontainiennes* I. Biblio 17, vol. 85, 1994. Le «dire sans dire» et le dit. *Etudes lafontainiennes* II. Biblio 17, vol. 93, Paris-Seattle-Tübingen, PFSCL, 1996.

Les articles cités ici se trouvent rassemblés dans ces deux volumes.

GRISÉ, Catherine. «La casuistique dans les *Contes* de La Fontaine», *Studi Francesi* XXXIII, 99, 1989.

«Erotic Dimensions of Space in La Fontaine's *La fiancée du roi de Garbe*», *The Modern Language Review* 82, 3, July 1987.

«La Fontaine et *Les Filles de Minée*: ekphrasis et moralité», *Le Fablier*, No. 14, 2002.

«Weaving a Poetic Narrative» dans *The Shape of Change. Essays in Early Modern Literature and La Fontaine* in Honor of David Lee Rubin, eds. Anne L. Birberick and Russell Ganim, Amsterdam-New York, Rodopi, 2002.

GROOS, René, éd. La Fontaine, *Fables, Contes et nouvelles*, Pléiade, Gallimard, 1959.

GUISAN, G. «L'Evolution de l'art de La Fontaine d'après les variantes de l'*Adonis*», *RHLF* 42, 1935.

GUTWIRTH, Marcel. *Un Merveilleux sans éclat: La Fontaine ou la poésie exilée*. Genève, Droz, 1987.

«Beast Fable for the Sun King: A Wry Poetic Offering» dans *Sun King. The Ascendancy of French Culture during the Reign of Louis*

XIV, ed. David Lee Rubin, Folger Books, Washington, The Folger Shakespeare Library; London and Toronto, Associated Univ. Presses, 1992.

HAILLANT, Marguerite. «De l'amitié au XVIIe Siècle» dans *Thèmes et genres littéraires aux XVIIe Siècle et XVIIIe siècle*. Mélanges en l'honneur de Jacques Truchet, PUF, 1992.

HALLOWELL, Robert. *Ronsard and the Conventional Roman Elegy*. Illinois Studies in Language and Literature, vol. 37, No. 4, Urbana, The University of Illinois Press, 1954.

HALLYN, Fernand. «Rhétorique de la lunette», *Littératures classiques*, No. 11, janvier 1989.

HELLER, Lane M. et Ian M. RICHMOND, éds. *La Poétique des Fables de La Fontaine*. Présentation de Jean Mesnard, London, Ontario, Mestengo Press, The University of Western Ontario, 1994.

HENEIN, Eglal. «L'Age ingrat de la nouvelle» dans "La Nouvelle: Théorie et pratique", *PFSCL*, vol. XVI, No. 30, 1989.

HEPP, Noémi. *Homère en France au XVIIe siècle*, Klincksieck, 1968.

«De l'amour galant à l'amour sublime: l'envol de Psyché», *Cahiers de littérature du XVIIe siècle*, No. 6, 1984.

Éd. avec Madeleine Bertaud, *L'image du souverain,* voir Bertaud, Madeleine.

HOULE, Martha. «The Play of *bienséances* in La Fontaine's L'*Abbesse*», *PFSCL* XVIII, No. 34, 1991.

HOVHANESS, Alan. *The Garden of Adonis*, Suite for flute and harp, Op. 245, 1971. Digital Telarc, Yolanda Kondonassis, harp, 2002.

HUBERT, Judd D. «La Fontaine et Pellisson ou le mystère des deux Acante», *RHLF* 66, No. 2, avril-juin 1966.

HYTIER, Jean. éd. Paul Valéry, *Œuvres*, Gallimard, 1957.

«La vocation lyrique de La Fontaine», *French Studies* 25, No.2, April 1971.

JEANNERET, Michel. éd. *Les Amours de Psyché et de Cupidon*, éd. critique avec la collaboration de Stefan Schoettke, Le Livre de Poche classique, Librairie Générale Française, 1991.

JOURDA, Pierre. *Conteurs français du XVIe Siècle*, Pléiade, Gallimard, 1965.

JOUSSET, Philippe. «Jouvence de La Fontaine. Petite physiologie d'un plaisir de lecture», *Poétique* 74, avril 1988.

KOHN, Renée. *Le goût de La Fontaine*, PUF, 1962.

«Réflexions sur l'*Adonis* de La Fontaine», *The Romanic Review* 47, No. 2, April 1956.

KUIZENGA, Donna. «La Fontaine's *Le Faucon*. A Lesson of Experience», *French Forum*, No. 2, 1977.

LA BRUYERE. *Les Caractères*, éd. Robert Garapon, Garnier, 1962.

LAFAY, Henri. *La Poésie française du XVIIe Siècle* (1598-1630), Nizet, 1975.

LAFOND, Jean. «Augustinisme et épicurisme au XVIIe siècle», *XVIIe Siècle*, No. 135, No, 2, avril-juin 1982.

«La Beauté et la Grâce, l'esthétique "platonicienne" des *Amours de Psyché*» *RHLF* 69, No. 3-4, mai-avril 1969.

LA FONTAINE: *Adonis*, O.D.

Les Amours de Psyché et de Cupidon, O.D., et éd. critique de Michel Jeanneret avec la collaboration de Stefan Schoettke.

Ballade sur Escobar, O.D.

Clymène, O.D.

Contes et nouvelles en vers, ed. Nicole Ferrier et Jean-Pierre Collinet; ed. Georges Couton.

Epître à Huet, A Monseigneur l'Evêque de Soissons en lui donnant un Quintilien de la traduction d'Oratio Toscanella, *O.D.*

Fables, ed. G. Couton

Fables, éd. Marc Fumaroli

Fables, Contes et nouvelles, éd. René Groos, Pléiade.

Œuvres complètes, Pléiade.

I *Fables, Contes et Nouvelles en vers*, éd. J.-P. Collinet.

II *Œuvres diverses*, éd. P. Clarac.

Préfaces: des Fables choisies mises en vers, *O.C.* I; du Recueil de poésies chrétiennes et diverses, *O.D.*

Les Rieurs du Beau-Richard, O.D.

LANCASTER, Henry Carrington. *A History of French Dramatic Literature in the Seventeenth Century, Part III*, vol. 2, Baltimore, Maryland, The Johns Hopkins Press; Les Belles Lettres, 1936.

LAPP, John L. *The Esthetics of Negligence: La Fontaine's Contes*, Cambridge U.P., 1971.

«Ronsard et La Fontaine: Two Versions of *Adonis*», L'*Esprit créateur* 10, 2, Summer 1970.

LEINER, Wolfgang. «Nicolas Foucquet au jeu des miroirs», *CAIEF* 22, mai 1970.

LESAULNIER, Jean. *Port Royal insolite.* Edition critique du Recueil de choses diverses, Klincksieck, 1992.

LUCRECE. *De la Nature*, texte établi et traduit par Alfred Ernout, Les Belles Lettres, 1965, t. I.

LUGLI, Vittorio. «La Fontaine poète de la nature», *CAIEF*, vol. 6, 1954.

LYONS, John D. «D'une vérité sans effet: La Fontaine et la théorie de la nouvelle», *Littératures classiques*, "La littérature et le réel", dirigé par Georges Forestier, No. 11, janvier 1989.

MACHAUT, Guillaume de. *Œuvres*, éd. Ernest Hoeppfner, Firmin Didot, 1908, 3 vol.

MAÎTRE, Myriam. *Les Précieuses, Naissance des femmes de lettres en France au XVIIe siècle*. Champion, 1999.

MALHERBE. *Œuvres*, éd. L. Lalanne, G.E.F. Hachette, 1862, I.

MALLINSON, G. Jonathan. «The Mirror of Revelation: La Fontaine's *Psyché* and the Truths of Fiction»; *French Studies*, vol. 48, No. 3, July 1994.

MARIN, Louis. «Le récit originaire, le récit de l'origine, l'origine du récit», *PFSCL*, no. 11, 1979.

MARINO. L'*Adone*, ed. Giovanni Pozzi, Nuova Edizione Ampliata, Milano, Adelphi Edizioni con dieci disegni di Nicolas Poussin, 1988, 2 vol.

Adonis, Selections from l'*Adone*, transl. Harold Martin Priest, Ithaca, New York, Cornell U.P., 1967.

MARMIER, Jean. Horace en France au XVIIe Siècle, PUF, 1962.

MATHIEU-CASTELLANI, Gisèle. *Les Thèmes amoureux dans la poésie du XVIIe Siècle* (1570-1600), Klincksieck, 1975.

MAZOUER, Charles. «*Les Rieurs du Beau-Richard*: Vitalité de la tradition des farces gauloises en 1660», *XVIIe Siècle*, No. 97, 1974.

MÉNARD, Philippe. *Les Fabliaux. Contes à rire du moyen âge*, PUF, 1983.

MÉROT, Alain. *Poussin*, Ed. Hazan, 1990.

MESNARD, Jean. «L'Epigrammatum delectus de Port-Royal et ses annexes (1659): Problèmes d'attribution» dans *Ouverture et dialogue*, op. cit: 1988.

«Le jeu sur le merveilleux dans les *Fables* de La Fontaine», *Le Fablier*, No. 8, 1996.

«L'univers poétique des *Fables* de La Fontaine» dans *La Poétique des Fables de La Fontaine*, 1996, op. cit.

«Vraie et fausse beauté dans l'esthétique du dix-septième siècle» dans *Convergences. Rhetoric and Poetic in Seventeenth-Century France*, Essays for Hugh M. Davidson, ed. David Lee Rubin and Mary B. McKinley, Columbus, Ohio State U.P., 1989.

MOLINIÉ, Georges. «Mémoire: de quel lieu parle-t-on?» dans *Les lieux de mémoire et la fabrique de l'œuvre*, éd. Volker Kapp, Biblio 17, vol. 80, 1993.

«Réécriture ou récriture: enjeux rhétoriques et sémiotiques», *XVIIe Siècle*, No. 186, No. 1, janvier-mars 1995.

MONFERRAN, Jean-Charles. «Marot, le marotique et La Fontaine. Autour de la "pension poétique"», *Le Fablier*, No. 13, 2001.

MONTCLOS, Jean-Marie Pérouse de. *Vaux-le Vicomte*, Ed. Scala, 1997, Préface de Marc Fumaroli.

MOSCHOS. Chant funèbre en l'honneur de Bion. Voir Bucoliques grecs.

MOURGUES, Odette de. *O Muse, fuyante proie*, J. Corti, 1962.

NÉPOTE-DESMARRES, Fanny. *La Fontaine, Fables*, PUF, 1999.

«Boileau, esprit satirique et satire en vers: une ontologie du verbe» *Littératures classiques*, "La Satire en vers au XVIIe siècle", dirigé par Louise Godard de Donville, No. 24, printemps 1995.

The NEW GROVE DICTIONARY OF OPERA, ed. Stanley Sadie, London and New York, MacMillan, 1992.

NIDERST, Alain. Madeleine de Scudéry, Pellisson et leur monde, PUF, 1976.

«Fontenelle, auxiliaire du Régent», *Cahiers Saint-Simon*, No. 19, 1991.

«La Fontaine et Huet», *Le Fablier*, No. 13, 2001

OUVERTURE ET DIALOGUE, Mélanges offerts à Wolfgang Leiner, eds. Ulrich Döring, Antiopy Lyroudias, Rainer Zaiser. Tübingen, Gunter Narr, Verlag, 1988.

OVIDE, *L'Art d'aimer*, Folio Classique, Gallimard, 1974. Textes établi et traduits par Henri Bornecque, Préface d'Hubert Juin.

Les Métamorphoses. Texte établi et traduit par Geroges Lafaye, Les Belles Lettres, 4ème tirage, 1965.

PANOFSKY, Erwin. L'*Œuvre d'art et ses significations. Essais sur les arts visuels*, trad. Marthe et Bernard Teyssèdre, Gallimard, 1969, voir chap.: «Et in Arcadia ego. Poussin et la tradition elégiaque»

PASCAL. *Pensées,* éd. Philippe Sellier, Mercure de France, 1976.

PELOUS, Jean-Michel. *Amour précieux, amour galant*, Klincksieck, 1980.

PERIVIER, Jacques-Henri. «La Cigale et la Fourmi comme introduction aux *Fables*», *F.R.* 42, No. 3, February 1969.

PETIT, Léon. La Fontaine et Saint-Evremond ou la tentation de l'Angleterre, Toulouse, Privat, 1953.

PETITFILS, Jean-Christian. *Fouquet*, Perrin, 1998.

PLATON. *Œuvres Complètes*, trad. et notes de Léon Robin et M-J. Moreau, Pléiade, Gallimard, 1950, 2 vol.

POZZI, Giovanni. éd. L'*Adone*. Nuova Edizione Ampliata, Milano, Adelphi Edizioni, 1988, 2 vol.

PROUST, Jacques. «Remarques sur la disposition par livres des *Fables* de La Fontaine», Mélanges Pierre Jourda, Nizet, 1970.

QUÉRUEL, Danielle. «*Les Rémois*: du fabliau médiéval au conte de La Fontaine», *Le Fablier*, No. 10, 1998.

RABELAIS. *Œuvres Complètes*, éd. Pierre Jourda, Garnier, 1962, 2 vol.

RANUM, Orest. *Artisans of Glory, Writers and Historical Thought in Seventeenth-Century France*, Chapel Hill, The U. of North Carolina Press, 1980.

RONSARD. *Adonis* dans *Œuvres Complètes*, éd. Jean Céard, Daniel Ménager et Michel Simonin, Pléiade, Gallimard, 1994, II.

ROUSSET, Jean. La littérature de l'âge baroque en France, Corti, 1963.

«*Psyché* et l'art de La Fontaine» dans *Génie de la France*, Neuchâtel, Ed. de la Baconnière, 1949.

«*Psyché* ou le plaisir des larmes» dans l'*Intérieur et l'extérieur*, Corti, 1968.

RUBIN, David Lee. *Higher, Hidden Order: Design and Meaning in the Odes of Malherbe*, U. of North Carolina Studies in the Romance Languages and Literatures, No. 117, Chapel Hill, N.C., 1972.

A Pact with Silence, Art and Thought in the Fables of Jean de La Fontaine. Columbus, Ohio State U.P., 1991.

ed. "La Fontaine", L'*Esprit créateur*, vol. 21, No. 4, Winter 1981.

ed. *Sun King: The Ascendancy of French Culture during the Reign of Louis XIV*, Folger Books, Washington, The Folger Shakespeare Library. London and Toronto, Associated Univ. Presses, 1992. Dans ce vol. «Icon and Caricature: Poetic Images of a Sun King», pp. 129-143.

«Four Modes of Double Irony in La Fontaine's *Fables*» dans *The Equilibrium of Wit. Essays for Odette de Mourgues*, ed. Peter Bayley and Dorothy Gabe Coleman, Lexington, KY, French Forum, 1982.

«Metamorphoses of Aesop» dans *Ouverture* et *dialogue*, op. cit., 1988.

RUNTE, Roseann. «Reconstruction and Deconstruction: La Fontaine, Aesop and the Eighteenth-Century French Fabulists», *PFSCL*, , No. 11, 1979.

SAINT-GELAIS, Mellin de. *Elégie ou chanson lamentable de Vénus sur la mort du Bel Adonis* dens *Œuvres complètes*, éd. Prosper Blanchemain, Kraus Reprint, Nendeln/Liechtenstein, 1970.

SEGAL, Charles. *Orpheus. The Myth of the Poet*, Baltimore and London, The Johns Hopkins U.P., 1989.

SERRES, Michel. *Le Parasite*, Grasset, 1980.

SÉVIGNÉ, Madame de. *Correspondance*, éd. Roger Duchêne, Pléiade, Gallimard, 1972, 3 vol.

SHAKESPEARE, William. *Venus and Adonis* dans *The Complete plays and poems of W.S.*, ed. William Allan Neilson and Charles Jarvis Hill, Cambridge, Mass. The New Cambridge Ed. The Riverside Press, 1942.

ŒUVRES COMPLÈTES, Pléiade, Gallimard, 1959. *Les Poèmes*, trad. et notes par Jean Fuzier.

SLATER, Maya. «La Fontaine and Brevity», *French Studies*, 44, 2, 1990.

«La Fontaine fabuliste et les contes d'enfant», dans *Et in Arcadia ego. Actes de Montréal*, éd. Antoine Soare, Biblio 17, vol. 100, 1997.

Divers articles de M. Slater ont été incorporés dans son récent ouvrage sur les Fables, *The Craft of La Fontaine*, London, The Athlone Press 2000. U.S. ed. Associated Univ. Presses, 2001.

SPITZER, Leo. «The Art of Transition in La Fontaine» dans *Essays on Seventeenth-Century French Literature*, ed. and transl. David Bellos, New York, Cambridge U.P., 1983.

SWEETSER, Franklin P., ed. *Les Cent Nouvelles nouvelles*, Genève, Droz, 1966.

SWEETSER, Marie-Odile. *La Fontaine*, Twayne Publ. Boston, G.K. Hall, 1987.

Voir articles sur La Fontaine utilisés dans ce volume; autres articles:

«La femme abandonnée: esquisse d'une typologie», *PFSCL*, No. 10, 1978-79.

«Naissance fortuite et fortunée d'un nouveau genre: *Les Fâcheux*» dans *Car demeure l'amitié.* Mélanges offerts à Claude Abraham, éd. Francis Assaf, Biblio 17, vol. 102, Paris-Seattle-Tübingen, PFSCL, 1997.

THÉOCRITE. *Idylle XV*. Voir Bucoliques grecs.

THUILLIER, Jacques. *Tout l'œuvre peint de Poussin* Flammarion, 1974.

Nicolas Poussin, Flammarion, 1994.

TITCOMB, Eleanor. ed. La Fontaine *Le Songe de Vaux*. Textes littéraires français. Genève, Droz, 1967.

TOCANNE, Bernard, L'Idée de nature en France dans la seconde moitié du XVIIe siècle, Klincksieck, 1978.

«L'efflorescence classique» dans *Précis de littérature française du XVIIe siècle* sous la direction de Jean Mesnard, PUF, 1990.

TROUSSON, Raymond. *Thèmes et mythes. Questions de méthode*, Ed. de l'Univ. de Bruxelles, 1984.

TUZET, Hélène. *Mort et résurrection d'Adonis. Etude de l'évolution d'un mythe*, José Corti, 1987.

VALÉRY, Paul. «Au sujet d'Adonis» dans Variété, *Œuvres*, éd. Jean Hytier, Pléiade, Gallimard, 1957, I.

VAN BAELEN, Jacqueline. «La chasse d'Adonis», L'*Esprit créateur*, vol. 21, No. 4, Winter 1981.

«Psyché: vers une esthétique de la liberté» dans *La Cohérence intérieure. Etudes sur la littérature française du XVIIe siècle* présentées en hommage à Judd D. Hubert, J-M. Place, 1977.

VAN DELFT, Louis. *Le Moraliste classique. Essai de définition et de typologie*, Genève, Droz, 1982.

Littérature et anthropologie. Nature humaine et caractère à l'âge classique, PUF, 1993.

«La fable comme fragment» dans *Hommages à J-P. Collinet*, éd. Jean Fayard et Gérard Taverdet, Dijon, Ed. Universitaires Dijonnaises, 1992.

VAUBAN. *Projet d'une dîme royale dans Economistes financiers du XVIIe siècle*, éd. Eugène Daire, Guillaumin, 1843.

VIALA, Alain. *L'esthétique galante,* Paul Pellisson, *Discours sur les Œuvres de Monsieur Sarasin* et autres textes. Toulouse, Société de Littératures Classiques, 1989. Préface et Introduction.

«D'une politique des formes: la galanterie», *XVIIe Siècle* No. 182, janvier-mars 1994.

«L'esprit galant» dans L'*Esprit en France au XVIIe Siècle*, éd. François Lagarde, Biblio 17, vol. 101, 1997.

«Molière et le langage galant» dans *Car demeure l'amitié*, Biblio 17, vol. 102, 1997.

VINCENT, Michael. *Figures of the text. Reading and Writing (in) La Fontaine.* Purdue Univ. Monographs in Romance Languages, vol. 39. Amsterdam/ Philadelphia, John Benjamins Publishing Co., 1992.

VINCENT, Monique. *Donneau de Visé et le Mercure Galant.* Lille, Atelier de Reproduction des thèses. Diffusion Aux Amateurs de livres, 1987.

WADSWORTH, Philip A. *Young La Fontaine. A Study of his Artistic Growth in his Early Poetry and First Fables.* Evanston, Illinois. Northwestern U.P. 1952.

«Ovid and La Fontaine», *Yale French Studies* 38, 1967.

ZUBER, Roger et Micheline Cuénin. *Littérature française 4. Le Classicisme*, Arthaud, 1984.

«Atticisme et classicisme» dans *Critique et création littéraires en France au XVIIe siècle*, CNRS, 1977.

«De Lucien écrivain à Lucien de d'Ablancourt», *Littératures classiques*, No. 13, 1990.

«"Le Songe d'un habitant du Mogol": étude littéraire» *Bulletin de la Faculté des Lettres de l'Univ. de Strasbourg,* vol. 41, 1963.

«L'Urbanité française au XVIIe Siècle» dans *La Ville: Histoire et Mythes*, éd. M.C. Bancquart, Nanterre, Institut de Français, de l'Univ. de Paris X, 1983.